Schriften zum Bio-, Gesundheits- und Medizinrecht

Herausgegeben von
Prof. Dr. Marion Albers
Prof. Dr. Ivo Appel
Prof. Dr. Ulrich M. Gassner
Prof. Dr. Henning Rosenau

Band 48

Henrike Sophie Bruns

Vorausverfügungen Minderjähriger für die medizinische Behandlung

Nomos

Onlineversion
Nomos eLibrary

Die Deutsche Nationalbibliothek verzeichnet diese Publikation in der Deutschen Nationalbibliografie; detaillierte bibliografische Daten sind im Internet über http://dnb.d-nb.de abrufbar.

Zugl.: Göttingen, Univ., Diss., 2020

ISBN 978-3-8487-8488-2 (Print)
ISBN 978-3-7489-2868-3 (ePDF)

1. Auflage 2022

Inhaltsverzeichnis

Vorwort

Die vorliegende Arbeit wurde im Frühjahr 2020 vom Fachbereich Rechtswissenschaften der Georg-August-Universität Göttingen als Dissertation angenommen.

Ich danke meinem Doktorvater Herrn Prof. Dr. Dr. h.c. Volker Lipp für die Betreuung meines Vorhabens von den ersten Schritten an bis zur fertigen Arbeit, sein Vertrauen sowie die wertvollen Impulse. Mit hohem Anspruch, großer Sorgfalt und Geduld hat er mich in allen Phasen der Promotion begleitet. Die konstruktiven Diskussionen und Anregungen, insbesondere zu den nicht immer einfachen Terminologien der Thematik, haben wesentlich zum Gelingen der Arbeit beigetragen. Mein Dank gilt ferner Frau Prof. Dr. Barbara Veit für die Erstellung des Zweitgutachtens sowie Herrn Prof. Dr. Uwe Murmann für die Mitwirkung an der Disputatio, welche infolge der COVID-19-Pandemie in ungewohntem Rahmen stattzufinden hatte.

Ich danke zudem Prof. Dr. Tanja Henking, die bereits im Rahmen meines Studiums mein Interesse für das Medizinrecht förderte und mir auch bei meiner späteren wissenschaftlichen Arbeit als Mentorin, Ratgeberin und Freundin zur Seite stand.

Mein herzlicher Dank gilt außerdem meinen Studienkollegen und Freunden, namentlich Johanna Schmidt, Simon Schwichtenberg und Lutz Philipp Helfst, die durch ihre mentale Unterstützung, viele fachliche Diskussionen und Ratschläge, fruchtbare Gespräche und nicht zuletzt die Kaffeepausen dazu beigetragen haben, dass ich voller Freude und Dankbarkeit auf die unzähligen gemeinsamen Stunden im Juridicum der Universität Bremen zurückblicke. Ebenso danke ich Sonia-Maria Nöding, Franziska Marie Voelcker, Katharina Becker und Mikola Preuß für ihren Beistand und ihr offenes Ohr.

Ganz besonders danke ich meinen Eltern Petra und Klaus Bruns sowie meiner Schwester Wiebke Bruns für ihren Rückhalt und ihre Unterstützung. Sie haben nicht nur die Höhen der Promotionszeit mit mir durchlebt, sondern standen mir auch in manch schwieriger Phasen mit Rat und Tat zur Seite. Meine Mutter und meine Schwester haben darüber hinaus mit größter Sorgfalt das Manuskript dieser Arbeit Korrektur gelesen, wofür ich ihnen nicht genug danken kann.

Von Herzen möchte ich Max Neubauer danken, der mir besonders in der Endphase dieser Arbeit Mutmacher, emotionale Stütze und Leidensgenosse war. Ich bin dankbar für seinen Zuspruch, sein Verständnis und seine Hilfsbereitschaft. Er hat es stets verstanden, mich zu motivieren, mir in konstruktiven Diskussionen, auf die er sich trotz fachfremder Thematik einließ, neue Perspektiven aufzuzeigen und für die nötigen Ablenkungen zu sorgen.

Den Herausgebern Prof. Dr. Marion Albers, Prof. Dr. Ivo Appel, Prof. Dr. Ulrich M. Gassner und Prof. Dr. Henning Rosenau danke ich für die Aufnahme in diese Schriftenreihe.

Schließlich gilt mein Dank der Studienstiftung des deutschen Volkes, die mich über weite Teile der Promotionszeit förderte und dabei für manch neuen Denkanstoß, zahlreiche anregende Gespräche über den eigenen Tellerrand hinaus und bereichernde Freundschaften verantwortlich ist.

Achim im Herbst 2021 Henrike Sophie Bruns

Abkürzungsverzeichnis

a. A.	anderer Ansicht
a. E.	am Ende
a. F.	alte Fassung
ABGB	Allgemeines bürgerliches Gesetzbuch (Österreich)
Abs.	Absatz
AcP	Archiv für die civilistische Praxis
AG	Amtsgericht
AG	Arbeitsgemeinschaft
AGG	Allgemeines Gleichbehandlungsgesetz
AK	Arbeitskreis
allg.	allgemein
allg. M.	allgemeine Meinung
Altaufl.	Altauflage
AMG	Gesetz über den Verkehr mit Arzneimitteln (Arzneimittelgesetz)
Anm.	Anmerkung
arg. e contr.	argumentum e contrario: Gegenschluss, Umkehrschluss
Art.	Artikel
AT	Allgemeiner Teil
BÄK	Bundesärztekammer
BayObLG	Bayerisches Oberstes Landesgericht
BayObLGZ	Entscheidungen des Bayerischen Obersten Landesgerichts in Zivilsachen
Begr.	Begründer [-in]
Beschl.	Beschluss
BetrKV	Verordnung über die Aufstellung von Betriebskosten
BetrR	Betreuungsrecht
BeurkG	Beurkundungsgesetz

BGB	Bürgerliches Gesetzbuch
BGBl.	Bundesgesetzblatt
BGH	Bundesgerichtshof
BGHR	Rechtsprechung des Bundesgerichtshofs
BGHSt	Entscheidungssammlung des Bundesgerichtshofs in Strafsachen
BGHZ	Entscheidungssammlung des Bundesgerichtshofs in Zivilsachen
BMJ	Bundesministerium der Justiz und für Verbraucherschutz
BRD	Bundesrepublik Deutschland
BSG	Bundessozialgericht
BtÄndG	Gesetz zur Änderung des Betreuungsrechts
BtBG	Gesetz über die Wahrnehmung behördlicher Aufgaben bei der Betreuung Volljähriger
BT-Drs.	Bundestagsdrucksache
BtG	Betreuungsgesetz
BtPrax	Betreuungsrechtliche Praxis
Bundesgesundheitsbl	Bundesgesundheitsblatt – Gesundheitsforschung – Gesundheitsschutz
BVerfG	Bundesverfassungsgericht
BVerfGE	Entscheidungen des Bundesverfassungsgerichts
BVerwGE	Entscheidungen des Bundesverwaltungsgerichts
bzgl.	bezüglich
bzw.	beziehungsweise
CISG	United Nations Convention on Contracts for the International Sale of Goods: UN-Kaufrecht
DÄBl	Deutsches Ärzteblatt
DAKJ	Deutschen Akademie für Kinder- und Jugendmedizin
dass.	dasselbe
ders.	derselbe
DGGG	Deutsche Gesellschaft für Gynäkologie und Geburtshilfe

DGMR	Deutsche Gesellschaft für Medizinrecht
DGPPN	Deutsche Gesellschaft für Psychiatrie und Psychotherapie, Psychosomatik und Nervenheilkunde
dies.	dieselbe [-n]
DMW	Deutsche Medizinische Wochenschrift
DNotZ	Deutsche Notar-Zeitschrift
DÖV	Die Öffentliche Verwaltung
DRiZ	Deutsche Richterzeitung
e. V.	eingetragener Verein
EFZG	Entgeltfortzahlungsgesetz
EGBGB	Einführungsgesetz zum Bürgerlichen Gesetzbuche
EG-UntVO	Europäische Unterhaltsverordnung
Einf	Einführung
einschl.	einschließlich
ErbbauRG	Gesetz über das Erbbaurecht
ErbR	Zeitschrift für die gesamte erbrechtliche Praxis
et al.	et alii, et aliae: und andere
etc.	et cetera: und die übrigen
Ethik Med	Ethik in der Medizin
EuErbVO	Europäische Erbrechtsverordnung
EuZVR	Europäisches Zivilverfahrensrecht
f.	folgende
FamFG	Gesetz über das Verfahren in Familiensachen und in den Angelegenheiten der freiwilligen Gerichtsbarkeit
FamFR	Zeitschrift für Familienrecht und Familienverfahrensrecht
FamRZ	Zeitschrift für das gesamte Familienrecht
ff.	fortfolgende
Fn.	Fußnote
FPR	Familie Partnerschaft Recht
FS	Festschrift
FuR	Familie und Recht
GA	Goltdammer‘s Archiv für Strafrecht

gem.	gemäß
GenDG	Gesetz über genetische Untersuchungen bei Menschen (Gendiagnostikgesetz)
GesR	Gesundheitsrecht
GG	Grundgesetz
ggf.	gegebenenfalls
GoA	Geschäftsführung ohne Auftrag
GS	Gedenkschrift
GVG	Gerichtsverfassungsgesetz
h. L.	herrschende Lehre
h. M.	herrschende Meinung
HeizkostenVO	Verordnung über die verbrauchsabhängige Abrechnung der Heiz- und Warmwasserkosten
HIV	Humanes Immundefizienz-Virus
Hrsg.	Herausgeber [-in]
hrsg. v.	herausgegeben von
Hs.	Halbsatz
HUntProt	Haager Protokoll über das auf Unterhaltspflichten anzuwendende Recht
i. E.	im Ergebnis
i. S. d.	im Sinne des
i. V. m.	in Verbindung mit
IGeL	Individuelle Gesundheitsleistungen
insb.	insbesondere
insg.	insgesamt
IZVR	Internationales Zivilverfahrensrecht
JAMA	Journal of the American Medical Association
JR	Juristische Rundschau
Jura	Juristische Ausbildung
JuS	Juristische Schulung
JW	Juristische Wochenschrift
JZ	Juristenzeitung
Kap.	Kapitel

KassKomm	Kasseler Kommentar Sozialversicherungsrecht
KastrG	Gesetz über die freiwillige Kastration und andere Behandlungsmethoden (Kastrationsgesetz)
KritV	Kritische Vierteljahresschrift für Gesetzgebung und Rechtswissenschaft
KSchG	Kündigungsschutzgesetz
LG	Landgericht
LK	Leipziger Kommentar
LMK	Kommentierte BGH-Rechtsprechung
LPartG	Gesetz über die Eingetragene Lebenspartnerschaft
m. Anm.	mit Anmerkung
M. M.	Minderheitsmeinung
m. w. N.	mit weiteren Nachweisen
MacCAT-T	Mac Arthur Competence Assessment Tool – Treatment
MDR	Monatsschrift für Deutsches Recht
MedR	Medizinrecht
MiLoG	Gesetz zur Regelung eines allgemeinen Mindestlohns
MittBayNot	Mitteilungen des Bayerischen Notarvereins, der Notarkasse und der Landesnotarkammer Bayern
Monatsschr Kinderheilkd	Monatsschrift Kinderheilkunde
MPG	Gesetz über Medizinprodukte (Medizinproduktegesetz)
MüKo	Münchener Kommentar
NJOZ	Neue Juristische Online-Zeitschrift
NJW	Neue Juristische Wochenschrift
NK	Nomos Kommentar
Nr.	Nummer
NStZ	Neue Zeitschrift für Strafrecht
OLG	Oberlandesgericht
PartGG	Gesetz über Partnerschaftsgesellschaften Angehöriger freier Berufe

PatRG	Gesetz zur Verbesserung der Rechte von Patientinnen und Patienten (Patientenrechtegesetz)
PatVerfG	Entwurf eines Gesetzes zur Verankerung der Patientenverfügung im Betreuungsrecht
ProdHaftG	Gesetz über die Haftung für fehlerhafte Produkte
ProstG	Gesetz zur Regelung der Rechtsverhältnisse der Prostituierten
RAe	Rechtsanwälte
RDG	Rechtsdepesche für das Gesundheitswesen
RefE	Referentenentwurf
RegNr.	Registernummer
RG	Reichsgericht
RGSt	Entscheidungssammlung des Reichsgerichts in Strafsachen
RGZ	Entscheidungssammlung des Reichsgerichts in Zivilsachen
RKEG	Gesetz über die religiöse Kindererziehung
RKErzG	Gesetz über die religiöse Kindererziehung
Rn.	Randnummer
RNotZ	Rheinische Notar-Zeitschrift
Rom-II-VO	Europäische Verordnung über das auf außervertragliche Schuldverhältnisse anzuwendende Recht
Rom-I-VO	Europäische Verordnung über das auf vertragliche Schuldverhältnisse anzuwendende Recht
Rpfleger	Der Deutsche Rechtspfleger
Rspr.	Rechtsprechung
S.	Satz, Seite
SGB	Sozialgesetzbuch
sog.	sogenannte [-r, -s]
st. Rspr.	ständige Rechtsprechung
StGB	Strafgesetzbuch
StrRG	Gesetz zur Reform des Strafrechts
TPG	Transplantationsgesetz

TzBfG	Gesetz über Teilzeitarbeit und befristete Arbeitsverträge
u. a.	und andere, unter anderem
u. U.	unter Umständen
Urt.	Urteil
US	United States: Vereinigte Staaten
USA	United States of America: Vereinigte Staaten von Amerika
usw.	und so weiter
v	vor
v.	von/vom
VBVG	Gesetz über die Vergütung von Vormündern und Betreuern
VersAusglG	Gesetz über den Versorgungsausgleich
VersR	Versicherungsrecht
vgl.	vergleiche
Vor	Vorbemerkung
Vorb	Vorbemerkung
Vorbem	Vorbemerkung
WärmeLV	Verordnung über die Umstellung auf gewerbliche Wärmelieferung für Mietwohnraum
WEG	Gesetz über das Wohnungseigentum und das Dauerwohnrecht
z. B.	zum Beispiel
ZEKO	Zentrale Kommission zur Wahrung ethischer Grundsätze in der Medizin und ihren Grenzgebieten bei der Bundesärztekammer
ZEV	Zeitschrift für Erbrecht und Vermögensnachfolge
ZfJ	Zentralblatt für Jugendrecht
ZGG	Zeitschrift für Gerontologie und Geriatrie
ZIS	Zeitschrift für Internationale Strafrechtsdogmatik
zit.	zitiert
ZJS	Zeitschrift für das Juristische Studium
ZNotP	Zeitschrift für die Notarpraxis

ZRP	Zeitschrift für Rechtspolitik
ZStW	Zeitschrift für die gesamte Strafrechtswissenschaft

Kapitel 1: Einleitung und Problemaufriss

A. *Einleitung*

Das Recht des Patienten[1] zur Selbstbestimmung über medizinische Behandlungen basiert auf dem Grundgedanken, jede Person solle eigenverantwortlich über Eingriffe in ihre körperliche Integrität disponieren können. Hinreichend entscheidungsfähige Patienten bestimmen daher grundsätzlich eigenständig und inhaltlich autonom über die sie betreffenden Behandlungsmaßnahmen, indem sie in diese einwilligen oder sie ablehnen[2]. Hergeleitet wird diese sogenannte Patientenautonomie aus der in Art. 1 Abs. 1 GG verankerten Menschenwürdegarantie[3], aus dem in der allgemeinen Handlungsfreiheit nach Art. 2 Abs. 1 GG enthaltenen Recht auf freie Entfaltung der Persönlichkeit[4] beziehungsweise aus Art. 2 Abs. 2 GG, der das Recht auf Leben und körperliche Unversehrtheit schützt[5]. Die Vorschrift des § 630d Abs. 1 BGB erhebt die Einholung der Einwilligung des Patienten inzwischen ausdrücklich zur Vertragspflicht des Arztes aus dem mit dem Patienten geschlossenen Behandlungsvertrag[6]. Zudem ist die wirksame Einwilligung Voraussetzung für die zivil- und strafrechtliche

---

1 Zur Vereinfachung wird lediglich die maskuline Genusform verwendet, es sind jedoch selbstverständlich stets Patienten jeden Geschlechts gemeint. Gleiches gilt für alle übrigen zu bezeichnenden Personen und Personengruppen wie Minderjährige, Jugendliche, Ärzte, Behandler, Sorgeberechtigte, Betreuer, Bevollmächtigte etc.

2 BGHZ 154, 205, 217.

3 BGHZ 154, 205, 217 (zur Patientenverfügung); *Hufen*, NJW 2001, 849, 851; *Ludyga*, FPR 2010, 266, 267; vgl. auch *Herdegen*, in: Maunz/Dürig, GG, Art. 1 Abs. 1 Rn. 89 bzgl. lebensbeendender Entscheidungen.

4 BVerfGE 52, 131, 168 f.; *Amelung*, Einwilligung, S. 31; *Deutsch*, AcP 192 (1992), 161, 166, 179; *Deutsch/Spickhoff*, Rn. 407; *Hufen*, NJW 2001, 849, 851; *Ludyga*, FPR 2010, 266, 267; *Murswiek*, in: Sachs, GG, Art. 2 Rn. 54.

5 BVerfGE 52, 131, 171 ff. (Sondervotum Hirsch, Niebler und Steinberger); 128, 282, 300; 129, 269, 280 f.; BGHZ 29, 46, 49; *Amelung*, Einwilligung, S. 30; *Lorenz*, in: Isensee/Kirchhof, Staatsrecht, § 128 Rn. 3 ff., 16 f.; *Murswiek*, in: Sachs, GG, Art. 2 Rn. 148; *Voll*, S. 49 ff.

6 *Deutsch/Spickhoff*, Rn. 407; *Weidenkaff*, in: Palandt, BGB, § 630d Rn. 1 f.

Rechtfertigung des ärztlichen Heileingriffs, der nach herrschender Rechtsprechungsansicht als tatbestandliche Körperverletzung anzusehen ist[7].

Das Selbstbestimmungsrecht des Patienten erstreckt sich dabei nicht allein auf Entscheidungen über aktuelle medizinische Eingriffe, sondern wird auch hinsichtlich zukünftiger Behandlungssituationen anerkannt[8]. Im Jahr 2003 entschied der 12. Zivilsenat des Bundesgerichtshofs erstmals, dass frühere Willensbekundungen eines zum Zeitpunkt der Maßnahme nicht mehr einwilligungsfähigen Patienten, durch welche er die Einwilligung in einen künftigen Eingriff vorsorglich erklärt oder verweigert hat, nach dem Verlust seiner Einwilligungsfähigkeit fortwirken[9]. Zur Begründung dieser Entscheidung wurde vor allem das Selbstbestimmungsrecht des Patienten angeführt, hergeleitet aus Art. 1 Abs. 1 GG[10]. Durch die Anerkennung der Vorausverfügung wird dem einwilligungsfähigen Patienten die Möglichkeit eröffnet, sein Recht auf medizinische Selbstbestimmung durch eine erst zukünftig wirkende, antizipierte Verfügung auszuüben und damit vorausschauend und planend über künftige Behandlungssituationen eigenverantwortlich zu entscheiden[11].

Inzwischen ist das Konzept der medizinischen Vorausverfügung gesetzlich verankert. Mit Einführung des 3. Betreuungsrechtsänderungsgesetzes[12] trat die gesetzliche Regelung der Patientenverfügung zum 1. September 2009 in § 1901a BGB in Kraft. Damit fand eine über viele Jahre hinweg in Politik und Gesellschaft geführte Diskussion um die Problematik der Anerkennung und Verbindlichkeit antizipierter Behandlungsentscheidungen ihr vorläufiges Ende[13].

---

7 Erstmals entschieden durch das Reichsgericht im Jahre 1884: RGSt 25, 375, 381 f., wonach die durch einen medizinisch indizierten Eingriff vorliegende Körperverletzung durch die Einwilligung des Patienten gerechtfertigt werden muss; später durch den BGH bestätigt, siehe nur BGHSt 11, 111, 112; 16, 309, 311 ff.; ebenso BVerfGE 52, 131, 168 ff.; siehe dazu auch *Schroth*, in: Roxin/Schroth, Medizinstrafrecht, S. 23 ff.; ausführlich in Kapitel 2 B. III dieser Arbeit.

8 Siehe BGHZ 154, 205 ff.

9 Siehe grundlegend die Entscheidung des 12. Zivilsenats des BGH vom 17. März 2003, BGHZ 154, 205 ff. (sog. 1. Sterbehilfebeschluss oder Lübecker Fall), DNotZ 2003, 850 ff. m. Anm. *Stoffers*, sowie nachfolgender Beschluss vom 8. Juni 2005, BGHZ 163, 195 ff. (sog. 2. Sterbehilfebeschluss oder Traunsteiner Fall); aus strafrechtlicher Perspektive bereits im Jahr 1994 in diesem Sinne entschieden durch BGHSt 40, 257 ff. (Kemptener Fall).

10 BGHZ 154, 205, 211 ff., 217; 163, 195, 200.

11 *Ludyga*, FPR 2010, 266, 267 m. w. N.

12 BGBl. 2009 I S. 2286 f.

13 So beschäftigten sich beispielsweise das Bundesministerium der Justiz in der Arbeitsgruppe „Patientenautonomie am Lebensende“, auch als sog. Kutzer-Kom-

Die Wirksamkeit einer Patientenverfügung wird dabei an eine Reihe von Voraussetzungen geknüpft. Als persönliches Erfordernis einer wirksamen, verbindlichen Vorausverfügung legt die Regelung des § 1901a Abs. 1 S. 1 BGB fest, dass der Verfasser einwilligungsfähig *und* volljährig sein muss. Es soll also nicht allein die Einwilligungsfähigkeit des Patienten ausreichen, um eine Patientenverfügung nach § 1901a Abs. 1 BGB zu errichten, sondern es ist darüber hinaus auch die Volljährigkeit des Verfassenden erforderlich. Nach dem klaren Wortlaut der Norm stellen Behandlungsverfügungen Minderjähriger damit ausdrücklich keine Patientenverfügungen im Sinne des § 1901a Abs. 1 S. 1 BGB dar[14]. Dies muss danach sowohl für minderjährige Patienten mit Vorausverfügung als auch für zwischenzeitlich volljährig gewordene Patienten gelten, die beim Verfassen ihrer Erklärung noch minderjährig waren[15].

Die vorliegende Arbeit widmet sich der rechtlichen Einordnung dieser kindlichen Vorausverfügungen und analysiert die Voraussetzungen und Rechtsfolgen derartiger Erklärungen gegenüber Vertretern und Behandlern des minderjährigen Patienten.

B. Einführung in die Problematik

Die Frage nach der Entscheidungsfähigkeit und Entscheidungskompetenz Minderjähriger im medizinischen Kontext stellt in der rechtswissenschaftlichen Fachdiskussion seit Jahrzehnten ein Streitthema dar[16]. Während einerseits für die ärztliche und gerichtliche Praxis insbesondere die Feststellung der erforderlichen Entscheidungsfähigkeit Schwierigkeiten bereiten

mission bekannt (BT-Drs. 15/3700), und die Enquete-Kommission „Ethik und Recht der modernen Medizin" des Deutschen Bundestages (BT-Drs. 15/464), der Nationale Ethikrat sowie die Deutschen Juristentage der Jahre 2000 und 2006 mit der Frage der Patientenautonomie am Lebensende. Schließlich standen drei Gesetzentwürfe zur parlamentarischen Abstimmung (BT-Drs. 16/8442 – sog. Stünker-Entwurf; BT-Drs. 16/11360 – sog. Bosbach-Entwurf; BT-Drs. 16/11493 – sog. Zöller-Entwurf). Daneben waren die Themen Patientenverfügung und Sterbehilfe Inhalt eines regen Diskurses im rechtswissenschaftlichen Schrifttum. Vgl. insgesamt hierzu *Müller*, ZEV 2008, 583, 584 ff.; *Bienwald*, in: Staudinger, BGB, § 1901a und b Rn. 4 ff.; *Damrau/Zimmermann*, § 1901a BGB Rn. 1.

14 *Bienwald*, in: Staudinger, BGB, § 1901a und b Rn. 12; *Damrau/Zimmermann*, § 1901a BGB Rn. 31; *Götz*, in: Palandt, BGB, § 1901a Rn. 10.

15 Die beiden Fallgruppen werden in den Kapiteln 4 und 5 umfassend erörtert.

16 Siehe hierzu und im Folgenden ausführlich Kapitel 3 B. ab S. 88.

kann, wenn der Patient minderjährig ist[17], besteht in Rechtsprechung und Lehre darüber hinaus Uneinigkeit zu der Frage, inwieweit einem Minderjährigen bei Vorliegen besagter Entscheidungsfähigkeit in der Folge auch das Recht zukommen muss, eigene Behandlungsentscheidungen zu treffen[18]. Die diskutierten Einwilligungskonzepte divergieren erheblich und führen mitunter zu gegensätzlichen Ergebnissen: Sie reichen von einem strikten Vorrang der elterlichen Entscheidung im Außenverhältnis (Alleinentscheidungsrecht der Eltern)[19] über ein Vetorecht des hinreichend entscheidungsfähigen Kindes gegenüber der Erklärung der Eltern[20] oder ein Co-Konsens-Konzept, bei dem Kind und Eltern gemeinsam zustimmen müssen[21], bis hin zu einer Alleinentscheidungskompetenz des hinreichend entscheidungsfähigen Minderjährigen gegenüber dem Behandler[22].

Je nach vertretener Auffassung können medizinische Erklärungen des Minderjährigen in der Folge entweder gänzlich unbeachtlich oder aber streng verbindlich sein. Ein Konsens darüber, ob und unter welchen Voraussetzungen Behandlungsentscheidungen eines Kindes Wirksamkeit entfalten und wann sie von Ärzten und/oder Sorgeberechtigten als verbindlich angesehen werden müssen, konnte bislang nicht erzielt werden[23]. Nach heute allgemein anerkannter Auffassung sind minderjährige Patienten vor einem ärztlichen Eingriff aber in jedem Fall im Rahmen ihrer

---

17 Zur Rechtsnatur der Einwilligung siehe BGH JZ 1989, 93, 95; *Rehborn/Gescher*, in: Erman, § 630d Rn. 6a ff.; sowie in dieser Arbeit ab S. 43; zur Definition vgl. BGH NJW 1956, 1106, 1107; BGHZ 29, 33, 36; BGHSt 12, 379, 382; *Amelung/Eymann*, JuS 2001, 937, 941 f.; in Bezug auf Minderjährige siehe sodann Kapitel 3, S. 90 ff.

18 Siehe hierzu und zum Folgenden Kapitel 3 B., S. 141 ff. Einen ausführlichen Überblick über die vorherrschenden Ansichten in Rechtsprechung und Schrifttum gibt *Gleixner-Eberle*, S. 248 ff., 332 ff.

19 So noch RGZ 68, 431, 435 f.; 141, 262, 265; BGHZ 2, 159, 162 f.; ebenso BT-Drs. 8/2788, S. 44 f.; *Zitelmann*, AcP 99 (1906), 1, 62 f.; *Schmitt*, in: MüKo BGB, 5. Aufl. 2006 [Altaufl.], § 105 Rn. 22 f.

20 Beispielhaft BGHZ 29, 33, 36 f.; *Lipp*, in: Laufs/Katzenmeier/Lipp, Kap. VI Rn. 183, Kap. VII Rn. 69; *Nebendahl*, MedR 2009, 197, 201 ff.; *Pawlowski*, JZ 2003, 66, 71.

21 Siehe *Diederichsen*, Aspekte des Selbstbestimmungsrechts Minderjähriger, in: FS Hirsch, S. 355, 361 f.; *Pawlowski*, Probleme der Einwilligung, in: FS Hagen, S. 5, 19; *ders.*, JZ 2003, 66, 71; *Olzen*, in: MüKo BGB, § 1666 Rn. 78.

22 Statt vieler BGHSt 12, 379, 382; *Kern*, LMK 2007, 220412; *Lenckner*, ZStW 1960, 446, 462 f.; *Schlund*, Anm. zu OLG Hamm, JR 1999, 333, 335 f.; *Wölk*, MedR 2001, 80, 84.

23 Ausführlich in Kapitel 3 B. ab S. 88.

Fähigkeiten in die Entscheidung über die sie betreffenden Behandlungsmaßnahmen einzubeziehen[24].

Inwieweit dies auch im Rahmen antizipierter Behandlungsentscheidungen über künftige ärztliche Eingriffe gilt, ist jedoch ungewiss. Eine ausdrückliche Regelung, wie sie in § 1901a Abs. 1 S. 1 BGB für einwilligungsfähige volljährige Patienten geschaffen wurde, sieht das Gesetz für Minderjährige nicht vor. Es besteht somit Klärungsbedarf hinsichtlich der Frage, wie kindliche Vorausverfügungen rechtlich zu beurteilen sind und wie in der Praxis mit derartigen Festlegungen minderjähriger Patienten umgegangen werden muss. Insbesondere ist zu beantworten, ob und auf welcher Grundlage Eltern und Behandler durch Vorausverfügungen kindlicher Patienten verpflichtet werden.

I. Praktische Relevanz der Forschungsfrage

Bedeutung erlangt die Frage nach der Verbindlichkeit kindlicher Behandlungsentscheidungen vor allem für Minderjährige mit schweren chronischen oder lebensbedrohlichen Erkrankungen. Ist die Prognose infaust oder lässt die Entscheidung bleibende Schäden des Kindes erwarten, kommt es nicht selten zu Entscheidungskonflikten zwischen dem jungen Patienten und seinen Sorgeberechtigten[25]. Denkbar sind vor allem Fälle, in denen der Minderjährige eine lebensverlängernde oder lebenserhaltende Maßnahme wie eine künstliche Ernährung oder Beatmung antizipiert ablehnen oder begrenzen möchte, die sorgeberechtigten Eltern ihr Kind jedoch nicht sterben lassen wollen und dessen Weiterbehandlung fordern.

Praktische Relevanz hat die vorliegende Forschungsfrage demnach vor allem für Minderjährige mit negativer Prognose, etwa infolge eines unheilbaren Krebsleidens oder der Erkrankung an Mukoviszidose, sowie für bereits moribunde Patienten[26]. In Deutschland erkranken jedes Jahr rund 1.800 Kinder unter fünfzehn Jahren an Krebs[27]. So gab es im Jahr

---

24 Vgl. nur *Diederichsen*, Aspekte des Selbstbestimmungsrechts Minderjähriger, in: FS Hirsch, S. 355, 361 f.; *Gernhuber/Coester-Waltjen*, § 57 Rn. 79 f.; *Lipp*, in: Laufs/Katzenmeier/Lipp, Kap. VI Rn. 183, Kap. VII Rn. 69; *Nebendahl*, MedR 2009, 197, 201 ff.; *Pawlowski*, JZ 2003, 66, 71.

25 Vgl. *Jox et al.*, Monatsschr Kinderheilkd 2007, 1166, 1166; *Jox/Führer/Borasio*, Monatsschr Kinderheilkd 2009, 26, 29.

26 Vgl. *Tolmein*, Patientenautonomie, in: Höfling, Das neue Patientenverfügungsgesetz, S. 47, 49.

27 Vgl. *BÄK*, DÄBl 1994, A3204, A3205.

2012 allein in der Bundesrepublik rund 20.600 Fälle vollstationärer Behandlungen von Kindern im Alter zwischen einem und vierzehn Jahren aufgrund einer Krebserkrankung. Im gleichen Zeitraum erlagen 218 dieser Kinder einem Krebsleiden[28]. Im Jahr 2009 stellten Krebserkrankungen, wie zum Beispiel bösartige Hirntumore oder Leukämie, mit 239 Sterbefällen bei Kindern von einem bis vierzehn Jahren die zweithäufigste Todesursache dar[29]. Bei den fünfzehn- bis unter zwanzigjährigen Patienten nimmt die Zahl noch einmal deutlich zu[30].

Oft verbringen diese unter einer schweren, zumeist chronischen Erkrankung leidenden Minderjährigen bereits einen großen Teil ihrer Kindheit und Jugend auf pädiatrischen Klinikstationen[31]. Sie verfügen häufig nicht nur über ein detailliertes Wissen zu ihrer Erkrankung, sondern haben auch eine bemerkenswert rationale und reflektierte Sicht auf die eigene Situation sowie klare Vorstellungen von ihrem gesundheitlichen Zustand und einem möglichen künftigen Therapieverlauf bis hin zu ihrem Ableben[32]. Nicht selten wünschen sich diese Kinder daher, selbst Entscheidungen für ihr Lebensende, insbesondere hinsichtlich lebenserhaltender und -verlängernder Maßnahmen, treffen zu können[33].

Die vorliegende Arbeit widmet sich demnach einem nicht lediglich theoretischen Problem. Führt man sich einen sechzehnjährigen Leukämiepatienten vor Augen, der nach mehreren Zyklen der Chemotherapie und Bestrahlung detaillierte Kenntnisse über den Verlauf seiner Erkrankung und deren Heilungschancen erlangt hat und keine weiteren Behandlungen mehr zulassen möchte, so kann es nicht überzeugen, dass diesem keine Möglichkeit zu vorsorglichen Behandlungsentscheidungen eröffnet sein

---

28 *Statistisches Bundesamt*, IM FOKUS 2014; *dass.*, Diagnosedaten, S. 13 ff.

29 *Statistisches Bundesamt*, Wie leben Kinder in Deutschland, S. 13. Die häufigsten Todesursachen sind danach Verletzungen wie Unfälle, Suizide oder Gewalt durch Dritte, siehe S. 14.

30 Siehe hierzu in der Statistik zu Todesursachen in Deutschland insb. S. 6 (Kapitel II: Neubildungen), *Statistisches Bundesamt*, Todesursachen.

31 Siehe *Alderson*, Autonomie des Kindes, in: Wiesemann et al., Das Kind als Patient, S. 28, 31 f., 35 ff.; *Niethammer*, Kinder im Angesicht ihres Todes, in: Wiesemann et al., Das Kind als Patient, S. 92, 98 ff.

32 *Alderson*, Autonomie des Kindes, in: Wiesemann et al., Das Kind als Patient, S. 28, 31 f., 35 ff.; *DAKJ*, Monatsschr Kinderheilkd 2015, 375, 376; *Niethammer*, Kinder im Angesicht ihres Todes, in: Wiesemann et al., Das Kind als Patient, S. 92, 98 ff.; *Tolmein*, Patientenautonomie, in: Höfling, Das neue Patientenverfügungsgesetz, S. 47, 49.

33 So auch *Jox et al.*, Monatsschr Kinderheilkd 2007, 1166, 1166; *Jox/Führer/Borasio*, Monatsschr Kinderheilkd 2009, 26, 29.

sollte, wohingegen beispielsweise ein psychisch kranker, aber noch einwilligungsfähiger Volljähriger eine wirksame Patientenverfügung verfassen könnte, selbst wenn er infolge seiner Erkrankung mitunter nach §§ 104 Nr. 2, 105 Abs. 1 oder § 105 Abs. 2 BGB in seiner Geschäftsfähigkeit beeinträchtigt wäre[34]. Dennoch findet sich eine entsprechende ausdrückliche Regelung für minderjährige Patienten nicht.

Doch auch in anderen Behandlungssituationen kann die Frage, ob im Voraus geäußerte oder schriftlich fixierte Behandlungserklärungen eines Minderjährigen zu beachten sind, Bedeutung erlangen. Denkbar ist dies beispielsweise bei minderjährigen Patienten in psychiatrischen Einrichtungen[35]. Sind diese aufgrund einer psychischen Erkrankung (vorübergehend) entscheidungsunfähig, könnten Eltern und Ärzte durch vorsorglich verfasste Behandlungswünsche des Kindes gebunden sein. Dabei wird es weniger um Vorausverfügungen über lebenserhaltende oder lebensverlängernde Maßnahmen gehen, sondern vielmehr um Festlegungen zu Sedierungen, Fixierungen sowie medikamentösen Behandlungen unter Zwang, welche von dem Minderjährigen im Vorhinein ausgeschlossen oder explizit präferiert worden sein könnten. Etwaige, mitunter der Heilung dienliche und dringend indizierte Behandlungen würden durch ein vorsorglich erklärtes Veto sodann möglicherweise unzulässig[36]. Erkennt man psychiatrische Patientenverfügungen für erwachsene Patienten an, so ist die Bedeutung derartiger Festlegungen auch für minderjährige Verfügende zu untersuchen.

Ferner sind suizidgefährdete Minderjährige in den Kreis der potenziell betroffenen Personen einzubeziehen. Haben diese vor einem Suizidversuch eine Verfügung verfasst, die jegliche Rettungsmaßnahmen und Wiederbelebungsversuche untersagt, und wäre diese Erklärung bindend, hieße dies unter Umständen, das Kind sterben lassen zu müssen[37]. In solchen Fällen muss jedoch sicherlich vielfach bereits die hinreichende Einsichts- und Urteilsfähigkeit des betroffenen Kindes über die inhaltliche Tragweite der Erklärung in Zweifel gezogen werden.

---

34 *Albrecht/Albrecht*, Rn. 153; ein ähnliches Beispiel nennen *Jox/Führer/Borasio*, Monatsschr Kinderheilkd 2009, 26, 28.

35 Siehe zur psychiatrischen Patientenverfügung *Henking/Bruns*, GesR 2014, 585 ff.

36 *Diener*, S. 165 ff., 191 ff.; *Henking/Bruns*, GesR 2014, 585, 586; *Marschner*, in: Jürgens, BetrR, § 1906 BGB Rn. 36.

37 Dies ergibt sich bereits aus der fehlenden Reichweitenbegrenzung, siehe z. B. *Damrau/Zimmermann*, § 1901a BGB Rn. 40; so nun auch LG Deggendorf RDG 2014, 237, 238; *Neumann*, in: Kindhäuser/Neumann/Paeffgen, StGB, Vor § 211 Rn. 72 ff.

In den Blick zu nehmen sind also zunächst Kinder und Jugendliche, die zum Zeitpunkt der fraglichen Behandlung das achtzehnte Lebensjahr noch nicht vollendet haben.

Vergleichbare Szenarien kommen aber darüber hinaus auch für Patienten in Betracht, die erst nach Erreichen der Volljährigkeit vorübergehend oder irreversibel ihre Fähigkeit zur eigenverantwortlichen Entscheidung verlieren oder im Verlaufe dieses Zustandes das achtzehnte Lebensjahr vollenden und für diesen Fall bereits im Minderjährigenalter eine Behandlungsverfügung verfasst haben. Vorstellbar ist zum Beispiel, dass ein adoleszenter Krebspatient mit infauster Prognose vorsorglich Festlegungen zu künftigen Behandlungsmaßnahmen trifft, seinen achtzehnten Geburtstag jedoch infolge des negativen Krankheitsverlaufs bereits nur noch in einem Koma erlebt, in dem er seine Behandlungswünsche nicht mehr äußern kann. Genauso kann ein an einer episodischen psychischen Erkrankung leidender Patient noch als Minderjähriger während einer klaren Episode eine Erklärung verfasst haben, welche nunmehr nach Erreichen der Volljährigkeit in einer akuten Psychose von Bedeutung sein könnte. Auch hier liegen kindliche, nämlich durch einen Minderjährigen abgefasste Erklärungen vor, welche aber nun – anders als in den obigen Beispielen – Regelungen für einen volljährigen Patienten treffen sollen.

Die Frage der Wirksamkeit und Verbindlichkeit vorsorglicher Behandlungsentscheidungen eines Minderjährigen kann somit von erhebliche Relevanz sowohl für das betroffene Kind als auch für dessen Ärzte und Familienangehörige im Umgang mit dem minderjährigen Patienten sein – und dies nicht allein in Lebensendesituationen, sondern in ganz unterschiedlichen Bereichen des klinischen Alltags.

II. Fallgruppen

Die Untersuchung der Forschungsfrage wird im Folgenden von zwei verschiedenen Standpunkten aus zu führen sein, welche in der medizinischen Praxis gleichermaßen auftreten können. Dazu sind zwei Fallgruppen zu bilden: Die erste Fallgruppe soll die Vorausverfügung eines derzeit minderjährigen Patienten untersuchen, dem eine medizinische Behandlung bevorsteht. Darüber hinaus ist zweitens der Fall eines inzwischen volljährigen Patienten zu betrachten, welcher bereits als Minderjähriger eine Erklärung über künftige Behandlungssituationen verfasst hat, jedoch erst als Volljähriger in die vorsorglich geregelte Behandlungssituation gerät. Obgleich also sowohl der Ausgangspunkt der Untersuchung (ein Minderjähriger verfasst eine Behandlungsverfügung) als auch die konkrete Situation in der Klinik (ein aktuell nicht hinreichend entscheidungsfähiger Patient soll behandelt werden) in beiden Fällen dieselben sind, ist der Blickwinkel, aus dem heraus die rechtliche Analyse erfolgen muss, doch unterschiedlich, da sie sich zum einen auf die Behandlung eines minderjährigen und zum anderen auf diejenige eines volljährigen Patienten bezieht.

1. Fallgruppe 1: Der minderjährige Patient mit Behandlungsverfügung

Wird über das Thema der kindlichen oder adoleszenten Behandlungsverfügung diskutiert, so haben die Akteure in erster Linie minderjährige Patienten mit Vorausverfügung vor Augen[38]. Gemeint ist der zum Zeitpunkt der fraglichen ärztlichen Maßnahme minderjährige Patient, der vorsorglich eine Erklärung über künftige Behandlungsentscheidungen abgegeben hat.

Für die Beantwortung der Frage nach der rechtlichen Bedeutung seiner Behandlungsverfügung wird es insbesondere darauf ankommen müssen, ob und inwieweit die Entscheidungen Minderjähriger im Rahmen *aktueller* Behandlungssituationen, in denen Erklärung und Wirkung der Entscheidung temporal zusammenfallen, zu berücksichtigen sind und inwiefern dieses Konzept auf *antizipierte* Behandlungsentscheidungen Minderjähriger übertragbar ist. Es wird daher neben den in der rechtswissenschaftlichen Literatur diskutierten Anwendungsversuchen der Regelungen zur Patientenverfügung vor allem auf das Kindschaftsrecht sowie die allgemeinen medizinrechtlichen Grundsätze Bezug zu nehmen sein. Anhand der bestehenden Normen und Prinzipien ist zu prüfen, welche Bedeutung das Recht Behandlungsverfügungen minderjähriger Patienten de lege lata zuerkennt. Hierbei wird auch den Sorgerechtsinhabern, also regelmäßig den gemeinsam sorgeberechtigten Eltern des Kindes, eine nicht unerhebliche Rolle im Rahmen der Untersuchung zukommen, da ihnen aus dem bestehenden Eltern-Kind-Verhältnis eigene Rechte erwachsen, die bei der Beantwortung der Forschungsfrage zu berücksichtigen sein werden.

---

38 Zum Beispiel *Bichler*, GesR 2014, 1, 2 ff.; *Lipp*, in: Laufs/Katzenmeier/Lipp, Kap. VI Rn. 184 f.; *Rieger*, FamRZ 2010, 1601, 1603; *Sternberg-Lieben/Reichmann*, NJW 2012, 257, 258; *Bienwald*, in: Staudinger, BGB, § 1901a und b Rn. 24; *Götz*, in: Palandt, BGB, § 1901a Rn. 10.

2. Fallgruppe 2: Der volljährige Patient mit kindlicher Behandlungsverfügung

Darüber hinaus sind diejenigen Patienten in die Untersuchung der vorliegenden Arbeit einzubeziehen, die noch im Zustand der Minderjährigkeit eine Behandlungsverfügung verfassten, zum Zeitpunkt des fraglichen Eingriffs aber bereits das achtzehnte Lebensjahr vollendet haben. Diese Möglichkeit wird häufig übersehen oder lediglich am Rande der Diskussion um Vorausverfügungen Minderjähriger behandelt[39], obwohl es zwingend einer gesonderten Betrachtung dieser Fallgruppe bedarf. Denn in diesen Fällen wird nicht das Kindschaftsrecht, sondern das Betreuungsrecht zur Anwendung kommen müssen, was zu einer abweichenden Lösung hinsichtlich Verfahren und Rechtsfolgen führen könnte.

Auch in praktischer Hinsicht ist die zweite Fallgruppe kein bloßes Gedankenspiel. Da diese Arbeit vor allem adoleszente Patienten im Blick hat, welche bereits eine gewisse Reife und umfangreiche Kenntnisse und Erfahrungen über ihre gesundheitliche Situation erlangt haben[40], ist es nicht unwahrscheinlich, dass diese im fortgeschrittenen Jugendalter eine vorsorgliche Behandlungserklärung abgeben und sodann im Verlaufe einer länger andauernden Therapie den Status der Volljährigkeit erreichen. Kommt es nunmehr zu der fraglichen Behandlungssituation, handelt es sich zwar weiterhin um die Vorausverfügung eines kindlichen Verfassers, da der Patient zum Zeitpunkt der Behandlung aber bereits volljährig ist, kommen im Hinblick auf die bevorstehende medizinische Behandlung jedoch die Normen des Erwachsenenrechts zur Anwendung.

Ein solcher Fall kann beispielsweise dann eintreten, wenn der Patient vor dem Erreichen der Volljährigkeit eine Verfügung verfasst, nach Vollendung des achtzehnten Lebensjahres jedoch nicht rechtzeitig daran denkt

---

39 Vielfach wird diese Möglichkeit bei der Diskussion um Vorausverfügungen Minderjähriger gar nicht gesehen: So z. B. *Albrecht/Albrecht*, Rn. 153; *Rieger*, FamRZ 2010, 1601, 1603; *Sternberg-Lieben/Reichmann*, NJW 2012, 257, 258; auch nicht bei *Bienwald*, in: Staudinger, BGB, § 1901a und b Rn. 24, der lediglich auf den Fall der Bestätigung der Erklärung durch einen nun Volljährigen Bezug nimmt. Teilweise wird die Fallgruppe zwar erkannt, jedoch in nur wenigen Worten und ohne hinreichende Begründungen abgehandelt: Vgl. z. B. *Brückner*, S. 184 f.; *Götz*, in: Palandt, BGB, § 1901a Rn. 10; *Jürgens*, in: Jürgens, BetrR, § 1901a BGB Rn. 5; *Schwab*, in: MüKo BGB, § 1901a Rn. 10. Einige wenige Ausführungen finden sich einzig bei *Bienwald*, in: Bienwald/Sonnenfeld/Harm, BetrR, § 1901a BGB Rn. 17; *Heitmann*, in: NK BGB, § 1901a Rn. 10.

40 Vgl. *Spickhoff*, in: Spickhoff, Medizinrecht, § 1901a BGB Rn. 5.

oder es nicht für erforderlich erachtet, die Erklärung zu erneuern. Möglich ist ferner, dass der Patient erst das achtzehnte Lebensjahr vollendet, nachdem er sich beispielsweise infolge einer andauernden Psychose oder Bewusstlosigkeit bereits nicht mehr selbstbestimmt äußern kann. Für diese Situationen vorsorglich verfasste Erklärungen des Patienten, die noch im Minderjährigenalter verfügt wurden, sind daher im Rahmen der zweiten Fallgruppe zu untersuchen.

III. Zusammenfassung

Es sind verschiedene Szenarien vorstellbar, in denen Ärzte und Patientenvertreter vor der Frage stehen, ob und in welchem Maße antizipierte Erklärungen durch minderjährige Patienten Berücksichtigung finden sollten oder gar müssen. Die Entscheidung für oder gegen die Befolgung der Verfügungen kann dabei unumkehrbare und existenzielle Folgen für den betroffenen Patienten nach sich ziehen. Aus diesem Grunde ist es von großer Bedeutung, die bislang ungelöste Problematik aufzuzeigen, zu diskutieren und, sofern möglich, rechtliche Lösungen anzubieten.

C. Begriffsbestimmungen

Die vorliegende Arbeit beschäftigt sich mit antizipierten Behandlungsentscheidungen minderjähriger Patienten. Da der Sprachgebrauch bei dieser Thematik in der rechtswissenschaftlichen, medizinethischen und medizinischen Fachdiskussion nicht konsistent ist, macht dies eine Definition der maßgeblichen Begriffe, wie sie in der vorliegenden Arbeit verwendet werden, erforderlich.

I. Minderjährige

Minderjährige sind gemäß § 2 BGB Menschen, die das achtzehnte Lebensjahr noch nicht vollendet haben. In Abgrenzung zu Vorausverfügungen durch Erwachsene wird deshalb im Folgenden regelmäßig von „kindlichen Behandlungsverfügungen" oder „Minderjährigenverfügungen" gesprochen. Diese Bezeichnungen sollen all jene vorsorglichen Festlegungen umfassen, deren Erklärende das achtzehnte Lebensjahr noch nicht vollendet haben. Ab vierzehn Jahren werden Minderjährige dabei in rechtlicher Hinsicht zumeist als Jugendliche bezeichnet[41]. Ist im Folgenden von „adoleszenten Vorausverfügungen" die Rede, so sollen damit Erklärungen heranwachsender Patienten bezeichnet werden, welche sich bereits im Jugendalter befinden.

II. Medizinische Behandlung

Der Begriff der medizinischen Behandlung aus § 630a BGB ist nicht legaldefiniert, setzt jedoch nach herrschender Ansicht die Erbringung eines Dienstes für die Gesundheit eines Menschen voraus[42]. Darunter ist in erster Linie die ärztliche Heilbehandlung beziehungsweise der ärztliche Heileingriff zu fassen[43]. Sie beinhaltet neben der Diagnose die Therapie und damit sämtliche Maßnahmen und Eingriffe am Körper eines Menschen, um Krankheiten, Leiden, Körperschäden, körperliche Beschwerden oder seelische Störungen zu verhüten, zu erkennen, zu heilen oder zu lindern[44].

Darüber hinaus fallen unter den Begriff der medizinischen Behandlung auch sonstige Eingriffe und Maßnahmen, die in der Regel ohne medizinische Indikation und nicht zu Heilzwecken erfolgen, wie zum Beispiel Schönheitsoperationen, Sterilisationen, Knabenbeschneidungen, Blutspenden, Organ- und Gewebespenden, Schwangerschaftsverhütungen, künstliche Befruchtungen sowie medizinisch nicht indizierte Schwangerschaftsabbrüche[45]. Diese sollen jedoch nicht Teil der vorliegenden Arbeit sein. Ist im Folgenden in allgemeiner Formulierung von „medizinischen Behandlungen", „ärztlichen Eingriffen" oder ähnlichem die Rede, so beschränken sich die Ausführungen stets auf ärztliche Heilbehandlungen respektive Heileingriffe.

Die ärztliche Heilbehandlung ist zudem abzugrenzen von Heilversuchen und Forschungseingriffen, welche ebenfalls nicht Gegenstand dieser Arbeit sein werden. Der Heilversuch (auch therapeutischer Versuch) dient

---

41 Vgl. § 1 Abs. 2 JGG: „Jugendlicher ist, wer zur Zeit der Tat vierzehn, aber noch nicht achtzehn, Heranwachsender, wer zur Zeit der Tat achtzehn, aber noch nicht einundzwanzig Jahre alt ist."

42 Siehe nur BT-Drs. 17/10488, S. 17; *Weidenkaff*, in: Palandt, BGB, Vorb v § 630a Rn. 2.

43 BT-Drs. 17/10488, S. 17; *Kern*, in: Laufs/Kern, § 50 Rn. 3.

44 BGH NJW 1978, 1206, 1206; BT-Drs. 17/10488, S. 17; *Kern*, in: Laufs/Kern, § 50 Rn. 3; *Lackner/Kühl*, StGB, § 223 Rn. 9.

45 Vgl. BT-Drs. 17/10448, S. 17; *Fischer*, StGB, § 223 Rn. 18; *Kern*, in: Laufs/Kern, § 49 Rn. 5 ff.; *Weidenkaff*, in: Palandt, BGB, Vorb v § 630a Rn. 2.

zwar ebenso wie die Heilbehandlung therapeutischen Zwecken, allerdings weicht er dahingehend von der Standardbehandlung ab, dass er versuchsweise mit neuartigen Methoden und Mitteln durchgeführt wird, sodass sein Behandlungserfolg unsicherer ist als bei einer standardmäßigen Therapie[46]. Der Heilversuch hat somit im Gegensatz zur Heilbehandlung einen experimentellen Charakter[47]. Der Forschungseingriff (auch klinischer Versuch oder klinisches Experiment) dient demgegenüber nicht der Gesundheit des Probanden, sondern wird zum Zwecke der Forschung durchgeführt[48]. Hierbei stehen Erkenntnisgewinn und wissenschaftliches Interesse im Vordergrund, wohingegen ein unmittelbarer Heilzweck nicht verfolgt wird[49].

III. Behandelnder und Patient

Gemäß dem Wortlaut des § 630a Abs. 1 BGB ist Behandelnder eines Behandlungsvertrages, wer die medizinische Behandlung eines Patienten zusagt, und Patient, wer im Gegenzug zur Gewährung der vereinbarten Vergütung verpflichtet ist. Bezeichnet sind folglich grundsätzlich die Vertragsparteien des Behandlungsvertrages.

Behandelnder können danach sowohl der tatsächlich behandelnde Arzt als auch die Gemeinschaftspraxis oder der Krankenhausträger sein, für den der Arzt tätig wird[50]. Das Gesetz stellt nicht auf die Person ab, die die Behandlungsleistung selbst durchführt (den behandelnden Arzt), sondern bezeichnet den nach dem Behandlungsvertrag Dienstverpflichteten[51].

Diesem entsprechend ist Patient im Sinne der §§ 630a ff. BGB zunächst spiegelbildlich, wer selbst oder durch eine Vertretungsperson den Behandlungsvertrag mit dem Behandelnden schließt[52]. Es muss sich hierbei um

46 Vgl. *Deutsch/Spickhoff*, Rn. 1337 ff.; *Lipp*, in: Laufs/Katzenmeier/Lipp, Kap. XIII Rn. 14, 28; *Quaas/Zuck*, § 68 Rn. 24 f., 44 ff.

47 *Deutsch/Spickhoff*, Rn. 1337 ff.; *Quaas/Zuck*, § 68 Rn. 25.

48 *Laufs*, in: Laufs/Kern, § 130 Rn. 7; *Lipp*, in: Laufs/Katzenmeier/Lipp, Kap. XIII Rn. 15 ff.; *Quaas/Zuck*, § 68 Rn. 25.

49 *Laufs*, in: Laufs/Kern, § 130 Rn. 7; *Lipp*, in: Laufs/Katzenmeier/Lipp, Kap. XIII Rn. 15 ff.

50 *Wagner*, in: MüKo BGB, § 630a Rn. 23 ff.; *Weidenkaff*, in: Palandt, BGB, Vorb v § 630a Rn. 3; vgl. auch BT-Drs. 17/10448, S. 17.

51 Siehe *Weidenkaff*, in: Palandt, BGB, Vorb v § 630a Rn. 3.

52 BT-Drs. 17/10448, S. 17; *Weidenkaff*, in: Palandt, BGB, Vorb v § 630a Rn. 4.

eine natürliche Person handeln[53]; keine Rolle spielt es hingegen, ob oder in welcher Form die Person krankenversichert ist[54]. Fallen Vertragspartner und zu behandelnde Person auseinander, wie es insbesondere bei der Behandlung Minderjähriger der Fall sein kann, soll in der vorliegenden Arbeit allerdings in einem untechnischen Sinne stets derjenige als Patient bezeichnet werden, welchem die medizinische Behandlung zuteilwird, ohne hierbei hinsichtlich des Anspruchsberechtigten im Einzelfall zu differenzieren[55]. Wird also im Folgenden von dem „minderjährigen Patienten" gesprochen, so ist darin keine Aussage über die Art der vertraglichen Beziehung des Minderjährigen zu dem Behandelnden zu sehen[56], sondern vielmehr die zu behandelnde Person bezeichnet.

IV. Vorausverfügungen minderjähriger Patienten

Wie bereits eingangs erwähnt wurde, lassen sich Behandlungswünsche minderjähriger Patienten dem Wortlaut nach nicht direkt unter den in § 1901a Abs. 1 S. 1 BGB definierten Begriff der Patientenverfügung subsumieren. Es wäre deshalb verfehlt, Erklärungen durch Minderjährige über künftige Behandlungsmaßnahmen als Patientenverfügungen zu bezeichnen[57]. In dieser Arbeit werden derartige Behandlungsentscheidungen folglich als kindliche „Behandlungsverfügungen", „Vorausverfügungen", „vorsorgliche Erklärungen", „antizipierte Behandlungsentscheidungen" oder mithilfe ähnlicher, möglichst neutral formulierter Termini umschrieben. Gemeint sind damit stets vorsorgliche Willensbekundungen, die ein minderjähriger Patient für mögliche künftige Behandlungssituationen festgelegt hat, in denen er keine selbstbestimmten Erklärungen mehr abgeben kann.

---

53 BT-Drs. 17/10448, S. 17.

54 *Wagner*, in: MüKo BGB, § 630a Rn. 15 ff.; *Weidenkaff*, in: Palandt, BGB, Vorb v § 630a Rn. 4; siehe auch § 630a Abs. 1 a. E.

55 Dass es sich bei dem Patienten auch nach dem allgemeinen Verständnis um denjenigen handelt, bei dem die Behandlungsmaßnahme durchgeführt wird, lässt sich auch der Formulierung des § 630a Abs. 1 BGB entnehmen, wonach der Behandler „die medizinische Behandlung eines Patienten zusagt"; so begrifflich differenzierend auch *Weidenkaff*, in: Palandt, BGB, Vorb v § 630a Rn. 4, § 630a Rn. 5.

56 Siehe zur vertraglichen Beziehung des Minderjährigen zum Behandelnden ausführlich in Kapitel 3 A., S. 78 ff.

57 Siehe zu diesem Problem ausführlich Kapitel 4 B.

V. Entscheidungs- und Einwilligungsfähigkeit, Einwilligungskompetenz und Entscheidungsbefugnis

Wird nach der Möglichkeit des Patienten gefragt, eigenverantwortlich über Eingriffe in seine körperliche Integrität zu disponieren, so wird diese im juristischen, medizinischen und medizinethischen Diskurs häufig mithilfe von Begriffen wie „Einwilligungsfähigkeit“, „Entscheidungsfähigkeit“ oder auch „Selbstbestimmungsfähigkeit“ umschrieben[58]. Darüber hinaus wird in diesem Zusammenhang oft über die „Einwilligungskompetenz“ oder „Entscheidungskompetenz“ beziehungsweise „Einwilligungsbefugnis“ diskutiert[59]. Während es sich bei einigen dieser Begriffe um rein rechtliche Bezeichnungen handelt, sind andere Ausdrücke in erster Linie medizinethisch oder medizinisch konnotiert, werden aber mitunter in verschiedenen Kontexten auch mit unterschiedlichem Bedeutungsgehalt verwendet.

Obgleich die Begriffe inhaltlich nicht synonym sind und somit nicht bedeutungsgleich verwendet werden sollten, bereitet eine klare – sowohl fachinterne als insbesondere auch fächerübergreifende – Abgrenzung aufgrund der uneinheitlichen Nutzung des Vokabulars Schwierigkeiten. Zur Verständlichkeit der zu untersuchenden Problematik müssen deshalb eindeutige Begriffsdefinitionen und -abgrenzungen gefunden werden, die dieser Arbeit zugrunde gelegt werden.

1. Rechtliche versus tatsächliche Fähigkeiten

Die Termini „Einwilligungsfähigkeit“ und „Einwilligungsunfähigkeit“ sind rechtlicher Natur. Als solche haben sie Eingang in das kodifizierte Recht gefunden, so zum Beispiel in § 630d Abs. 1 S. 1, § 1901a Abs. 1 S. 1 und § 1905 Abs. 1 S. 1 BGB, §§ 8 ff. TPG sowie § 114a Abs. 3a S. 6 SGB XI. Die Einwilligungsfähigkeit umschreibt die Fähigkeit, wirksam in Eingriffe in die eigenen Rechte und Rechtsgüter einzuwilligen und ist damit Grundvoraussetzung der wirksamen Einwilligungserklärung[60]. Ein-

58 Siehe z. B. BGH NJW 1956, 1106, 1107; BGHZ 29, 33, 36; BGHSt 12, 379, 382; *Amelung/Eymann*, JuS 2001, 937, 941 f.; *Spickhoff*, Selbstbestimmungsfähigkeiten, in: Becker/Roth, Recht der Älteren, S. 101, 120 f.

59 Siehe zu dieser Abgrenzung beispielhaft *Damm*, MedR 2015, 775, 777; *Gleixner-Eberle*, S. 15; *Rothärmel*, S. 118 ff.

60 *Spickhoff*, Selbstbestimmungsfähigkeiten, in: Becker/Roth, Recht der Älteren, S. 101, 120 f.

willigungsfähig in Bezug auf ärztliche Behandlungsmaßnahmen ist nach einhelliger Auffassung in Rechtsprechung und Lehre, wer in der Lage ist, Bedeutung und Tragweite der Behandlung und ihrer Gestattung zumindest in groben Zügen zu erkennen sowie Für und Wider der Maßnahme gegeneinander abzuwägen und daraufhin eine eigene Entscheidung zu treffen[61]. Sie bezeichnet damit genau genommen die *rechtliche Befugnis* des Patienten, eigenverantwortlich eine Einwilligung zu erklären oder diese abzulehnen.

Da es sich bei der Einwilligungsfähigkeit um eine Voraussetzung für die wirksame Einwilligung handelt, kann sie nur entweder vorliegen oder aber fehlen[62]. Ihr Bestehen ist allerdings für jeden konkreten Einzelfall individuell festzustellen, sodass sie insoweit inkonstant sein kann, als ein und derselbe Patient zwar beispielsweise hinsichtlich einer einfachen, leicht zu fassenden Entscheidungssituation als einwilligungsfähig angesehen werden kann, während er bezüglich einer komplexen, schwerwiegenden Entscheidungslage aus rechtlicher Perspektive möglicherweise nicht die erforderliche Kompetenz zu einer eigenverantwortlichen Verfügung innehat[63]. Ferner ist es möglich, dass der Patient die erforderliche Einwilligungsfähigkeit zu einem Zeitpunkt besitzt, indes zu einem anderen Beurteilungszeitpunkt im Hinblick auf dieselbe Behandlungsentscheidung als einwilligungsunfähig anzusehen ist. Es gilt folglich das Modell der „relativen Einwilligungsfähigkeit“[64]

Bei volljährigen Patienten wird die Einwilligungsfähigkeit vermutet, sodass ihr Fehlen einer positiven Feststellung bedarf[65]. Demzufolge trägt derjenige, der sich auf die Einwilligungsunfähigkeit beruft, hierfür die Beweislast[66]. Ob auch minderjährigen Patienten Einwilligungsfähigkeit zukommen kann, ist hingegen umstritten und wird in den nachfolgenden Kapiteln näher erörtert.

---

61 BGH NJW 1956, 1106, 1107; BGHZ 29, 33, 36; BGHSt 12, 379, 382; BGH MDR 1981, 810, 810; *Amelung*, Vetorechte, S. 8 ff.; *Deutsch/Spickhoff*, Rn. 425, 991; *Spickhoff*, Selbstbestimmungsfähigkeiten, in: Becker/Roth, Recht der Älteren, S. 101, 120 f.; vgl. auch *Amelung/Eymann*, JuS 2001, 937, 941 f.

62 Vgl. *Haberstroh/Müller*, ZGG 2017, 298, 298.

63 Vgl. dazu nur BGH NJW 1956, 1106, 1106 f.; RGSt 41, 392, 394; *Wagner*, in: MüKo BGB, § 630d Rn. 20; *Biermann*, in: Ulsenheimer, Arztstrafrecht, Rn. 414.

64 *Wagner*, in: MüKo BGB, § 630d Rn. 20.

65 Vgl. BT-Drs. 17/10488, S. 23; *Schroth*, in: Roxin/Schroth, Medizinstrafrecht, S. 34.

66 Vgl. BT-Drs. 17/10488, S. 23; *Katzenmeier*, in: Laufs/Katzenmeier/Lipp, Kap. V Rn. 51.

Abzugrenzen ist der rechtliche Terminus der Einwilligungsfähigkeit von der *tatsächlichen* Fähigkeit des Patienten, eigene Entscheidungen zu treffen. Das tatsächliche Entscheidungsvermögen soll im Folgenden als „Entscheidungsfähigkeit“ bezeichnet werden[67]. Während die Einwilligungsfähigkeit die Gestattung eines Eingriffs in persönliche Rechtsgüter betrifft und als ein für die Rechtmäßigkeit einer Behandlung relevantes Mindestniveau der Entscheidungsfähigkeit zu verstehen ist[68], ist die Entscheidungsfähigkeit insbesondere auch in jenen Bereichen relevant, in denen über ein Mitspracherecht nicht (voll) einwilligungsfähiger Patienten nachgedacht wird. Die Entscheidungsfähigkeit ist dabei nicht als dichotomer Begriff zu verstehen, der kein Mehr oder Weniger zulässt, sondern kann in verschiedenen Graden oder Entwicklungsstufen gegeben sein[69]. Sie bezeichnet das aktuelle Vorhandensein der klinischen Faktoren, um eine selbstbestimmte Entscheidung treffen zu können[70]. Das Ausmaß, in dem ein Patient entscheidungsfähig ist, hängt ebenfalls jeweils von der Komplexität der zu treffenden Entscheidung ab, sodass beispielsweise ein an Demenz leidender Patient hinsichtlich sich wiederholender Alltagsentscheidungen hinreichend entscheidungsfähig sein kann, deshalb aber nicht zwingend auch entscheidungsfähig in Bezug auf bedeutsame medizinische Entscheidungen sein muss. Anders als die Einwilligungsfähigkeit kann die Entscheidungsfähigkeit allerdings graduell gemessen werden, da nicht auf das Vorliegen oder Nichtvorliegen eines rechtlichen Merkmals, sondern auf das tatsächliche Können des Einzelnen abgestellt wird[71].

Die Einwilligungsfähigkeit des Patienten erfordert ein Mindestmaß an Entscheidungsfähigkeit[72]. Es wird hierbei auf die beiden tatsächlichen Elemente der Einwilligungsfähigkeit abgestellt: Einsichtsfähigkeit und Urteilsfähigkeit[73]. Beide Komponenten müssen in hinreichendem Umfang vorhanden sein, um einen Patienten in tatsächlicher Hinsicht als hinreichend „entscheidungsfähig“ sowie damit grundsätzlich in der Folge aus

67 Vgl. *Damm*, MedR 2015, 775 ff.; *ZEKO*, DÄBl 2016, A1 ff.; *Alankuş*, S. 22.

68 Vgl. *Haberstroh/Müller*, ZGG 2017, 298, 298.

69 *ZEKO*, DÄBl 2016, A1, A2.

70 *Rothärmel*, S. 118, jedoch in Abgrenzung zur Entscheidungskompetenz missverständlich mit Einwilligungsfähigkeit bezeichnet.

71 Vgl. *ZEKO*, DÄBl 2016, A1, A2; siehe auch *Haberstroh/Müller*, ZGG 2017, 298, 298.

72 Siehe nochmals BGH NJW 1956, 1106, 1107; BGHZ 29, 33, 36; BGHSt 12, 379, 382; *Deutsch/Spickhoff*, Rn. 991.

73 Vgl. nur BGH NJW 1956, 1106, 1106 f.; BT-Drs. 17/10488, S. 23; *Wagner*, in: MüKo BGB, § 630d Rn. 20.

rechtlicher Sicht auch als „einwilligungsfähig“ anzusehen. Erforderlich ist, dass das Einsichtsvermögen und die Urteilskraft des Patienten ausreichen, um die vorangegangene ärztliche Aufklärung zu verstehen, den Nutzen sowie die Risiken der bevorstehenden Behandlung gegeneinander abzuwägen und daraufhin eine eigenverantwortliche Entscheidung zu treffen[74].

Der österreichische Gesetzgeber verwendet seit Inkrafttreten des Zweiten Erwachsenenschutzgesetzes[75] zum 1. Juli 2018 zur Regelung der Beteiligungsrechte minderjähriger Patienten ebenfalls den Begriff der Entscheidungsfähigkeit. Gemäß § 173 Abs. 1 ABGB kann das entscheidungsfähige Kind grundsätzlich nur selbst in medizinische Behandlungen einwilligen, wobei das Vorliegen dieser Entscheidungsfähigkeit bei mündigen Minderjährigen vermutet wird. Mündig ist ein Minderjähriger nach § 21 Abs. 2 ABGB ab Vollendung des 14. Lebensjahres. Die neue Terminologie löst den bisher im österreichischen Allgemeinen bürgerlichen Gesetzbuch verwendeten Terminus der Einsichts- und Urteilsfähigkeit ab, da er kürzer und prägnanter sei und die Neuregelung verdeutliche.[76] Die Entscheidungsfähigkeit wird in § 24 Abs. 2 ABGB nunmehr ausdrücklich gesetzlich definiert als die Fähigkeit, die Bedeutung und die Folgen seines Handelns im jeweiligen Zusammenhang zu verstehen, seinen Willen danach zu bestimmen und sich entsprechend verhalten zu können[77].

Darüber hinaus taucht der Begriff der Entscheidungsfähigkeit im medizinischen und medizinethischen Kontext mit zunehmender Häufigkeit auf, wobei allerdings die Grenzen zum rechtlichen Können (Einwilligungsfähigkeit) bislang nicht ausreichend definiert beziehungsweise auch nicht immer konsequent eingehalten werden[78], was zwangsläufig zu Missverständnissen führen muss.

Im medizinethischen Kontext wird außerdem nahezu synonym entweder zur Entscheidungs- oder auch zur Einwilligungsfähigkeit der Begriff der „Selbstbestimmungsfähigkeit“ verwendet[79]. Er bezeichnet dort die Fä-

---

74 BT-Drs. 17/10488, S. 23.

75 2. Erwachsenenschutz-Gesetz (Österreich), Österreichisches BGBl. I Nr. 59/2017 (NR: GP XXV RV 1461 AB 1528 S. 173, BR: AB 9764 S. 866).

76 Erläuterungen der Regierungsvorlage GP XXV Nr. 1461, S. 9 (Österreich).

77 Siehe § 24 Abs. 2 ABGB, in Kraft seit 1. Juli 2018: „Entscheidungsfähig ist, wer die Bedeutung und die Folgen seines Handelns im jeweiligen Zusammenhang verstehen, seinen Willen danach bestimmen und sich entsprechend verhalten kann. Dies wird im Zweifel bei Volljährigen vermutet.“

78 Siehe z. B. bei *Alankuş*, v. a. ab S. 22.

79 Siehe *DGPPN*, Der Nervenarzt 2014, 1, 2; *Vollmann*, Patientenselbstbestimmung, S. 7.

higkeit, den eigenen Willen autonom zu bestimmen und eigenverantwortliche Patientenentscheidungen zu treffen[80]. Dabei werden die Voraussetzungen für eine „gültige" Patientenentscheidung zwar an die rechtlichen Erfordernisse der Einwilligung angelehnt, jedoch leiten sie sich vornehmlich aus ethisch begründeten Anforderungen der Arzt-Patienten-Beziehung her[81]. Die Einwilligung wird ethisch als gültig erachtet, wenn die Erfordernisse der Informationsvermittlung und des Informationsverständnisses, der Selbstbestimmungsfähigkeit und der Willensfreiheit erfüllt sind[82]. Im juristischen Sprachgebrauch wird die Selbstbestimmungsfähigkeit demgegenüber meist als Oberbegriff für die rechtlichen Ausgestaltungen zur Ausübung des verfassungsrechtlich garantierten Selbstbestimmungsrechts verstanden folglich als Synonym der allgemeinen rechtlichen Handlungsfähigkeit verwendet[83]. Sie fasst dabei die einzelnen, gesetzlich bestimmten Fähigkeiten der Selbstbestimmung unter einem Dach zusammen[84]. So sind vor allem die Rechts- und Geschäftsfähigkeit, die Testier- und Ehefähigkeit ebenso wie die Einwilligungsfähigkeit unter diesen Oberbegriff der Selbstbestimmungsfähigkeit zu subsumieren[85].

Obgleich sie also eine nicht unerhebliche Schnittmenge zum medizinrechtlichen Terminus aufweist, ist die medizinethische Verwendung des Begriffs der Selbstbestimmungsfähigkeit letztlich weder deckungsgleich mit der rechtlichen Definition der Einwilligungsfähigkeit oder Entscheidungsfähigkeit noch mit dem juristischen Verständnis der Selbstbestimmungsfähigkeit. Eine fächerübergreifende eindeutige Grenzziehung ist daher nur schwerlich zu erreichen, sodass zur Vermeidung von Missverständnissen von einer Verwendung des Begriffs der Selbstbestimmungsfähigkeit in dieser Arbeit abgesehen wird.

Die vorliegende Arbeit, welche juristischer Natur ist, soll vor allem die rechtliche Fähigkeit des Patienten zur eigenverantwortlichen, selbstbestimmten Entscheidung in den Blick nehmen. Diese ist im Folgenden als

---

80 Siehe nur *Vollmann*, Patientenselbstbestimmung, S. 7 f.

81 Vgl. *DGPPN*, Der Nervenarzt 2014, 1, 2 ff.; *Vollmann*, Patientenselbstbestimmung, S. 56 ff.

82 *DGPPN*, Der Nervenarzt 2014, 1, 2 ff.; *Vollmann*, Patientenselbstbestimmung, S. 56 ff.

83 *Spickhoff*, Selbstbestimmungsfähigkeiten, in: Becker/Roth, Recht der Älteren, S. 101, 103.

84 *Spickhoff*, Selbstbestimmungsfähigkeiten, in: Becker/Roth, Recht der Älteren, S. 101, 103.

85 Siehe *Spickhoff*, Selbstbestimmungsfähigkeiten, in: Becker/Roth, Recht der Älteren, S. 101, 103.

„Einwilligungsfähigkeit“ zu bezeichnen und soll als die Kompetenz zur Erteilung eigenverantwortlicher medizinischer Entscheidungen verstanden werden. Davon zu unterscheiden sind in der nachfolgenden Untersuchung die tatsächlichen Fähigkeiten von – insbesondere minderjährigen – Patienten, die Bedeutung und Tragweite der Behandlung zu erkennen, sie gegeneinander abzuwägen und danach selbst zu entscheiden. In diesen Fällen wird regelmäßig von der „hinreichenden Entscheidungsfähigkeit“ oder der „hinreichenden Einsichts- und Urteilsfähigkeit“ des Patienten die Rede sein. Wird das erforderliche Mindestmaß an Entscheidungsfähigkeit in Bezug auf die konkrete Behandlungsentscheidung nicht erreicht, ist der Patient hinsichtlich dieser Maßnahme „entscheidungsunfähig“.

2. Einwilligungsfähigkeit, Einwilligungskompetenz und Entscheidungsbefugnis

Da die tatsächliche Fähigkeit zur selbstbestimmten Entscheidung zumindest nach der zivilrechtlichen Rechtsprechung und nach Teilen des rechtswissenschaftlichen Schrifttums insbesondere für minderjährige Patienten nicht gleichgesetzt wird mit dem Recht, diese Erklärung auch rechtsverbindlich (allein oder mitbestimmend gemeinsam mit den Sorgeberechtigten) abgeben zu können, soll zu einem besseren Verständnis zudem ausdrücklich differenziert werden zwischen der „Einwilligungsfähigkeit“ und der „Einwilligungskompetenz“ oder „Einwilligungsbefugnis“[86].

Grundsätzlich ist nach dem Gesetz derjenige Patient zur Einwilligung in ärztliche Maßnahmen kompetent, der einwilligungsfähig ist. So bestimmt § 630d Abs. 1 S. 1 und S. 2 BGB, dass die Einwilligung nur dann von einem dritten Berechtigten einzuholen ist, wenn der Patient einwilligungsunfähig ist:

> Vor Durchführung einer medizinischen Maßnahme, insbesondere eines Eingriffs in den Körper oder die Gesundheit, ist der Behandelnde verpflichtet, die Einwilligung des Patienten einzuholen. Ist der Patient einwilligungsunfähig, ist die Einwilligung eines hierzu Berechtigten einzuholen, soweit nicht eine Patientenverfügung nach § 1901a Absatz 1 Satz 1 die Maßnahme gestattet oder untersagt.

---

86 Vgl. zur Notwendigkeit dieser Unterscheidung allgemein *Damm*, MedR 2015, 775, 777; auf ähnliche Weise differenziert auch *Rothärmel*, S. 118 ff., die jedoch wiederum nicht trennscharf das tatsächliche von dem rechtlichen Können abgrenzt.

Das Gesetz setzt somit Einwilligungsfähigkeit und Einwilligungskompetenz gleich. Die Einwilligungsfähigkeit bezeichnet zunächst die rechtliche Befähigung des hinreichend entscheidungsfähigen Patienten zur eigenverantwortlichen Entscheidung über einen konkreten Eingriff[87] und wird damit zugleich als Befugnis verstanden, danach alleinentscheidend die Einwilligung zu erteilen oder zu verweigern.

In der Diskussion um die Befugnisse minderjähriger Patienten in Bezug auf Behandlungsentscheidungen geht diese Gleichsetzung jedoch fehl, da nach aktuellem Streitstand keineswegs Konsens darüber besteht, dass der hinreichend entscheidungsfähige Minderjährige das Recht innehat, alleinverantwortlich die Einwilligung in ärztliche Heileingriffe zu erteilen[88]. Es soll daher in diesem Rahmen auf die Bezeichnung „Einwilligungsfähigkeit" des Minderjährigen verzichtet werden. Vielmehr ist das Recht des Minderjährigen, allein- oder mitentscheidend in einen Eingriff einzuwilligen beziehungsweise die Behandlung abzulehnen, mithilfe der Termini „Entscheidungsbefugnis" – oder in Anlehnung an die in Rechtsprechung und Literatur diskutierte Ansicht der Alleinentscheidungskompetenz auch als „Entscheidungskompetenz" – zu umschreiben. So soll vermieden werden, dass der legislative Gleichklang von rechtlichem Können und rechtlichem Dürfen, welcher der Einwilligungsfähigkeit anhaftet, in Bezug auf die Selbstbestimmung Minderjähriger zu Ungenauigkeiten führt.

Die Entscheidungsbefugnis kann sowohl in Form einer Alleinentscheidungskompetenz („Einwilligungsfähigkeit") als auch als Mitentscheidungskompetenz oder Vetorecht ausgestaltet sein[89]. Sie knüpft dabei zwar ebenfalls an die Entscheidungsfähigkeit an: Nur der hinreichend einsichts- und urteilsfähige Patient kann entscheidungsbefugt sein, in eine Behandlung einzuwilligen oder diese abzulehnen. Im Unterschied zum Terminus der Einwilligungsfähigkeit erlaubt die Konzeption der „Entscheidungsbefugnis" jedoch darüber hinaus eine differenzierte Diskussion um die Ausgestaltung der Rechte minderjähriger Patienten, ohne in einen Widerspruch zum Gesetzeswortlaut zu treten. Sie erlaubt die Frage, welches Maß an Entscheidungsfähigkeit jeweils im Hinblick auf die einzelnen Einwilligungskonzepte vorliegen muss.

---

87 Vgl. *Gleixner-Eberle*, S. 15.

88 Siehe hierzu nochmals die Einführung auf S. 18 ff. sowie ausführlich zu den Konzepten der Entscheidungskompetenz minderjähriger Patienten Kapitel 3 B. III. 3.

89 Hierzu später ausführlich in Kapitel 3 B. III. 3.

Es ist somit zunächst herauszustellen, unter welchen Voraussetzungen ein Patient als hinreichend einsichts- und urteilsfähig zu erachten ist, um eigenverantwortliche Entscheidungen zu treffen, bevor im Anschluss daran erörtert wird, welche Beteiligten im Falle der Behandlung eines Kindes zur Entscheidung über die Vornahme oder Nichtvornahme eines medizinischen Heileingriffs befugt sind.

D. Gang der Untersuchung

Daran anknüpfend soll nunmehr der Gang der nachfolgenden Untersuchung dargestellt werden.

Um die rechtlichen Grundlagen für die Beantwortung der Forschungsfrage festzulegen, widmet sich das folgende Kapitel zunächst der ärztlichen Heilbehandlung im Allgemeinen. Eingangs werden der ärztliche Behandlungsvertrag nach § 630a BGB sowie das Konzept der Einwilligung in ärztliche Eingriffe und dessen Herleitung dargestellt. Dabei ist die Bedeutung des Rechtsinstituts der Einwilligung des Patienten für den behandelnden Arzt aus zivilrechtlicher und strafrechtlicher Perspektive zu erörtern. Im Anschluss daran erfolgt eine kurze Darstellung der Voraussetzungen der wirksamen Einwilligung.

Das dritte Kapitel befasst sich sodann mit der Problematik der Heilbehandlung minderjähriger Patienten, beginnend mit dem Abschluss des Behandlungsvertrages, gefolgt von einer ausführlichen Analyse der Rolle des Minderjährigen im Rahmen konkreter Behandlungsentscheidungen sowohl im innerfamiliären Kontext gegenüber seinen sorgeberechtigten Eltern als auch im Arzt-Patienten-Verhältnis gegenüber seinem Behandler. Die Darstellung schließt die Frage der Feststellung der kindlichen Fähigkeiten zur selbstbestimmten Entscheidung und der Aufklärung minderjähriger Patienten ebenso ein wie die daran anknüpfenden differenten Ansichten in Rechtsprechung und Schrifttum zur Entscheidungskompetenz hinreichend einsichts- und urteilsfähiger Minderjähriger und ihrer Bedeutung im Rahmen medizinischer Behandlungsentscheidungen. Dabei wird zwischen der Beachtlichkeit des kindlichen Willens im innerfamiliären Kontext und seiner Bindungswirkung im Außenverhältnis unterschieden. Es wird der aktuelle Meinungsstand zur Entscheidungsfähigkeit und Entscheidungskompetenz minderjähriger Patienten in den Blick genommen und sowohl in das am Kindeswohl orientierte kindschaftsrechtliche Regelungsgefüge der §§ 1626 ff. BGB als auch in die für den Behandler maßgeblichen Vorschriften der §§ 630a ff. BGB eingeordnet und bewertet, um auf dieser Basis eine ausführliche Untersuchung der Beachtlichkeit kindlicher Vorausverfügungen zu ermöglichen, welche sich in den nachfolgenden Kapiteln anschließt.

Kapitel 4 und 5 beantworten die Frage, ob und in welcher Art und Weise antizipierte Behandlungswünsche eines Minderjährigen im Rahmen ärztlicher Behandlungsmaßnahmen eine Rolle spielen. Es ist zu erörtern, ob Minderjährigen das Recht zukommt, medizinische Vorausverfügungen zu verfassen, welche von gesetzlichen Vertretern und behandelnden Ärzten zu befolgen sind, und mit welchem Inhalt derartige Verfügungen wirksam sein könnten. Untersucht wird die Bindungswirkung kindlicher Vorausverfügungen gegenüber Patientenvertretern ebenso wie gegenüber den behandelnden Ärzten.

Dabei befasst sich das vierte Kapitel zunächst mit der Fallgruppe des noch minderjährigen Patienten mit Vorausverfügung und ihrer Berücksichtigung über die §§ 1901a ff. BGB sowie über die kindschaftsrechtlichen Regelungen der §§ 1626ff. BGB. Es werden die heutige Regelung des § 1901a BGB ebenso wie die im Vorhinein diskutierten Gesetzentwürfe dargestellt und ihre Anwendbarkeit auf minderjährige Verfasser überprüft. Anschließend soll eine Lösung über das Kindschaftsrecht vorgestellt werden, welche maßgeblich auf den Regelungen der § 1626 Abs. 2, § 1627 S. 1 sowie § 1666 Abs. 1 BGB basiert und aufzeigt, dass die sorgeberechtigten Eltern des minderjährigen Kindes infolge ihrer Verpflichtung zu einem kindeswohldienlichen Handeln und der Beteiligung des Kindes an Entscheidungen der elterlichen Sorge durch die vorsorglichen Erklärungen ihres Kindes auch dann gebunden sein können, wenn dieses seine vormals in ausreichendem Maße vorhandene Entscheidungsfähigkeit später einbüßt. Des Weiteren ist zu untersuchen, inwieweit der Arzt durch eine vorsorgliche Behandlungserklärung eines minderjährigen Patienten legitimiert und verpflichtet wird. Neben dem Grundsatz der mittelbaren Arztbindung ist dabei zudem auf die besonderen Fälle einzugehen, in denen eine unmittelbare Bindung des Arztes in Betracht kommt. Darüber hinaus soll erörtert werden, welche Möglichkeiten bestehen, dem kindlichen Willen im Innen- sowie im Außenverhältnis staatlichen Schutz zu gewähren, sollten die Eltern diesen missachten.

In Kapitel 5 wird eine rechtliche Einordnung der Minderjährigenverfügung eines inzwischen volljährigen Patienten vorgenommen. Diese Fallgruppe nimmt Behandlungsentscheidungen in den Blick, die von einem Patienten noch im Minderjährigenalter verfasst wurden, der nunmehr jedoch das achtzehnte Lebensjahr vollendet hat. Nachdem hierzu einige allgemeine Vorüberlegungen anzustellen sind, wird zunächst die Unanwendbarkeit des Kindschaftsrechts auf diese besondere Fallgruppe festgestellt werden müssen. Nachfolgend sind sodann die betreuungsrechtlichen Regelungen der §§ 1896 ff. BGB und insbesondere § 1901a BGB auf ihre Anwendbarkeit hin zu untersuchen. Obgleich es sich nicht um „echte" Patientenverfügungen im Sinne von § 1901a Abs. 1 S. 1 BGB handeln kann, wird herausgearbeitet werden können, dass die Festlegungen einer kindlichen Vorausverfügung für den Erwachsenenvertreter auch dann beachtlich sein müssen, wenn der Patient zwischenzeitlich volljährig wird. Maßgeblich ist dabei auf die Regelung des § 1901a Abs. 2 S. 1 Hs. 1 BGB einzugehen, welcher sich mit den Wirkungen vorsorglicher Behandlungswünsche befasst. Es wird dargestellt, in welcher Art und Weise der Patientenvertreter den Willen des Patienten umzusetzen hat und welche Unterschiede sich diesbezüglich im Vergleich zur Patientenverfügung ergeben. Neben der Beziehung zwischen dem Patienten und dessen Vertreterperson ist wiederum das Arzt-Patienten-Verhältnis zu untersuchen. Es wird erläutert, ob und unter welchen Voraussetzungen der Behandler durch antizipiert geäußerte Behandlungswünsche eines Patienten direkt verpflichtet wird und wann er einen Patientenvertreter respektive das Betreuungsgericht zu Rate ziehen muss. Abschließend ist abermals auf die staatlichen Kontroll- und Schutzmechanismen zum Schutze des Patientenwillens – nunmehr im Rahmen des Erwachsenenschutzrechts – einzugehen.

Nach der Analyse der derzeitigen Rechtslage soll in Kapitel 6 überprüft werden, ob der Wille des minderjährigen Verfassers einer Behandlungsverfügung de lege lata ausreichend berücksichtigt wird. Zu diesem Zweck sind die Forschungsergebnisse beider Fallgruppen gegenüberzustellen, um deren inhaltliche Parallelen und Divergenzen herauszustellen und einer rechtlichen Einordnung zu unterziehen. Sodann wird anhand der gefundenen Lösungen versucht, einheitliche Wirksamkeitsvoraussetzungen für eine verbindliche Minderjährigenverfügung zu erarbeiten. Schließlich wird in diesem Kapitel auch die ärztliche Praxis in den Blick genommen: Exemplarisch werden einige Umsetzungsversuche der bestehenden Rechtslage in Form klinischer Ethikleitlinien und deren Abweichungen und Widersprüche zu den gefundenen Forschungsergebnissen dargestellt. Anhand dieser Praxisbeispiele sollen die bestehenden Schwachstellen der derzeitigen Rechtslage aufgezeigt werden.

Die Arbeit schließt in Kapitel 7 mit einer zusammenfassenden Darstellung der Forschungsergebnisse sowie einer ausblickenden Schlussbetrachtung.

Kapitel 2: Das Selbstbestimmungsrecht des Patienten bei der ärztlichen Heilbehandlung

Bevor die übergeordnete Forschungsfrage nach der rechtlichen Einordnung von Behandlungsverfügungen durch minderjährige Patienten untersucht werden kann, sind vorab die Grundlagen dieser Untersuchung zu erörtern. Dazu gehören das Konzept der Einwilligung im Arztrecht, namentlich seine dogmatische Einordnung im Vergleich zum Behandlungsvertrag, dessen Rechtsnatur sowie die Rolle der Einwilligung im zivil- und strafrechtlichen Zusammenhang, ebenso wie eine Darstellung der Voraussetzungen für eine wirksame Erteilung der Einwilligung.

A. *Behandlungsvertrag und Einwilligung*

Während die Medizin zunehmend komplexer und die Behandlungsmöglichkeiten stetig vielfältiger wurden, fehlte es dennoch lange Zeit an gesetzlichen Kodifizierungen des Arzt-Patienten-Verhältnisses. Der historische Gesetzgeber des Bürgerlichen Gesetzbuches sah im Jahre 1900 in dem Vertrag zwischen Arzt und Patient noch keinen besonderen Vertragstypus, für den es einer eigenen Regelung bedurft hätte. Dies änderte sich erst dadurch, dass die schuldrechtliche Arzt-Patienten-Beziehung infolge gesellschaftlicher Veränderungen und immenser medizinischer Fortschritte, vor allem mit Blick auf die Rechtsstellung des Patienten, mehr und mehr an Bedeutung gewann[90]. Nach langen rechtpolitischen Diskussionen und mehreren erfolglosen Gesetzesinitiativen[91] trat schließlich am 26. Februar 2013 das Gesetz zur Verbesserung der Rechte von Patientinnen und Patienten in Kraft[92], dessen Kernstück die Kodifikation des (medizinischen) Behandlungsvertrages in den §§ 630a ff. BGB ist[93]. Diese dienten insbesondere der Herstellung rechtlicher Sicherheit und Transparenz, da wesentliche Aspekte der Arzt-Patienten-Beziehung bislang lediglich in

90 Siehe BT-Drs. 17/10488, S. 9.

91 Einen Überblick über die Entwicklung hin zur gesetzlichen Regelung verschafft *Spickhoff*, VersR 2013, 267, 267 f.

92 Patientenrechtegesetz, BGBl. 2013 I S. 277 ff.

93 Siehe *Spickhoff*, VersR 2013, 267, 267 f.

Form von Richterrecht geregelt waren[94]. Das neue Gesetz nimmt die richterrechtlich entwickelten Grundsätze des Arzthaftungs- und Behandlungsrechts auf und soll zugleich Unklarheiten der vorherigen Rechtsprechung beseitigen[95]. Der Behandlungsvertrag ist nunmehr als dienstvertragsähnlicher Vertragstypus ausgestaltet, der keinen Behandlungserfolg schuldet und damit weiterhin vom Werkvertrag abzugrenzen ist, da das Gelingen der Behandlungsmaßnahme und die Gesundung des Patienten in zahlreichen Konstellationen weder von einem Arzt versprochen noch garantiert werden können[96].

Vertragsinhalt ist die medizinische Behandlung durch einen Arzt oder Krankenhausträger[97]. Der Umfang der vertraglichen Leistung kann zum Zeitpunkt des Vertragsschlusses in der Regel noch nicht konkret bestimmt werden, da der Patient hierzu zunächst untersucht werden muss[98]. Der Vertrag nach § 630a BGB ist somit, abgesehen von Eilfällen, in denen ein vorheriger Vertragsabschluss nicht möglich ist[99], als schuldrechtliche Basis der ärztlichen Heilbehandlung anzusehen[100]. Ohne die Vereinbarung eines Behandlungsvertrages werden ärztliche Maßnahmen regelmäßig nicht stattfinden[101].

Allerdings legitimiert allein der Vertragsschluss den Arzt nicht zur Vornahme eines Eingriffs in die körperliche Integrität des Patienten; hierzu bedarf es zusätzlich einer sachlichen Rechtfertigung, insbesondere in Form der medizinischen Indikation, sowie der Einwilligung des Patienten in die konkrete Maßnahme[102]. Während der Behandlungsvertrag also den schuldrechtlichen Rahmen des Geschäfts festlegt und damit synallagmatische Rechte und Pflichten begründet, stellt die Einwilligung in den ärztlichen Eingriff die Disposition über das persönliche Rechtsgut im Einzelfall dar, die im Vergleich zum Vertragsschluss einen deutlich engeren Zusammenhang zum allgemeinen Persönlichkeitsrecht des Patienten aufweist[103].

---

94 BT-Drs. 17/10488, S. 9.
95 BT-Drs. 17/10488, S. 9.
96 BT-Drs. 17/10488, S. 10 f.; *Spickhoff*, VersR 2013, 267, 268 f.; *Weidenkaff*, in: Palandt, BGB, Vorb v § 630a Rn. 5.
97 BT-Drs. 17/10488, S. 11; *Lipp*, in: Laufs/Katzenmeier/Lipp, Kap. III Rn. 1 ff.
98 *Weidenkaff*, in: Palandt, BGB, § 630a Rn. 7.
99 Siehe zur GoA später ab S. 49 sowie in Bezug auf Minderjährige S. 85.
100 *Lipp*, in: Laufs/Katzenmeier/Lipp, Kap. III Rn. 2.
101 *Lipp*, in: Laufs/Katzenmeier/Lipp, Kap. III Rn. 1 f.
102 *Lipp*, in: Laufs/Katzenmeier/Lipp, Kap. III Rn. 2.
103 *Kern*, NJW 1994, 753, 753; *Wölk*, MedR 2001, 80, 82 f.

Seit Inkrafttreten des Patientenrechtegesetzes ist das Erfordernis der Einwilligung des Patienten in ärztliche Eingriffe ausdrücklich im Bürgerlichen Gesetzbuch verankert[104], was die bisherige Linie der Rechtsprechung bestätigt, wonach es zu den originären Aufgaben des Arztes zählt, sich vor Durchführung einer medizinischen Maßnahme der wirksamen Einwilligung seines Patienten zu versichern[105]. Die §§ 630e, 630f und 630h BGB zeigen die Bedeutung der Einwilligung hinsichtlich Aufklärungs- und Dokumentationspflichten sowie bei der Beweislast im Falle eines Haftungsanspruchs auf. Darüber hinaus verdeutlicht die ausdrückliche Regelung des Einwilligungserfordernisses die Unterscheidung zwischen der Willenserklärung des Patienten zum Behandlungsvertrag und seiner Einwilligungserklärung in den konkreten Heileingriff[106].

B. Das Konzept der Einwilligung

Das Einwilligungserfordernis für die Durchführung ärztlicher Heileingriffe bildete sich bereits Ende des 19. Jahrhunderts heraus[107]. Im Jahre 1894 entschied das Reichsgericht erstmals, dass auch ein medizinisch indizierter Eingriff eine tatbestandliche Körperverletzung darstelle, welche sich lediglich durch das Einverständnis des betroffenen Patienten beziehungsweise – wie das Reichsgericht bereits zu dieser Zeit betonte – seiner sorgeberechtigten Eltern oder eines Pflegers rechtfertigen lasse[108].

Noch heute stellt das Rechtsinstitut der Einwilligung einen der grundlegendsten und repräsentativsten Problembereiche des Rechts und damit einen bedeutenden Themenkomplex insbesondere des Medizinrechts dar[109]. Die Einwilligung ist von zentraler Bedeutung für die Rechtmäßigkeit ärztlicher Heileingriffe und sichert zugleich die Patientenautonomie des zu Behandelnden[110]. Ihre Ratio besteht darin, dass der Arzt kein eigenes berufsbegründetes Recht zur Heilbehandlung besitzt, sondern viel-

---

104 Siehe BGBl. 2013 I S. 277 ff.

105 So OLG Frankfurt MedR 2009, 532, 535.

106 *Deutsch/Spickhoff*, Rn. 128.

107 RGSt 25, 375 ff.; *Deutsch/Spickhoff*, Rn. 403; *Spickhoff*, Stellenwert des Persönlichkeitsschutzes, in: FS Fischer, S. 503, 505; *Voll*, S. 7 ff.

108 Erstmals entschieden durch das Reichsgericht in Strafsachen, RGSt 25, 375, 381 f.; wenig später im Jahre 1908 auch durch das Reichsgericht in Zivilsachen, RGZ 68, 431 ff.

109 Siehe nur *Damm*, MedR 2015, 775, 775 f.

110 *Damm*, MedR 2015, 775, 775 f.; *Eser*, in: Schönke/Schröder, StGB, § 223 Rn. 37.

mehr erst durch das Heilungsverlangen des Patienten zu dem medizinischen Eingriff legitimiert wird[111].

I. Das Rechtsinstitut der Einwilligung in ärztliche Heileingriffe

Bei der medizinischen Behandlung eines Patienten durch einen Arzt kollidieren zwei rechtlich anerkannte Interessen miteinander: Auf der einen Seite wird der behandelnde Arzt zum Wohle des Patienten im Rahmen seines Heilauftrages und zur Erfüllung seines Behandlungsvertrages tätig, wobei ihm ein nicht unerheblicher Ermessensspielraum eingeräumt wird[112]. Auf der anderen Seite steht das Bedürfnis des Patienten, Herr über seine Gesundheit zu bleiben und eigenverantwortlich Dispositionen über Eingriffe in seine körperliche Integrität zu treffen[113]. Das Rechtsinstitut der aufgeklärten Einwilligung will diesen Gegensatz überbrücken[114]. Eine Grundlage findet das Einwilligungserfordernis somit sowohl in der Ethik als auch im Recht.

Aus der Perspektive der Medizinethik stellen Information und Zustimmung des Patienten in erster Linie ethische Gebote dar. Da der Patient einen moralischen Anspruch auf Selbstverwirklichung hat, ist die Einholung seiner Einwilligung Ausdruck des Respekts für dessen Autonomie[115]. Nach dem „Vier-Prinzipien-Modell“ von *Beauchamp* und *Childress* gehört es neben der Förderung des Patientenwohls, dem Nichtschadensgebot und der Gerechtigkeit zu den vier elementaren Pflichten des Arztes, die Patientenautonomie zu respektieren sowie die Entscheidungsfreiheit des Patienten zu achten und sogar zu fördern[116].

Juristisch ist das Konzept der Einwilligung aus dem verfassungsrechtlich garantierten Selbstbestimmungsrecht herzuleiten. Woraus sich dieses allgemein anerkannte Recht im Einzelnen ergibt, wird unterschiedlich beantwortet: Einerseits wird vertreten, dass sich das Selbstbestimmungsrecht aus dem allgemeinen Persönlichkeitsrecht aus Art. 2 Abs. 1 i.V.m. Art. 1 Abs. 1

---

111 BGHZ 29, 46, 49; 29, 176, 180; vgl. auch *Eser*, in: Schönke/Schröder, StGB, § 223 Rn. 37.

112 *Deutsch*, AcP 192 (1992), 161, 166.

113 *Deutsch*, AcP 192 (1992), 161, 166.

114 *Deutsch/Spickhoff*, Rn. 402.

115 *Illhardt*, S. 129 ff.; *Rössler*, Ethik Med 1996, 59, 60 ff.; *Beauchamp/Childress*, S. 13, 101 ff.; *Deutsch/Spickhoff*, Rn. 406.

116 *Beauchamp/Childress*, S. 13, 101 ff. unter der Bezeichnung „Respect for Autonomy“.

GG ableiten lasse[117]. Dieses ungeschriebene Recht auf freie Entfaltung der Persönlichkeit garantiere jedem Menschen einen autonomen Bereich privater Lebensgestaltung, in welchem individuelle Entscheidungen – auch über den eigenen Körper und das eigene Leben – entwickelt und bewahrt werden dürften[118]. In Teilen wird das Selbstbestimmungsrecht demgegenüber aus Art. 2 Abs. 2 GG hergeleitet, in welchem das Recht auf Leben und körperliche Unversehrtheit verankert ist[119]. Art. 2 Abs. 2 GG schütze danach nicht allein die Körperlichkeit im biologisch-naturalistischen Sinne, sondern vielmehr auch ihre äußere Erscheinungsform der Persönlichkeit[120]. Damit erstrecke sich der Schutzbereich des Rechts auf körperliche Unversehrtheit ebenfalls auf die Selbstbestimmung und Eigenverantwortlichkeit der Person über ihren Körper und beinhalte dadurch einen großen Autonomiegehalt[121]. Im Arztrecht fand das Selbstbestimmungsrecht dadurch wesentlichen Niederschlag, dass für ärztliche Eingriffe in die körperliche Unversehrtheit der Vorbehalt des Einverständnisses des Patienten entwickelt wurde[122].

II. Rechtsnatur und Bedeutung der Einwilligung

Die medizinische Einwilligung ist die Zustimmung des Patienten zu einem ärztlichen Eingriff[123], durch welche er auf eines seiner persönlichen disponiblen Rechtsgüter verzichtet[124].

---

117 BVerfGE 52, 131, 168 f.; *Amelung*, Einwilligung, S. 31; *Deutsch*, AcP 192 (1992), 161, 166; *Hufen*, NJW 2001, 849, 851; *Ludyga*, FPR 2010, 266, 267; *Deutsch/Spickhoff*, Rn. 407; *Murswiek*, in: Sachs, GG, Art. 2 Rn. 54.

118 *Ludyga*, FPR 2010, 266, 267.

119 BVerfGE 52, 131, 171 ff. (Sondervotum Hirsch, Niebler und Steinberger); 89, 120, 130; 128, 282, 300; 129, 269, 280 f.; BGHZ 29, 46, 49; *Lorenz*, in: Isensee/Kirchhof, Staatsrecht, § 128 Rn. 3 ff., 16 f.; *Murswiek*, in: Sachs, GG, Art. 2 Rn. 148; *Quaas/Zuck*, § 2 Rn. 36; *Voll*, S. 49 ff. m. w. N.

120 BVerfGE 7, 198, 205; 27, 1, 6; 52, 131, 171 ff. (Sondervotum Hirsch, Niebler und Steinberger).

121 BVerfGE 7, 198, 205; 27, 1, 6; 52, 131, 171 ff. (Sondervotum Hirsch, Niebler und Steinberger); *Lorenz*, in: Isensee/Kirchhof, Staatsrecht, § 128 Rn. 3.

122 *Deutsch*, AcP 192 (1992), 161, 166; *Deutsch/Spickhoff*, Rn. 407; *Voll*, S. 10, 47 ff.

123 *Rehborn/Schäfer*, Einwilligung Minderjähriger, in: AG RAe im Medizinrecht, 25 Jahre Arzthaftung, S. 253, 255; *Deutsch/Spickhoff*, Rn. 402.

124 *Ulsenheimer*, in: Laufs/Kern, § 139 Rn. 43.

Nach herrschender Ansicht stellt die Einwilligung ihrer Rechtsnatur nach kein Rechtsgeschäft dar[125]. Denn anders als bei einer rechtsgeschäftlichen Willenserklärung handele es sich bei der Einwilligung nicht um das Eingehen einer rechtsgeschäftlichen Bindung, sondern um die Disposition über persönliche Rechtsgüter, namentlich das Leben oder die körperliche Unversehrtheit, weshalb die Befugnis zur Einwilligung nicht von der Geschäftsfähigkeit, sondern von der Einwilligungsfähigkeit des Disponierenden abhängen müsse[126].

Die Gegenauffassung folgt demgegenüber der „Rechtsgeschäftstheorie"[127]. Sie sieht in der Einwilligung eine rechtsgeschäftliche Erlaubnis, durch welche das Rechtsverhältnis zwischen Einwilligendem und Handelndem umgestaltet werde[128]. Das generelle Eingriffsverbot werde durch eine zweckgebundene Eingriffsbefugnis modifiziert[129]. Somit handele es sich bei der Einwilligung um eine Willensäußerung, die mit Rechtsbindungswillen erfolge und eine Rechtsfolge erziele, sodass auf Einwilligungserklärungen die §§ 104 ff. BGB anwendbar seien[130]. Eine wirksame Einwilligung könnte danach grundsätzlich nur von geschäftsfähigen Personen erteilt werden.

Zu Recht wird der „Rechtsgeschäftstheorie" jedoch entgegengehalten, dass sie die Divergenzen zwischen einem Rechtsgeschäft und der Einwilligung in eine ärztliche Heilbehandlung nicht hinreichend berücksichtigt. Schon aus einem rein rechtstatsächlichen Blickwinkel scheint es zweifelhaft, die Einwilligung für Eingriffe in die körperliche Integrität beispielsweise mit dem Kauf eines Brötchens gleichzusetzen[131]. Doch auch die grundlegenden Rechtsinstitute der Rechtsgeschäftslehre lassen sich nicht

---

125 BGHZ 29, 33, 36; *Katzenmeier*, S. 339 Fn. 129; *Pawlowski*, Probleme der Einwilligung, in: FS Hagen, S. 5, 5 f.; *Rehborn/Schäfer*, Einwilligung Minderjähriger, in: AG RAe im Medizinrecht, 25 Jahre Arzthaftung, S. 253, 255 f.; *Rothärmel*, S. 61; *Ulsenheimer*, in: Laufs/Kern, § 139 Rn. 43.

126 BGHZ 29, 33, 36; *Damm*, MedR 2015, 775, 776; *ders.*, Bundesgesundheitsbl 2016, 1075, 1076; *Deutsch/Spickhoff*, Rn. 420; *Katzenmeier*, S. 339; *Spickhoff*, AcP 208 (2008), 345, 385. Es soll hier zunächst die herrschende Auffassung dargestellt werden, bevor in Kapitel 3 eine kritische Auseinandersetzung mit der Thematik erfolgt.

127 *Ohly*, Einwilligung und Einheit der Rechtsordnung, in: FS Jakobs, S. 451, 463 f.; *ders.*, S. 207 ff.; *Voll*, S. 36 ff.

128 Vgl. *Ohly*, S. 207; *Voll*, S. 36 ff.

129 *Ohly*, S. 207.

130 So *Voll*, S. 40 ff.; vgl. auch *Ohly*, S. 207 ff.

131 *Deutsch/Spickhoff*, Rn. 419; *Spickhoff*, Stellenwert des Persönlichkeitsschutzes, in: FS Fischer, S. 503, 506.

oder allenfalls mit Einschränkungen auf das Konstrukt der Einwilligung anwenden[132]: Anders als eine Willenserklärung kann die Einwilligung beispielsweise nicht wegen Inhalts- oder Erklärungsirrtums nach § 142 Abs. 1 BGB mit Ex-post-Wirkung angefochten werden, da Heileingriffe durch eine Anfechtung der Erklärung andernfalls rückwirkend rechtswidrig würden[133]. Auch das Erfordernis der vorherigen Aufklärung als Wirksamkeitsvoraussetzung der Einwilligung gemäß §§ 630d, 630e BGB entspricht nicht der Dogmatik der Willenserklärung, für deren Wirksamkeit bloße Motivirrtümer grundsätzlich unbeachtlich sind[134]. Schließlich sind die allgemeinen Regeln der Stellvertretung nur unter Beachtung der besonderen Regelung des § 630d Abs. 1 S. 1 und S. 2 BGB auf die Erteilung einer Einwilligung anwendbar[135]. Danach geht die Erklärung des einwilligungsfähigen Patienten derjenigen eines Vertreters stets vor, wohingegen Willenserklärungen des Stellvertreters im Rahmen eines Rechtsgeschäfts gemäß § 164 Abs. 1 BGB grundsätzlich unmittelbare Rechtsfolgen für die Person des Vertretenen haben, ohne dass der Wille des Vertretenen vorab von jenem persönlich erfragt werden müsste[136].

Die medizinische Einwilligung unterscheidet sich demnach in vielerlei Hinsicht von der rechtsgeschäftlichen Willenserklärung, sodass auch die Regelungen der §§ 104 ff. BGB nicht ohne Weiteres zur Anwendung kommen sollten. Vielmehr ist die Einwilligung des Patienten als eine Gestattung oder Ermächtigung zur Vornahme tatsächlicher Handlungen zu verstehen, welche in seinen Rechtskreis eingreifen[137]. Ihrem Wesen nach stellt sie somit einen durch das Selbstbestimmungsrecht legitimierten freiwilligen Verzicht des Rechtsgutsinhabers auf den durch die Rechtsordnung gebotenen Rechtsschutz seiner Körperintegrität dar, welcher nicht die Geschäfts-, sondern die Einwilligungsfähigkeit des Disponierenden erfordert[138].

132 *Deutsch/Spickhoff*, Rn. 419.
133 *Deutsch/Spickhoff*, Rn. 419.
134 *Deutsch/Spickhoff*, Rn. 419.
135 Vgl. *Deutsch/Spickhoff*, Rn. 419.
136 Vgl. *Deutsch/Spickhoff*, Rn. 419; *Ellenberger*, in: Palandt, BGB, Einf v § 164 Rn. 1, § 164 Rn. 15; *Leptien*, in: Soergel, BGB, § 164 Rn. 4.
137 BGHZ 29, 33, 36; vgl. auch BGHZ 105, 45, 47 f.; *Amelung/Eymann*, JuS 2001, 937, 937 f.; *Fahse*, in: Soergel, BGB, § 227 Rn. 18 f.
138 Vgl. *Amelung*, Vetorechte, S. 10; *Deutsch*, AcP 192 (1992), 161, 167; *Voll*, S. 37.

III. Bedeutung der Einwilligung für den Behandler: Rechtliche Folgen eines eigenmächtigen ärztlichen Heileingriffs

Für den behandelnden Arzt ist die Einholung der wirksamen Einwilligung von großer Bedeutung, da seine ärztliche Tätigkeit regelmäßig erst durch die Zustimmung des Patienten legitimiert wird[139]. Eigenmächtige Heileingriffe können daher sowohl zivilrechtliche als auch strafrechtliche Konsequenzen für den Behandler haben.

Unter den Begriff des „eigenmächtigen Heileingriffs“ fallen all solche ärztlichen Heilbehandlungen, die ohne die Einwilligung des Patienten erfolgen, obgleich deren Einholung möglich gewesen wäre[140]. Darüber hinaus sind Heileingriffe als eigenmächtig anzusehen, wenn der Patient ihnen zwar zugestimmt hat, die Einwilligung jedoch beispielsweise aufgrund mangelnder oder mangelhafter Aufklärung nicht wirksam ist[141].

Fehlt die Einwilligung oder ist sie infolge des Defizits einer ihrer Voraussetzungen rechtsunwirksam, obwohl die Einholung einer wirksamen Einwilligung erreichbar gewesen wäre, und führt der Arzt den Eingriff dennoch durch, so verletzt dies den Patienten nicht nur in seiner verfassungsrechtlich verbürgten Selbstbestimmungsfreiheit, sondern kann zudem vertragliche und deliktische Haftungsansprüche des Patienten gegen den Arzt oder Krankenhausträger begründen. Darüber hinaus macht sich der Arzt bei Durchführung eines eigenmächtigen Heileingriffs gegebenenfalls strafbar gemäß der §§ 223 ff. StGB.

1. Zivilrechtliche Konsequenzen eigenmächtiger Heileingriffe für den Behandler

Für den behandelnden Arzt bedeutet die eigenmächtige medizinische Heilbehandlung zuvörderst eine zivilrechtliche Haftung gegenüber dem betroffenen Patienten. Lag für einen durchgeführten medizinischen Eingriff keine wirksame Einwilligung vor, so haften der Behandler sowie gegebenenfalls auch der Krankenhausträger oder Praxisinhaber, bei dem der Arzt angestellt ist, auf Ersatz des hieraus entstandenen Schadens[142]. Der-

---

139 *Lipp*, in: Laufs/Katzenmeier/Lipp, Kap. III Rn. 2.

140 *Schroth*, in: Roxin/Schroth, Medizinstrafrecht, S. 23.

141 *Schroth*, in: Roxin/Schroth, Medizinstrafrecht, S. 23.

142 Vgl. BGHZ 162, 320, 323 f.; 172, 1, 1 ff.; 176, 342, 347; *Bergmann/Wever*, S. 6 ff.; *Hart*, GesR 2012, 385, 386. Zur Haftung für Erfüllungs- und Verrichtungsge-

artige Entschädigungsansprüche, welche auf Schadensersatz und Schmerzensgeld gerichtet sein können[143], lassen sich sowohl auf vertragliche oder quasivertragliche als auch auf deliktische Anspruchsgrundlagen stützen.

a. Vertragliche Arzthaftung

Die ärztliche Haftung für eigenmächtige Heileingriffe ergibt sich zunächst aus dem schuldrechtlichen Verhältnis zwischen Arzt und Patient. In aller Regel wird zwischen dem Patienten und dessen behandelndem Arzt beziehungsweise dem Träger des ihn anstellenden Krankenhauses oder Praxisinhaber ein Behandlungsvertrag geschlossen[144]. Der seit 2013 in den §§ 630a bis 630h BGB kodifizierte besondere Vertragstypus des Behandlungsvertrages stellt einen selbstständigen Dienstvertrag dar, welcher ergänzend durch die §§ 611 ff. BGB geregelt wird[145].

Zu den Hauptpflichten des Arztes aus dem Behandlungsvertrag gehört neben der Behandlungspflicht nach § 630a Abs. 1 BGB, der therapeutischen Informationspflicht aus § 630c Abs. 2 S. 1 BGB und der Aufklärungspflicht aus § 630e BGB vor allem die Pflicht zur Einholung der Einwilligung gemäß § 630d BGB. Der Einordnung in das Vertragsrecht folgend wird die Einwilligung nun konsequenterweise ausdrücklich in die vertraglichen Pflichten des Behandlungsvertrages einbezogen[146]. Hinzu kommt eine Reihe von Nebenpflichten, welche ebenfalls den §§ 630a ff. BGB zu entnehmen sind[147]. Zur Einwilligung regelt § 630d BGB in Abs. 1:

> Vor Durchführung einer medizinischen Maßnahme, insbesondere eines Eingriffs in den Körper oder die Gesundheit, ist der Behandelnde

---

hilfen in Praxisgemeinschaften, Gemeinschaftspraxen oder Partnerschaftsgesellschaften sowie im Rahmen aller weiteren üblichen Zusammenschlüsse findet sich ein Überblick zum Kreis der möglichen Haftpflichtschuldner beispielsweise bei *Laufs/Kern*, in: Laufs/Kern, § 94 Rn. 4 ff. Im Zuge einer grundlegenden Darstellung soll in dieser Arbeit auf eine differenzierte Erörterung verzichtet werden.

143 Vgl. hierzu z. B. *Bergmann/Wever*, S. 10 f.

144 *Lipp*, in: Laufs/Katzenmeier/Lipp, Kap. III Rn. 1 f.; zu den verschiedenen Vertragspartnern siehe *Laufs/Kern*, in: Laufs/Kern, § 94 Rn. 4 ff.

145 *Katzenmeier*, NJW 2013, 817, 817; *Mansel*, in: Jauernig, BGB, Vor § 630a Rn. 2; *Rehborn/Gescher*, in: Erman, Vor § 630a Rn. 5.

146 Vgl. *Hart*, GesR 2012, 385, 386.

147 *Hart*, MedR 2013, 159, 160 f.; *Katzenmeier*, NJW 2013, 817, 819 f.; *Mansel*, in: Jauernig, BGB, Vor § 630a Rn. 2.

> verpflichtet, die Einwilligung des Patienten einzuholen. Ist der Patient einwilligungsunfähig, ist die Einwilligung eines hierzu Berechtigten einzuholen, soweit nicht eine Patientenverfügung nach § 1901a Absatz 1 Satz 1 die Maßnahme gestattet oder untersagt. Weitergehende Anforderungen an die Einwilligung aus anderen Vorschriften bleiben unberührt. Kann eine Einwilligung für eine unaufschiebbare Maßnahme nicht rechtzeitig eingeholt werden, darf sie ohne Einwilligung durchgeführt werden, wenn sie dem mutmaßlichen Willen des Patienten entspricht.

Der Gesetzgeber begründet dies damit, dass es allein dem mündigen Patienten obliege, über den eigenen Körper und die insoweit durchzuführenden Maßnahmen zu entscheiden[148]. Der Patient dürfe nicht Objekt der Behandlung werden, sondern müsse als eigenverantwortliches Subjekt über die Durchführung der Behandlung entscheiden können[149]. Für die wirksame Einwilligung ist nach § 630d Abs. 2 BGB die ordnungsgemäße Aufklärung des Patienten erforderlich. Zudem ist der Arzt verpflichtet, den Patienten ausdrücklich und unmissverständlich nach seiner Einwilligung zu fragen[150]. Unterlässt er die Einholung der Einwilligung oder werden die Voraussetzungen ihrer Wirksamkeit nicht erfüllt und führt er die Maßnahme dennoch durch, verletzt er damit folglich eine Hauptpflicht des Behandlungsvertrages[151].

Eigenständige Haftungsregelungen enthalten die neuen Vorschriften – ausgenommen die Beweislastregel des § 630h BGB – nicht, sodass auf die allgemeinen Normen zur vertraglichen Haftung aus §§ 280 ff. BGB zurückzugreifen ist[152]. Hat der Arzt die Nichteinholung der wirksamen Einwilligung des Patienten im Rahmen der schuldrechtlichen Beziehung zu vertreten, so hat er gemäß §§ 280 Abs. 1, 278 i.V.m. §§ 630d, 630a BGB die daraus entstehenden Schäden zu ersetzen[153]. Ist nicht der Arzt Vertragspartner des Patienten, sondern der Krankenhausträger oder Praxisinhaber, so hat dieser regelmäßig sowohl für eigenes Organisationsverschulden als

148 BT-Drs. 17/10488, S. 23.

149 BT-Drs. 17/10488, S. 23.

150 Zu den Wirksamkeitsvoraussetzungen der Einwilligung *Amelung/Eymann*, JuS 2001, 937, 939 ff.; *Weidenkaff*, in: Palandt, BGB, § 630d Rn. 2 ff.; ausführlich ab S. 63.

151 *Hart*, GesR 2012, 385, 386; so auch schon BGH NJW 1956, 1106, 1106 f.

152 BT-Drs. 17/10488, S. 11, 24; *Katzenmeier*, NJW 2013, 817, 821; *Rehborn/Gescher*, in: Erman, Vor § 630a Rn. 5; *Weidenkaff*, in: Palandt, BGB, § 630a Rn. 39 f.

153 Vgl. BGHZ 162, 320, 323 f.; 172, 1, 1 ff.; 176, 342, 347; *Bergmann/Wever*, S. 6 ff.; *Hart*, GesR 2012, 385, 386.

auch für das Handeln des Arztes einzustehen, welcher als Erfüllungsgehilfe im Sinne des § 278 S. 1 BGB für den Vertragspartner tätig wurde[154].

b. Quasivertragliche Haftungsansprüche bei Vorliegen einer unberechtigten GoA

Kommt es nicht zum Abschluss eines Behandlungsvertrages, so sind vertragsähnliche Schadensersatzansprüche aus den Regelungen zur Geschäftsführung ohne Auftrag nach §§ 677 ff. BGB einschlägig[155]. Ein Fall ärztlicher Eigenmacht liegt hiernach vor, wenn die ärztliche Maßnahme erkennbar nicht dem tatsächlichen oder mutmaßlichen Willen des Patienten (oder seines Vertreters) entspricht oder die Einholung der Einwilligung rechtzeitig hätte erfolgen können[156]. Sodann kommt ein Ersatzanspruch aus § 678 BGB wegen Übernahmeverschuldens im Rahmen einer unberechtigten Geschäftsführung ohne Auftrag in Betracht[157]. Danach ist der Arzt dem Patienten zum Ersatz der aus der unberechtigten Geschäftsführung entstandenen Schäden verpflichtet.

In den meisten Fällen wird jedoch von einer mutmaßlichen Einwilligung des Patienten oder seines Vertreters auszugehen sein, sofern der Eingriff für den Betroffenen erforderlich war und allein aufgrund eines aktuellen Hindernisses nicht eingeholt werden konnte, beispielsweise weil der betroffene, akut behandlungsbedürftige Patient bewusstlos ist oder der gesetzliche Vertreter eines nicht (voll) geschäftsfähigen Patienten nicht rechtzeitig erreicht werden kann. Mangels Möglichkeit zur Einholung der Einwilligung handelt es sich sodann gerade nicht um einen eigenmächtigen Heileingriff des Arztes[158]. Eine Arzthaftung kommt dann allenfalls bei Vorliegen eines Behandlungsfehlers wegen fehlerhafter Geschäftsführung nach den §§ 677, 280 Abs. 1 BGB in Betracht[159].

154 Vgl. hierzu *Bergmann/Wever*, S. 7 f.; *Katzenmeier*, S. 103 ff.
155 *Katzenmeier*, S. 109 ff.; *Lipp*, in: Laufs/Katzenmeier/Lipp, Kap. III Rn. 55 ff.
156 Vgl. *Baltz*, S. 23.
157 *Baltz*, S. 23; *Gleixner-Eberle*, S. 225.
158 Vgl. *Schroth*, in: Roxin/Schroth, Medizinstrafrecht, S. 23.
159 *Gleixner-Eberle*, S. 225.

c. Deliktische Haftung des Arztes aus unerlaubter Handlung

Darüber hinaus genießt das Selbstbestimmungsrecht des Patienten zivilrechtlichen Schutz über die Haftungsvorschriften der §§ 823 ff. BGB[160]. Die deliktische Haftung steht in Anspruchskonkurrenz zu vertraglichen Ansprüchen und bleibt auch von den neueren Regelungen der §§ 630a ff. BGB grundsätzlich unberührt[161]. Es ist allerdings – wie schon zuvor durch die vertragsrechtliche Rechtsprechung entschieden – von Ausstrahlungswirkungen der vertraglichen Vorschriften auf das Deliktsrecht auszugehen[162]. Eigenständige Bedeutung kommt einer Haftung aus unerlaubter Handlung somit nur dann zu, wenn es nicht zu einem wirksamen Abschluss eines Behandlungsvertrages kam oder keine vertraglichen Ansprüche des Patienten gegen den Behandler bestehen, also insbesondere dann, wenn der behandelnde Arzt nicht Vertragspartei des Behandlungsvertrages geworden ist[163].

Dabei haftet jede der an der Behandlung beteiligten Personen für eigenes Behandlungs- und Organisationsverschulden aus § 823 Abs. 1 und Abs. 2 BGB sowie darüber hinaus für die Einstellung und Anleitung etwaiger Verrichtungsgehilfen aus § 831 Abs. 1 BGB. Die Haftung umfasst somit den Krankenhausträger beziehungsweise Praxisinhaber ebenso wie angestellte Ärzte und anderes Krankenhauspersonal[164]. Gegebenenfalls kommt zudem eine Haftung aus § 839 BGB in Betracht, sollte es sich bei dem Behandler um einen verbeamteten Arzt handeln[165].

---

160 Vgl. nur BGHZ 29, 33, 36 f.; *Deutsch/Spickhoff*, Rn. 300; *Katzenmeier*, S. 118 f.

161 *Laufs/Kern*, in: Laufs/Kern, § 93 Rn. 17 ff.; *Sprau*, in: Palandt, BGB, § 823 Rn. 144.

162 *Deutsch*, NJW 2012, 2009, 2012; *Laufs/Kern*, in: Laufs/Kern, § 93 Rn. 17 ff.; *Spickhoff*, VersR 2013, 267, 281; *ders.*, MedR 2015, 845, 845; *Mansel*, in: Jauernig, BGB, Vor § 630a Rn. 10; *Sprau*, in: Palandt, BGB, § 823 Rn. 144.

163 BT-Drs. 17/10488, S. 17 f.; *Spickhoff*, NJW 2002, 2530, 2532; *Mansel*, in: Jauernig, BGB, Vor § 630a Rn. 13.

164 BGH NJW 1956, 1106, 1108; *Bergmann/Wever*, S. 8 f.; *Katzenmeier*, S. 127 ff.; *Rehborn/Gescher*, in: Erman, Vor § 630a Rn. 8; *Wagner*, in: MüKo BGB, § 823 Rn. 917. Der Zugriff auf den angestellten Arzt neben dem Krankenhausträger bzw. Praxisinhaber erfolgt regelmäßig weniger aus wirtschaftlichen, sondern vielmehr aus prozesstaktischen Erwägungen, da der betreffende Arzt durch seine Rolle als Prozessbeteiligter nicht mehr als Zeuge gehört werden kann, *Deutsch/Spickhoff*, Rn. 303.

165 *Katzenmeier*, S. 127 f.; *Laufs/Kern*, in: Laufs/Kern, § 94 Rn. 20.

aa. Haftung aus § 823 Abs. 1 BGB

Die wichtigste Norm des Deliktsrechts stellt § 823 Abs. 1 BGB dar. Diese ist rechtsgutsbezogen und verpflichtet denjenigen, der vorsätzlich oder fahrlässig das Leben, den Körper, die Gesundheit, die Freiheit, das Eigentum oder ein sonstiges Recht eines anderen widerrechtlich verletzt, diesem den daraus entstandenen Schaden zu ersetzen. Bei eigenmächtigen medizinischen Behandlungen durch einen Arzt sind Ansprüche aus § 823 Abs. 1 BGB folglich möglich, wenn die ärztliche Maßnahme den Körper oder die Gesundheit des Patienten beeinträchtigt[166]. Zudem ist an eine Verletzung des allgemeinen Persönlichkeitsrechts zu denken, welches als „sonstiges Recht" im Sinne des § 823 Abs. 1 BGB ebenfalls deliktischen Schutz genießt[167].

Umstritten ist allerdings, unter welchen Voraussetzungen eine ärztliche Heilbehandlung, die dazu dient, Krankheiten, Leiden oder körperliche Beschwerden des Patienten zu verhüten, zu erkennen, zu heilen oder zu lindern[168], als haftungsrechtlich relevante Körper- und Gesundheitsverletzung zu erachten ist. Diese Frage betrifft mithin nicht den contra legem artis durchgeführten Eingriff, welcher wohl einhellig als Verletzung der Körperintegrität qualifiziert wird[169]. Vielmehr bezieht sich die seit vielen Jahren kontrovers geführte Diskussion zwischen der Judikative und großen Teilen des Schrifttums in erster Linie auf den kunstgerecht, jedoch ohne wirksame Einwilligung des Patienten ausgeführten Eingriff[170]. Im Verlaufe dieser andauernden Debatte haben sich zwei grundlegend unterschiedliche Standpunkte herausgebildet, welche als „Rechtfertigungslösung" und „Tatbestandslösung" bezeichnet werden und mitunter durch verschiedentlich variierende Ansätze zum Teil noch weiter differenziert werden können.

166 Vgl. nur BGHZ 29, 33, 36 f.; 29, 46, 49 ff.; 106, 391, 397 f.; 166, 336, 339; BGH NJW 1987, 1481, 1481; *Deutsch/Spickhoff*, Rn. 300.

167 BGHZ 24, 72, 76 f.; 26, 349, 354; 50, 133, 143; *Katzenmeier*, S. 118 f.; *Laufs*, NJW 1974, 2025, 2028 f.; *Neuner*, JuS 2015, 961, 961 ff.

168 Vgl. nochmals BGH NJW 1978, 1206, 1206; *Kern*, in: Laufs/Kern, § 50 Rn. 3; *Lackner/Kühl*, StGB, § 223 Rn. 9.

169 *Katzenmeier*, S. 111; *Laufs*, in: Laufs/Kern, § 103 Rn. 2; *Müller*, DRiZ 2000, 259, 261.

170 Siehe exemplarisch zur Rechtfertigungslösung RGZ 88, 433, 436; sowie zur Tatbestandslösung *Brüggemeier*, Deliktsrecht, Rn. 634.

(1) „Rechtfertigungslösung“ der Rechtsprechung

Die zivilrechtliche Rechtsprechung sowie darüber hinaus kleinere Teile des zivilen Schrifttums vertreten die Auffassung, dass die ärztliche Behandlung stets als tatbestandsmäßige Körperverletzung im Sinne des § 823 Abs. 1 BGB anzusehen sei, welche durch eine wirksame Einwilligung des Patienten lediglich gerechtfertigt werden könne[171]. Die Heilbehandlung sei nicht anhand des damit erstrebten Heilungszwecks oder der Verbesserung des Gesamtzustandes des Patienten zu beurteilen; geschützt werde vielmehr die Entscheidungsfreiheit des Patienten über seine körperliche Integrität, über die sich der Arzt nicht hinweg setzen dürfe[172]. Durch die ärztliche Maßnahme trete aus Sicht des Patienten in aller Regel wenigstens vorübergehend eine Verschlechterung seiner Gesundheit ein, selbst wenn die gelungene Behandlung den physischen oder psychischen Gesamtzustand schlussendlich verbessern möge[173]. Es kommt danach weder auf die medizinische Indikation oder die Durchführung lege artis noch auf den erfolgreichen Verlauf des Eingriffs an. Ebenso führt die Heilungsabsicht des Arztes nicht zur Tatbestandslosigkeit seiner Handlung[174]. Damit sei jeder ärztliche Eingriff im Ergebnis zunächst als Körperverletzung im Sinne des § 823 Abs. 1 BGB zu qualifizieren[175].

Ob ein ärztlicher Eingriff als deliktisch vorwerfbar anzusehen ist, hängt danach maßgeblich von dem Patientenwillen ab[176]. Denn rechtmäßig handelt der Arzt nach der „Rechtfertigungslösung“ lediglich bei Vorliegen eines Rechtfertigungsgrundes, wobei als Grund für eine Rechtfertigung vor

---

171 St. Rspr. seit RGZ 68, 431, 433 f.; siehe nur RGZ 88, 433, 436; BGH NJW 1956, 1106, 1106 f.; BGHZ 29, 33, 37; 29, 46, 49 ff.; 29, 176, 179 f.; 67, 48, 49; 90, 96, 98 f.; 106, 391, 397 f.; 166, 336, 339; BGH NJW 1987, 1481, 1481. Zudem sei hier ergänzend die strafrechtliche Rechtsprechung anzuführen, welche lange Zeit großen Einfluss auf die zivilrechtliche Diskussion nahm: RGSt 25, 375, 377 ff.; 38, 34, 34 f.; 61, 242, 256; 74, 91, 93; BGHSt 11, 111, 112; 16, 309, 311 ff.; 35, 246, 249; 45, 219, 221. Aus dem zivilrechtlichen Schrifttum siehe zusätzlich *Armbrüster*, JuS 1997, 907, 909; *Deutsch/Spickhoff*, Rn. 300, 526 ff.; *Müller*, DRiZ 2000, 259, 259 f.; *Steffen*, FS Medicus, S. 637, 644 f.; *Sprau*, in: Palandt, BGB, § 823 Rn. 154; *Wagner*, in: MüKo BGB, § 823 Rn. 911 ff.

172 RGZ 88, 433, 436; BGHZ 29, 46, 49 ff.; 106, 391, 397 f.; RGSt 25, 375, 378.

173 Vgl. dazu bereits RGSt 25, 375, 377 f.

174 Siehe *Armbrüster*, JuS 1997, 907, 909; sowie (wenngleich nicht ausdrücklich) bereits RGSt 25, 375, 378 f.

175 Statt vieler nur RGZ 88, 433, 436; BGHZ 29, 33, 37; 29, 46, 49 ff.; 106, 391, 397 f.

176 BGHZ 106, 391, 397.

allem die Einwilligung des Patienten in Betracht kommt[177]. Der Arzt muss folglich, um im Schadensfall einer Haftung zu entgehen, die wirksame – mithin aufgeklärte – Einwilligung des Patienten einholen[178]. Sofern die tatsächliche Einwilligung, insbesondere aufgrund der körperlichen oder geistigen Disposition des Patienten oder wegen Gefahr im Verzug, nicht oder nicht rechtzeitig eingeholt werden kann, wird hilfsweise auf die ebenfalls rechtfertigende mutmaßliche Einwilligung zurückgegriffen[179].

Die zivile Rechtsprechung verweist dabei zumeist auf die in den Strafsenaten entwickelte Judikatur[180]. Darüber hinaus hat die „Rechtfertigungslösung" allerdings auch originär zivilrechtliche Konsequenzen, indem sie eine Beweislastumkehr dahingehend bewirkt, dass der Arzt im Prozess die Beweislast sowohl für die Einholung der Einwilligung als auch für die hierzu erforderliche Aufklärung zu tragen hat[181].

(2) „Tatbestandslösung" des Schrifttums

In weiten Teilen des zivilen Schrifttums ist die Körperverletzungsdoktrin der Rechtsprechung indes auf Widerspruch gestoßen. Kritisiert wird, dass sie wirklichkeitsfern sei und die ärztliche Tätigkeit stigmatisiere, da sie den sozialen Zweck der medizinischen Heilbehandlung in ihr Gegenteil verkehre[182]. Die Kritiker vertreten den Standpunkt, dass eine tatbestandliche Körperverletzung schon dann nicht vorliegen dürfe, wenn der ärztliche Eingriff nach den Erkenntnissen der ärztlichen Wissenschaft indiziert, zu Heilungszwecken vorgenommen und lege artis durchgeführt worden sei[183]. Bei der Beurteilung des ärztlichen Eingriffs sei auf dessen soziale

---

177 So in RGZ 88, 433, 436; BGHZ 29, 46, 49.

178 BGHZ 29, 33, 37; 29, 46, 49 ff.; 90, 103, 106; BGH NJW 1956, 1106, 1107; *Wagner*, in: MüKo BGB, § 823 Rn. 911 f.

179 Vgl. *Sprau*, in: Palandt, BGB, § 823 Rn. 155.

180 Siehe z. B. RGZ 88, 433, 436; BGH NJW 1956, 1106, 1107.

181 *Deutsch/Spickhoff*, Rn. 300.

182 *Brüggemeier*, Deliktsrecht, Rn. 634; *ders.*, Prinzipien des Haftungsrechts, S. 78; *Taupitz*, A 15 f.

183 Zur Tatbestandslösung *Brüggemeier*, Deliktsrecht, Rn. 634, 699 ff.; *ders.*, Prinzipien des Haftungsrechts, S. 78; *Damm*, JZ 1998, 926, 928; *Katzenmeier*, ZRP 1997, 156, 160 f.; *Larenz/Canaris*, Schuldrecht, S. 383; *Laufs*, NJW 1974, 2025, 2028; *Taupitz*, A 15 f.; sowie aus strafrechtlicher Perspektive ergänzend *Bockelmann*, S. 50 ff.; *ders.*, JZ 1962, 525, 527 ff.; *Engisch*, ZStW 1939, 1, 5 ff.; *Hirsch*, Straftatbestand der eigenmächtigen Heilbehandlung, in: GS Zipf, S. 353, 355; *Krauß*, Zur strafrechtlichen Problematik der eigenmächtigen Heilbehandlung, in: FS

Sinnhaftigkeit abzustellen[184]. Eine Handlung, die auf Wiederherstellung, Verbesserung oder Erhaltung der Gesundheit des Patienten gerichtet sei, dürfe nicht als Verletzung des Körpers angesehen werden[185]. Daher sei nicht auf die einzelnen Teilakte der Behandlung abzustellen (beispielsweise die Injektion mit einer Spritze oder das Schneiden mit einem Skalpell), sondern der Gesamtakt des ärztlichen Eingriffs als Heilungsmaßnahme zu beurteilen[186].

Dabei wird insbesondere im strafrechtlichen Schrifttum, welches die zivilrechtliche Diskussion lange Zeit (mit-) bestimmte[187], differenziert zwischen Heileingriffen und sonstigen, nicht indizierten Eingriffen ohne Heilungszweck[188], wie beispielsweise Schönheitsoperationen, Sterilisationen, Organ- und Gewebespenden oder medizinisch nicht indizierten Schwangerschaftsabbrüchen[189]. Die Vertreter der „Tatbestandslösung" sind sich weitgehend einig, dass Eingriffe ohne Heilcharakter den Körperverletzungstatbestand erfüllten, sodass es der Rechtfertigung durch die Einwilligung des Patienten bedürfe[190], wohingegen die ärztliche Heilbehandlung unabhängig vom Willen des Patienten keine tatbestandliche Körperverletzung darstelle[191]. Wann jedoch von einer tatbestandslosen Heilbehandlung auszugehen sei, wird auch innerhalb des Schrifttums unterschiedlich beantwortet: Während die Vertreter der „Erfolgstheorie" auf das Gelingen des Eingriffs abstellen und die Rechtmäßigkeit des ärztlichen Handelns somit von dem Erfolg der Maßnahme abhängig machen wollen[192], geht

---

Bockelmann, S. 557, 573 ff.; *Rönnau*, S. 104 ff.; *Tröndle*, MDR 1983, 881, 881; *Ulsenheimer*, in: Laufs/Kern, § 138 Rn. 5 ff.; *Lilie*, in: LK StGB, Vor § 223 Rn. 3 ff.

184 *Brüggemeier*, Deliktsrecht, Rn. 634.

185 *Brüggemeier*, Deliktsrecht, Rn. 634.

186 Vgl. *Brüggemeier*, Deliktsrecht, Rn. 634; *Katzenmeier*, S. 115 m. w. N.; *Larenz/Canaris*, Schuldrecht, S. 383.

187 Siehe nur *Katzenmeier*, S. 112 Fn. 221.

188 *Ulsenheimer*, in: Laufs/Kern, § 138 Rn. 5 ff.; *Joecks (Hardtung)*, in: MüKo StGB, § 223 Rn. 43 ff.; *Maurach/Schroeder/Maiwald*, S. 116 f.; ebenso differenzierend bereits *Engisch*, ZStW 1939, 1, 2.

189 *Kern*, in: Laufs/Kern, § 49 Rn. 5 ff.; *Fischer*, StGB, § 223 Rn. 18.

190 *Ulsenheimer*, in: Laufs/Kern, § 138 Rn. 5 ff.; *Joecks (Hardtung)*, in: MüKo StGB, § 223 Rn. 43 f.

191 So beispielsweise *Bockelmann*, S. 51 ff.; *Krauß*, Zur strafrechtlichen Problematik der eigenmächtigen Heilbehandlung, in: FS P. Bockelmann, S. 557, 573 f.; *Lilie*, in: LK StGB, Vor § 223 Rn. 3 ff.; *Maurach/Schroeder/Maiwald*, S. 112 f.; *Rönnau*, S. 104 f.; *Schmidt*, S. 110.

192 *Bockelmann*, S. 67 f.; *ders.*, JZ 1962, 525, 527 f.; *Hirsch*, Straftatbestand der eigenmächtigen Heilbehandlung, in: GS H. Zipf, S. 353, 355; *Krauß*, Zur strafrechtlichen Problematik der eigenmächtigen Heilbehandlung, in: FS P. Bockelmann,

die „Theorie vom kunstgerechten Eingriff" noch einen Schritt weiter. Sie lässt bereits jeden medizinisch indizierten und lege artis durchgeführten Eingriff genügen, ohne das Ergebnis der Maßnahme zu berücksichtigen[193], damit der Arzt, sofern seinem Handeln kein Handlungsunwert innewohne, nicht das Erfolgsrisiko des Eingriffs tragen müsse[194].

Dem Patientenwillen kommt nach diesen Ansichten keine eigenständige Bedeutung zu. Missachte der Arzt seine Pflicht zur Einholung einer wirksamen, informierten Einwilligung und setze sich damit über den Patientenwillen hinweg, habe dies keine Auswirkungen auf die körperliche Integrität des Patienten[195]. Für die Beurteilung, ob der Tatbestand der Körperverletzung erfüllt sei, komme es danach auf die Einwilligung des Patienten gerade nicht an – es werde allenfalls sein Selbstbestimmungsrecht tangiert[196].

(3) Stellungnahme

Einer der Hauptkritikpunkte der Literatur und auch der Ärzteschaft gegen die „Rechtfertigungslösung" der Rechtsprechung besteht darin, dass diese den Arzt mit einem Messerstecher gleichstelle[197] und dadurch die ärztliche Tätigkeit diskreditiere[198]. Denn die Ärzteschaft begehrt eine Bestätigung des positiven sozialen Werts ihrer Tätigkeit und lehnt die Recht-

---

S. 557, 573 f.; *Maurach/Schroeder/Maiwald*, S. 112 f.; *Rönnau*, S. 104 ff.; *Schmidt*, S. 110.

193 *Engisch*, ZStW 1939, 1, 5 ff., 9; *Gallas*, ZStW 1955, 1, 21; *Hirsch*, Straftatbestand der eigenmächtigen Heilbehandlung, in: GS H. Zipf, S. 353, 35; *Schmidt*, S. 69 ff.; *Tröndle*, MDR 1983, 881, 881.

194 Für eine Tatbestandlosigkeit mangels Handlungsunwert: *Gallas*, ZStW 1955, 1, 21. Demgegenüber stellen auf einen fehlenden Körperverletzungsvorsatz ab: *Hirsch*, Straftatbestand der eigenmächtigen Heilbehandlung, in: GS H. Zipf, S. 353, 355; *Lilie*, in: LK StGB, Vor § 223 Rn. 5; *Tröndle*, MDR 1983, 881, 881; *Ulsenheimer*, in: Laufs/Kern, § 138 Rn. 9.

195 Vgl. *Katzenmeier*, S. 118 f.; *ders.*, ZRP 1997, 156, 160 f.

196 *Katzenmeier*, S. 118 f.; *ders.*, ZRP 1997, 156, 160 f.; *Larenz/Canaris*, Schuldrecht, S. 383; *Taupitz*, A 15 f.

197 Vgl. aus der strafrechtlichen Debatte *Bockelmann*, S. 62 ff.; *Schmidt*, Anm. zu BGHSt 11, 111 ff., JR 1958, 225, 226; *Schröder*, NJW 1961, 951, 951 f.; siehe ebenfalls verweisend *Taupitz*, A 15.

198 *Brüggemeier*, Deliktsrecht, Rn. 634; *ders.*, Prinzipien des Haftungsrechts, S. 78; *Katzenmeier*, S. 120; *Taupitz*, A 15 f.

sprechungsansicht daher als Stigmatisierung ihres Berufes ab[199]. Allerdings folgt diese Kritik aus dem Missverständnis heraus, dass bereits an die Erfüllung eines Tatbestandes ein Unwerturteil geknüpft werde[200]. Dies trifft jedoch nicht zu, da die Tatbestandsmäßigkeit lediglich die erste Stufe des dreistufigen Deliktaufbaus aus Tatbestand, Rechtswidrigkeit und Schuld darstellt[201]. Auch andere ehrenwerte Berufe schließen mitunter tatbestandsmäßige, aber dennoch im Ergebnis gerechtfertigte – und damit haftungslose – Handlungen mit ein[202]. Die alleinige Verwirklichung eines Tatbestandes stellt demnach keineswegs bereits ein Stigma dar.

Demgegenüber scheint das Abstellen auf das Gelingen des ärztlichen Eingriffs nach der „Erfolgstheorie“ weitgehend willkürlich, da dieses zum Zeitpunkt eines Eingriffs nie mit Sicherheit vorausgesehen werden kann. Es ist indes Sache des Rechtsgutsinhabers, nicht des behandelnden Arztes, ebendieses Risiko abzuwägen[203]. Zudem wird verkannt, dass dem Patienten durch die Saldierung der Vor- und Nachteile des Eingriffs im Rahmen einer Ex-post-Gesamtbetrachtung fremde Wertmaßstäbe aufgezwängt werden[204]. Statt den Rechtsgutsinhaber anhand seines Willens entscheiden zu lassen, soll ein objektiver Maßstab angelegt werden, der nicht mit den subjektiven Ansichten und Werten des Patienten übereinstimmen muss. Dies mag zwar bei Vermögensgütern akzeptabel sein, nicht jedoch bei einem persönlichen Rechtsgut wie der Selbstbestimmung über die körperliche Unversehrtheit[205].

---

199 Von Seiten der Ärzteschaft beispielsweise *Deutsche Gesellschaft für Chirurgie*, Strafrechtliche Behandlung des operativen Eingriffs, in: BMJ, Fragen der Strafrechtsreform, S. 140, 140 f.; vgl. auch *Tag*, S. 13.

200 Insb. im strafrechtlichen Kontext diskutiert, aber ebenso auf die Haftung aus unerlaubter Handlung übertragbar, siehe *Cramer*, Sonderstraftatbestand für die eigenmächtige Heilbehandlung, in: FS T. Lenckner, S. 761, 776; *Lenckner*, Der ärztliche Eingriff, in: Forster, Praxis der Rechtsmedizin, S. 592, 594.

201 Vgl. nochmals *Cramer*, Sonderstraftatbestand für die eigenmächtige Heilbehandlung, in: FS T. Lenckner, S. 761, 776; *Lenckner*, Der ärztliche Eingriff, in: Forster, Praxis der Rechtsmedizin, S. 592, 594.

202 *Lenckner* nennt hierzu als Beispiele aus strafrechtlicher Perspektive den Berufsstand des Strafrichters, der im Rahmen seiner Berufsausübung regelmäßig Straftatbestände der Freiheitsberaubung erfüllt, *Lenckner*, Der ärztliche Eingriff, in: Forster, Praxis der Rechtsmedizin, S. 592, 594. Auch deliktsrechtlich genießt das Rechtsgut „Freiheit“ Schutz über § 823 Abs. 1 BGB.

203 Nochmals argumentativ aus dem strafrechtlichen Diskurs *Gleixner-Eberle*, S. 220; *Tag*, S. 91 ff.

204 *Gleixner-Eberle*, S. 220; *Puppe*, GA 2003, 764, 765.

205 So auch *Gleixner-Eberle*, S. 220; *Puppe*, GA 2003, 764, 765.

Zudem wenden große Teile des Schrifttums gegen die „Rechtfertigungslösung" ein, dass eine derartige Ausdehnung des Körperverletzungsbegriffs aus haftungsrechtlicher Perspektive gar nicht erforderlich sei, da durch einen eigenmächtigen Heileingriff nicht der Körper, sondern zuvörderst das Entscheidungsrecht des Patienten betroffen werde, was eine Verletzung des allgemeinen Persönlichkeitsrechts darstelle und damit bereits als „sonstiges Recht" über § 823 Abs. 1 BGB Schutz genieße[206]. Ein Rückgriff auf eine Verletzung des Körpers sei also entbehrlich[207].

Zu bedenken ist indes, dass sich das allgemeine Persönlichkeitsrecht als körperverletzungsadäquates Schutzgut des § 823 Abs. 1 BGB erst allmählich und mit bis heute unsicheren Konturen herausbildete, weshalb sich die Judikatur offenbar bislang nicht dazu entschloss, den ursprünglich einzigen Weg über das Rechtsgut der Körperverletzung zu verlassen[208]. Für das Beharren der Rechtsprechung auf der Körperverletzungsdoktrin spricht zudem, dass das allgemeine Persönlichkeitsrecht in § 847 Abs. 1 BGB a. F., der lange Zeit die einzige einschlägige Grundlage für einen Anspruch auf Ersatz immaterieller Schäden darstellte, nicht als Schutzgut genannt war, sodass sich auf Rechtsfolgenseite Probleme bei der Zuordnung des eigenmächtigen Heileingriffs zur Verletzung der Patientenautonomie ergaben[209]. Diese Problematik gilt nach der Neufassung des § 253 BGB fort[210], denn auch dieser gewährt nach Abs. 2 eine Entschädigung allein bei Verletzungen des Körpers, der Gesundheit, der Freiheit und der sexuellen Selbstbestimmung. Zwar erkennt die Rechtsprechung über den Wortlaut hinaus einen Anspruch auf Geldentschädigung auch bei Verletzungen des allgemeinen Persönlichkeitsrechts an[211], dies allerdings nur im Falle eines schwerwiegenden Eingriffs und nur dann, wenn die Beeinträchtigung des Patienten nicht auf andere Weise auszugleichen ist[212]. Es wäre

---

206 *Armbrüster*, JuS 1997, 907, 909; *Katzenmeier*, S. 118 ff.; *Larenz/Canaris*, Schuldrecht, S. 384; *Taupitz*, A 15.

207 *Armbrüster*, JuS 1997, 907, 909; *Katzenmeier*, S. 118 ff.; *Larenz/Canaris*, Schuldrecht, S. 384; *Taupitz*, A 15.

208 Vgl. *Katzenmeier*, S. 119; *Taupitz*, A 15 f.

209 *Taupitz*, A 16.

210 *Katzenmeier*, S. 121 f.

211 Grundlegend BGHZ 26, 349, 354 ff.; 30, 7, 17 f.; 35, 363, 366 f.; 39, 124, 133; 128, 1, 15 f.; sowie zustimmend die h. L.: siehe nur *Larenz/Canaris*, Schuldrecht, S. 494 f.; *Medicus/Petersen*, Rn. 615.

212 BGHZ 26, 349, 356 ff.; 35, 363, 368 f.; 132, 13, 27; BGH NJW 1971, 698, 699; BGH NJW 1977, 626, 628; *Larenz/Canaris*, Schuldrecht, S. 495; siehe auch BT-Drs. 14/7752, S. 24: „Dass Verletzungen des allgemeinen Persönlichkeitsrechts nicht ausdrücklich in die Aufzählung der Schmerzensgeldansprüche aus-

jedoch widersprüchlich, die Handlung des Arztes allein an das allgemeine Persönlichkeitsrecht des Patienten anzuknüpfen, den Schadensersatz hingegen wiederum nach den für die Körperverletzung geltenden Regeln zu bemessen[213]. Solange der Ausgleich immaterieller Nachteile bei Eingriffen in das Selbstbestimmungsrecht insgesamt nicht als vollwertig angesehen werden kann[214], ist daher zum Schutze des Patienten ein Festhalten an der „Rechtfertigungslösung“ für notwendig und interessengerecht zu erachten.

Der herrschenden „Rechtfertigungslösung“ folgend ist die ärztliche Heilbehandlung somit als tatbestandlicher Eingriff in das durch § 823 Abs. 1 BGB geschützte Rechtsgut der körperlichen Integrität anzusehen, welcher durch eine wirksame Einwilligung des Patienten gerechtfertigt werden muss[215]. Für Schäden, die aus eigenmächtigen ärztlichen Eingriffen ohne die entsprechende Einwilligung des Patienten entstehen, hat der Arzt folglich nicht nur vertraglich, sondern auch im Rahmen einer deliktischen Haftung über § 823 Abs. 1 BGB einzustehen[216].

bb. Haftung aus § 823 Abs. 2 BGB

Daneben kann der Patient Ersatzansprüche aus § 823 Abs. 2 BGB aufgrund der Verletzung eines Schutzgesetzes geltend machen. Als betroffene Schutzgesetze kommen vor allem die §§ 223 ff. StGB in Betracht. Macht sich der eigenmächtig behandelnde Arzt einer vorsätzlichen Körperverletzung strafbar, so ergeben sich Schadensersatz- und Schmerzensgeldansprüche somit auch aus § 823 Abs. 2 BGB i.V.m. § 223 Abs. 1 StGB[217].

Bislang noch offen ist, inwieweit auch die Regelungen der §§ 630a ff. BGB als Schutzgesetze im Sinne des § 823 Abs. 2 BGB zu qualifizieren

---

lösenden Rechtsgutsverletzungen aufgenommen sind, steht auch künftig einer Geldentschädigung bei nach § 823 BGB erheblichen Persönlichkeitsrechtsverletzungen nicht entgegen.“ [Hervorhebung durch Verfasserin].

213 *Armbrüster*, JuS 1997, 907, 909.

214 Vgl. *Katzenmeier*, S. 121 ff.; *Taupitz*, A 16.

215 BGHZ 29, 33, 35 ff.; 29, 46, 49 ff.; 106, 391, 397 f.; 166, 336, 339; BGH NJW 1956, 1106, 1106 f.; BGH NJW 1987, 1481, 1481; BT-Drs. 17/10488, S. 23; *Deutsch/Spickhoff*, Rn. 300.

216 *Deutsch/Spickhoff*, Rn. 300; *Gleixner-Eberle*, S. 226 ff.

217 RGZ 66, 251, 253 ff.; *Rehborn/Gescher*, in: Erman, Vor § 630a Rn. 8.

sind[218]. Soweit es sich bei den Bestimmungen um Handlungsanweisungen handelt, die für den behandelnden Arzt als verbindlich anzusehen sind und auf einen umfassenden Schutz des Patienten abzielen, sind die Charakteristika eines Schutzgesetzes gegeben, sodass vieles dafür spricht, den besonderen ärztlichen Pflichten des Behandlungsvertrages ebenfalls Schutzgesetzeigenschaft zuzusprechen. Die Disponibilität des Vertragsrechts steht dieser Auffassung jedenfalls nicht entgegen, da die §§ 630a ff. BGB in weiten Teilen Verpflichtungen enthalten, die vertraglich nicht abbedungen werden können[219]. Wird der Schutzgesetzcharakter der Pflicht des Arztes zur Besorgung der Einwilligung bejaht, besteht neben § 823 Abs. 2 BGB i.V.m. §§ 223 ff. StGB folglich zudem ein deliktischer Haftungsanspruch aus § 823 Abs. 2 i.V.m. § 630d BGB gegen den eigenmächtig tätig gewordenen Arzt.

2. Strafrechtliche Verantwortung des Arztes für eigenmächtige Heileingriffe

Darüber hinaus begründet der eigenmächtig vorgenommene Heileingriff für den Arzt nach ganz herrschender Ansicht auch strafrechtliche Verantwortlichkeit[220]. Da trotz mehrjähriger Reformbemühungen existiert in Deutschland anders als beispielsweise in Österreich[221] bislang kein besonderer Straftatbestand für eigenmächtige ärztliche Heilbehandlungen existiert[222], ist die strafrechtliche Verantwortung des Arztes weiterhin anhand

---

218 Hierzu *Deutsch*, NJW 2012, 2009, 2012; *Mansel*, in: Jauernig, BGB, Vor § 630a Rn. 12.

219 *Deutsch*, NJW 2012, 2009, 2012.

220 Siehe nur BGHSt 11, 111, 112; 16, 309, 311 ff.; 35, 246, 249; 45, 219, 221.

221 Straftatbestand nach § 110 des österreichischen StGB: „Eigenmächtige Heilbehandlung: (1) Wer einen anderen ohne dessen Einwilligung, wenn auch nach den Regeln der medizinischen Wissenschaft, behandelt, ist mit Freiheitsstrafe bis zu sechs Monaten oder mit Geldstrafe bis zu 360 Tagessätzen zu bestrafen. [...]".

222 Zu den zahlreichen Reformvorschlägen siehe nur *Eser*, Zur Regelung der Heilbehandlung in rechtsvergleichender Perspektive, in: FS Hirsch, S. 465, 467 ff.; *Schmidt*, Anm. zu BGHSt 11, 111 ff., JR 1958, 225, 227; *Schröder*, NJW 1961, 951, 953 ff.; *Trockel*, NJW 1970, 489, 489 ff.; *Ulsenheimer*, in: Laufs/Kern, § 138 Rn. 12 ff.; siehe nicht zuletzt auch § 229 des Referentenentwurfs eines Sechsten Gesetzes zur Reform des Strafrechts (RefE 6. StrRG) vom 15.7.1996, abgedruckt bei *Freund*, ZStW 1997, 455, 465 f. m. Anm. 475 ff., der da lautete: „Eigenmächtige Heilbehandlung: (1) Wer ohne wirksame Einwilligung bei einer anderen

der allgemeinen Körperverletzungstatbestände der §§ 223 ff. StGB zu beurteilen[223].

Gemäß § 223 Abs. 1 StGB macht sich der vorsätzlichen Körperverletzung strafbar, wer eine andere Person körperlich misshandelt oder an der Gesundheit schädigt. Fahrlässiges Handeln ist gemäß § 229 StGB ebenfalls unter Strafe gestellt. Als körperliche Misshandlung wird nach allgemeiner Definition jede üble, unangemessene Behandlung angesehen, die das körperliche Wohlbefinden oder die körperliche Unversehrtheit nicht nur unerheblich beeinträchtigt[224]. Eine Gesundheitsschädigung wird als das Hervorrufen oder Steigern eines pathologischen Zustandes umschrieben[225].

Ob ärztliche Heileingriffe als strafrechtlich relevante Körper- und Gesundheitsschädigungen einzuordnen sind, wird in Rechtsprechung und Schrifttum des Strafrechts ebenfalls kontrovers diskutiert. Es setzt sich insoweit der in Bezug auf das Tatbestandsmerkmal der Körperverletzung nach § 823 Abs. 1 BGB dargestellte Meinungsstreit fort: Während die Strafgerichte bereits seit dem Grundsatzurteil des Reichsgerichts aus dem Jahr 1894[226] in konsequenter Linie die „Rechtfertigungslösung" vertreten, wonach jede ärztliche Heilbehandlung als tatbestandsmäßige Körperverletzung im Sinne der §§ 223 ff. StGB zu bewerten sei und nur durch eine wirksame Einwilligung des Verletzten gerechtfertigt werden könne[227], stellt ein Großteil des Schrifttums auf das Gelingen beziehungsweise die ordnungsgemäße Durchführung des ärztlichen Eingriffs ab[228]. Sei der Eingriff kunstgerecht durchgeführt worden und/oder verlaufe er erfolgreich,

---

Person einen körperlichen Eingriff oder eine andere deren körperliche Integrität oder deren Gesundheitszustand nicht nur unwesentlich beeinflussende Behandlung vornimmt, um bei ihr oder ihrer Leibesfrucht vorhandene oder künftige körperliche oder seelische Krankheiten, Schäden, Leiden, Beschwerden oder Störungen zu erkennen, zu heilen, zu lindern oder ihnen vorzubeugen, wird mit Freiheitsstrafe bis zu fünf Jahren oder mit Geldstrafe bestraft. […]".

223 Vgl. *Schroth*, in: Roxin/Schroth, Medizinstrafrecht, S. 29 f.

224 BGHSt 14, 269, 271; 25, 277, 277 f.; *Fischer*, StGB, § 223 Rn. 4.

225 *Eser*, in: Schönke/Schröder, StGB, § 223 Rn. 5; *Fischer*, StGB, § 223 Rn. 8.

226 RGSt 25, 375 ff.

227 St. Rspr. seit RGSt 25, 375, 377 ff.; siehe RGSt 38, 34, 34 f.; 61, 242, 256; 74, 91, 93; BGHSt 11, 111, 112; 16, 309, 311 ff.; 35, 246, 249; 45, 219, 221.

228 *Bockelmann*, S. 50 ff.; *ders.*, JZ 1962, 525, 527 ff.; *Engisch*, ZStW 1939, 1, 5 ff.; *Gallas*, ZStW 1955, 1, 21; *Hirsch*, Straftatbestand der eigenmächtigen Heilbehandlung, in: GS Zipf, S. 353, 355; *Krauß*, Zur strafrechtlichen Problematik der eigenmächtigen Heilbehandlung, in: FS Bockelmann, S. 557, 573 ff.; *Lilie*, in: LK StGB, Vor § 223 Rn. 3 ff.; *Maurach/Schroeder/Maiwald*, S. 112 f.; *Rönnau*, S. 104 ff.; *Schmidt*, S. 69 ff.; *Tröndle*, MDR 1983, 881, 881; *Ulsenheimer*, in: Laufs/Kern, § 138 Rn. 5 ff.

stelle die Heilbehandlung unabhängig vom Willen des Patienten schon keine tatbestandliche Körperverletzung dar[229]. Einer rechtfertigenden Einwilligung des Verletzten bedarf es danach nicht.

Neben den bereits erörterten Argumenten gegen die „Tatbestandslösung“, dass allein die Tatbestandsmäßigkeit einer Handlung nicht als Stigmatisierung des Ärztestandes zu verstehen ist[230], wie es der Rechtsprechung aus Teilen des Schrifttums und der Ärzteschaft vorgeworfen wird[231], und dass dem Patienten durch die Saldierung der Vor- und Nachteile des Eingriffs in Form einer Ex-post-Gesamtbetrachtung in nicht akzeptabler Art und Weise fremde Wertmaßstäbe hinsichtlich seiner persönlichen Rechtsgüter aufgezwängt werden[232], ist im Strafrecht zudem erschwerend zu bedenken, dass eine Abkehr der Judikative von der „Rechtfertigungslösung“ zu erheblichen Strafbarkeitslücken führen würde[233]. Denn anders als im Deliktsrecht ist ein Rückgriff auf das allgemeine Persönlichkeitsrecht im Strafrecht ausgeschlossen.

Indem die Vertreter der „Tatbestandslösung“ durch einen eigenmächtigen ärztlichen Heileingriff keine Körperverletzungstatbestände erfüllt sehen, käme eine Bestrafung des Arztes lediglich unter den Voraussetzungen der §§ 239, 240 StGB in Betracht[234]. Die Tatbestände der Freiheitsberaubung und Nötigung gewähren dem Patienten jedoch keinen hinreichenden Schutz seiner medizinischen Selbstbestimmung, da der Patient in aller Regel nicht seiner Freiheit beraubt wird und der eigenmächtige Eingriff als solcher keine Nötigung im Sinne des § 240 Abs. 1 und Abs. 2 StGB darstellt, weil der Wille des Patienten lediglich missachtet, indes

229 Vgl. *Bockelmann*, S. 51 ff.; *Lilie*, in: LK StGB, Vor § 223 Rn. 3 ff.; *Maurach/Schroeder/Maiwald*, S. 112 f.; *Krauß*, Zur strafrechtlichen Problematik der eigenmächtigen Heilbehandlung, in: FS Bockelmann, S. 557, 573 f.; *Rönnau*, S. 104 f.; *Schmidt*, S. 110.

230 *Lenckner*, Der ärztliche Eingriff, in: Forster, Praxis der Rechtsmedizin, S. 592, 594.

231 *Bockelmann*, S. 62 ff.; *Schmidt*, Anm. zu BGHSt 11, 111 ff., JR 1958, 225, 226; *Tag*, S. 13; von Seiten der Ärzteschaft exemplarisch *Deutsche Gesellschaft für Chirurgie*, Strafrechtliche Behandlung des operativen Eingriffs, in: BMJ, Fragen der Strafrechtsreform, S. 140, 140 f.

232 Siehe nochmals *Gleixner-Eberle*, S. 220; *Puppe*, GA 2003, 764, 765; sowie hiesige Argumentation auf S. 55 ff.

233 *Cramer*, Sonderstraftatbestand für die eigenmächtige Heilbehandlung, in: FS T. Lenckner, S. 761, 776; *Grünwald*, ZStW 1961, 5, 9; *Schröder*, NJW 1961, 951, 952; *Trockel*, NJW 1970, 489, 490.

234 So vorgeschlagen von *Engisch*, S. 20.

nicht gebeugt wird[235]. Der Arzt würde sich erst dann strafbar machen, wenn der widerstrebende Patient etwa durch Betäubung oder Fixierung zur Duldung der Maßnahme veranlasst wird[236]. Damit gewährten sowohl die „Erfolgstheorie" als auch die „Theorie vom kunstgerechten Eingriff" dem Bestreben des Arztes zur Heilung faktisch Vorrang gegenüber dem Selbstbestimmungsrecht des Patienten[237]. Wenngleich Ärzten ein Interesse an der positiven Wertung ihrer Arbeit nicht abzusprechen ist, so hat doch der Patient kein geringeres Interesse an der Wahrung seiner Patientenautonomie und der Klärung der rechtlichen Qualität seiner medizinischen Behandlung[238]. Im Rahmen der „Tatbestandslösung" spielt der Patientenwille jedoch im Wesentlichen keine Rolle. Bei erfolgreichem Verlauf der Maßnahme wäre der Patient folglich schutzlos gestellt gegenüber jeglicher Form ärztlicher Eigenmacht. Dies würde nicht nur das Arzt-Patienten-Verhältnis erheblich stören, sondern darüber hinaus auch nicht unerhebliche Strafbarkeitslücken zur Folge haben[239]. Wenn also der Straftatbestand der Körperverletzung durch die von der Rechtsprechung vertretenen „Rechtfertigungslösung" strapaziert wird, wie man ihr mitunter vorwirft[240], so geschieht dies doch in erster Linie vor dem Hintergrund eines umfassenden Schutzes des Patienten vor eigenmächtigen Handlungen des Arztes.

Es ist sich daher sowohl im zivilrechtlichen als auch im strafrechtlichen Kontext der „Rechtfertigungslösung" anzuschließen. Die Heilbehandlung ist nicht anhand des damit erstrebten Heilungszwecks zu beurteilen, sondern objektiv anhand des einzelnen, die Körperintegrität beeinträchtigenden Aktes festzustellen[241]. Indem durch ärztliche Eingriffe die körperliche Integrität oder das körperliche Wohlbefinden zumindest vorübergehend beschädigt werden, verwirklicht der ärztliche Heileingriff den Tatbestand der Körperverletzung[242]. Die Frage der strafrechtlichen Gesamtbeurteilung des Eingriffs wird demzufolge der Rechtswidrigkeit zugeordnet. Straffrei

---

235 *Schröder*, NJW 1961, 951, 953.

236 *Katzenmeier*, S. 116; *Grünwald*, ZStW 1961, 5, 9 f.; *Schröder*, NJW 1961, 951, 952 f.

237 *Trockel*, NJW 1970, 489, 490.

238 *Tag*, S. 13.

239 *Cramer*, Sonderstraftatbestand für die eigenmächtige Heilbehandlung, in: FS T. Lenckner, S. 761, 776; *Grünwald*, ZStW 1961, 5, 9; *Trockel*, NJW 1970, 489, 490.

240 *Katzenmeier*, S. 116 ff.

241 RGSt 25, 375, 377 ff.; 38, 34, 34 f.; 74, 91, 93; BGHSt 11, 111, 112; 16, 309, 311 ff.; 35, 246, 249; 45, 219, 221.

242 Siehe RGSt 25, 375, 378 f.; *Tag*, S. 15; *Eser*, in: Schönke/Schröder, StGB, § 223 Rn. 29.

ist der ärztliche Heileingriff lediglich bei Vorliegen eines Rechtfertigungsgrundes. Dazu muss der Patient regelmäßig im Voraus der ärztlichen Maßnahme wirksam in diese eingewilligt haben[243]. Sofern die tatsächliche Einwilligung – insbesondere aufgrund der körperlichen oder geistigen Disposition des Patienten oder wegen Gefahr in Verzug – nicht oder nicht rechtzeitig eingeholt werden kann, ist hilfsweise auf die mutmaßliche Einwilligung zurückzugreifen[244]. In Not- und Eilfällen, in denen der ausdrückliche oder mutmaßliche Wille des Patienten nicht bestimmt oder der zur Einwilligung berechtigte gesetzliche Vertreter nicht rechtzeitig erreicht werden kann, ist zudem eine Rechtfertigung des Eingriffs über die Notstandsregelung des § 34 StGB möglich[245].

Setzt sich der Arzt bewusst über den Willen des Patienten hinweg oder unterlässt er es (vorsätzlich oder fahrlässig) trotz tatsächlicher Möglichkeit, die wirksame Einwilligung des Patienten einzuholen, ist ein Rechtfertigungsgrund für den ärztlichen Eingriff nicht gegeben[246]. Damit ist der Arzt gemäß § 223 Abs. 1 oder § 229 StGB der Körperverletzung, mitunter sogar einer schweren Körperverletzung im Sinne des § 226 Abs. 1 StGB, zulasten des Patienten strafbar.

C. Voraussetzungen einer wirksamen Einwilligung

Die Wirksamkeit einer Einwilligung in einen ärztlichen Heileingriff ist an eine Reihe von Voraussetzungen geknüpft. Die Einwilligung muss insbesondere von einem einwilligungsfähigen Patienten oder einem anderen Berechtigten vor Durchführung des Eingriffs erklärt werden. Sie muss

---

243 RGSt 25, 375, 380 ff.; BGHSt 11, 111, 113 ff.; BGH MedR 2011, 809, 810, 812; ebenso ein Teil der Literatur: *Arzt*, Heileingriffe aufgrund einer Blanko-Einwilligung, in: FS Baumann, S. 201, 201 f.; *Arzt et al.*, § 6 Rn. 99; *Bauer*, S. 6, 141 f.; *Baumann*, NJW 1958, 2092, 2093 f.; *Cramer*, Sonderstraftatbestand für die eigenmächtige Heilbehandlung, in: FS Lenckner, S. 761, 776; *Deutsch/Spickhoff*, Rn. 526 ff.; *Geiß/Greiner*, S. 245; *Puppe*, GA 2003, 764, 764 f.; *Trockel*, NJW 1970, 489, 489 f. Teilweise wird allerdings auch vertreten, dass die wirksame Einwilligung bereits tatbestandsausschließende Wirkung habe, so z. B. *Bottke*, S. 144 ff. Rn. 199, 209; *Roxin*, § 13 Rn. 26.

244 Vgl. RGSt 25, 375, 381 f.; BGHSt 35, 246, 249 f.; *Tag*, S. 16.

245 *Bauer*, S. 7.

246 Vgl. auch BGHSt 11, 111, 113.

darüber hinaus nach ordnungsgemäßer Aufklärung und frei von Willensmängeln erfolgen und darf nicht widerrufen worden sein[247].

Diese Wirksamkeitsvoraussetzungen gelten – wenn auch zum Teil unter anderen Begrifflichkeiten sowie mit leichten Modifikationen und Einschränkungen – grundsätzlich sowohl im Strafrecht zur Rechtfertigung der Körperverletzung nach §§ 223 ff. StGB als auch im zivilen Vertrags- und Haftungsrecht im Rahmen der §§ 630a ff. BGB und §§ 823 ff. BGB[248]. Im Folgenden soll ein allgemeiner Überblick über die für den Heileingriff besonders bedeutsamen Voraussetzungen der medizinischen Einwilligung im zivilrechtlichen ebenso wie im strafrechtlichen Kontext gegeben werden.

I. Disponibilität des Rechtsgutes

Eine Einwilligung ist zunächst allein hinsichtlich Eingriffen in disponible Rechtsgüter möglich[249]. Als disponibel gelten insbesondere Individualrechtsgüter, da diese im Interesse des Einzelnen geschützt werden[250]. Zu ihnen zählt auch die körperliche Integrität, sodass Einwilligungen in medizinische Eingriffe, die die Unversehrtheit des Körpers des Patienten beeinträchtigen, grundsätzlich zulässig sind[251].

Hingegen ist das Rechtsgut Leben nicht in der Weise disponibel, dass in die eigene Tötung durch eine andere Person eingewilligt werden könnte[252]. Denn dabei würde es sich um eine Tötung auf Verlangen handeln, welche gemäß § 216 Abs. 1 StGB trotz des ausdrücklichen und ernstlichen

---

247 Zu den Wirksamkeitsvoraussetzungen der Einwilligung siehe insg. *Amelung/Eymann*, JuS 2001, 937, 939 ff.; *Rehborn/Gescher*, in: Erman, § 630c Rn. 1 ff.; *Weidenkaff*, in: Palandt, BGB, § 630d Rn. 2 ff.

248 Für das Rechtsinstitut der Einwilligung gelten nach § 630d BGB und im Rahmen der Haftung aus § 823 BGB die gleichen Voraussetzungen, siehe *Weidenkaff*, in: Palandt, BGB, § 630d Rn. 1. Vergleichbare Voraussetzungen hat ferner auch die rechtfertigende Einwilligung im Strafrecht, siehe *Lechner*, MedR 2013, 429, 430 ff.; *Rehborn/Gescher*, in: Erman, § 630d Rn. 1 f.; vgl. auch *Wessels/Beulke/Satzger*, Rn. 557 f. unter Bezugnahme auf §§ 630d f. BGB; allerdings mit Einschränkungen bzgl. der Aufklärungspflicht nach § 630e BGB, siehe *Eser*, in: Schönke/Schröder, StGB, § 223 Rn. 40b.

249 *Jescheck/Weigend*, S. 377.

250 *Jescheck/Weigend*, S. 377.

251 *Amelung/Eymann*, JuS 2001, 937, 939 f.; *Kraatz*, Rn. 37; *Ulsenheimer*, in: Ulsenheimer, Arztstrafrecht, Rn. 529; *Wessels/Beulke/Satzger*, Rn. 552.

252 Siehe nur *Eser/Sternberg-Lieben*, in: Schönke/Schröder, StGB, § 216 Rn. 4 ff.

Wunsches des Opfers eine rechtswidrige Tat darstellt[253]. Diese Einwilligungsbeschränkung gilt allerdings nur für solche Maßnahmen, die auf die Beendigung des Lebens des Betroffenen abzielen (sogenannte aktive Sterbehilfe)[254]. Da die medizinisch indizierte Heilbehandlung indes nicht auf die Herbeiführung des Todes des Patienten zielt, sondern primär die Linderung von Schmerzen oder die Erhaltung und Wiederherstellung der Gesundheit des Betroffenen bezweckt, ist § 216 Abs. 1 StGB in diesen Fällen nicht einschlägig, selbst wenn die Maßnahme das Leben des Patienten verkürzen könnte[255].

Zudem ist der Patient in der Weise zur Disposition über sein Leben befugt, dass er seine Einwilligung in eine medizinische Maßnahme verweigern kann, selbst wenn dies zur Folge hat, dass der Arzt eine notwendige, mitunter lebensrettende oder lebensverlängernde Behandlung nicht durchführen darf und dies letztlich den (vorzeitigen) Tod des Patienten bedeutet[256]. Es ist insoweit Ausdruck seiner Patientenautonomie, auch über existenzielle ärztliche Eingriffe frei zu entscheiden und diese abzulehnen, sollte er keine Behandlung und damit mitunter auch keine Lebensrettung (mehr) wünschen[257].

Eine weitere strafrechtliche Begrenzung der Möglichkeit zur Einwilligung stellt § 228 StGB dar, wonach eine Körperverletzung trotz Einwilligung rechtswidrig bleibt, wenn sie gegen die guten Sitten verstößt. Bei einer medizinisch indizierten Heilbehandlung kommt Sittenwidrigkeit allerdings nach allgemeiner Auffassung nicht in Betracht[258]. Denn indem ärztliche Heileingriffe einerseits der Behebung oder Milderung eines Leidens oder gar der Rettung des Lebens dienen, ist für ihre Durchführung ein vernünftiger Grund erkennbar[259]. Andererseits verletzt die Vornahme einer solchen als sinnvoll und notwendig erachteten Maßnahme auch wegen ihrer Sinnhaftigkeit und Wertbezogenheit keine allgemeinen Sitt-

---

253 *Eser/Sternberg-Lieben*, in: Schönke/Schröder, StGB, § 216 Rn. 4 ff.

254 Vgl. *Frisch*, Einwilligung, in: Frisch, Gegenwartsfragen des Medizinstrafrechts, S. 33, 61 f.

255 *Frisch*, Einwilligung, in: Frisch, Gegenwartsfragen des Medizinstrafrechts, S. 33, 62.

256 *Tag*, S. 297 f.

257 *Tag*, S. 297 f.; *Frisch*, Einwilligung, in: Frisch, Gegenwartsfragen des Medizinstrafrechts, S. 33, 62.

258 *Eser*, in: Schönke/Schröder, StGB, § 223 Rn. 45; *Frisch*, Einwilligung, in: Frisch, Gegenwartsfragen des Medizinstrafrechts, S. 33, 61.

259 *Frisch*, Einwilligung, in: Frisch, Gegenwartsfragen des Medizinstrafrechts, S. 33, 62; *Rouka*, S. 101 f.

lichkeitsvorstellungen[260]. Die Beschränkung des § 228 StGB spielt bei indizierten Heileingriffen somit regelmäßig weder im Zivilrecht noch im Strafrecht eine Rolle.

Dispositionsbefugt ist der Inhaber des subjektiven Rechts, das heißt der zu behandelnde Patient[261]. Im Falle seiner Einwilligungsunfähigkeit tritt dessen Vertreter an seine Stelle[262], wie inzwischen auch § 630d Abs. 2 BGB ausdrücklich regelt.

II. Erklärung der Einwilligung vor Durchführung der ärztlichen Maßnahme

Gemäß der „Willensbekundungstheorie" muss der einwilligende Patient die Zustimmung für den ärztlichen Eingriff kundtun[263]. Eine rein innere Entscheidung reicht nicht aus[264]. Es ist demzufolge eine Einwilligungserklärung durch den Rechtsgutsträger erforderlich, welche aber sowohl ausdrücklich als auch konkludent erfolgen kann[265]. So ist eine Erklärung beispielsweise durch die Unterschrift auf einem Aufklärungsformular des Krankenhauses möglich[266]. Dies ist indes keinesfalls zwingend, sondern dient in vielen Kliniken allein der Beweissicherung[267]. Eine besondere Form verlangt das Gesetz in § 630d BGB für die Erklärung der Einwilligung in einen ärztlichen Heileingriff nicht[268], sodass die Einwilligung

---

260 *Frisch*, Einwilligung, in: Frisch, Gegenwartsfragen des Medizinstrafrechts, S. 33, 61.

261 *Wessels/Beulke/Satzger*, Rn. 553.

262 *Amelung/Eymann*, JuS 2001, 937, 940; *Wessels/Beulke/Satzger*, Rn. 553.

263 So beispielsweise BGH NJW 1956, 1106, 1107; *Amelung/Eymann*, JuS 2001, 937, 941; *Jescheck/Weigend*, S. 381 f.; *Roxin*, § 13 Rn. 71 ff.; *Schroth*, in: Roxin/Schroth, Medizinstrafrecht, S. 34; *Tag*, S. 304. Nach der „Willensrichtungstheorie" soll hingegen die innere Zustimmung des Einwilligenden genügen; vertreten z. B. von *Jakobs*, S. 245; *Schmidhäuser*, S. 278 f. Insbesondere aufgrund der daraus entstehenden Beweisschwierigkeiten wird diese Ansicht jedoch von der h. M. abgelehnt, vgl. dazu nochmals *Amelung/Eymann*, JuS 2001, 937, 941.

264 *Roxin*, § 13 Rn. 71 ff.; *Schroth*, in: Roxin/Schroth, Medizinstrafrecht, S. 34.

265 BGH NJW 1961, 261, 261 f.

266 *Weidenkaff*, in: Palandt, BGB, § 630d Rn. 2.

267 *Deutsch/Spickhoff*, Rn. 486.

268 BGHZ 67, 48, 55 f.; BGH NJW 1978, 1690, 1691; *Eser*, in: Schönke/Schröder, StGB, § 223 Rn. 43. Etwas anderes kann nach spezialgesetzlichen Regelungen für andere ärztliche Maßnahmen gelten, so bestehen beispielsweise Schriftformerfordernisse für die klinische Prüfung von Arzneimitteln (§ 40 Abs. 1 Nr. 3

auch mündlich oder durch schlüssiges Verhalten wie das Einfinden am Operationsort oder ein bloßes Kopfnicken erfolgen kann[269].

Die Einwilligung muss zudem *vor* Durchführung der betreffenden Behandlungsmaßnahme erklärt werden[270]. Eine nachträgliche Zustimmung kann keine wirksame Einwilligung mehr darstellen[271]. Dies gilt im Strafrecht ebenso wie im Zivilrecht, welches den Behandelnden gemäß § 630d Abs. 1 S. 1 BGB zur Einholung der Einwilligung vor der Durchführung einer medizinischen Maßnahme verpflichtet.

III. Einwilligungsfähigkeit des Erklärenden

Von besonderer Relevanz für die nachfolgenden Untersuchungen ist das Kriterium der Einwilligungsfähigkeit. Dabei ist zunächst die herrschende Auffassung darzustellen, bevor die Einwilligungsfähigkeit in Kapitel 3 dieser Arbeit im Hinblick auf minderjährige Patienten kritisch hinterfragt wird. Die Einwilligungserklärung entfaltet grundsätzlich nur dann Wirksamkeit, wenn sie sich als ein Akt wirklicher Selbstbestimmung erweist[272]. Soll sie als Ausdruck der Entscheidungsfreiheit des Patienten anerkannt werden, muss der Patient im Entscheidungszeitpunkt einwilligungsfähig sein[273].

Hierbei soll es auf die bürgerlich-rechtlichen Regelungen zur Geschäftsfähigkeit des Erklärenden aus §§ 104 ff. BGB ebenso wenig ankommen[274] wie auf die strafrechtlichen Normierungen über die Schuldfähigkeit oder Strafmündigkeit[275]. Für das Bestehen der Einwilligungsfähigkeit eines Volljährigen[276] ist nach ständiger Rechtsprechung entscheidend, dass der

AMG), bei genetischen Untersuchungen (§ 8 Abs. 1 S. 1 GenDG) oder auch im Rahmen der Patientenverfügung nach § 1901a Abs. 1 S. 1 BGB.

269 BGH NJW 1961, 261, 262; BGH NJW 1978, 1690, 1691; *Eser*, in: Schönke/Schröder, StGB, § 223 Rn. 43; *Weidenkaff*, in: Palandt, BGB, § 630d Rn. 2.

270 BGHSt 17, 359, 360; *Roxin*, § 13 Rn. 79; *Tag*, S. 307.

271 *Amelung/Eymann*, JuS 2001, 937, 941; *Jescheck/Weigend*, S. 381; *Rehborn/Gescher*, in: Erman, § 630d Rn. 20.

272 *Stratenwerth/Kuhlen*, § 9 Rn. 23.

273 *Bichlmeier*, JZ 1980, 53, 54.

274 BGHZ 29, 33, 36; BGH JZ 1989, 93, 95; *Rehborn/Gescher*, in: Erman, § 630d Rn. 6a ff.; siehe zur Rechtsnatur unter II.

275 BGHSt 4, 88, 90 f.; *Biermann*, in: Ulsenheimer, Arztstrafrecht, Rn. 414; *Kraatz*, Rn. 37.

276 Im Hinblick auf Minderjährige ist dies höchst umstritten, worauf in Kapitel 3 B. III. ausführlich eingegangen wird.

Patient die erforderliche Einsichts- und Urteilsfähigkeit besitzt, um Wesen, Bedeutung und Tragweite des Eingriffs zumindest in groben Umrissen zu erkennen, dessen Folgen und Risiken zu bemessen sowie Für und Wider der Maßnahme gegeneinander abzuwägen und sich danach selbstbestimmt zu entscheiden[277].

Ob der Patient die nötigen Fähigkeiten zur eigenverantwortlichen Entscheidung besitzt, muss individuell in Bezug auf den Entscheidungszeitpunkt und die konkret bevorstehende Behandlungssituation festgestellt werden (relative Einwilligungsfähigkeit)[278]. Bei schweren, risikoreichen Heileingriffen sind diesbezüglich deutlich höhere Anforderungen an das Maß der Einsichts- und Urteilsfähigkeit des Betroffenen zu stellen als bei simplen Routineeingriffen[279]. Es müssen stets die gesamten Umstände des Einzelfalls wie die physische und psychische Konstitution, der Bildungsgrad, etwaige Vorkenntnisse, Medikamenteneinflüsse oder kulturelle Traditionen des Patienten berücksichtigt werden[280].

Auch das Alter ist in diesem Zusammenhang von großer Bedeutung. So ist die Einwilligungsfähigkeit bei erwachsenen Patienten, das heißt solchen, die das achtzehnte Lebensjahr vollendet haben, grundsätzlich zu unterstellen, solange keine Anhaltspunkte für deren Fehlen ersichtlich sind[281]. Die Beurteilung der Einwilligungsfähigkeit – genauer: der Entscheidungsfähigkeit und Entscheidungskompetenz[282] – minderjähriger Patienten, also ihrer tatsächlichen Fähigkeiten zur eigenverantwortlichen Entscheidung sowie ihrer rechtlichen Befugnisse zur Abgabe dieser Erklärung, ist hingegen in der rechtswissenschaftlichen Literatur und Rechtsprechung seit Jahrzehnten umstritten. Dem derzeitigen Meinungsstand aus zivilrechtlicher sowie strafrechtlicher Perspektive und deren Schlussfolgerungen für die Forschungsfrage dieser Arbeit wird daher im Verlauf des folgenden Kapitels ein ausführlicher Abschnitt gewidmet[283].

---

277 BGH NJW 1956, 1106, 1107; BGHZ 29, 33, 36; BGHSt 12, 379, 382; BGH MDR 1981, 810, 810; *Deutsch/Spickhoff*, Rn. 991; vgl. dazu auch *Amelung*, Vetorechte, S. 8 ff.; *Amelung/Eymann*, JuS 2001, 937, 941 f.

278 BGH NJW 1956, 1106, 1106 f.; BGHZ 29, 33, 36; RGSt 41, 392, 394; *Wagner*, in: MüKo BGB, § 630d Rn. 20.

279 *Biermann*, in: Ulsenheimer, Arztstrafrecht, Rn. 414.

280 *Biermann*, in: Ulsenheimer, Arztstrafrecht, Rn. 414.

281 BT-Drs. 17/10488, S. 23; *Kraatz*, Rn. 37; *Roxin*, § 13 Rn. 86; *Schroth*, in: Roxin/Schroth, Medizinstrafrecht, S. 34.

282 Siehe zu der begrifflichen Differenzierung nochmals Kapitel 1 C. V.

283 Siehe hierzu ausführlich Kapitel 3 B.

Fehlt dem Patienten die Fähigkeit zur Einwilligung, so muss sie durch einen Vertreter erteilt werden. Nach § 630d Abs. 1 S. 2 Hs. 1 BGB ist in diesen Fällen die Einwilligung des „hierzu Berechtigten“ einzuholen. Berechtigt sein können insbesondere der gesetzliche Vertreter oder rechtsgeschäftliche Bevollmächtigte des Betroffenen[284]. Ist der Patient volljährig, ist regelmäßig der vom Patienten nach § 1904 Abs. 5 BGB bestimmte Vorsorgebevollmächtigte oder ein gemäß § 1896 BGB von Amts wegen oder auf Antrag für ihn bestellter Betreuer als berechtigt anzusehen[285]. Dies gilt allerdings nur insoweit, als der Patient die bevorstehende Maßnahme nicht bereits selbst im Rahmen einer Patientenverfügung nach § 1901a Abs. 1 S. 1 BGB wirksam gestattet oder untersagt hat, § 630d Abs. 1 S. 2 Hs. 2 BGB. Die Entscheidung durch einen Vertreter ist dann ausgeschlossen. Bei minderjährigen Patienten treten nach § 1629 Abs. 1 S. 1 BGB grundsätzlich die sorgeberechtigten Eltern als gesetzliche Vertreter des Kindes auf, gemäß S. 2 regelmäßig gemeinschaftlich.

In § 630d BGB wird das Erfordernis der Einwilligungsfähigkeit des Patienten in Form eines Umkehrschlusses vorausgesetzt, indem Abs. 1 S. 2 regelt, dass im Falle ihres Fehlens die Einwilligung durch eine dritte Person zu erfolgen hat. Neuerungen oder rechtliche Klarstellungen sind durch die Einführung des Patientenrechtegesetzes jedoch diesbezüglich nicht erfolgt. Bedauerlicherweise sind weder die Einwilligungsfähigkeit noch spiegelbildlich dazu die Einwilligungsunfähigkeit in den §§ 630a ff. BGB gesetzlich definiert worden[286]. Es ist somit weiterhin auf die von der Rechtsprechung und Lehre entwickelten Kriterien der Einsichts- und Urteilsfähigkeit abzustellen, auf welche sich auch der Gesetzgeber in der Begründung zu § 630d BGB bezieht[287].

---

284 BT-Drs. 17/10488, S. 23: „Ist der Patient nach diesen Maßstäben unfähig, selbst in die Durchführung einer medizinischen Maßnahme einzuwilligen, so obliegt es dem Behandelnden, die Einwilligung eines hierzu Berechtigten, etwa seines Vormundes, Betreuers, gesetzlichen Vertreters oder rechtsgeschäftlich Bevollmächtigten einzuholen.“

285 *Biermann*, in: Ulsenheimer, Arztstrafrecht, Rn. 431 ff.

286 *Deutsch/Spickhoff*, Rn. 424; *Walter*, Patientenrechtegesetz, Rn. 198.

287 BT-Drs. 17/10488, S. 23; siehe zur Rspr. nochmals BGH NJW 1956, 1106, 1107; BGHZ 29, 33, 36; BGHSt 12, 379, 382; BGH MDR 1981, 810, 810; vgl. zudem *Walter*, Patientenrechtegesetz, Rn. 198.

IV. Ordnungsgemäße Aufklärung

Darüber hinaus muss der Patient die richtigen Vorstellungen von der anstehenden medizinischen Behandlung haben, um auf deren Grundlage einwilligen zu können[288]. Daher bedarf es einer ordnungsgemäßen Aufklärung durch den behandelnden Arzt. In zivilrechtlicher Hinsicht ist diese aufgrund einer umfangreichen Judikatur sowie der gesetzlichen Ausgestaltung der § 630d und § 630e BGB anhand einer Vielzahl von Kriterien zu überprüfen[289]. Das Strafrecht stellt an das Aufklärungsgespräch demgegenüber weniger hohe Anforderungen; die Vorgaben der §§ 630d f. BGB sind insoweit nicht ohne Weiteres übertragbar[290].

1. Vertragliche Aufklärungspflicht

Gemäß § 630d Abs. 2 BGB setzt die wirksame Einwilligung die vorherige Aufklärung des Patienten voraus. Dies entspricht der bisherigen Rechtsprechung[291] und gilt auch für die deliktische Haftung nach § 823 Abs. 1 BGB[292].

Die Einwilligung des Patienten ist nur dann als Ausdruck seiner Patientenautonomie anzuerkennen, wenn er sich der Tragweite seiner Disposition bewusst ist und über die Bedeutung seiner Erklärung, die möglichen Folgen, Chancen und Risiken sowie bestehende Behandlungsalternativen informiert ist[293]. Da ein Patient in der Regel jedoch allenfalls über medizinisches Laienwissen verfügt, wird der Arzt in die Pflicht genommen, dem Disponierenden die zur Ausübung seines Selbstbestimmungsrechts erforderlichen Informationen zu vermitteln[294]. Durch das Erfordernis der

---

288 *Deutsch/Spickhoff*, Rn. 434.

289 Für einen Überblick siehe *Deutsch/Spickhoff*, Rn. 434; sowie *Kraatz*, Rn. 41 ff.

290 Vgl. *Eser*, in: Schönke/Schröder, StGB, § 223 Rn. 40b; *Joecks (Hardtung)*, in: MüKo StGB, § 223 Rn. 88 ff., 99.

291 BGHZ 29, 46, 48 ff.; 90, 103, 109 f.; BGH NJW 1994, 3010, 3010 f.; BGH NJW 2005, 1718, 1718 ff; siehe auch BT-Drs. 17/10488, S. 24 f.; vgl. *Kreße*, MedR 2015, 91, 91.

292 Vgl. BGH NJW 1981, 633, 633; BT-Drs. 17/10488, S. 24; *Sprau*, in: Palandt, BGB, § 823 Rn. 144, 153.

293 *Deutsch/Spickhoff*, Rn. 434.

294 BT-Drs. 17/10488, S. 24; *Deutsch/Spickhoff*, Rn. 434; *Rehborn/Gescher*, in: Erman, § 630d Rn. 30.

„informierten Einwilligung", auch „informed consent"[295], wird die Aufklärung des Patienten untrennbar mit der Einwilligung verbunden[296].

Voraussetzungen und Umfang der Aufklärungspflicht sind in § 630e BGB geregelt. Danach muss die Aufklärung sämtliche für die Situation des Patienten eingriffsrelevanten Umstände enthalten, wie insbesondere Art, Umfang, Durchführung, zu erwartende Folgen und Risiken der Maßnahme sowie deren Notwendigkeit, Dringlichkeit, Eignung, Erfolgsaussichten und Behandlungsalternativen („Selbstbestimmungsaufklärung"[297]). Es soll dabei aber nicht auf die Vermittlung aller medizinischen Details ankommen; vielmehr soll dem Patienten lediglich eine ausreichende Entscheidungsgrundlage zur Ausübung seines Selbstbestimmungsrechts verschafft werden[298]. Hierfür ist jedenfalls eine sogenannte Grundaufklärung erforderlich, die dem Patienten einen Eindruck von der Schwere des Eingriffs und der Art der Belastungen für seine körperliche Integrität gibt[299]. Die Selbstbestimmungsaufklärung beinhaltet zudem eine Diagnoseaufklärung und die Vermittlung von Informationen über Risiken und Verlauf der Behandlung[300]. Die Intensität der Aufklärung richtet sich nach den Umständen des Einzelfalls, das heißt nach den Wünschen des Patienten, seinen für die konkrete Situation objektiven Erwartungen und dem allgemein Erforderlichen ebenso wie nach Sachkunde, Intelligenz, Bildungsgrad und Krankheitserfahrungen des Aufklärungsadressaten[301].

Nach Maßgabe des § 630e Abs. 2 BGB hat die Aufklärung mündlich zu erfolgen, um dem Patienten die Möglichkeit für Rückfragen zu eröffnen, und muss so rechtzeitig ergehen, dass die Entscheidung über die Einwilligung wohlüberlegt getroffen werden kann[302]. Sie ist regelmäßig durch den

---

295 Siehe BGH VersR 2005, 836, 837; *Damm/Schulte in den Bäumen*, KritV 2005, 101, 103 ff.; *Katzenmeier*, in: Laufs/Katzenmeier/Lipp, Kap. V Rn. 5; *Rothärmel/Wolfslast/Fegert*, MedR 1999, 293, 293 ff.

296 *Deutsch/Spickhoff*, Rn. 402.

297 Siehe hierzu ausführlich *Schneider*, in: Prütting/Wegen/Weinreich, BGB, § 630e Rn. 2 ff.

298 BT-Drs. 17/10488, S. 24; siehe auch BGHZ 29, 46, 54; 29, 176, 181; 166, 336, 339; BGH NJW 1981, 633, 633.

299 BGHZ 29, 46, 54; 29, 176, 179 ff.; *Rehborn/Gescher*, in: Erman, § 630e Rn. 5.

300 BGHZ 126, 386, 389 f.; 144, 1, 5; *Deutsch/Spickhoff*, Rn. 436 ff.; *Hart*, GesR 2012, 385, 386; *Rehborn/Gescher*, in: Erman, § 630e Rn. 6.

301 BGH NJW 1973, 556, 557 f.; 1976, 363, 364; 1979, 1933, 1934.

302 BT-Drs. 17/10488, S. 24; *Deutsch/Spickhoff*, Rn. 488 ff.

behandelnden Arzt vorzunehmen, kann jedoch auch durch entsprechend qualifiziertes Personal ausgeführt oder an dieses delegiert werden[303].

Adressat der Aufklärung ist in erster Linie der zu behandelnde Patient[304]. Ist dieser nicht einwilligungsfähig, so hat die Selbstbestimmungsaufklärung gemäß § 630e Abs. 4 BGB gegenüber dem zur Einwilligung Berechtigten zu erfolgen. Allerdings müssen in diesem Fall nach § 630e Abs. 5 BGB auch dem einwilligungsunfähigen Patienten zumindest die wesentlichen Umstände des Eingriffs erläutert werden, soweit er in der Lage ist, diese zu verstehen[305].

Ausnahmsweise bedarf es der Aufklärung nicht, soweit sie aufgrund besonderer Umstände entbehrlich ist, § 630e Abs. 3 BGB. Von einer solchen Situation ist insbesondere dann auszugehen, wenn der medizinische Eingriff unaufschiebbar ist oder der Patient ausdrücklich auf die Aufklärung verzichtet hat.

2. Die informierte Einwilligung zur strafrechtlichen Rechtfertigung

Als tauglicher Rechtfertigungsgrund ist die Einwilligung nur dann anzuerkennen, wenn der Patient dem Eingriff in Kenntnis der maßgeblichen Umstände, das heißt in informiertem Zustand, zugestimmt hat[306]. Auch im Strafrecht ist somit von besonderer Bedeutung, dass der Patient vor Abgabe seiner Erklärung über die Umstände und Folgen seiner Entscheidung in Kenntnis gesetzt wird[307]. Aus diesem Erfordernis der vorausinformierten Einwilligung folgt die Pflicht des Arztes zur Aufklärung des Patienten[308], denn jener ist dem Patienten aufgrund seines Wissensvorsprungs hinsichtlich medizinischer Fragen regelmäßig strukturell erheblich überlegen. Der Arzt ist folglich berufen, dem Patienten die zu einer überlegten und reflektierten Einwilligung erforderlichen Informationen zu verschaffen[309].

---

303 BT-Drs. 17/10488, S. 24; *Deutsch/Spickhoff*, Rn. 480 ff.; vgl. auch *Walter*, Patientenrechtegesetz, Rn. 184 ff.

304 BT-Drs. 17/10488, S. 24.

305 Dies entspricht auch der bisherigen Rspr., siehe nur BVerfGE 128, 282, 310.

306 BGHSt 19, 201, 205 f.

307 BGHSt 19, 201, 205 f.

308 BGHSt 11, 111, 113 f.; 12, 379, 383; *Eser*, in: Schönke/Schröder, StGB, § 223 Rn. 40b; *Hirsch*, in: LK StGB, § 228 Rn. 19; *Joecks*, in: MüKo StGB, § 223 Rn. 77.

309 *Schwalm*, Strafrechtlicher Persönlichkeitsschutz, in: FS Küchenhoff, S. 681, 691; *Eser*, in: Schönke/Schröder, StGB, § 223 Rn. 40a.

Die durch die Judikatur sowie nunmehr auch durch § 630e BGB für das Zivilrecht festgesetzten Kriterien zu Umfang und Reichweite der Aufklärung können dabei nur eingeschränkt auf das Strafrecht übertragen werden[310]. Denn während die ärztlichen Aufklärungspflichten im zivilen Haftungsrecht sehr weit gesteckt werden, um mithilfe der Haftung für Aufklärungsversäumnisse die kaum durchsetzbare Behandlungsfehlerhaftung zu kompensieren[311], darf das Strafrecht lediglich als ultima ratio zur Anwendung kommen, sodass eine Restriktion der Anforderungen an einen „informed consent" vorzunehmen ist[312]. Die schadensersatzorientierten Haftungsprinzipien des Zivilrechts dürfen somit nicht unbesehen zur Beurteilung strafrechtlicher Verantwortlichkeit herangezogen werden[313]. Entscheidend ist, dass der Patient jedenfalls *in Grundzügen* über Art, Bedeutung und Tragweite des Eingriffs informiert wird, um ihm eine realistische Abwägung von Für und Wider der Behandlung zu ermöglichen[314].

Ebenso wie im Rahmen der zivilrechtlichen Haftungsregeln ist der Patient Adressat der Aufklärung; nur im Falle seiner Einwilligungsunfähigkeit ist abweichend davon dessen einwilligungsbefugter Vertreter aufzuklären[315]. Die Aufklärung hat wiederum grundsätzlich durch den behandelnden Arzt zu erfolgen[316] und darf nur dann unterbleiben, wenn besondere Umstände dies rechtfertigen, so etwa bei unaufschiebbaren Eingriffen, zum Schutz des Patienten oder infolge des ausdrücklichen Aufklärungsverzichts durch ebendiesen[317].

---

310 Vgl. *Eser*, in: Schönke/Schröder, StGB, § 223 Rn. 40b; *Joecks (Hardtung)*, in: MüKo StGB, § 223 Rn. 88 ff., 99.

311 So BGH NJW 1978, 587, 588; OLG Celle VersR 1982, 500, 500; OLG Frankfurt NJW 1983, 1382, 1382 f.; *Hirsch*, in: LK StGB, § 228 Rn. 19; *Paeffgen/Zabel*, in: Kindhäuser/Neumann/Paeffgen, StGB, § 228 Rn. 77; vgl. auch BVerfGE 52, 131, 150 f.

312 *Eser*, in: Schönke/Schröder, StGB, § 223 Rn. 40b; *Joecks (Hardtung)*, in: MüKo StGB, § 223 Rn. 88.

313 Vgl. *Joecks (Hardtung)*, in: MüKo StGB, § 223 Rn. 88.

314 BGHSt 12, 379, 383; BGH NStZ 1981, 351, 351; ausführlich *Biermann*, in: Ulsenheimer, Arztstrafrecht, Rn. 338 ff.; *Hirsch*, in: LK StGB, § 228 Rn. 20 m. w. N.

315 *Eser*, in: Schönke/Schröder, StGB, § 223 Rn. 37 ff.

316 BGH NStZ 1981, 351, 351.

317 *Eser*, in: Schönke/Schröder, StGB, § 223 Rn. 42 ff.

V. Freiheit von Willensmängeln

Voraussetzung einer selbstbestimmten Entscheidung ist außerdem, dass diese freiwillig, also frei von Willensmängeln, erfolgt[318]. Ein beachtlicher Willensmangel liegt vor allem bei Zwang, Drohung oder arglistiger Täuschung gegenüber dem Patienten vor[319]. Eine auf solche Weise erzielte Einwilligung steht dem grundgesetzlich geschützten Prinzip der Freiwilligkeit entgegen und ist daher als sittenwidrig anzusehen[320].

Wird der Patient durch das Androhen eines empfindlichen Übels zu einer Einwilligungserklärung genötigt (§ 240 StGB), ist diese als unwirksam anzusehen[321]. Darüber hinaus stellen auch rechtsgutsbezogene Täuschungen relevante Willensmängel dar[322]. So müssen beispielsweise die Verschleierung des Zwecks einer Behandlung, das Ausüben massiven Drucks auf den Patienten oder ein nicht mitgeteilter Indikationsmangel hinsichtlich des betreffenden Eingriffs ebenfalls zur Unwirksamkeit der Einwilligung führen [323].

VI. Kein Widerruf der Einwilligung

Schließlich darf die Erklärung nicht wirksam widerrufen worden sein[324]. Da die Einwilligung dem Zwecke dient, dem einzelnen Patienten selbstbestimmte Entscheidungen über seine körperliche Integrität zu gewährleisten, muss sie als Rechtsinstitut so flexibel sein, dass den Interessen des Rechtsgutsträgers auch dann Rechnung getragen werden kann, wenn diese sich verändern[325]. Ein Widerruf ist daher im Zivilrecht wie im Strafrecht bis zur Durchführung des betreffenden Eingriffs jederzeit formlos möglich

---

318 *Deutsch/Spickhoff*, Rn. 422; *Joecks (Hardtung)*, in: MüKo StGB, § 223 Rn. 83 ff.

319 *Amelung/Eymann*, JuS 2001, 937, 943 f.; *Deutsch/Spickhoff*, Rn. 422; *Joecks (Hardtung)*, in: MüKo StGB, § 223 Rn. 83 ff.

320 *Deutsch/Spickhoff*, Rn. 422.

321 Siehe *Amelung/Eymann*, JuS 2001, 937, 943 mit einigen Beispielen.

322 Nochmals *Amelung/Eymann*, JuS 2001, 937, 944.

323 *Eser*, in: Schönke/Schröder, StGB, § 223 Rn. 39; *Paeffgen/Zabel*, in: Kindhäuser/Neumann/Paeffgen, StGB, § 228 Rn. 73; vgl. zu den genannten Beispielen insg. OLG Karlsruhe NJW 1983, 352, 352; BGH NJW 1978, 1206, 1206; *Schroth*, in: Roxin/Schroth, Medizinstrafrecht, S. 35 ff.; *Ulsenheimer*, in: Ulsenheimer, Arztstrafrecht, Rn. 532 m. w. N.; zur Berücksichtigung sozialer Zwänge vgl. auch *Amelung*, NStZ 2006, 317, 318 f.

324 RGSt 25, 375, 382; *Amelung/Eymann*, JuS 2001, 937, 945.

325 *Amelung/Eymann*, JuS 2001, 937, 945.

und hat die Unwirksamkeit der vorherigen Einwilligungserklärung zur Folge[326]. § 630d Abs. 3 stellt dies nunmehr auch ausdrücklich klar.

Auch der Widerruf muss als actus contrarius zur Erklärung der Einwilligung ausdrücklich oder konkludent kundgegeben werden; eine ausschließlich innere Entscheidung, sich nicht mehr an die Einwilligung binden zu wollen, kann nicht ausreichen[327].

D. Zusammenfassung

Zusammenfassend ist festzustellen, dass sich das Selbstbestimmungsrecht des Patienten bei ärztlichen Heilbehandlungen sowohl aus dem allgemeinen Persönlichkeitsrecht des Art. 2 Abs. 1 i.V.m. Art. 1 Abs. 1 GG als auch aus dem in Art. 2 Abs. 2 GG garantierten Recht auf Leben und körperliche Unversehrtheit herleiten lässt. Um dieses zu schützen, bedarf es zur Rechtfertigung medizinischer Eingriffe der wirksamen Einwilligung des Patienten, was inzwischen in § 630d BGB ausdrücklich kodifiziert wurde.

Während der Behandlungsvertrag nach § 630a BGB den allgemeinen schuldrechtlichen Rahmen der medizinischen Behandlung bildet und vor allem den Vertragspartner des Patienten mit einer Reihe vertraglicher Pflichten ausstattet, stellt die Einwilligung die konkrete Disposition über persönliche Rechte des Patienten dar, die die Vornahme tatsächlicher Handlungen durch den Arzt gestattet. Sie unterscheidet sich damit von der rechtsgeschäftlichen Willenserklärung, die auf die Herbeiführung einer Rechtsfolge gerichtet ist; die für Rechtsgeschäfte geltenden Regelungen der §§ 104 ff. BGB finden daher grundsätzlich keine Anwendung.

Neben der Dispositionsbefugnis des Patienten und der ärztlichen Aufklärung ist zu einer wirksamen Einwilligung insbesondere die Einwilligungsfähigkeit der erklärenden Person erforderlich. Der Einwilligende muss in der Lage sein, Wesen, Bedeutung und Tragweite des Eingriffs zumindest in groben Umrissen zu erkennen und dabei Für und Wider der Maßnahme gegeneinander abzuwägen. Zudem muss die Erklärung frei von Willensmängeln erfolgen und darf nicht durch Widerruf beseitigt worden sein.

Indem die Einwilligungsfähigkeit nicht an eine starre Altersgrenze geknüpft ist, bedarf es der Geschäftsfähigkeit des Patienten nicht. Daher

---

326 RGSt 25, 375, 382; BGH VersR 1954, 98, 99; *Rehborn/Gescher*, in: Erman, § 630d Rn. 2.

327 *Roxin*, § 13 Rn. 79; *Tag*, S. 305.

könnten grundsätzlich auch minderjährige Patienten, die die erforderliche geistige Reife innehaben, um Folgen und Risiken ihrer Entscheidung zu erkennen und zu bewerten, bereits hinreichend einsichts- und urteilsfähig sein, um selbstbestimmte Erklärungen abzugeben. Im Einzelnen sind hinsichtlich der medizinischen Behandlung Minderjähriger jedoch viele Aspekte umstritten und bislang weder in Rechtsprechung und Lehre hinreichend erörtert noch durch den Gesetzgeber abschließend entschieden worden. Es ist jedoch unerlässlich, diese Thematik ausführlich aufzuarbeiten, um die Möglichkeiten zur Verfassung bindender Vorausverfügungen durch minderjährige Patienten untersuchen zu können. Daher ist das nachfolgende Kapitel der Problematik der ärztlichen Behandlung Minderjähriger gewidmet.

Kapitel 3: Die medizinische Behandlung minderjähriger Patienten

Während sich das Konzept der Einwilligung volljähriger einwilligungsfähiger Patienten durch Rechtsprechung und rechtswissenschaftliche Lehre über viele Jahrzehnte hinweg entwickelte und verfestigte, ist die Frage der wirksamen Einwilligung durch Minderjährige und ihrer Rechtsstellung im Rahmen medizinischer Behandlungsmaßnahmen noch immer höchst umstritten. Zwar besteht weitgehend Einigkeit darüber, dass auch minderjährige Patienten die geistige Reife besitzen können, um selbstbestimmte Entscheidungen über die sie betreffenden ärztlichen Eingriffe treffen zu können[328], jedoch werden die darauf gestützten Folgerungen für ihre Entscheidungskompetenz bisweilen sehr unterschiedlich beurteilt. Neben dem Vorrang der elterlichen Entscheidung vor dem Kindeswillen[329] werden insbesondere ein Vetorecht des Minderjährigen gegenüber der Einwilligung seiner Sorgeberechtigten[330] beziehungsweise ein Co-Konsens beider Akteure[331] sowie ein Alleinentscheidungsrecht des minderjährigen Patienten über die Vornahme der ärztlichen Maßnahme[332] diskutiert.

Bevor auf die für diese Arbeit zentrale Problematik der Entscheidungskompetenz minderjähriger Patienten eingegangen wird und die daraus resultierenden Folgen für die Forschungsfrage herausgearbeitet werden können, sind vorab einige eng mit diesem Thema verknüpfte Fragen zur Rolle des Minderjährigen bei ärztlichen Heileingriffen zu beantworten.

---

328 BGHZ 29, 33, 36; *Lesch*, NJW 1989, 2309, 2310; *Uhlenbruck*, DMW 1977, 65, 66; *Ulsenheimer*, in: Laufs/Kern, § 139 Rn. 45; davon geht auch der Gesetzgeber aus: siehe BT-Drs. 17/10488, S. 23.

329 Heute veraltet, so aber noch RGZ 68, 431, 435 f.; 141, 262, 265; BGHZ 2, 159, 162 f.; ebenso BT-Drs. 8/2788, S. 44 f.; *Zitelmann*, AcP 99 (1906), 1, 62 f.; *Schmitt*, in: MüKo BGB, 5. Aufl. 2006 [Altaufl.], § 105 Rn. 22 f.

330 Beispielhaft BGHZ 29, 33, 36 f.; *Lipp*, in: Laufs/Katzenmeier/Lipp, Kap. VI Rn. 183, Kap. VII Rn. 69; *Nebendahl*, MedR 2009, 197, 201 ff.; *Pawlowski*, JZ 2003, 66, 71.

331 Siehe *Diederichsen*, Aspekte des Selbstbestimmungsrechts Minderjähriger, in: FS Hirsch, S. 355, 361 f.; *Pawlowski*, Probleme der Einwilligung, in: FS Hagen, S. 5, 19; *ders.*, JZ 2003, 66, 71; *Olzen*, in: MüKo BGB, § 1666 Rn. 78.

332 Statt vieler BGHSt 12, 379, 382; *Kern*, LMK 2007, 220412; *Lenckner*, ZStW 1960, 446, 462 f.; *Schlund*, Anm. zu OLG Hamm, JR 1999, 333, 335 f.; *Wölk*, MedR 2001, 80, 84.

Dabei wird die gesamte Behandlungssituation in den Blick genommen, beginnend mit dem regelmäßig vorgelagerten Abschluss des Behandlungsvertrages sowie der Prüfung und Feststellung der Entscheidungsfähigkeit minderjähriger Patienten. Im Anschluss wird erörtert, welche Rechte zur medizinischen Selbstbestimmung dem hinreichend einsichts- und urteilsfähigen Minderjährigen zukommen. Es sind sowohl die Auswirkungen der kindlichen Behandlungsentscheidung gegenüber seinen Sorgeberechtigten als auch gegenüber seinem behandelnden Arzt zu analysieren, wobei insbesondere auf das kindschaftsrechtliche Regelungsgefüge der §§ 1626 ff. BGB und die Normen des Behandlungsvertrages aus §§ 630a ff. BGB einzugehen ist. Weiterhin sind die in der höchstrichterlichen Rechtsprechung und im rechtswissenschaftlichen Schrifttum diskutierten Konzepte und Ansichten zu bewerten und deren Auswirkungen auf die Entscheidungskompetenz minderjähriger Patienten herauszuarbeiten. Abschließend wird zudem auf die ärztliche Aufklärung des minderjährigen Patienten und/ oder seines Vertreters einzugehen sein.

A. *Abschluss eines Behandlungsvertrages für einen Minderjährigen – durch den Minderjährigen selbst?*

Vor Durchführung einer konkreten ärztlichen Maßnahme wird zwischen dem Patienten und seinem Behandler, also dem Arzt beziehungsweise dem Krankenhausträger oder Praxisinhaber, für welchen der Arzt tätig ist, ein Behandlungsvertrag im Sinne der §§ 630a ff. BGB abgeschlossen[333]. Er kommt für gewöhnlich dadurch zustande, dass sich der Patient in die Behandlung begibt und der Behandelnde ebendiese übernimmt[334]. Behandelnder ist, wer die Behandlung zusagt, auch wenn die Leistung tatsächlich durch einen Erfüllungsgehilfen erbracht wird[335]. Dabei ist der Behandlungsvertrag unabhängig davon, ob der Patient gesetzlich, privat

333 *Deutsch/Spickhoff*, Rn. 103; *Walter*, Patientenrechtegesetz, Rn. 31. Ein privatrechtlicher Vertrag bleibt indes aus, wenn der Minderjährige aufgrund öffentlich-rechtlicher Bestimmungen (siehe hierzu die Psychisch-Kranken-Gesetze der Länder sowie § 7 JGG) in einer psychiatrischen Klinik untergebracht wird, vgl. *Rothärmel*, S. 57 f.; oder wenn ein Vertragsschluss wegen Gefahr im Verzug in Not- und Eilfällen nicht mehr rechtzeitig erwirkt werden kann.

334 *Weidenkaff*, in: Palandt, BGB, § 630a Rn. 5 f.

335 *Jaeger*, PatRG, § 630a Abs. 1 Rn. 44; *Walter*, Patientenrechtegesetz, Rn. 45 ff.; *Weidenkaff*, in: Palandt, BGB, § 630a Rn. 2.

oder gar nicht versichert ist, privatrechtlicher Natur[336], sodass für den Vertragsschluss die allgemeinen rechtsgeschäftlichen Regeln gelten: Es bedarf zweier übereinstimmender Willenserklärungen in Form von Angebot und Annahme[337], für deren Wirksamkeit die Geschäftsfähigkeit des Patienten oder die Zustimmung seines Vertreters nötig ist[338]. Da Minderjährige nach §§ 104 ff. BGB nicht oder nur beschränkt geschäftsfähig sind, ist ein selbstständiger Vertragsabschluss durch den minderjährigen Patienten ausgeschlossen.

Es ist daher im Folgenden zu untersuchen, ob eine Beteiligung des Minderjährigen am Abschluss des Behandlungsvertrages überhaupt möglich beziehungsweise gar notwendig ist und welche Bedeutung in diesem Zusammenhang dem Einverständnis der Eltern zum Vertragsschluss zukommt.

I. Kein selbstständiger Vertragsabschluss durch den minderjährigen Patienten

Den allgemeinen zivilrechtlichen Vorgaben entsprechend erfordert der selbstständige Abschluss eines Vertrages die volle Geschäftsfähigkeit der Vertragsparteien[339]. Diese wird gemäß §§ 104 ff. BGB grundsätzlich mit Vollendung des achtzehnten Lebensjahres erreicht[340].

Kinder bis zur Vollendung des siebten Lebensjahres sind nach § 104 Nr. 1 BGB geschäftsunfähig und können keine vertraglichen Bindungen beingehen. Ihre Willenserklärungen sind gemäß § 105 Abs. 1 BGB unwirksam, sodass sie selbst mit Zustimmung ihrer gesetzlichen Vertreter keinen eigenen Behandlungsvertrag mit dem Arzt schließen könnten. Es müssen daher stets die sorgeberechtigten Eltern oder rechtlichen Vertreter anstelle

336 BVerfG NJW 2005, 1103, 1104; *Deutsch/Spickhoff*, Rn. 101 f., 106 ff.; *Jaeger*, PatRG, § 630a Abs. 1 Rn. 24; *Spickhoff*, VersR 2013, 267, 270.

337 *Lipp*, in: Laufs/Katzenmeier/Lipp, Kap. III Rn. 20; *Medicus*, Rn. 356 ff.; *Wolf/Neuner*, § 37 Rn. 2 ff.

338 *Deutsch/Spickhoff*, Rn. 126; *Medicus*, Rn. 536 ff., 556 ff.; *Ellenberger*, in: Palandt, BGB, Einf v § 104 Rn. 2.

339 *Quaas/Zuck*, § 14 Rn. 20. Ausnahmen finden sich in §§ 110-113 BGB, welche Sonderregelungen für beschränkt geschäftsfähige Minderjährige für bestimmte Geschäfte beinhalten.

340 Eine Ausnahme von dieser Regel besteht im Falle geistiger Schwächen, siehe § 104 Nr. 2 BGB.

des Kindes tätig werden, um eine medizinische Behandlung für das Kind vertraglich zu vereinbaren[341].

Minderjährige, die das siebte, aber noch nicht das achtzehnte Lebensjahr vollendet haben, sind demgegenüber nach §§ 2, 106 BGB beschränkt geschäftsfähig, sodass die Wirksamkeit ihrer Erklärungen mit Ausnahme der Sonderregelungen der §§ 110, 112 und 113 BGB von der Zustimmung ihrer gesetzlichen Vertreter abhängig ist, §§ 107 ff. BGB[342]. Eine Teilgeschäftsfähigkeit für medizinische Behandlungen sieht das Gesetz nicht vor[343]. Demzufolge kann der beschränkt geschäftsfähige Minderjährige nur dann eigenständig wirksam Verträge schließen, wenn diese für ihn gemäß § 107 BGB lediglich rechtlich vorteilhaft sind. Ein Geschäft wird als lediglich rechtlich vorteilhaft angesehen, wenn es keine Nachteile in Form eigener vertraglicher Verpflichtungen mit sich bringt[344]. Da bei synallagmatischen Verträgen jedoch insbesondere die Pflicht zur Gegenleistung einen rechtlich relevanten Nachteil darstellt [345], könnte die Verpflichtung zur Zahlung des ärztlichen Honorars für den Erhalt der medizinischen Behandlung im Rahmen des Behandlungsvertrages als rechtlicher Nachteil für den minderjährigen Patienten angesehen werden.

Zweifellos ist dies bei privat versicherten Patienten gegeben, denn diese verpflichten sich bei Abschluss des Behandlungsvertrages selbst zur Zah-

---

341 *Kern*, in: Laufs/Kern, § 39 Rn. 24; *Lipp*, in: Laufs/Katzenmeier/Lipp, Kap. III Rn. 19; *Medicus*, Rn. 535 ff.; *Quaas/Zuck*, § 14 Rn. 20; *Walter*, Patientenrechtegesetz, Rn. 33; *Wolf/Neuner*, § 34 Rn. 2, 8 ff.

342 So z. B. BGHZ 29, 33, 36; *Leipold*, § 11 Rn. 24, 44; *Medicus*, Rn. 557 ff. Die §§ 110-113 BGB kommen nicht in Betracht. Der sog. Taschengeldparagraph des § 110 BGB setzt voraus, dass der Minderjährige die vertragsgemäße Leistung mit Mitteln bewirkt, die ihm zu diesem Zweck oder zur freien Verfügung von seinem Vertreter oder mit dessen Zustimmung von einem Dritten überlassen worden sind. Folglich müsste der Minderjährige das ärztliche Honorar bei der Behandlung durch Barzahlung aus eigenen Mitteln begleichen, was weder der Praxis entspricht noch realistisch erscheint, siehe *Medicus*, Rn. 579; *Wolf/Neuner*, § 34 Rn. 42 ff.; vgl. auch *Lipp*, in: Laufs/Katzenmeier/Lipp, Kap. III Rn. 19 und Fn. 82. Die Teilgeschäftsfähigkeiten der §§ 112, 113 BGB betreffen den beruflichen Bereich und berechtigen lediglich zu rechtsgeschäftlichen Handlungen, die dem selbstständigen Betrieb eines Erwerbsgeschäfts oder der Eingehung oder Aufhebung eines Dienst- oder Arbeitsverhältnisses zuzuordnen sind, *Medicus*, Rn. 583 ff.; *Rothärmel*, S. 55 Fn. 249; *Schlund*, Der Gynäkologe 1999, 225, 226; *Wolf/Neuner*, § 34 Rn. 61 ff.

343 Vgl. *Rothärmel*, S. 55.

344 St. Rspr., siehe nur BGHZ 161, 170, 174 ff.

345 *Leipold*, § 11 Rn. 27 ff.; *Medicus*, Rn. 560; *Wolf/Neuner*, § 34 Rn. 20 ff.

lung der vereinbarten Vergütung[346]. Anders könnte es allerdings im Falle eines gesetzlich Versicherten liegen, da diesen gegenüber dem behandelnden Arzt im Allgemeinen keine Zahlungspflicht trifft[347]. Zwar wird auch hier der Patient Vertragspartner des Arztes, die Pflicht zur Gewährung der Vergütung wird aufgrund des Sachleistungsprinzips in der gesetzlichen Krankenversicherung jedoch von der Krankenkasse übernommen[348]. Innerhalb dieses „Behandlungsdreiecks" stellt die aus dem Behandlungsvertrag erwachsende Zahlungsverpflichtung des Krankenkassenträgers für den Versicherten folglich gerade keinen rechtlichen Nachteil dar.

Teilweise wird daraus geschlossen, dass der beschränkt geschäftsfähige und gesetzlich versicherte Minderjährige selbstständig zum Abschluss eines wirksamen Behandlungsvertrages in der Lage sei[349]. Zur Untermauerung der Argumentation stützt sich diese Ansicht zudem auf § 36 Abs. 1 S. 1 SGB I[350], wonach Jugendliche ab dem fünfzehnten Lebensjahr eigenständig dazu berechtigt sind, Anträge auf Sozialleistungen zu stellen und zu verfolgen sowie Sozialleistungen entgegenzunehmen.

Allerdings resultiert aus einem Behandlungsvertrag nicht lediglich die Pflicht zur Vergütung der erhaltenen Leistung. Den Patienten trifft zudem eine Reihe von Nebenpflichten[351]. So besteht für ihn beispielswei-

---

346 *Spickhoff*, VersR 2013, 267, 270; *Jaeger*, PatRG, § 630a Abs. 1 Rn. 42; *Kern*, in: Laufs/Kern, § 39 Rn. 3; *Lipp*, in: Laufs/Katzenmeier/Lipp, Kap. III Fn. 82; *Reinkenhof*, Jura 2006, 454, 458; *Walter*, Patientenrechtegesetz, Rn. 33.

347 *Jaeger*, PatRG, § 630a Abs. 1 Rn. 43; *Muckel/Ogorek*, S. 163; vgl. auch *Deutsch/Spickhoff*, Rn. 126. Eine eigene Zahlungspflicht des Patienten gegenüber dem Arzt bzw. Krankenhausträger besteht im Rahmen der gesetzlichen Krankenversicherung allerdings regelmäßig bei Nichterscheinen zu einem sog. Bestelltermin sowie beim Erhalt individueller Gesundheitsleistungen (IGeL), *Lipp*, in: Laufs/Katzenmeier/Lipp, Kap. III Rn. 20; *Spickhoff*, VersR 2013, 267, 270; *Walter*, Patientenrechtegesetz, Rn. 35.

348 *Muckel/Ogorek*, S. 124 ff., 163 ff.; *Jaeger*, PatRG, § 630a Abs. 1 Rn. 44; *Walter*, Patientenrechtegesetz, Rn. 35; vgl. auch AG Köln NJW 1995, 789, 789.

349 So *Gernhuber/Coester-Waltjen*, § 57 Rn. 80; *Spickhoff*, VersR 2013, 267, 270; siehe auch *Deutsch/Spickhoff*, Rn. 126; *Kern*, in: Laufs/Kern, § 39 Rn. 24; *Quaas/Zuck*, § 14 Rn. 21; *Walter*, Patientenrechtegesetz, Fn. 9.

350 *Quaas/Zuck*, § 14 Rn. 21; *Gernhuber/Coester-Waltjen*, § 57 Rn. 80; *Kern*, in: Laufs/Kern, § 39 Rn. 24; *Zorn*, Rn. 332; vgl. auch bei *Spickhoff*, VersR 2013, 267, 270.

351 Siehe *Bender*, MedR 1997, 7, 8; *Hanau*, Arzt und Patient, in: FS Baumgärtel, S. 121, 135 f.; *Lipp*, in: Laufs/Katzenmeier/Lipp, Kap. III Fn. 82; *Walter*, Patientenrechtegesetz, Rn. 29. Zur Relevanz von Nebenpflichten im Rahmen des § 107 BGB siehe *Ellenberger*, in: Palandt, BGB, § 107 Rn. 2; *Stürner*, AcP 173 (1973), 402, 421 f., wonach aufgrund der bestehenden Nebenpflichten alle schuldrechtlichen Verpflichtungsgeschäfte mit Ausnahme der Schenkung auch rechtlich nachteilig und damit stets zustimmungsbedürftig sind.

se die Pflicht zur rechtzeitigen Einreichung der Gesundheitskarte, um eine Schuldübernahme durch die Krankenkasse überhaupt erst zu ermöglichen[352]. Kommt der Patient diesem Gebot nicht nach, trifft ihn mitunter selbst die Pflicht zur Leistung des ärztlichen Honorars[353]. Darüber hinaus enthalten die §§ 630a ff. BGB Mitwirkungspflichten, deren Nichtbefolgung gemeinhin ein Mitverschulden nach § 254 BGB im Arzthaftungsprozess begründet[354]. Daher ist der Behandlungsvertrag auch für gesetzlich versicherte Patienten niemals allein rechtlich vorteilhaft[355].

§ 36 Abs. 1 S. 1 SGB I steht diesem Ergebnis nicht entgegen, da die Regelung lediglich die sozialrechtliche Handlungsfähigkeit in Bezug auf die Inanspruchnahme von Dienstleistungen sowie eine entsprechende Antragsbefugnis enthält. Eine über das Beantragen und Entgegennehmen von Sozialleistungen hinausgehende Teilgeschäftsfähigkeit für rechtsgeschäftliches Handeln ist § 36 SGB I indes nicht zu entnehmen[356]. Dies ist bereits daran festzumachen, dass die Handlungsfähigkeit des jugendlichen Versicherten jederzeit gemäß § 36 Abs. 2 SGB I durch die gesetzlichen Vertreter eingeschränkt werden kann und bestimmte Handlungen (Rücknahme von Anträgen, Verzicht auf Sozialleistungen und Entgegennahme von Darlehen) zudem stets der elterlichen Zustimmung bedürfen[357].

Weder minderjährige Patienten der gesetzlichen noch der privaten Krankenversicherung sind folglich in der Lage, eigenständig wirksame Willenserklärungen zum Abschluss eines Behandlungsvertrages mit dem Arzt oder Krankenhausträger abzugeben. Es bedarf hierzu stets der Zustimmung durch die gesetzlichen Vertreter in Form einer vorherigen Ein-

---

352 *Rothärmel*, S. 55 f.

353 AG Köln NJW 1995, 789, 789; *Rothärmel*, S. 56.

354 *Lipp*, in: Laufs/Katzenmeier/Lipp, Kap. III Fn. 82; *Reinkenhof*, Jura 2006, 454, 458; *Walter*, Patientenrechtegesetz, Rn. 29, 96; vgl. auch *Spickhoff*, VersR 2013, 267, 270.

355 So *Bender*, MedR 1997, 7, 8 f.; *Hanau*, Arzt und Patient, in: FS Baumgärtel, S. 121, 135 f.; *Huber*, in: MüKo BGB, § 1626 Rn. 45 f.; *Lipp*, in: Laufs/Katzenmeier/Lipp, Kap. III Rn. 19 und Fn. 82; *Rothärmel*, S. 55 ff.; *Schlund*, Der Gynäkologe 1999, 225, 226; a. A. jedoch z. B. *Kern*, in: Laufs/Kern, § 39 Rn. 24; *Spickhoff*, VersR 2013, 267, 270 f.; nach deren Ansicht der Behandlungsvertrag für den gesetzlich versicherten Patienten allenfalls Obliegenheiten begründet, die nicht als rechtlicher Nachteil i. S. d. § 107 BGB anzusehen wären. Allerdings schließen auch sie allgemeine Nebenpflichten aus § 241 Abs. 2 BGB nicht aus.

356 Vgl. BSG Beschl. v. 04.02.1991 – 13/5 BJ 269/90 – RegNr. 19881 (BSG-Intern); BT-Drs. 7/868, S. 28; *Kreße*, MedR 2015, 91, 92; *Lilge*, SGB I, § 36 Rn. 20 ff.; *Rothärmel*, S. 60; *Schlund*, Der Gynäkologe 1999, 225, 226; *Seewald*, in: KassKomm, § 36 SGB I Rn. 4 f., 8; vgl. auch *Mrozynski*, ZfJ 1999, 403, 408.

357 Vgl. *Rothärmel*, S. 60; *Seewald*, in: KassKomm, § 36 SGB I Rn. 4 f., 8.

willigung oder nachträglichen Genehmigung des Rechtsgeschäfts gemäß §§ 107 f. BGB[358].

Vertretungsbefugt für den minderjährigen Patienten sind in der Regel dessen gemeinsam sorgeberechtigten Eltern, §§ 1626 Abs. 1, 1626a, 1629 BGB[359]. Im Falle eines allein sorgeberechtigten Elternteils ist dieser allein zur Vertretung befugt. Ist den Eltern das Sorgerecht dauerhaft entzogen oder sind sie verstorben, wird für den Minderjährigen gemäß § 1773 BGB ein Vormund als gesetzlicher Vertreter bestellt, welcher sodann die Zustimmung zu Vertragsabschlüssen des Minderjährigen erteilen kann, § 1793 BGB[360]. Bei einer bloß vorübergehenden Verhinderung der Eltern oder des Vormundes kommt ferner die Bestellung eines Ergänzungs- oder Abwesenheitspflegers im Sinne der §§ 1909, 1911 i.V.m. § 1915 BGB in Betracht[361]. Schließlich kann das Familiengericht die elterliche Erklärung nach § 1666 Abs. 3 Nr. 5 BGB unter Umständen sogar durch eine gerichtliche Entscheidung ersetzen, sollten die Eltern die Zustimmung zum Abschluss eines Behandlungsvertrages für ihr Kind in Kindeswohl gefährdender Weise verweigern[362].

II. Der Behandlungsvertrag als Vertrag zugunsten des Minderjährigen (§ 328 BGB)

Ganz regelmäßig sucht der minderjährige Patient den Arzt jedoch nicht allein auf, um eine eigene, auf den Abschluss des Vertrages gerichtete Willenserklärung abzugeben, sondern wird in Begleitung seiner Eltern vorstellig. Dabei werden die sorgeberechtigten Eltern mit dem Behandler

358 BGHZ 29, 33, 36; LG München I NJW 1980, 646, 646; *Bender*, MedR 1997, 7, 8; *Lipp*, in: Laufs/Katzenmeier/Lipp, Kap. III Fn. 82; *Rothärmel*, S. 55 ff. Davon gehen auch diejenigen aus, die dem einsichts- und urteilsfähigen Minderjährigen eine Alleinentscheidungskompetenz für die Einwilligung zusprechen, vgl. BGHZ 29, 33, 37; *Wölk*, MedR 2001, 80, 85; *Huber*, in: MüKo BGB, § 1626 Rn. 45 f.; *Peschel-Gutzeit*, in: Staudinger, BGB, § 1626 Rn. 103; *Veit*, in: Bamberger/Roth, § 1626 Rn. 26 ff.

359 *Katzenmeier*, in: Laufs/Katzenmeier/Lipp, Kap. V Rn. 53; *Leipold*, § 23 Rn. 2; *Wolf/Neuner*, § 49 Rn. 29.

360 Vgl. *Peschel-Gutzeit*, in: Staudinger, BGB, § 1626 Rn. 103.

361 Siehe *Leipold*, § 23 Rn. 3 f.; *Peschel-Gutzeit*, in: Staudinger, BGB, § 1626 Rn. 103; vgl. ebenfalls OLG Celle NJW 1995, 792, 793.

362 *Tag*, S. 314; *Wölk*, MedR 2001, 80, 85; *Peschel-Gutzeit*, in: Staudinger, BGB, § 1626 Rn. 103; *Veit*, in: Bamberger/Roth, § 1626 Rn. 26.1; hierzu ausführlich ab S. 124.

vertragseinig, indem sie *zugunsten* ihres minderjährigen Kindes in der Absicht die bevorstehende ärztliche Behandlung vereinbaren, ihrem Kind einen eigenen Behandlungsanspruch einschließlich Nebenansprüchen zu verschaffen[363]. Es ist somit bei Behandlungsvereinbarungen für einen minderjährigen Patienten in aller Regel von einem sogenannten echten Vertrag zugunsten Dritter nach § 328 Abs. 1 BGB auszugehen[364].

Auch wenn der Minderjährige seinen Arzt allein aufsucht, wird seine Erklärung gemeinhin dergestalt ausgelegt, dass er lediglich in Stellvertretung für seine gesetzlichen Vertreter tätig wird oder deren Willenserklärung als bloßer Bote übermittelt, um dem Arzt einen solventen Vertragspartner an die Seite zu stellen[365]. In der ärztlichen Praxis ist folglich grundsätzlich von einem Vertrag im Namen der Eltern zugunsten des minderjährigen Patienten auszugehen, sofern nicht ausdrücklich etwas anderes vereinbart wurde[366].

Im Rahmen eines echten Vertrages zugunsten Dritter werden somit die Eltern Vertragspartner des Arztes und tragen die rechtsgeschäftlichen Verpflichtungen, die aus dem Vertragsverhältnis erwachsen[367]. Der Minderjährige erhält als Berechtigter einen unmittelbaren Rechtsanspruch gegen den Behandler auf Durchführung der vereinbarten Behandlung sowie auf Einhaltung der mit der vertraglichen Beziehung einhergehenden Schutz- und Nebenpflichten, ohne dadurch selbst verpflichtet zu werden[368]. Bei Schlecht- oder Nichterfüllung durch den Arzt ist der Minderjährige nach herrschender Ansicht zudem Inhaber der Sekundäransprüche, sodass er zur eigenständigen Geltendmachung von Mängeln bei der Behandlung berechtigt wird[369]. Das Alter des minderjährigen Patienten spielt dabei

363 Vgl. BGHZ 89, 263, 266; 106, 153, 161; 163, 42, 48; BGH VersR 1955, 279, 280; BGH NJW 2006, 1434, 1437; *Deutsch/Spickhoff*, Rn. 127; *Rothärmel*, S. 56.

364 BGHZ 89, 263, 266; 106, 153, 161; 163, 42, 48; BGH VersR 1955, 279, 280; BGH NJW 2006, 1434, 1437; *Deutsch/Spickhoff*, Rn. 127; *Hirsch*, Rn. 1085; *Kern*, in: Laufs/Kern, § 39 Rn. 24; *Lipp*, in: Laufs/Katzenmeier/Lipp, Kap. III Rn. 19; *Rothärmel*, S. 56; *Schlund*, Der Gynäkologe 1999, 225, 226; *Walter*, Patientenrechtegesetz, Fn. 7.

365 *Lipp*, in: Laufs/Katzenmeier/Lipp, Kap. III Rn. 19.

366 *Kern*, in: Laufs/Kern, § 39 Rn. 30; *Lipp*, in: Laufs/Katzenmeier/Lipp, Kap. III Rn. 19; *Rothärmel*, S. 56; *Schlund*, Der Gynäkologe 1999, 225, 226; *Spickhoff*, VersR 2013, 267, 270.

367 BGHZ 80, 366, 367 f.; BGH NJW 2006, 1434, 1437; *Larenz*, S. 218, 221 ff.; *Medicus/Lorenz*, Rn. 858 ff.; *Grüneberg*, in: Palandt, BGB, § 328 Rn. 5.

368 BGHZ 80, 366, 367 f.; BGH NJW 2006, 1434, 1437; *Medicus/Lorenz*, Rn. 858 ff.; *Grüneberg*, in: Palandt, BGB, § 328 Rn. 5.

369 *Larenz*, S. 223 f.; *Rothärmel*, S. 56 f., 63.

keine Rolle; sowohl geschäftsunfähige Kinder vor Erreichen des siebten Lebensjahres als auch beschränkt geschäftsfähige Patienten unter achtzehn Jahren können begünstigt werden[370].

Ist ein Wille der Eltern, ihrem minderjährigen Kind einen eigenen Behandlungsanspruch zu verschaffen, nicht erkennbar, kann ein echter Vertrag zugunsten Dritter im Zweifel indes nicht angenommen werden. Die Eltern schließen in diesem Fall zumeist nur im eigenen Namen einen Behandlungsvertrag *mit Schutzwirkung* für ihr minderjähriges Kind[371] mit der Folge, dass dem minderjährigen Patienten kein unmittelbarer Anspruch auf die Behandlung zusteht[372]. Er ist dann lediglich in den Schutzbereich des Vertrages einbezogen, was ihn dazu befähigt, bei bestimmten Leistungsstörungen Schadensersatz von dem behandelnden Arzt zu fordern[373]. Das zwischen dem minderjährigen Patienten und dem Arzt bestehende Schuldverhältnis ist sodann auf die Einhaltung von Schutzpflichten beschränkt, wohingegen die eigentliche Behandlung ausschließlich durch die gesetzlichen Vertreter als Vertragspartner des Arztes gefordert werden kann[374]. Dies erscheint jedoch in Anbetracht der Tatsache, dass der Minderjährige von dem ärztlichen Eingriff unmittelbar betroffen sein wird, kaum zweckdienlich oder im Interesse der Eltern zu sein. Bei der Auslegung des Vertrages ist demnach in der Regel der Abschluss eines Vertrages zugunsten Dritter für den Minderjährigen gemäß § 328 Abs. 1 BGB vorzugswürdig.

III. Geschäftsführung ohne Auftrag in Notfällen

Zu einem wirksamen Vertragsabschluss kommt es indes nicht, wenn im Rahmen einer Notfallbehandlung weder der minderjährige Patient in der Lage ist, eine rechtswirksame Willenserklärung abzugeben oder zu übermitteln, noch die Willenserklärung oder Zustimmung der gesetzlichen Vertreter oder eine Pflegerbestellung rechtzeitig erwirkt werden können. Bedarf der Minderjährige der medizinischen Behandlung dennoch drin-

---

370 Vgl. RGZ 65, 277, 280; BGHZ 129, 297; 305; *Janoschek*, in: Bamberger/Roth, § 328 Rn. 14.

371 RGZ 85, 183, 183 f.; BGH NJW 1992, 2962, 2962; *Deutsch/Spickhoff*, Rn. 128; *Spickhoff*, VersR 2013, 267, 270.

372 BGHZ 49, 350, 353; *Hirsch*, Rn. 1118; *Larenz*, S. 224 ff.

373 BGHZ 49, 350, 353; *Hirsch*, Rn. 1118; *Medicus/Lorenz*, Rn. 864.

374 BGHZ 49, 350, 353; *Hirsch*, Rn. 1105, 1118; *Larenz*, S. 224 ff.; *Medicus/Lorenz*, Rn. 864; *Janoschek*, in: Bamberger/Roth, § 328 Rn. 45, 55.

gend, erfolgt diese zunächst auf Grundlage einer berechtigten Geschäftsführung ohne Auftrag nach §§ 677 ff. BGB[375]. Der Vertragsschluss ist in diesem Fall später nachzuholen beziehungsweise zu bestätigen[376].

Gemäß § 677 BGB hat der behandelnde Arzt das fremde Geschäft so zu führen, wie es das objektiv verstandene Interesse sowie der tatsächliche oder mutmaßliche Wille des Geschäftsherrn erfordern. Grundsätzlich ist der betroffene Patient Geschäftsherr der Behandlung. Bei minderjährigen Patienten ist auf das Interesse ihrer gesetzlichen Vertreter abzustellen, denn indem diese regelmäßig die Pflicht zum Ersatz der Aufwendungen tragen, bestimmt ihr (mutmaßlicher) Wille im Gegenzug auch den Inhalt der Behandlungsverpflichtung[377]. Der elterliche Wille ist damit ebenfalls bei Notfallbehandlungen auf Grundlage der §§ 677 ff. BGB von entscheidender Bedeutung. Allerdings wird der behandelnde Arzt in aller Regel davon ausgehen dürfen, dass das Interesse der Eltern in der Gesundheit ihres Kindes und somit auch in der Durchführung des medizinisch indizierten Eingriffs besteht, sodass der Minderjährige die nötigen Behandlungsleistungen in jedem Fall erhalten kann[378].

IV. Schlussfolgerung

Die Behandlung eines Minderjährigen ohne die Beteiligung seiner Eltern kommt im Ergebnis regelmäßig nicht in Betracht. Unabhängig davon, ob der Minderjährige selbst als Vertragspartner des Arztes auftritt oder lediglich im Rahmen eines Vertrags zu seinen Gunsten in diesen einbezogen wird, steht und fällt der Behandlungsvertrag mit dem elterlichen Einverständnis. Wird die Zustimmung verweigert und keine auf Vertragsschluss gerichtete Erklärung abgegeben, kommt ein wirksamer Behandlungsvertrag nicht zustande. Selbst in Notfällen, in denen zunächst kein Vertrag geschlossen werden kann, ist hinsichtlich der Behandlungspflicht nach §§ 677 ff. BGB der Wille der gesetzlichen Vertreter maßgebend.

---

375 *Lipp*, in: Laufs/Katzenmeier/Lipp, Kap. III Rn. 55 ff.; *Rothärmel*, S. 60 f.; *Kern*, in: Laufs/Kern, § 39 Rn. 9 ff.; *Walter*, Patientenrechtegesetz, Rn. 31 sowie Fn. 6.

376 *Kern*, in: Laufs/Kern, § 39 Rn. 17 f.; *Lipp*, in: Laufs/Katzenmeier/Lipp, Kap. III Rn. 58.

377 Allg. M., siehe BGH NJW 1971, 609, 612; *Lipp*, in: Laufs/Katzenmeier/Lipp, Kap. VI Rn. 180; *Schäfer*, in: MüKo BGB, § 683 Rn. 18; *Dornis*, in: Erman, Vor § 677 Rn. 16; *Sprau*, in: Palandt, BGB, § 677 Rn. 8.

378 *Rothärmel*, S. 61.

Diese Arbeit hat jedoch weniger die akuten Not- und Eilfälle im Blick, welche über die Regelungen der Geschäftsführung ohne Auftrag zu lösen sind, sondern widmet sich vor allem der Schicksale chronisch kranker oder jedenfalls über einen längeren Zeitraum schwer erkrankter Kinder und Jugendlicher, welche einer längerfristigen medizinischen Behandlung bedürfen und daher typischerweise von der Möglichkeit einer Vorausverfügung Gebrauch machen. Derartige langfristige und somit in gewisser Weise vorhersehbare oder planbare Behandlungsmaßnahmen können nicht selbstständig durch den minderjährigen Patienten initiiert werden. Sie setzen einen Behandlungsvertrag unter Beteiligung der Eltern oder gegebenenfalls eines Vormunds oder Pflegers voraus: entweder bei einem Vertragsschluss im Rahmen eines Vertrages zugunsten des Minderjährigen (§ 328 BGB) respektive mit Schutzwirkung für ihn oder aber durch das Zustimmungserfordernis bei einem eigenen Vertragsschluss des beschränkt geschäftsfähigen Minderjährigen mit seinem künftigen Behandler.

Dies bedeutet zwar einerseits, dass der minderjährige Patient für gewöhnlich an dem Behandlungsvertrag beteiligt wird, entweder als Vertragspartei oder zumindest als Berechtigter mit eigenen Leistungs- und Schutzrechten, andererseits verdeutlicht die Darstellung aber ebenso, dass eine längerfristige Behandlung einzig und allein aufgrund des Wunsches des Minderjährigen nicht stattfinden wird. Selbst in Konfliktsituationen zwischen dem Minderjährigen und seinen Eltern ist deren Einbeziehung erforderlich, es sei denn, ihnen wird aufgrund kindeswohlgefährdenden Verhaltens die Vertretungsbefugnis für diese Entscheidung entzogen.

Dabei bleibt aber hervorzuheben, dass der Abschluss des Behandlungsvertrages als Grundkonsens streng von der Einwilligung in den konkreten ärztlichen Eingriff zu trennen ist und der Behandlungsvertrag lediglich den schuldrechtlichen Rahmen für die ärztliche Maßnahme bildet[379]. Erst durch die Einwilligung wird der Arzt zu dem Eingriff in die körperliche Integrität des Patienten legitimiert[380]. Die notwendige elterliche Beteiligung an der Schaffung der vertraglichen Basis lässt folglich nicht zwingend darauf schließen, dass die Eltern zugleich auch die Einwilligung in die ärztliche Behandlung des minderjährigen Patienten zu erteilen haben. Vielmehr muss dies differenzierend in einem zweiten Schritt untersucht werden.

379 *Deutsch/Spickhoff*, Rn. 128.
380 Vgl. *Kern*, NJW 1994, 753, 753; *Wölk*, MedR 2001, 80, 82 f.

B. Die Entscheidungsbefugnis des Minderjährigen: Zur Bedeutung des Kindeswillens im Rahmen aktueller ärztlicher Behandlungsentscheidungen

Unabhängig von der Einigung zur Begründung eines Behandlungsvertrages bedarf der konkrete ärztliche Eingriff stets der Einwilligung durch den Patienten beziehungsweise seinen Vertreter[381]. Es stellt sich folglich losgelöst von der Rolle des Minderjährigen am Abschluss des Behandlungsvertrages die Frage, inwieweit minderjährige Patienten hinsichtlich konkreter Behandlungsentscheidungen zu beteiligen sind und ob ihnen ein eigenständiges Recht zur Einwilligung in sie betreffende ärztliche Heileingriffe oder zu deren Ablehnung zukommt. Anders formuliert: Wann ist eine kindliche Behandlungsentscheidung für dessen gesetzliche Vertreter und den Behandelnden beachtlich oder gar rechtlich bindend?

Vor allem dann, wenn sich der minderjährige Patient und seine gesetzlichen Vertreter uneins über die Vornahme einer medizinischen Heilbehandlung sind, ist es aus Sicht des Arztes entscheidend, ob im Konfliktfall die Eltern oder der Minderjährige selbst zur Erklärung der rechtsbindenden Einwilligung befugt sind. Für den minderjährigen Patienten, der durch den Eingriff unmittelbar betroffen ist, kann es weitreichende und gar existenzielle Folgen haben, ob der Arzt seinen Behandlungswünschen nachkommt oder eine Maßnahme über seinen Kopf hinweg entsprechend der elterlichen Erklärung durchführt beziehungsweise unterlässt.

Ob die Wünsche eines Minderjährigen beachtlich sind, wird zunächst dadurch bedingt sein, dass er ein gewisses Maß an Entscheidungsfähigkeit innehaben muss, um über ärztliche Eingriffe disponieren zu können. Es ist demnach zu untersuchen, unter welchen Voraussetzungen der Kindeswille Einfluss insbesondere auf die Erklärungen seiner sorgeberechtigten Eltern hat. Indem die Fähigkeit zur Entscheidung aber von der Befugnis zu ebendieser abzugrenzen ist[382], wird die Beachtlichkeit des kindlichen Willens darüber hinaus davon abhängen, ob und inwieweit dem Minderjährigen eine eigene Entscheidungskompetenz zugestanden wird.

Es ist zu differenzieren zwischen der Bedeutung des Kindeswillens im Eltern-Kind-Verhältnis und der Wirkung seiner Behandlungswünsche im Außenverhältnis gegenüber dem behandelnden Arzt. Die innerfamiliäre Rechtsbeziehung zwischen dem Kind und seinen sorgeberechtigten Eltern richtet sich nach den kindschaftsrechtlichen Vorschriften der §§ 1626 ff.

---

381 *Lipp*, in: Laufs/Katzenmeier/Lipp, Kap. III Rn. 2.

382 Zu den verwendeten Begriffen sei nochmals auf die Begriffsdefinitionen in Kapitel 1 C. V. verwiesen.

BGB. Diese bestimmen sowohl die Rechte als auch die Pflichten der Eltern bei der Ausübung der elterlichen Sorge und legen fest, wann das Kind in Entscheidungen der Ausübung der elterlichen Sorge einzubeziehen ist. Demgegenüber unterliegt das Arzt-Patienten-Verhältnis den allgemeinen medizinrechtlichen Vorschriften. Neben der Beziehung des Behandlers zu dem minderjährigen Patienten ist hierbei auch das rechtliche Verhältnis zu den vertretungsbefugten Eltern von Bedeutung für die Frage, ob der Arzt durch Behandlungsentscheidungen des Kindes – unmittelbar oder mittelbar – legitimiert oder verpflichtet wird.

Es wird daher im Folgenden zunächst die Bindungskraft kindlicher Behandlungsentscheidungen im Innenverhältnis untersucht, bevor in einem zweiten Schritt die Außenwirkung kindlicher Erklärungen im Arzt-Patienten-Verhältnis erörtert wird. Vorab ist darzustellen, nach welchen Kriterien die tatsächlichen Fähigkeiten des Kindes zur Behandlungsentscheidung zu bemessen sind und auf welchen Grad an Entscheidungsfähigkeit es ankommen muss.

I. Bemessung der tatsächlichen Fähigkeiten des Kindes zur selbstständigen Behandlungsentscheidung

In Anbetracht der möglicherweise an sie anknüpfenden rechtlichen Folgen ist es überaus wichtig, dass die tatsächliche Fähigkeit des Minderjährigen zur eigenverantwortlichen Entscheidung sorgfältig geprüft und ihr hinreichendes Vorliegen zweifelsfrei festgestellt wird. Es sind jedoch weder die Begriffe der Entscheidungsfähigkeit oder der Einsichts- und Urteilsfähigkeit noch die zu ihrer Beurteilung erforderlichen Kriterien gesetzlich definiert. Auch valide Testverfahren zur Überprüfung der kindlichen Fähigkeiten in Bezug auf medizinische Entscheidungen existieren kaum, was die sorgeberechtigten Eltern ebenso wie die ärztliche Praxis und die Gerichte vor beträchtliche Herausforderungen bei der Beurteilung der Einsichts- und Urteilsfähigkeit Minderjähriger stellt.

Es soll sich daher der maßgeblichen Kriterien zur Bewertung der Einsichts- und Urteilsfähigkeit minderjähriger Patienten über die vorhandenen rechtlichen, empirischen und klinischen Rahmenbedingungen angenähert werden.

3. Rechtliche Rahmenbedingungen zur Beurteilung der Einsichts- und Urteilsfähigkeit des Minderjähriger

Es sind zunächst die Voraussetzungen der Einwilligungsfähigkeit heranzuziehen, welche von der höchstrichterlichen Rechtsprechung entwickelt wurden. Nach der dort gebildeten Definition ist ein Patient *rechtlich* zur Einwilligung befähigt, wenn er

> „nach seiner geistigen und sittlichen Reife die Bedeutung und Tragweite des Eingriffs und seiner Gestattung zu ermessen vermag“[383].

Sie umschreibt damit formelhaft die beiden tatsächlichen Elemente der Einwilligungsfähigkeit (Einsichtsfähigkeit und Urteilsfähigkeit). Heute wird die Einwilligungsfähigkeit in Rechtsprechung und Lehre allgemein definiert als die Fähigkeit, Wesen, Bedeutung und Tragweite der medizinischen Behandlung zu erkennen und den eigenen Willen hiernach auszurichten[384]. In Anlehnung daran hat die formelhafte Umschreibung der Einsichts- und der Urteilsfähigkeit inzwischen in mehrere Gesetze Eingang gefunden, so insbesondere in § 40 Abs. 1 Nr. 3a AMG, § 20 Abs. 2 Nr. 1 MPG sowie § 14 Abs. 1 GenDG, in ähnlicher Form ferner in § 1906 Abs. 1 Nr. 2 und § 1906a Abs. 1 Nr. 2 BGB. Zu prüfen ist, ob das Einsichtsvermögen und die Urteilskraft des Minderjährigen ausreichen, um die ärztliche Aufklärung zu verstehen, den Nutzen der bevorstehenden Behandlung gegen deren Risiken abzuwägen und eine darauf gerichtete eigenverantwortliche Entscheidung zu treffen[385].

Da das Vorliegen hinreichender Einsichts- und Urteilsfähigkeit nicht an eine Altersgrenze geknüpft ist[386], sind auch Minderjährige nicht per se aufgrund ihres Alters als entscheidungsunfähig anzusehen; es kommt viel-

---

383 Bzgl. eines minderjährigen Patienten BGHZ 29, 33, 36; ähnlich bereits vorab allgemein BGH NJW 1956, 1106, 1106 f.; RGSt 41, 392, 394; BGHSt 4, 88, 90.

384 BGH NJW 1956, 1106, 1106 f.; BGHZ 29, 33, 36; BGHSt 12, 379, 382; BGH MDR 1981, 810, 810; BT-Drs. 17/10488, S. 23; siehe auch *Amelung/Eymann*, JuS 2001, 937, 941 f. Nahezu Wortgleich heißt es beispielsweise in § 40 Abs. 1 Nr. 3a AMG: „Die klinische Prüfung eines Arzneimittels darf bei Menschen nur durchgeführt werden, wenn und solange […] die betroffene Person volljährig und in der Lage ist, Wesen, Bedeutung und Tragweite der klinischen Prüfung zu erkennen und ihren Willen hiernach auszurichten, […].“ [Hervorhebung durch Verfasserin].

385 Vgl. BT-Drs. 17/10488, S. 23; *Wagner*, in: MüKo BGB, § 630d Rn. 20.

386 Ausnahmen gelten in spezialgesetzlichen Regelungen, die kraft Gesetzes an bestimmte Altersgrenzen anknüpfen, z. B. an die Volljährigkeit in § 40 Abs. 1 S. 3 Nr. 3a AMG oder § 8 Abs. 1 Nr. 1a TPG. Die Einwilligung in eine Kastration ist

mehr auch bei ihnen darauf an, ob sie das in dem konkret zu bewertenden Einzelfall erforderliche Maß an Einsichts- und Urteilsfähigkeit innehaben, um eine eigenverantwortliche Entscheidung zu treffen[387].

Die Einsichts- und Urteilsfähigkeit ist allgemein anhand der folgenden vier weithin unstreitigen Kriterien zu beurteilen, welche kumulativ gegeben sein müssen: „Verständnis der Erkrankung", „Vorausschau möglicher Folgen", „Wertung/Relationierung der Vorteile und Risiken" sowie „Steuerungsfähigkeit"[388]. Zusätzlich sind der Charakter des verletzten Rechtsguts, die Schwere der Erkrankung sowie die Art und Schwere des Eingriffs in die Beurteilung einzubeziehen[389]. Darüber hinaus können bereits bestehende Krankheitserfahrungen und damit verbundenes Vorwissen des Minderjährigen relevant werden[390]. Ist der Minderjährige in der Lage, dem Aufklärungsgespräch zu folgen, Fragen zu stellen, Für und Wider des bevorstehenden Eingriffs abzuwägen sowie die eigene Situation zu erfassen und sich dazu zu äußern, ist er als hinreichend entscheidungsfähig zu erachten, um eine selbstbestimmte und eigenverantwortliche Behandlungsentscheidung zu treffen[391].

In der Praxis ist die Feststellung der genannten Kriterien im Rahmen einer individuellen subjektiven Prüfung für den behandelnden Arzt jedoch nicht selten mit Unsicherheiten verbunden[392]. Als Hilfestellung haben daher verschiedene Faustformeln Eingang in den Klinikalltag gefunden, um dem Behandler seine Beurteilung zu erleichtern. Danach sollen Kinder in der Regel vor Erreichen des vierzehnten Lebensjahres als

---

gem. § 2 Abs. 1 Nr. 3 KastrG sogar erst mit Vollendung des 25. Lebensjahres des Betroffenen zulässig.

387 Vgl. BGHZ 29, 33, 36; *Lesch*, NJW 1989, 2309, 2310; *Uhlenbruck*, DMW 1977, 65, 66; *Ulsenheimer*, in: Laufs/Kern, § 139 Rn. 45; davon geht auch der Gesetzgeber aus, siehe BT-Drs. 17/10488, S. 23.

388 Vgl. *Rothärmel*, S. 150 m. w. N.

389 Vgl. *Lenckner*, ZStW 1960, 446, 458; *Lesch*, NJW 1989, 2309, 2310 ff.; *Führer*, Offene Fragen im Blick auf Minderjährige, in: Borasio et al., Patientenverfügung, S. 115, 118.

390 Vgl. *Lenckner*, ZStW 1960, 446, 458; *Lesch*, NJW 1989, 2309, 2310 ff.; *Mattheis*, Juristen und Ärzte im Gespräch, in: FS Schreiber, S. 741, 743; *DAKJ*, Monatsschr Kinderheilkd 2015, 375, 376; *Führer*, Offene Fragen im Blick auf Minderjährige, in: Borasio et al., Patientenverfügung, S. 115, 118.

391 So auch die Empfehlung der Deutschen Gesellschaft für Medizinrecht: *DGMR*, Empfehlungen zur Therapieverweigerung bei Kindern und Jugendlichen, in: Dierks/Graf-Baumann/Lenard, Therapieverweigerung bei Kindern und Jugendlichen, S. 148 Nr. 7.

392 Vgl. *Bichler*, GesR 2014, 208, 209; *Tag*, S. 310; *Jox et al.*, Monatsschr Kinderheilkd 2007, 1166, 1172.

entscheidungsunfähig einzustufen sein[393], während Jugendlichen ab dem sechzehnten Lebensjahr regelmäßig die erforderliche Entscheidungsfähigkeit zukommen soll[394]. Es finden sich in der Literatur allerdings darüber hinaus eine Vielzahl abweichender Altersgrenzen: So verlangt beispielsweise *Biermann* für Jugendliche zwischen vierzehn und achtzehn Jahren stets eine Einzelfallprüfung[395], wohingegen *Taupitz* einem Vierzehnjährigen die Fähigkeiten zur Einwilligung grundsätzlich zuspricht[396].

Eine gesetzlich kodierte Regelvermutung, wie sie beispielsweise in Österreich gilt[397], sieht das deutsche Recht nicht vor. Die dargestellten Faustregeln entbinden den Arzt folglich keinesfalls von einer individuellen, einzelfallbezogenen Beurteilung der Fähigkeiten seines minderjährigen Patienten[398]. Denn ebenso, wie es möglich ist, dass ein Minderjähriger kurz vor Erreichen der Volljährigkeit hinsichtlich eines besonders riskanten, komplizierten oder umfangreichen Eingriffs noch nicht die geistige Reife besitzt, um die Tragweite der Behandlung richtig abzuwägen, ist es andererseits denkbar, dass einige Kinder bereits deutlich vor dem Erreichen des vierzehnten Lebensjahres aufgrund eigener, vielleicht mehrjähriger Krankheitserfahrungen und dadurch erlangter Kenntnisse über ihren Krankheitsverlauf und die Behandlungsoptionen als hinreichend einsichts- und urteilsfähig anzusehen sind. Dies beruht nicht zuletzt darauf, dass die

---

393 Vgl. *Biermann*, in: Ulsenheimer, Arztstrafrecht, Rn. 418 (als einwilligungsunfähig bezeichnet); *Laufs*, in: Laufs/Kern, § 62 Rn. 9; *Lipp*, Fürsorge, S. 83 ff.; *Spickhoff*, NJW 2000, 2297, 2299; *Taupitz*, A 60 f.; *Ulsenheimer*, in: Laufs/Kern, § 139 Rn. 45.

394 Vgl. *BÄK*, DÄBl 1994, A3204, A3207; *BÄK*, DÄBl 2011, A346, A348 (zumindest bzgl. eines Vetorechts); so auch *Führer*, Offene Fragen im Blick auf Minderjährige, in: Borasio et al., Patientenverfügung, S. 115, 118, welche Minderjährige ab diesem Alter Einwilligungsfähigkeit zuerkennt.

395 *Biermann*, in: Ulsenheimer, Arztstrafrecht, Rn. 419; vgl. auch *Ulsenheimer*, in: Laufs/Kern, § 139 Rn. 45.

396 *Taupitz*, A 60 f.

397 Seit 2001 gilt in Österreich eine gesetzliche Regelvermutung für die „Entscheidungsfähigkeit" Minderjähriger ab dem vierzehnten Lebensjahr [gemeint ist wiederum die Einwilligungsfähigkeit, welcher jedoch das Vorhandensein der tatsächlichen Fähigkeiten zur Entscheidung immanent ist], zunächst in § 146c ABGB, seit 2013 geregelt in § 173 Abs. 1 S. 1 ABGB: „Einwilligungen in medizinische Behandlungen kann das entscheidungsfähige Kind nur selbst erteilen; im Zweifel wird das Vorliegen dieser Entscheidungsfähigkeit bei mündigen Minderjährigen vermutet." Mündigkeit ist in Österreich gemäß § 21 Abs. 2 ABGB ab dem vierzehnten Lebensjahr gegeben.

398 Vgl. *Laufs*, in: Laufs/Kern, § 62 Rn. 9; *Lipp*, Fürsorge, S. 83 ff.; *Spickhoff*, NJW 2000, 2297, 2299 f.; *Jox et al.*, Monatsschr Kinderheilkd 2007, 1166, 1172.

geistige Reife von Kindern und Jugendlichen stark von ihrer persönlichen Entwicklung abhängt und nicht allein auf ihr Alter zurückgeführt werden kann[399]. So wird zum Beispiel generell von nicht unerheblichen Unterschieden im Verlauf der pubertären Entwicklung von Mädchen und Jungen gesprochen[400]. Ferner zeigte sich in den vergangenen Jahrzehnten eine kontinuierlich früher einsetzende reifliche Entwicklung des Minderjährigen vom Kind zum Jugendlichen und schließlich zum Erwachsenen[401]. Eine verbindliche Altersgrenze ist daher trotz bestehender ärztlicher Unsicherheiten abzulehnen.

4. Empirische Wissensbasis

Zusätzlich ist zu hinterfragen, auf welcher empirischen, insbesondere psychologischen und medizinischen Wissensbasis die Diskussion um die Entscheidungsfähigkeit Minderjähriger geführt wird[402]. Die Bezugnahme auf die empirische Forschung hat in jüngster Zeit auch in der rechtlichen Auseinandersetzung deutlich zugenommen[403], was neben hilfreichen Wirkungen auch durchaus problematische Entwicklungen mit sich bringt.

Studien, die die Fähigkeiten von Kindern und Jugendlichen zur eigenen Behandlungsentscheidung untersuchen, wurden vor allem seit Ende der Siebzigerjahre in den USA durchgeführt[404]. Die Psychologen *Grisso* und *Vierling* analysierten im Jahre 1978 die entwicklungspsychologische Literatur zu Strategien der Problemlösung Jugendlicher und ihrer Beeinflussbarkeit bei der Willensbildung durch das soziale Umfeld. Sie kamen dabei zu dem überraschenden Ergebnis, dass sich eine Bestätigung für die ursprüngliche These, Jugendliche ab dem fünfzehnten Lebensjahr stünden in ihren Fähigkeiten zu einer verantwortungsbewussten Entscheidung

---

399 *Czerner/Soßdorf*, KritV 2013, 315, 340; *Fegeler*, S. 83; *Kohte*, AcP 185 (1985), 105, 147; *Rothärmel/Wolfslast/Fegert*, MedR 1999, 293, 297; *BÄK*, DÄBl 2011, A346, A348; *Jox et al.*, Monatsschr Kinderheilkd 2007, 1166, 1166 ff.

400 *Pschyrembel*, Stichwort „Pubertät"; *Neyen*, S. 61.

401 *Tag*, S. 310; *Jox/Führer/Nicolai*, Patientenverfügungen in der Pädiatrie, in: Führer/Duroux/Borasio, Therapiezieländerung und Palliativmedizin, S. 130, 131.

402 So auch *Damm*, MedR 2015, 775, 781.

403 *Rothärmel*, S. 120 ff.

404 Siehe hierzu *Melton*, American Psychologist 38 (1983), 99 ff.; *Weithorn/Campbell*, Child Development 53 (1982), 1589 ff.

über Gesundheitsfragen hinter Erwachsenen zurück, nicht finden ließ[405]. Darauffolgende psychologische Untersuchungen verifizierten diese Beobachtung[406].

Im Jahre 1982 führten *Weithorn* und *Campbell* in einer breit angelegten Studie strukturierte Interviews zu hypothetischen Entscheidungssituationen mit Kindern, Jugendlichen und jungen Erwachsenen im Alter zwischen neun und einundzwanzig Jahren durch[407]. Im Rahmen dieser Interviews wurden die Probanden zunächst über hypothetische Behandlungssituationen sowie Behandlungsalternativen und Risiken aufgeklärt, bevor von ihnen eine Entscheidung erbeten wurde[408]. Hierbei sollten auch die bestehenden Konflikte beschrieben und die Entscheidungsfindung erklärt werden, welche anschließend von unabhängigen Experten ausgewertet und anhand einer Bewertungsskala benotet wurden, die neben Verständnis und Verarbeitung der gegebenen Informationen auch die innere Kohärenz der Entscheidungsfindung sowie die objektive Rationalität des Ergebnisses berücksichtigte. Auf Grundlage ihrer Analyse sollten die Experten das Alter der Probanden schätzen. Die Auswertung ergab, dass ab einem Alter von vierzehn Jahren keine gesicherte Einschätzung mehr darüber möglich war, ob die Antworten von einem erwachsenen oder minderjährigen Probanden stammten. *Weithorn* und *Campbell* schlossen daraus, dass bei Patienten ab vierzehn Jahren regelmäßig vom Vorhandensein der Fähigkeit zur eigenen Behandlungsentscheidung ausgegangen werden könne, da sich Jugendliche ab dem vierzehnten Lebensjahr weder in ihren Problemlösungs- und Entscheidungsstrategien noch ihren Fähigkeiten zu einer Behandlungsentscheidung von Erwachsenen unterschieden[409]. Ferner befanden sie Kinder unter neun Jahren im Rahmen dieser Studie bereits für fähig, medizinische Entscheidungskonflikte im Wesentlichen zu verstehen[410].

Wenngleich diese empirischen Untersuchungen keine Aussagen über das Maß der Einsichts- und Urteilsfähigkeit eines minderjährigen Patien-

---

405 Zitiert nach *Melton*, American Psychologist 38 (1983), 99, 100; siehe auch *Rothärmel*, S. 123.

406 Siehe *Rothärmel*, S. 123 f. m. w. N.

407 An der Studie nahmen 96 Personen teil, jeweils 24 Personen im Alter von 9, 14, 18 und 21 Jahren, zur Hälfte weiblich und männlich: *Weithorn/Campbell*, Child Development 53 (1982), 1589, 1591 ff.

408 Auch zu Nachfolgendem *Weithorn/Campbell*, Child Development 53 (1982), 1589, 1591 ff.

409 *Weithorn/Campbell*, Child Development 53 (1982), 1589, 1591 ff.

410 *Weithorn/Campbell*, Child Development 53 (1982), 1589, 1593 ff.

ten im Einzelfall treffen können, so legen sie doch nahe, dass die Fähigkeiten insbesondere heranwachsender Minderjähriger, eigene Behandlungsentscheidungen zu treffen, in der Qualität des Entscheidungsprozesses oder der Rationalität des Ergebnisses durchaus mit den Fähigkeiten Erwachsener vergleichbar sein können[411]. Auch die Betrachtung der empirischen Wissensbasis legt also nahe, dass Kinder und Jugendliche bereits über die tatsächlichen Fähigkeiten verfügen können, um die ärztliche Behandlungsmaßnahme zu verstehen, deren Nutzen und Risiken gegeneinander abzuwägen und eine eigenverantwortliche Behandlungsentscheidung zu treffen.

5. Entscheidungsträger und medizinisches Feststellungsverfahren

Entscheidungsträger für die Frage, ob ein Patient zu einer eigenverantwortlichen, selbstbestimmten Entscheidung über einen medizinischen Eingriff fähig ist, ist zuvörderst der behandelnde Arzt[412]. Diesem obliegt die Aufgabe, über das Bestehen der erforderlichen Einsichts- und Urteilsfähigkeit seines Patienten zu befinden[413]. Er hat zu untersuchen, ob der minderjährige Patient die Kriterien der Entscheidungsfähigkeit hinreichend erfüllt, das heißt Wesen, Bedeutung und Tragweite der bevorstehenden Behandlung erkennen kann, zu einer Abwägung von Für und Wider des Eingriffs in der Lage ist und sich hiernach selbstbestimmt entscheiden kann[414]. Denn der Behandler verfügt über das umfassende Wissen zu Diagnose, Prognose und möglichen Behandlungsalternativen und ist aufgrund der Nähe zum Patienten und seiner Erfahrungen aus dem zu führenden Aufklärungsgespräch am ehesten dazu befähigt, das Können des Patienten zu beurteilen[415]. Zugleich birgt das ärztliche Beurteilungsmonopol allerdings auch die Gefahr eines versteckten Paternalismus, indem der Behandler seine Entscheidung – bewusst oder unbewusst – davon ab-

411 *Rothärmel*, S. 124 f.

412 *Schroth*, in: Roxin/Schroth, Medizinstrafrecht, S. 34; vgl. auch BT-Drs. 17/10488, S. 23.

413 *Schroth*, in: Roxin/Schroth, Medizinstrafrecht, S. 34; vgl. auch BT-Drs. 17/10488, S. 23.

414 Vgl. nochmals BGH NJW 1956, 1106, 1106 f.; BGHZ 29, 33, 36; BGHSt 12, 379, 382; BT-Drs. 17/10488, S. 23; *Deutsch/Spickhoff*, Rn. 991; sowie dazu *Amelung/Eymann*, JuS 2001, 937, 941 f.

415 *Rothärmel*, S. 153 f.; *Wölk*, MedR 2001, 80, 82; für eine Beurteilung durch den behandelnden Arzt auch *Francke/Hart*, S. 148.

hängig machen könnte, ob die von ihm vorgeschlagene Therapie auf Zuspruch stößt[416]. Zudem verfügen Ärzte insbesondere in Bezug auf die besondere Patientengruppe der Minderjährigen nur selten über hinreichende Kenntnisse und Erfahrungen bei der Beurteilung der Entscheidungsfähigkeit[417], was mit Blick auf die weitreichenden Konsequenzen ihrer Einschätzung höchst problematisch ist.

Es bedürfte daher ärztlicher Standards, welche einheitliche Sachkriterien zur Beurteilung der Entscheidungsfähigkeit bereitstellen und so zur Förderung von Transparenz und Rechtssicherheit beitragen[418]. Ein verbindliches Feststellungsverfahren besteht bislang nicht. Der behandelnde Arzt entscheidet durch seine subjektive, bestenfalls fachärztliche Einschätzung; mitunter wird ein psychiatrischer Konsiliararzt herangezogen[419]. Validierte Testverfahren, die dem Arzt Orientierung bei der Bemessung der Einsichts- und Urteilsfähigkeit seiner Patienten im Klinikalltag geben, stehen dabei allerdings nur in kleinem Umfang zur Verfügung. Diese werden zudem aufgrund ihrer Pauschalierungen sowohl von Ärzten als auch Juristen mit Skepsis betrachtet[420]. Das wohl bekannteste Verfahren ist das federführend durch den forensischen Psychiater *Appelbaum* entwickelte „MacArthur Competence Assessment Tool – Treatment"[421], welches nachfolgend exemplarisch als ein mögliches Testverfahren einer näheren Betrachtung unterzogen werden soll:

Im Rahmen der „MacArthur Treatment Competence Study" begannen *Grisso* und *Appelbaum* im Jahre 1988 in den USA, die Einsichtsfähigkeit geistig beeinträchtigter Patienten zu untersuchen. Auf der Grundlage der gewonnenen Ergebnisse entwickelten sie einen standardisierten psychiatrischen Test, das „MacArthur Competence Assessment Tool – Treatment" („MacCAT-T"), welches anhand der Kriterien „Informationsverständnis", „Urteilsvermögen", „Krankheits- und Behandlungseinsicht" sowie „Fähigkeiten zum Treffen und Kommunizieren von Entscheidungen" eine Bewertung der Einsichtsfähigkeit von Patienten ermöglichen soll. Der Test besteht aus einem semistrukturierten Interview, in dem im

416 Siehe *Vollmann*, Aufklärung und Einwilligung, S. 99.

417 *Damm*, MedR 2015, 775, 782.

418 Vgl. *Rothärmel*, S. 154.

419 *Vollmann*, Feststellung der Einwilligungsfähigkeit bei Kindern, in: Wiesemann et al., Das Kind als Patient, S. 48, 50 f.

420 *Damm*, MedR 2015, 775, 781; *Klie/Vollmann/Pantel*, Informationsdienst Altersfragen 2014, 5, 13; *Vollmann*, Feststellung der Einwilligungsfähigkeit bei Kindern, in: Wiesemann et al., Das Kind als Patient, S. 48, 55 f.

421 Siehe *Grisso/Appelbaum*, S. 101 ff.

Rahmen eines etwa dreißigminütigen Gesprächs mit dem Arzt ermittelt werden soll, ob der Patient zu einer selbstbestimmten Entscheidung fähig ist. Die einzelnen Gesprächspunkte sind auf einem Vordruck formuliert, die Antworten des Patienten werden notiert und anschließend anhand einer Punkteskala bewertet[422].

Das „MacCAT-T" enthält ein klares Konzept sowie präzise Kriterien und unterscheidet sich von anderen Tests insbesondere durch sein hohes Maß an Objektivität, Validität und Zuverlässigkeit, sodass es bis heute als eines der ausgereiftesten verfügbaren Testinstrumente gilt[423]. Zugleich krankt das Testverfahren jedoch an seiner ausschließlichen Konzentration auf kognitive und intellektuelle Fähigkeiten des Patienten, wohingegen weder emotionale, biografische oder kontextspezifische Faktoren noch persönliche Werte des Patienten eine ausreichende Berücksichtigung erfahren[424]. Der Test beschränkt sich folglich allein auf die Beurteilung der Einsichtsfähigkeit, während zu dem Kriterium der Urteilsfähigkeit keine Testung erfolgt. Zudem orientiert sich die Bewertung an verbalen Interaktionen, wodurch vor allem Minderjährige und Demenzkranke, welche mitunter über eingeschränkte verbale Fähigkeiten verfügen, benachteiligt werden könnten[425]. Im Umgang mit minderjährigen Patienten kann dies zu außergewöhnlich hohen Zahlen von Kindern führen, die als nicht hinreichend einsichtsfähig bewertet werden[426]. Aus diesem Grunde raten selbst die Begründer des „MacCAT-T" zur Zurückhaltung in Bezug auf die geforderten Leistungen des Patienten[427]. Insbesondere bei Minderjährigen ist daher vor einem allzu differenzierten Prüfungsinstrument zu warnen, um dem Risiko zu begegnen, Kindern, die individuell als hinreichend einsichtsfähig beurteilt worden wären, im Wege eines standardisierten Testverfahrens unrechtmäßig die erforderliche Einsichtsfähigkeit abzusprechen[428].

---

422 Zum vorausgegangenen Absatz *Grisso/Appelbaum*, S. 103 ff.; vgl. auch *Icagic*, S. 71 ff.; *Vollmann*, Patientenselbstbestimmung, S. 74 ff.

423 *Haberstroh/Müller*, ZGG 2017, 298, 299; *Vollmann*, Patientenselbstbestimmung, S. 75.

424 *Vollmann*, Patientenselbstbestimmung, S. 76 ff.

425 Vgl. *Damm*, MedR 2015, 775, 781; *Klie/Vollmann/Pantel*, Informationsdienst Altersfragen 2014, 5, 13; *Vollmann*, Feststellung der Einwilligungsfähigkeit bei Kindern, in: Wiesemann et al., Das Kind als Patient, S. 48, 55 f.

426 Vgl. *Vollmann*, Feststellung der Einwilligungsfähigkeit bei Kindern, in: Wiesemann et al., Das Kind als Patient, S. 48, 51 ff.

427 Zitiert nach *Rothärmel*, S. 154 f.

428 Vgl. *Rothärmel*, S. 155.

Eine rechtliche Bezugnahme auf derartige fachwissenschaftliche Konzepte zur Bestimmung der Einsichts- und Urteilsfähigkeit erscheint aufgrund der beschriebenen Bedenken nach aktuellem Erkenntnisstand somit nicht ratsam[429]. Testinstrumente wie das „MacCAT-T" dürfen daher lediglich als ein weiteres Hilfsmittel verstanden werden, das dem Arzt Strukturierung und Orientierung bei der individuellen Beurteilung der Entscheidungsfähigkeit seines Patienten bietet[430]. Als ein solches ist es aber durchaus empfehlenswert, da die Einbeziehung eines Testverfahrens zur Transparenz und Standardisierung der Beurteilung beitragen kann[431]. Zu beachten bleibt allerdings, dass der Test kein unmittelbares Urteil über die Entscheidungsfähigkeit des Patienten enthält, weil er einzig dessen Einsichtsfähigkeit prüft. Indem es zur Feststellung der Fähigkeiten des Patienten zur selbstbestimmten Behandlungsentscheidung neben der hinreichenden Einsichtsfähigkeit aber auch seiner hinreichenden Urteilsfähigkeit bedarf, ist eine individuelle Einzelfallprüfung weiterhin unerlässlich. Zudem sind die Ergebnisse stets vor dem Hintergrund der persönlichen Umstände des Patienten und seiner konkreten Behandlungssituation zu gewichten, sodass es selbst bei Zuhilfenahme eines Testinstruments letztendlich bei einer subjektiven Einzelentscheidung des Behandlers bleiben *muss*[432].

6. Zwischenergebnis

Festzustellen ist, dass minderjährige Patienten die tatsächlichen Fähigkeiten zur selbstbestimmten Behandlungsentscheidung aufweisen können. Sie sind hinreichend entscheidungsfähig, wenn sie in der Lage sind, Wesen, Bedeutung und Tragweite des Heileingriffs zu erkennen, dessen Vorteile gegen die bestehenden Risiken abzuwägen und sich hiernach selbst zu entscheiden, was regelmäßig von dem behandelnden Arzt zu prüfen sein wird.

Die vorgestellte empirische Forschung stelle die Befähigung Minderjähriger zur selbstbestimmten Behandlungsentscheidung fest. Dabei deuten die Ergebnisse der Studien darauf hin, dass Kinder schon etwa ab dem Erreichen des vierzehnten Lebensjahres die erforderliche intellektuelle

---

429 Kritisch auch *Damm*, MedR 2015, 775, 781.

430 *Icagic*, S. 78.

431 *Icagic*, S. 78.

432 *Icagic*, S. 77 f.

und kognitive Befähigung innehaben können. Eine starre Altersgrenze ist dennoch abzulehnen; auch etwaige Faustformeln, die dem Arzt zur Erleichterung seiner Tätigkeit beigegeben werden, sind aufgrund der nicht unerheblichen Entwicklungsschwankungen der kindlichen Patienten kritisch zu betrachten. Vorzugswürdig erscheinen demgegenüber standardisierte Feststellungsverfahren, die dem Arzt einheitliche objektivierte Bewertungskriterien zur Beurteilung der individuellen Einsichts- und Urteilsfähigkeit des Patienten an die Hand geben. Jedoch dürfen auch diese allenfalls als unterstützende Hilfsmittel im Rahmen der persönlichen Einzelfallprüfung des Arztes zur Anwendung kommen. Zudem sind stets die besondere Situation des kindlichen Patienten, sein Entwicklungsstand sowie seine inneren Einstellungen zu berücksichtigen.

II. Beachtlichkeit des Kindeswillens im familiären Innenverhältnis nach den Regelungen des Kindschaftsrechts

Ist der kindliche Patient nicht selbstständig zur Einwilligung in eine ärztliche Behandlung befugt, so entscheiden gemäß § 630d Abs. 1 S. 2 Hs. 1 BGB dessen Vertreter über die Vornahme des Eingriffs[433]. Für gewöhnlich sind dies die gemeinsam sorgeberechtigten Eltern des Minderjährigen, welche ihr Kind bis zur Vollendung des achtzehnten Lebensjahres gemäß §§ 1626 Abs. 1, 1629 Abs. 1 S. 1 BGB gesetzlich vertreten. Dies schließt die Vertretung in Belangen der Gesundheitssorge ein[434]. Den Eltern kommt damit grundsätzlich das Recht zu, über die Angelegenheiten ihres Kindes zu entscheiden. Das Personensorgerecht gilt jedoch nicht schrankenlos, sondern wird in Bezug auf die Achtung des Kindeswillens durch die das Kindeswohl betreffenden Vorschriften der §§ 1626 Abs. 1, Abs. 2 und 1627 S. 1 BGB, durch § 1666 BGB sowie darüber hinaus durch spezialgesetzliche Vorschriften begrenzt.

Die Regelungen des Kindschaftsrechts sind somit als Quelle der Analyse heranzuziehen, ob und unter welchen Voraussetzungen die sorgeberechtigten Eltern eines minderjährigen Patienten durch dessen Willen im Innenverhältnis verpflichtet werden. Untersucht wird, inwieweit dem Minderjährigen durch die §§ 1626 ff. BGB eine innerfamiliäre Entscheidungsmacht in Bezug auf medizinische Entscheidungen zukommt.

433 BT-Drs. 17/10488, S. 23.

434 *Biermann*, in: Ulsenheimer, Arztstrafrecht, Rn. 416 ff., 429; *Laufs*, in: Laufs/Kern, § 62 Rn. 9; *Uhle*, in: Epping/Hillgruber/Axer, GG, Art. 6 Rn. 54.

1. Inhalt der elterlichen Sorge

Das einfachgesetzliche Institut der elterlichen Sorge gründet auf dem in Art. 6 Abs. 2 S. 1 GG verfassungsrechtlich garantierten Elternrecht auf Pflege und Erziehung des Kindes[435]. In den §§ 1626 ff. BGB hat es seine einfachgesetzliche Ausgestaltung gefunden[436]. Gemäß § 1626 Abs. 1 BGB umfasst die elterliche Sorge die Personen- und Vermögenssorge und beinhaltet neben der tatsächlichen Ausübung des Sorgerechts auch die gesetzliche Vertretung des Kindes (§ 1629 BGB).

Nach § 1626 Abs. 1 S. 1 BGB haben die erziehungsberechtigten Eltern sowohl das Recht als auch die Pflicht, für ihr minderjähriges Kind zu sorgen. § 1631 Abs. 1 BGB konkretisiert die Personensorge insbesondere als „die Pflicht und das Recht, das Kind zu pflegen, zu erziehen, zu beaufsichtigen und seinen Aufenthalt zu bestimmen". Dies schließt die Sorge in Gesundheitsangelegenheiten des Kindes ein, das heißt die ärztliche Versorgung, den Abschluss des Behandlungsvertrages, die Einwilligung in ärztliche Eingriffe, aber auch die Beendigung lebenserhaltender oder lebensverlängernder Maßnahmen[437]. Die medizinische Einwilligung betrifft dabei die persönlichen Angelegenheiten des Kindes, für deren Erledigung die sorgeberechtigten Eltern zuständig sind, soweit der Minderjährige diesen Aufgaben noch nicht allein nachkommen kann[438], wohingegen der Abschluss eines Behandlungsvertrages regelmäßig als Teil der Vermögenssorge anzusehen ist, vor allem dann, wenn eigenes Vermögen des Kindes betroffen sein sollte[439].

Den sorgeberechtigten Eltern kommt folglich grundsätzlich das Recht zu, im Rahmen der Ausübung ihrer elterlichen Sorge Behandlungsentscheidungen für ihr minderjähriges Kind zu treffen, also insbesondere Einwilligungen für Heileingriffe an ihrem Kind zu erteilen oder Behandlungen abzulehnen.

---

435 *Olzen*, in: MüKo BGB, § 1666 Rn. 1; *Veit*, in: Bamberger/Roth, § 1666 Rn. 1.

436 Vgl. BVerfGE 24, 119, 144; 31, 194, 205; BT-Drs. 13/4899, S. 97; *Schwab*, FamRZ 1998, 457, 466; *Olzen*, in: MüKo BGB, § 1666 Rn. 1; *Veit*, in: Bamberger/Roth, § 1666 Rn. 1.

437 So z. B. OLG Brandenburg NJW 2000, 2361, 2361 f.; OLG Hamm NJW 2007, 2704, 2705; siehe auch *Zorn*, Rn. 282 f.

438 *Tönsmeyer*, S. 128; *Zorn*, Rn. 294.

439 *Tönsmeyer*, S. 128.

2. Grenzen des elterlichen Personensorgerechts im Eltern-Kind-Verhältnis

Die elterliche Personensorge gilt allerdings nicht schrankenlos[440]. Inhalt, Funktion und Intensität des elterlichen Sorgerechts werden ebenso durch seine Erziehungsziele gebunden wie durch das Schutzbedürfnis und die Persönlichkeitsrechte des Kindes[441]. Die elterliche Sorge hat zum Ziel, das Kind zur Selbstbestimmung zu befähigen[442], sodass sie im Idealfall enden müsste, sobald der Minderjährige die Fähigkeit zur Eigenentscheidung erlangt hat[443]. Dies könnte je nach individueller Reife des Kindes in Form einer schrittweisen Ablösung der elterlichen Fremdbestimmung durch die kindliche Selbstbestimmung umgesetzt werden[444]. Indem das Gesetz das Ende der elterlichen Sorge hingegen an das Erreichen der Volljährigkeit des Kindes knüpft, geht es diesen Idealweg nicht[445].

Stattdessen wurden zeitliche und inhaltliche Grenzen des elterlichen Sorgerechts in Form von Beschränkungen, Verboten und besonderen Eigenzuständigkeiten des Minderjährigen bestimmt, welche diesem die Fähigkeiten zur eigenverantwortlichen Entscheidung ohne die Abhängigkeit von der elterlichen Zustimmung gewähren. Auch in Bezug auf Eingriffe in die körperliche Unversehrtheit des Kindes ist die Entscheidungsfreiheit der Eltern durch spezialgesetzliche und immanente Schranken begrenzt, indem der Gesetzgeber einerseits besondere körperliche Eingriffe zum Schutze des Kindes von vornherein untersagt; zum anderen enthält das Recht zur Kindessorge Beschränkungen bereits aus seiner Struktur sowie dem Sinn und Zweck der Norm heraus:

Regelungsimmanent ist zunächst die klare zeitliche Umgrenzung des Elternrechts[446]. Die elterliche Sorge beginnt mit der Vollendung der Geburt des Kindes und endet spätestens, wenn das Kind das achtzehnte Lebensjahr vollendet hat, §§ 2, 1626 Abs. 1 S. 1 BGB[447]. Darüber hinaus wird die elterliche Sorge durch die Zubilligung eigener Teilzuständigkeiten und Teilmündigkeiten des Minderjährigen bereits vor Erreichen der Volljährigkeit eingeschränkt. So bedarf das Kind beispielsweise ab Vollendung des vierzehnten Lebensjahres nicht mehr der elterlichen Zustim-

---

440 Siehe nur BVerfGE 72, 155, 172.
441 BVerfGE 72, 155, 172; *Hertwig*, FamRZ 1987, 124, 125 f.
442 BT-Drs. 8/111, S. 1 f.; *Gernhuber/Coester-Waltjen*, § 57 Rn. 74.
443 *Peschel-Gutzeit*, in: Staudinger, BGB, § 1626 Rn. 77.
444 *Peschel-Gutzeit*, in: Staudinger, BGB, § 1626 Rn. 77.
445 *Peschel-Gutzeit*, in: Staudinger, BGB, § 1626 Rn. 77.
446 *Zorn*, Rn. 278 f.
447 *Zorn*, Rn. 278 f.

mung zum Wechsel seines Glaubensbekenntnisses (§ 5 S. 1 RKErzG) oder für den Widerruf der Einwilligung zur Adoption (§ 1746 Abs. 2 BGB). Ab Vollendung des sechzehnten Lebensjahres ist es zudem zur selbstständigen Errichtung eines öffentlichen Testaments berechtigt (§ 2229 Abs. 1 und Abs. 2 BGB). Ferner gewähren die §§ 112, 113 BGB dem Minderjährigen Teilgeschäftsfähigkeiten im beruflichen Umfeld und berechtigen ihn ohne erneute Zustimmung der Eltern zu rechtsgeschäftlichen Handlungen, die dem selbstständigen Betrieb eines Erwerbsgeschäfts oder der Eingehung oder Aufhebung eines Dienst- oder Arbeitsverhältnisses zuzuordnen sind, sofern das Erwerbsgeschäft oder Arbeitsverhältnis vorab durch den gesetzlichen Vertreter und/oder das Familiengericht genehmigt wurde[448].

Ausdrücklich geregelte Teilzuständigkeiten für medizinische Entscheidungen enthält das Gesetz demgegenüber nicht. Es existieren lediglich einige spezialgesetzliche Grenzen der elterlichen Entscheidungsfreiheit in Gesundheitsangelegenheiten, die bestimmte medizinische Maßnahmen von vornherein untersagen. Zu nennen sind insbesondere das Verbot der Sterilisation Minderjähriger nach § 1631c BGB, das weitgehende Verbot der Kastration Minderjähriger gemäß §§ 2, 4 KastrG sowie das Verbot der Lebendorganspende für minderjährige Spender aus § 8 Abs. 1 Nr. 1 TPG[449].

Auch inhaltlich ist das elterliche Entscheidungsrecht begrenzt: Beispielsweise hat das Kind gemäß § 1631 Abs. 2 BGB ein Recht auf gewaltfreie Erziehung. Körperliche Bestrafungen, seelische Verletzungen und andere entwürdigende Maßnahmen werden danach für unzulässig erklärt, da diese die Entwicklung der Selbstachtung und des Selbstwertgefühls junger Menschen behindern, was dem gesetzlichen Leitbild der Eltern-Kind-Beziehung entgegensteht[450]. Weder körperliche noch seelische Strafen werden in der heutigen Gesellschaft als vertretbare Erziehungsmittel angesehen[451]. Dies veranschaulicht die Intention der Legislative, ein klares Zeichen für die Berücksichtigung der Menschenwürde des Kindes in jeder Erziehungssituation zu setzen[452]. Als entwürdigend werden dabei nicht nur körperliche Strafen angesehen, sondern darüber hinaus auch alle übri-

---

448 Somit dürfte es sich um eine Art „Generalermächtigung" handeln, vgl. *Schmitt*, in: MüKo BGB, § 112 Rn. 15 ff., § 113 Rn. 18 ff.

449 Eine Ausnahmeregelung gilt allerdings für die Entnahme von Knochenmark, siehe § 8a TPG.

450 Siehe bereits BT-Drs. 8/2788, S. 35.

451 Nunmehr v. a. aktuell BT-Drs. 14/1247, S. 5.

452 BT-Drs. 8/2788, S. 32; BT-Drs. 14/1247, S. 5.

gen Maßnahmen, die das Ehr- und Selbstwertgefühl des Kindes in einem vom Anlass der Maßnahme nicht zu rechtfertigenden Maße verletzen[453]. Im Rahmen einer ärztlichen Heilbehandlung ist von derartig strafenden oder entwürdigenden Maßnahmen indes regelmäßig nicht auszugehen, da hier stets der Heilzweck im Vordergrund steht.

Indem diese Arbeit ausschließlich ärztliche Heileingriffe minderjähriger Patienten in den Blick nimmt, sind somit allein die immanenten Schranken des elterlichen Sorgerechts aus § 1626 Abs. 1 S. 1, Abs. 2 sowie § 1627 S. 1 BGB von Interesse für die weitergehende Untersuchung. Nach § 1626 Abs. 1 S. 1 BGB ist die elterliche Personensorge als treuhänderische Pflicht ausgestaltet, welche die Eltern nach Abs. 2 dazu verpflichtet, die wachsende Selbstständigkeit des Kindes zu berücksichtigen und die Fragen der elterlichen Sorge entsprechend seines Entwicklungsstandes mit dem Kind zu besprechen. Seine Grenze findet das Recht der Eltern gemäß § 1627 S. 1 BGB im Kindeswohl. Aufgrund dieser der Fremdnützigkeit und Pflichtgebundenheit des Sorgerechts folgenden immanenten Begrenzungen werden die Prinzipien der elterlichen Sorge auch als deren „Ausübungsdirektiven“[454] oder „Interpretationsleitlinien“[455] bezeichnet[456].

a. Treuhänderische Pflichtgebundenheit der Personensorge nach § 1626 Abs. 1 S. 1 BGB

Das elterliche Sorgerecht ist ausgestaltet als ein subjektives Recht mit Pflichtenbindung[457]. Nach § 1626 Abs. 1 S. 1 BGB stehen dem Recht der Eltern zur Kindssorge deren Pflichten nicht als äußere Schranken gegenüber, sondern sind ihm als Pflichtengehalt bereits immanent:

> Die Eltern haben die *Pflicht* und das *Recht*, für das minderjährige Kind zu sorgen (elterliche Sorge).[458]

Mit jeder kindgerichteten elterlichen Befugnis geht daher die Verpflichtung einher, diese Befugnis zum Wohle des Kindes auszuüben und damit seine Entwicklung zu einer selbstständigen Persönlichkeit zu fördern

---

453 BT-Drs. 8/2788, S. 35.

454 So z. B. *Reipschläger*, S. 92.

455 So *Huber*, in: MüKo BGB, § 1626 Rn. 28.

456 *Tönsmeyer*, S. 130.

457 *Benkert*, S. 19 ff.; *Gernhuber/Coester-Waltjen*, § 57 Rn. 1; *Huber*, in: MüKo BGB, § 1626 Rn. 2 ff.

458 Hervorhebungen im Gesetzestext durch Verfasserin.

(sogenanntes Pflichtrecht)[459]. Die große Bedeutung des Pflichtcharakters der elterlichen Sorge wurde durch die Neufassung des § 1626 Abs. 1 S. 1 BGB im Rahmen des Kindschaftsrechtsreformgesetzes aus dem Jahre 1998 nochmals hervorgehoben, indem der Begriff „Pflicht" dem des „Rechts" vorangestellt wurde[460].

Es handelt sich folglich um eine den Eltern anvertraute, treuhänderische Rechtsmacht zur Sorge und nicht um ein ihrer selbst willen bestehendes Recht[461]. Dies schließt jedoch die legitime Wahrnehmung eigener Interessen der Eltern nicht aus[462]. So sind die Eltern in ihren Entscheidungen grundsätzlich frei und nicht an objektive Kriterien gebunden[463]. Ausübung, Ziele und Mittel der Personensorge dürfen sie nach freier Überzeugung bestimmen[464]. Insoweit stellt das elterliche Sorgerecht also auch ein eigenes Recht der Eltern dar[465], welches sie insbesondere vor Eingriffen durch den Staat und Dritte in ihre Entscheidungsfreiheit bewahrt[466]. Ein Entzug der elterlichen Sorge ist lediglich nach Maßgabe von Art. 6 Abs. 2 GG und gemäß § 1666 BGB möglich.

Im Innenverhältnis ist dem Sorgerecht der Eltern hingegen allein dienender Charakter zuzuschreiben. Die Eltern dürfen ihr Recht zur Sorge und Erziehung gegenüber dem Minderjährigen nicht einsetzen, um ihre persönlichen Wünsche und Vorstellungen zu verwirklichen, sondern sind stets dem Kindeswohl verpflichtet[467]. Auch in Bezug auf medizinische Entscheidungen werden sie dadurch inhaltlich gebunden[468]. Es steht ihnen daher nicht im gleichen Maße wie einem einwilligungsfähigen volljährigen Patienten zu, der allein sich selbst verantwortlich ist, objektiv unvernünftige Behandlungsentscheidungen für ihr minderjähriges Kind

---

459 BT-Drs. 8/2788, S. 36; BGHZ 66, 334, 337; BGH NJW 1974, 1947, 1949 f; *Gernhuber/Coester-Waltjen*, § 57 Rn. 1 ff., 25; *Huber*, in: MüKo BGB, § 1626 Rn. 7.

460 Siehe BT-Drs. 13/4899, S. 1 ff., 93.

461 BGHZ 66, 334, 337; *Peschel-Gutzeit*, in: Staudinger, BGB, § 1626 Rn. 19.

462 Vgl. *Benkert*, S. 22 ff.

463 BVerfGE 31, 194, 204 f.; 47, 46, 69 f.; *Gernhuber/Coester-Waltjen*, § 57 Rn. 1.

464 BVerfGE 31, 194, 204 f.; 47, 46, 69 f.; *Gernhuber/Coester-Waltjen*, § 57 Rn. 1.

465 *Benkert*, S. 22 ff.; *Gernhuber/Coester-Waltjen*, § 57 Rn. 25 ff.

466 *Belling*, FuR 1990, 68, 71; *Lüderitz*, AcP 178 (1978), 263, 267 ff.

467 Vgl. OLG Stuttgart VersR 1987, 515, 517.

468 Vgl. *Belling/Eberl/Michlik*, S. 125 f. (insb. in Bezug auf nicht medizinisch indizierte Eingriffe zum hormonellen Größenwachstum, Schönheitsoperationen, Leistungssteigerung, aber auch Blut- oder Organspenden sowie Nichtbehandlung aus religiösen Gründen); *Tönsmeyer*, S. 145.

zu treffen[469]. Vielmehr sind sie verpflichtet, ihre Entscheidung unter verständiger, am Wohl des Kindes orientierter Abwägung zu treffen[470].

Darüber hinaus muss es den Eltern schon unter dem Gesichtspunkt der zeitlichen Begrenzung der elterlichen Sorge verwehrt sein, die Zukunft des Kindes durch eigene, über die Volljährigkeit hinauswirkende Behandlungsentscheidungen beliebig vorzuprägen[471]. Dem Minderjährigen ist Raum zu lassen, sein Leben nach Erreichen der Volljährigkeit selbst und ohne unzumutbare Belastungen durch vorhergehende Entscheidungen der Eltern zu gestalten[472]. Folglich sollte von weitreichenden aufschiebbaren Maßnahmen, die schwerwiegende und bleibende Folgen für das Kind haben können, abgesehen werden, während hinsichtlich unaufschiebbarer folgenreicher Eingriffe in besonderem Maße nicht nur das gegenwärtige, sondern darüber hinaus auch das künftige Wohl des Minderjährigen zu berücksichtigen ist[473].

Etwaige eigene Interessen und Wünsche der Eltern im Rahmen einer medizinischen Behandlung haben also unabhängig von dem Willen ihres Kindes hinter seinem objektivierbaren Heilungsbedürfnis zurückzutreten[474]. Dies muss jedoch nicht zwangsläufig die Unzulässigkeit jeglicher Entscheidungen gegen einen aus ärztlicher Sicht empfohlenen Eingriff bedeuten, sollten ihnen anerkennenswerte Erwägungen zugrunde liegen[475].

Eine konkrete Pflicht zur aktiven Einbeziehung des minderjährigen Patienten in diese Entscheidungen ist der allgemeinen Ausübungsdirektive des § 1626 Abs. 1 S. 1 BGB allerdings nicht zu entnehmen.

---

469 OLG Stuttgart VersR 1987, 515, 517 mit Verweis auf BGH vom 18.3.1980 – VI ZR 65/78 und OLG Stuttgart vom 3.11.1982 – 1 U 78/81 (beide unveröffentlicht).

470 OLG Stuttgart VersR 1987, 515, 517.

471 Vgl. *Belling/Eberl/Michlik*, S. 121; *Belling*, FuR 1990, 68, 72; *Götz*, Plädoyer für die Selbstbestimmung, in: FS Coester-Waltjen, S. 89, 98; *Tönsmeyer*, S. 146 (am Beispiel geschlechtsanpassender oder -zuweisender Maßnahmen).

472 *Belling*, FuR 1990, 68, 72.

473 Vgl. *Belling/Eberl/Michlik*, S. 122; *Tönsmeyer*, S. 148.

474 OLG Stuttgart VersR 1987, 515, 517; *Belling*, FuR 1990, 68, 71; *Tönsmeyer*, S. 145 f.

475 Vgl. OLG Stuttgart VersR 1987, 515, 517.

b. Gebot der Rücksichtnahme auf die wachsende Selbstständigkeit des Kindes gemäß § 1626 Abs. 2 BGB

Ausdrückliche Partizipationsrechte des Minderjährigen legt hingegen § 1626 Abs. 2 BGB fest, der die allgemeine Elternpflicht aus § 1626 Abs. 1 S. 1 BGB ergänzt:

Bei der Pflege und Erziehung berücksichtigen die Eltern die wachsende Fähigkeit und das wachsende Bedürfnis des Kindes zu selbständigem verantwortungsbewusstem Handeln. Sie besprechen mit dem Kind, soweit es nach dessen Entwicklungsstand angezeigt ist, Fragen der elterlichen Sorge und streben Einvernehmen an.

Das Ersetzen des Begriffs „elterliche Gewalt" durch den Ausdruck „elterliche Sorge" im Wege des Sorgerechtsgesetzes von 1979[476] sollte den Inhalt der Elternverantwortung und den Pflichtcharakter der elterlichen Rechtsstellung betonen[477]. Um dem Gedanken zunehmender Selbstverantwortlichkeit des Heranwachsenden Rechnung zu tragen, wurden die Eltern durch die gesetzliche Neufassung zudem verpflichtet, auf die Wünsche des verständnisfähigen Kindes Rücksicht zu nehmen[478].

Durch die Einbeziehung in die Entscheidungen der elterlichen Sorge soll das heranwachsende Kind auf die vollständige Eigenverantwortlichkeit vorbereitet werden, die ihm ab Erreichen der Volljährigkeit zukommen wird, indem es diese schrittweise erlernt und einübt[479]. Voraussetzung für das sogenannte Rücksichtnahmegebot nach S. 1 ist, dass das Kind die im jeweiligen Einzelfall erforderlichen Fähigkeiten zum selbstständigen Handeln besitzt[480]. Das Eltern-Kind-Verhältnis ist demnach nicht statisch, sondern von der Entwicklung des Kindes zu einer selbstständigen Persönlichkeit geprägt[481]. Aus diesem Grunde wird außerdem in S. 2 festgelegt, dass Fragen der elterlichen Sorge im Dialog mit dem Kind zu erörtern sind, um diesem die Beweggründe für die angestrebte elterliche Entscheidung zu verdeutlichen[482]. Inwieweit dies die Eltern aber dazu verpflichtet, sich dem Willen ihres Kindes zu beugen oder es mitunter gar allein mit dem Arzt über künftige Behandlungen befinden zu lassen, lässt sich dem

---

476 Gesetz zur Neuregelung des Rechts der elterlichen Sorge vom 18. Juli 1979, BGBl. 1979 I S. 1061.

477 BT-Drs. 8/111, S. 13; *Muscheler*, Rn. 589; *Gernhuber/Coester-Waltjen*, § 57 Rn. 23.

478 BT-Drs. 8/111, S. 1 f., 13; BT-Drs. 8/2788, S. 31.

479 BT-Drs. 8/2788, S. 31, 44; *Zorn*, Rn. 305.

480 *Huber*, in: MüKo BGB, § 1626 Rn. 62, 66.

481 *Huber*, in: MüKo BGB, § 1626 Rn. 62, 66.

482 BT-Drs. 8/2788, S. 44.

Gesetz nicht unmittelbar entnehmen. Die Formulierung des Rücksichtnahmegebots legt derart weitreichende Rechte des Minderjährigen gegenüber seinen Eltern zunächst nicht nahe.

aa. Das Erziehungsleitbild der kindlichen Partizipation

§ 1626 Abs. 2 BGB ist als Grundsatznorm ausgestaltet, die den Eltern ein Leitbild für die Erziehung ihres Kindes vorgibt und sie dazu verpflichtet, bei der Ausübung von Pflege und Erziehung Rücksicht auf die zunehmenden kindlichen Fähigkeiten zu nehmen. Eine Abgabe dieser Kompetenzen geht aus dem Wortlaut nicht hervor. Dass die Eltern das Bedürfnis des Kindes zu selbstständigem Handeln berücksichtigen sollen, bedeutet grundsätzlich noch nicht, dass sie dessen Wünschen nachgeben müssen[483]. Ferner ist zu bedenken, dass die Norm minderjährige Kinder jeder Altersgruppe umfasst, also auch bereits Kindergarten- und Grundschulkindern eigene Partizipationsrechte zugesteht, die allerdings nicht den gleichen Umfang und die gleiche Wirkungskraft haben werden wie der Wille reiferer und verständnisfähigerer Minderjähriger höherer Alters- und Entwicklungsstufen.

§ 1626 Abs. 2 S. 1 BGB verpflichtet die Eltern dazu, die Fähigkeiten ihres minderjährigen Kindes zu *berücksichtigen* und es bei der Entscheidungsfindung zu *beteiligen*. Es darf folglich nicht über den Kopf des Kindes hinweg entschieden werden, sofern das Kind selbst (mit-) entscheiden kann und möchte[484]. § 1626 Abs. 2 S. 2 BGB ergänzt diese Pflicht um das Gebot, Fragen der elterlichen Sorge mit dem Minderjährigen zu besprechen und eine einvernehmliche Lösung anzustreben. Durch das Gespräch mit dem Kind soll in erster Linie dessen Verständnis geweckt werden[485]. Ihm ist zu verdeutlichen, welche Motive der elterlichen Entscheidung zugrunde liegen, um bestenfalls sein Mitwirken zu erreichen[486]. Eine Pflicht der Eltern zur Befolgung des Kindeswillens kann dem nicht entnommen werden.

---

483 OLG Karlsruhe FamRZ 1989, 1322, 1322; *DAKJ*, Monatsschr Kinderheilkd 2015, 375, 375; *Beitzke*, FamRZ 1979, 8, 12 f.; *Peschel-Gutzeit*, in: Staudinger, BGB, § 1626 Rn. 110.

484 OLG Karlsruhe FamRZ 1989, 1322, 1322; OLG Hamm FamRZ 2013, 1818, 1819 (zur Beschneidung); *Götz*, in: Palandt, BGB, § 1626 Rn. 23; *Huber*, in: MüKo BGB, § 1626 Rn. 65; ähnlich auch OLG Köln FamRZ 2001, 1087, 1088.

485 Gesetzentwurf zur Neuregelung des Rechts der elterlichen Sorge vom 2. Mai 1974, BT-Drs. 7/2060, S. 17.

486 BT-Drs. 8/2788, S. 44 f.

Aus der Bestimmung lässt sich bei genauer Betrachtung nicht einmal explizit schließen, dass der Wille des Kindes überhaupt in die elterliche Entscheidung einfließen muss, wenn trotz des elterlichen Bemühens kein Konsens mit dem Kind zu erreichen ist[487]. Ebenso sah es auch der Gesetzgeber, der zur Einführung des § 1626 Abs. 2 BGB im Jahre 1980 erklärte:

> „Nach Möglichkeit soll das Einvernehmen zum bewußten und gewollten Mitwirken gewonnen werden. Es soll also bei entsprechendem Entwicklungsstand des Kindes nicht mehr nur angeordnet und befohlen werden. Wo allerdings trotz Bemühens ein Einvernehmen nicht zu erzielen ist, werden die Eltern aus ihrer Verantwortung heraus allein entscheiden müssen."[488]

Es ist somit in erster Linie eine Frage der elterlichen Einsicht und ihrer pädagogischen Einstellung, mit welchen Maßnahmen sie auf die zunehmende Reife ihres Kindes reagieren und ob sie seinem Willen entsprechen oder sich darüber hinwegsetzen wollen[489].

Die Norm berücksichtigt als Erziehungsleitlinie, dass sich die Intensität und Funktion der elterlichen Sorge im Laufe der Entwicklung des Kindes zum Erwachsenen wandelt[490]. § 1626 Abs. 2 BGB gewährt minderjährigen – auch sehr jungen, noch nicht voll verständnisfähigen – Kindern daher grundsätzlich ein Recht zur Selbstbestimmung nicht etwa, *weil* es diese Fähigkeit besitzt, sondern vielmehr *obwohl* ihm diese Fähigkeit noch nicht vollumfänglich zugestanden wird[491].

bb. Elterliche Pflicht zur Berücksichtigung des kindlichen Willens nach § 1626 Abs. 2 BGB

Die Pflicht der Eltern zur Rücksichtnahme auf die wachsenden Fähigkeiten des Kindes sowie zum Dialog legen nahe, dass das elterliche Entscheidungsrecht seine Grenze dort findet, wo der Minderjährige nicht mehr hil-

---

487 Siehe nur *Götz*, in: Palandt, BGB, § 1626 Rn. 23; *Huber*, in: MüKo BGB, § 1626 Rn. 66; *Peschel-Gutzeit*, in: Staudinger, BGB, § 1626 Rn. 120.

488 BT-Drs. 8/2788, S. 44 f.

489 Vgl. *Benkert*, S. 122, 131 f.

490 *Fehnemann*, DÖV 1982, 353, 358; *Knöpfel*, FamRZ 1985, 1211, 1212 f.

491 So argumentierend auch *Knöpfel*, FamRZ 1985, 1211, 1212 f. [Hervorhebungen durch Verfasserin].

febedürftig ist[492]. In Bezug auf medizinische Entscheidungen könnte diese Schwelle dann erreicht sein, wenn der minderjährige Patient selbst die zur Einwilligung erforderliche Einsichts- und Urteilsfähigkeit erlangt. Bestärkt wird diese Annahme durch die Rechtsprechung des Bundesverfassungsgerichts, welches von einer kontinuierlichen Verflüchtigung des Elternrechts durch das wachsende Kindesrecht ausgeht[493]. Auch die Verfechter der Alleinentscheidungsbefugnis folgen dieser Auffassung, indem sie annehmen, dass das Elternrecht proportional zum wachsenden Selbstbestimmungsrecht des Kindes abnehme, sodass die elterliche Entscheidungsmacht bei Vorliegen des erforderlichen Maßes an Einsichts- und Urteilsfähigkeit des Kindes gegenstandslos werde und insoweit überflüssig sei, als der Minderjährige selbst die erforderliche Entscheidung treffen könne[494].

Das Partizipationsrecht des Minderjährigen aus § 1626 Abs. 2 BGB könnte insbesondere dann eine Verpflichtung der Eltern zur Einbeziehung des kindlichen Willens bedeuten, wenn das Kind die Fähigkeit zur eigenen Entscheidung bereits in vollem Umfang erworben hat – im Falle einer medizinischen Entscheidung also über das Maß an Einsichts- und Urteilsfähigkeit verfügt, das nötig ist, um die Tragweite des Eingriffs zu erfassen, dessen Folgen und Risiken zu bemessen sowie Für und Wider der Maßnahme gegeneinander abzuwägen und sich danach zu entscheiden[495]. Denn unter der Prämisse, dass auch Minderjährigen die Fähigkeit zukommen kann, selbstbestimmte Behandlungsentscheidungen zu treffen, kann es mit Blick auf die große Bedeutung des Selbstbestimmungsrechts nicht mehr ausreichen, das Kind lediglich in der Form zu beteiligen, mit ihm in einen Dialog über die Behandlungsentscheidung einzutreten, ohne dass der Wille des Kindes schließlich auch Beachtung finden muss. Vielmehr muss § 1626 Abs. 2 BGB die Eltern dann im Rahmen ärztlicher Angelegenheiten dazu verpflichten, hinreichend entscheidungsfähige Kinder aktiv in die Entscheidungen über die Vornahme eines medizinischen Eingriffs ein-

492 Vgl. *Belling/Eberl/Michlik*, S. 120; *Gernhuber*, FamRZ 1962, 89, 92; *Schwab*, AcP 172 (1972), 266, 270.

493 Siehe BVerfGE 59, 360, 382 ff.; 68, 176, 190; 103, 89, 107; BVerfG NJW 1986, 1859, 1860.

494 Dies betrifft die Außenwirkung kindlicher Erklärungen, siehe ab S. 132; vgl. *Becker*, Die Eigen-Entscheidung des jungen Menschen, in: FS Bosch, S. 37, 43; *Belling/Eberl/Michlik*, S. 120 f.; *Belling*, FuR 1990, 68, 71 f.; *Götz*, Plädoyer für die Selbstbestimmung, in: FS Coester-Waltjen, S. 89, 95 ff.; *Rouka*, S. 39.

495 Siehe zur Definition abermals BGH NJW 1956, 1106, 1107; BGHZ 29, 33, 36; BGHSt 12, 379, 382; BGH MDR 1981, 810, 810; *Deutsch/Spickhoff*, Rn. 991; sowie bereits Kapitel 2 B. II.

zubeziehen und deren Behandlungswillen bei der Entscheidungsfindung zu berücksichtigen.

Das generelle Gebot des § 1626 Abs. 2 S. 1 BGB, die Fähigkeiten des Kindes anzuerkennen und es bei der Entscheidungsfindung zu beteiligen sowie die Fragen der elterlichen Sorge nach § 1626 Abs. 2 S. 2 BGB mit dem Minderjährigen zu besprechen, muss sich also in dem Fall, dass der Minderjährigen die nötige Entscheidungsfähigkeit besitzt, zu der elterlichen Pflicht verdichten, den Kindeswillen bei der Entscheidungsfindung hinsichtlich bevorstehender Behandlungen zumindest zu berücksichtigen.

Allerdings ist § 1626 Abs. 2 BGB bewusst als lex imperfecta ohne unmittelbare Rechtsfolge ausgestaltet, die dem Vorrang des Elternrechts aus Art. 6 Abs. 2 S. 1 GG im Ergebnis nicht entgegenstehen soll[496]. Insbesondere gewährt das elterliche Rücksichtnahmegebot dem Minderjährigen keinen Anspruch auf einen eigenen Entscheidungsbereich[497]. Die Nichtbefolgung der kindschaftsrechtlichen Pflicht zur Beteiligung kann jedoch unter Umständen eine Kindeswohlgefährdung durch die Eltern darstellen, welche gemäß § 1666 Abs. 1 BGB ein staatliches Eingreifen ermöglicht.

Inwieweit der Kindeswille im Einzelfall zu berücksichtigen ist und ob die Eltern den kindlichen Willen im Ergebnis mitunter sogar befolgen müssen, muss zudem vom Kindeswohl abhängig gemacht werden, wie § 1627 S. 1 BGB zu entnehmen ist.

c. Die sorgerechtsimmanente Schranke des Kindeswohls nach § 1627 S. 1 BGB

Konkretisiert wird die elterliche Pflicht des § 1626 Abs. 2 BGB durch § 1627 S. 1 BGB, wonach die Eltern die Sorge für ihr Kind in eigener Verantwortung und in gegenseitigem Einvernehmen *zum Wohl des Kindes* auszuüben haben. Das Kindeswohl bildet den fundamentalen Entscheidungsmaßstab der Eltern und umgrenzt stets ihr zulässiges Ermessen bei der Ausübung des Personensorgerechts[498]. § 1627 S. 1 BGB könnte sich somit als der zentrale Anknüpfungspunkt zur Beantwortung der Frage darstellen, wann der Wille des Kindes die Eltern in ihren Entscheidungen im Einzelnen kindschaftsrechtlich bindet.

---

496 Siehe BT-Drs. 8/2788, S. 45; *Tönsmeyer*, S. 147.

497 BT-Drs. 8/2788, S. 45; *Gernhuber*, FamRZ 1962, 89, 95; *Tönsmeyer*, S. 147.

498 Vgl. BVerfGE 24, 119, 144.

aa. Kindeswohl und Kindeswille

Das Kindeswohl wurde vom Bundesverfassungsgericht als der zentrale Richtpunkt der elterlichen Sorge bestimmt[499]. Dennoch lässt sich eine Definition oder Konkretisierung dieses Begriffs aus § 1627 S. 1 BGB nicht entnehmen, da es gemäß § 1626 Abs. 1 BGB sowie dem Erziehungsprimat aus Art. 6 Abs. 2 S. 1 GG zunächst den sorgeberechtigen Eltern überantwortet sein soll, das Kindeswohl im Einzelfall inhaltlich zu bestimmen[500]. Näher umrissen wird der Terminus lediglich im Rahmen des § 1666 Abs. 1 BGB, der anhand der Regelung zur Kindeswohlgefährdung die Grenzen der elterlichen Sorge festlegt:

> Wird das körperliche, geistige oder seelische Wohl des Kindes oder sein Vermögen gefährdet und sind die Eltern nicht gewillt oder nicht in der Lage, die Gefahr abzuwenden, so hat das Familiengericht die Maßnahmen zu treffen, die zur Abwendung der Gefahr erforderlich sind.

Die elterliche Sorge ist folglich sowohl zum körperlichen als auch geistigen und seelischen Wohlergehen des Kindes auszuüben. Es endet dort, wo das Wohl des Kindes gefährdet wird und die Eltern nicht den Willen oder das Können besitzen, die – nicht notwendigerweise durch sie hervorgerufene[501] – Gefahr einer Wohlschädigung von ihrem Kind abzuwenden. An deren Stelle muss sodann der Staat in Ausübung seines Wächteramtes treten, um Maßnahmen zum Schutze des Kindes einzuleiten[502].

Die Definitionsansätze zum Kindeswohl beschränken sich folglich weitgehend auf Negativformulierungen, in denen nicht das kindliche Wohl an sich bestimmt wird, sondern vielmehr durch die Konkretisierung von Gefährdungen die Grenzen des Wohls abgesteckt werden. Ein allgemeingültiger Standard, der alle wissenschaftlich ausgewiesenen Rechte des Kindes bestimmt und all jenes Verhalten disqualifiziert, das eindeutig nicht dem Kindeswohl entspricht, existiert indes nicht[503]. Positive und negative Direktiven und Standards bilden ein weithin offenes Ordnungsgefüge, in welchem sich der Zeitgeist als Schranke der elterlichen Bestimmungs-

---

499 BVerfGE 24, 119, 144; 60, 79, 88.
500 *Gernhuber/Coester-Waltjen*, § 57 Rn. 30.
501 *Olzen*, in: MüKo BGB, § 1666 Rn. 1 ff.
502 *Olzen*, in: MüKo BGB, § 1666 Rn. 1 ff.
503 *Gernhuber/Coester-Waltjen*, § 57 Rn. 29 f.; *Gernhuber*, FamRZ 1973, 229, 231 ff.

gewalt niederschlägt[504]. Die wenigen Definitionen dazu, welches Verhalten zweifelsfrei als nicht mehr dem Kindeswohl entsprechend anzusehen ist, orientieren sich an dem Maßstab, was „als der Gegenwart sicheres Gedankengut" in der allgemeinen gesellschaftlichen Überzeugung Anerkennung gefunden hat[505]. Im Übrigen wird den Eltern ein erheblicher Gestaltungsspielraum hinsichtlich ihrer Lebens- und Erziehungsverhältnisse eingeräumt: Es ist nicht Aufgabe des Staates, gegen den Willen der Eltern für eine bestmögliche Förderung des Kindes zu sorgen; ein Recht auf „Idealeltern" besteht nicht[506]. Infolge des elterlichen Erziehungsprimats liegen Sorge und Erziehung grundsätzlich in ihrem Ermessen und die Ausfüllung des Wohlbegriffs liegt primär in ihrer Verantwortung[507]. Insoweit gehören die Eltern inklusive ihrer sozioökonomischen Verhältnisse sowie ihrer Werte und Verhaltensweisen zum Schicksal des Kindes und sind damit Chance und Risiko zugleich[508].

Auch im Rahmen medizinischer Entscheidungen ist daher nicht generell, sondern stets anhand einer richterlichen Abwägung im konkreten Einzelfall zu prüfen, ob das elterliche Handeln dem Wohl des Kindes widerspricht. Die Interessen der Sorgeberechtigten haben in Gesundheitsbelangen allerdings in aller Regel zurückzutreten hinter den Interessen des Kindes auf physische und psychische körperliche Integrität sowie seelisches Wohlbefinden, wodurch der Ermessensspielraum der Eltern hinsichtlich medizinischer Behandlungsentscheidungen erheblich beschränkt ist[509].

Dabei erlangt der Wille des Kindes mit dessen fortschreitendem Alter zunehmend an Bedeutung für die Feststellung des kindlichen Wohls, wie neben § 1626 Abs. 2 BGB auch den §§ 1631a, 1671 Abs. 1 Nr. 1, Abs. 2 Nr. 1 BGB sowie dem neu geschaffenen § 1631d Abs. 1 BGB zu entnehmen ist[510], die die Wünsche des Kindes in Bezug auf ihre Berufswahl, die Übertragung der elterlichen Alleinsorge oder die Jungenbeschneidung explizit als entscheidungserheblich herausstellen. Je älter respektive reifer das Kind ist, desto höher ist der Stellenwert, der seinem Willen bei der

504 *Gernhuber/Coester-Waltjen*, § 57 Rn. 29 f.; *Gernhuber*, FamRZ 1973, 229, 231 ff.
505 *Gernhuber*, FamRZ 1973, 229, 233.
506 Vgl. BVerfGE 60, 79, 94; *Gernhuber/Coester-Waltjen*, § 57 Rn. 30.
507 *Gernhuber/Coester-Waltjen*, § 57 Rn. 30.
508 BVerfGE 60, 79, 94; BVerfG NJW 2010, 2333, 2335; *Götz*, in: Palandt, BGB, § 1666 Rn. 7.
509 Vgl. *Tönsmeyer*, S. 149.
510 BVerfGE 55, 171, 179 ff. (zu § 1671 BGB); BVerfG FamRZ 2014, 1843, 1843; *Olzen*, in: MüKo BGB, § 1666 Rn. 45; *Veit*, in: Bamberger/Roth, § 1666 Rn. 6.

Feststellung des Kindeswohls zukommen muss[511]. Zwar sind Kindeswohl und Kindeswille nicht inhaltsidentisch, jedoch wird sich das *Wohl* des Kindes mit wachsender Selbstbestimmtheit inhaltlich zunehmend seinem *Wohlbefinden* annähern[512]. Das Kindeswohl darf somit nicht ausschließlich nach dem objektiven Kriterium der Körperintegrität des Minderjährigen bestimmt werden, sondern muss subjektive Kriterien wie das seelische Wohlbefinden und damit vor allem seine persönlichen, eigenen Wünsche und Vorstellungen einschließen[513].

Dass der Wille des Kindes auch für die gerichtliche Beurteilung beachtlich ist, zeigt § 159 Abs. 1 und Abs. 2 FamFG, wonach Kinder vor einer gerichtlichen Entscheidung grundsätzlich persönlich anzuhören sind. Danach hat das Gericht Kinder ab dem vierzehnten Lebensjahr im Rahmen ihrer die Personensorge betreffenden Angelegenheiten zwingend anzuhören, um deren Wünsche und Vorstellungen zu erforschen. Diese Anhörung dient der Sicherstellung des rechtlichen Gehörs des Kindes sowie dem Zweck der Amtsermittlung und trägt der mit dem zunehmenden Alter wachsenden Selbstverantwortung des Kindes Rechnung[514]. Jüngere Kinder vor Erreichen des vierzehnten Lebensjahres sind ebenfalls anzuhören, sofern deren Neigungen, Bindungen oder Wünsche für die Entscheidung von Bedeutung sind. Nur aus schwerwiegenden Gründen darf von einer persönlichen Anhörung abgesehen werden, § 159 Abs. 3 S. 1 FamFG. Die Verpflichtung des Richters zur Erforschung der Wünsche, Neigungen und Bindungen des Minderjährigen folgt dabei aus dem allgemeinen Persönlichkeitsrecht des Kindes[515] und ist bereits aus dem Grunde geboten, dass eine familiengerichtliche Entscheidung erhebliche Auswirkungen auf sein künftiges Leben hat und es unmittelbar betrifft[516].

Der Eindruck zunehmender Berücksichtigung des Kindeswillens bestätigt sich schließlich auch bei Sichtung der in der Juris-Datenbank[517] veröffentlichten Gerichtsentscheidungen der letzten Jahre: Im Zeitraum

511 OLG Karlsruhe FamRZ 1974, 661, 662; *Coester*, S. 255 ff.; *Götz*, in: Palandt, BGB, § 1666 Rn. 9; *Olzen*, in: MüKo BGB, § 1666 Rn. 47 ff.

512 Vgl. *Coester*, in: Staudinger, BGB, § 1626 Rn. 61 f.

513 Siehe BGH FamRZ 1985, 169, 170; KG FamRZ 1990, 1383, 1384 f.; OLG Celle FamRZ 1992, 465, 466; BayObLG BayObLGZ 1997, 134, 138; OLG Bamberg FamRZ 1998, 970, 970 f.; OLG Düsseldorf FamRZ 1998, 1113, 1115; *Coester*, in: Staudinger, BGB, § 1626 Rn. 61 f. m. w. N.; a. A. aber *Benkert*, S. 182 f.

514 *Schumann*, in: MüKo FamFG, § 159 Rn. 4.

515 OLG Frankfurt FamRZ 1997, 571, 571; *Oelkers*, FamRZ 1997, 779, 786.

516 BVerfG FamRZ 2008, 1737, 1738; *Veit*, in: Bamberger/Roth, § 1666 Rn. 6.2.

517 Siehe unter www.juris.de (letzter Zugriff: 17. Juli 2018).

der vergangenen fünf Jahre[518] finden sich unter dem Suchbegriff „Kindeswohl“ 1.241 veröffentlichte familienrechtliche Entscheidungen, von denen 236 Entscheidungen zugleich das Schlagwort „Kindeswille“ oder ein Synonym dessen enthalten[519]. Dies entspricht einem Anteil von über 19 %. Im Zeitraum vor dem 21. Jahrhundert[520] finden sich unter denselben Suchkriterien insgesamt lediglich 157 Ergebnisse mit beiden Suchbegriffen bei 1.969 familiengerichtlichen Entscheidungen, die das Kindeswohl zum Gegenstand hatten, was lediglich einen Anteil von knapp 8 % ausmacht. Dies verdeutlicht den Anstieg der gerichtlichen Auseinandersetzung mit dem kindlichen Willen. Darüber hinaus ist zu bedenken, dass ein nicht unwesentlicher Teil dieser Entscheidungen Kinder im Säuglings- oder Kleinkindalter betrifft, die noch keinen selbstbestimmten Willen äußern konnten, sodass zu vermuten ist, dass der Prozentsatz bei Kindern fortgeschrittenen Alters noch deutlich höher ausfällt[521].

In Anbetracht des großen Stellenwerts des Kindeswillens könnte eine medizinische Behandlung entgegen den Wünschen des Minderjährigen oder deren Vorenthaltung trotz eindringlichen Behandlungswunsches eine Missachtung des Kindeswohls und damit eine Verletzung der elterlichen Pflicht aus § 1627 S. 1 BGB darstellen – insbesondere wenn der Minderjährige bereits hinreichend einsichts- und urteilsfähig ist, um die Vor- und Nachteile seiner Behandlungsentscheidung überblicken und abwägen zu können. Sowohl sein verfassungsrechtlich garantiertes Selbstbestimmungsrecht als auch die Erziehungsziele des § 1626 Abs. 2 BGB zur Förderung seiner Selbstständigkeit verlangen die Beachtung des kindlichen Willens bei der Beurteilung seines Wohls[522]. Dies muss umso mehr gelten, je ausgeprägter die Fähigkeiten des Minderjährigen zu einer eigenverantwortlichen Entscheidung sind, und findet sein Maximum hinsichtlich medizinischer Entscheidungen folglich, wenn das Kind die nötige geistige Reife besitzt, um die Entscheidung selbstständig treffen zu können. In diesem Fall muss der Kindeswille das primäre Entscheidungskriterium der Eltern sein,

---

518 Untersucht wurde der Veröffentlichungszeitraum vom der 1. Juli 2013 bis zum 1. Juli 2018; Stand: 23. Juli 2018.

519 Gesucht wurde nach den Begriffen „Kindeswohl“ sowie „Kindeswille“, „Wille des Kindes“, „Kindeswunsch“, „Wunsch des Kindes“ und „Wünsche des Kindes“ (in Anlehnung an die Untersuchung *Fegelers* vom 8. Januar 1999, siehe *Fegeler*, S. 80).

520 Untersucht wurde der Veröffentlichungszeitraum bis 31. Dezember 1999; Stand: 23. Juli 2018.

521 Gleiches vermutete auch schon *Fegeler*, S. 80.

522 Vgl. *Fegeler*, S. 78.

wenn sie darüber befinden, ob ein ärztlicher Heileingriff an ihrem Kind durchgeführt werden oder unterbleiben soll. Der Wille des *hinreichend einsichts- und urteilsfähigen* Kindes muss demnach im Ergebnis maßgeblich sein für die Beurteilung des Kindeswohls.

Das Kindschaftsrecht verlangt somit nicht nur nach einer Beachtung des Willens des Minderjährigen bei der Behandlungsentscheidung gemäß § 1626 Abs. 2 BGB, sondern verpflichtet die Eltern gemäß § 1627 S. 1 BGB darüber hinausgehend, dem kindlichen Willen Vorrang gegenüber objektiven Kindeswohlkriterien zu gewähren, sofern der Minderjährige zu einer selbstbestimmten Entscheidung fähig – mithin hinreichend entscheidungsfähig – ist.

bb. Verbindlichkeit des Vetos eines hinreichend einsichts- und urteilsfähigen Minderjährigen als Konsequenz einer kindeswohlorientierten Sorgerechtsausübung

Ist der Wille das entscheidungserhebliche Kriterium zur Bemessung des Kindeswohls im Sinne von § 1627 S. 1 BGB, sind die Eltern nicht nur verpflichtet, die Wünsche ihres Kindes zu erfragen; vielmehr müssen sie sich im Ergebnis auch nach ihnen richten, um die ihnen verliehene elterliche Sorge kindeswohlgerecht auszuüben. Eine Einwilligung in die ärztliche Behandlung ihres Kindes dürfen sie somit nur dann erteilen, wenn diese dem Willen des hinreichend einsichts- und urteilsfähigen Minderjährigen entspricht. Erklärt der Minderjährige hingegen sein Veto gegen die Maßnahme, sind die Eltern an dieses gebunden und dürfen dem Eingriff nicht zustimmen.

Das Kindeswohl ist nicht an ausdrücklich formulierte Erklärungen gebunden, sodass der Kindeswille auch dann beachtlich ist, wenn die Bedürfnisse des Kindes auf andere Weise erkennbar sind. Allerdings dürfen keine Zweifel an der ablehnenden Haltung des Minderjährigen bestehen, soll ein indizierter, der Gesundheit dienender Eingriff unterbleiben[523]. Würden die Eltern ihr Kind trotz hinreichender Einsichts- und Urteilsfähigkeit dazu zwingen, eine ärztliche Maßnahme, welche einen Eingriff in seine Körperintegrität darstellt, über sich ergehen zu lassen, obwohl es diese verweigerte, stünde das Handeln der Eltern nicht nur seinem körperlichen Wohl, sondern vor allem auch seinem seelischen Wohlbefinden auf das

523 Siehe *Fegeler*, 87 f., die allerdings vor diesem Hintergrund grundsätzlich die Entscheidungsunfähigkeit des Minderjährigen vermuten will.

Schwerste entgegen und muss als ein Missbrauch der elterlichen Sorge begriffen werden, selbst wenn die Behandlung dem Gesundheitszustand des Kindes objektiv zuträglich wäre. Der Wille des minderjährigen Patienten, einen indizierten Eingriff abzulehnen, muss demnach als das vorrangige Kriterium – vor den objektiven gesundheitlichen Vorteilen einer Behandlungsmaßnahme – zur Bestimmung des Kindeswohls angesehen werden, wenn er das nötige Maß ein Einsichts- und Urteilsfähigkeit besitzt[524].

Lediglich dann, wenn der hinreichend entscheidungsfähige Minderjährige die Behandlung billigt, ihr also zustimmt, oder seinen Eltern die Entscheidung zugesteht und somit sein Wohl willentlich in ihre Hände legt, ist eine Einwilligungserklärung der Eltern gegenüber dem Behandler kindeswohlentsprechend im Sinne der §§ 1627 S. 1, § 1626 Abs. 2 BGB.

Aus einer kindeswohlorientierten Sorgerechtsausübung der erziehungsberechtigten Eltern nach § 1627 S. 1 i.V.m. § 1626 Abs. 2 BGB muss sich folglich als zwingende Konsequenz ein innerfamiliäres, die Eltern bindendes Vetorecht für den hinreichend einsichts- und urteilsfähigen Minderjährigen ergeben.

cc. Bindung der Eltern an positive Behandlungsentscheidungen des Minderjährigen

Ebenso kann die Situation auftreten, dass die Eltern eines Kindes, zum Beispiel aus religiösen Gründen, eine Behandlung ablehnen, welche der Gesundheit des Kindes dienlich wäre und welche das Kind möglicherweise sogar ausdrücklich wünscht. Auch in diesem Fall kann der Kindeswille eine bedeutende Rolle spielen. Dabei ist allerdings zu differenzieren, ob es sich bei der geplanten Behandlung um einen ärztlich eindeutig indizierten Eingriff handelt oder eine Maßnahme dem minderjährigen Patienten und seinen Eltern lediglich als optionale (relativ indizierte) Behandlung zur Wahl gestellt wird.

(1) Eindeutig indizierte Behandlungsmaßnahmen

Lehnen die Eltern eines minderjährigen Patienten eine eindeutig indizierte und notwendige Heilbehandlung, beispielsweise eine medizinisch erforderliche Operation oder therapeutische Behandlung, für ihr Kind ab und

524 Vgl. *Fegeler*, 87 f., 119.

verweigern die nötige Einwilligung, ist dies regelmäßig als Verletzung des Kindeswohls zu bewerten, es sei denn ihre Verweigerung basiert auf dem wirksam geäußerten Veto des Kindes[525]. Ohne dass es auf den Behandlungswillen des Kindes oder darauf, ob der Minderjährige bereits hinreichend entscheidungsfähig ist, ankommt, gefährdet die Ablehnung der Behandlung bereits nach einer objektiven Wohlbetrachtung das kindliche Wohl, wenn die geplante ärztliche Maßnahme für das Kind dringend erforderlich ist, um seine Gesundheit zu erhalten, zu heilen oder zu verbessern. Eine Vorenthaltung dieser Heilbehandlung ist dann unabhängig von der Einsichts- und Urteilsfähigkeit des Kindes regelmäßig als Missbrauch der elterlichen Entscheidungsmacht anzusehen und verletzt – je nach Diagnose – das körperliche oder geistige Wohl des Kindes.

Erst recht gilt dies, wenn der Minderjährige die Maßnahme entgegen der elterlichen Auffassung ausdrücklich begehrt, also den Wunsch zur Heilbehandlung äußert. Dann widerspricht die Weigerung der Eltern, dem Eingriff zuzustimmen, nicht nur unter objektiven Gesichtspunkten dem Kindeswohl, sondern steht zudem dem subjektiven Befinden des Kindes entgegen. Die Behandlung dient dann zweifelsohne dem Kindeswohl, sodass der positive Behandlungswille des Minderjährigen zu eindeutig indizierten ärztlichen Eingriffen die Eltern gemäß § 1627 S. 1 BGB dazu verpflichtet, die Einwilligung zu der betreffenden Maßnahme gegenüber dem Arzt zu erteilen. Auf die Einsichts- und Urteilsfähigkeit des Minderjährige kommt es hierbei nicht an.

(2) Relativ indizierte Behandlungsmaßnahmen

Darüber hinaus könnte sich auch die Zustimmungsverweigerung der Eltern zu einem von dem Minderjährigen gewünschten, indes nicht eindeutig indizierten, sondern lediglich optionalen, relativ indizierten ärztlichen Eingriff als eine Missachtung des kindlichen Wohls darstellen[526]. Wäre dies anzunehmen, ließe sich aus § 1627 S. 1 BGB über die elterli-

---

525 OLG Zweibrücken FamRZ 1999, 521, 521; BayObLG FamRZ 1988, 748, 749 f.; BayObLG FamRZ 1991, 214, 215; OLG Brandenburg FamRZ 2009, 2100, 2101; *Gernhuber/Coester-Waltjen*, § 57 Rn. 111; *Veit*, in: Bamberger/Roth, § 1666 Rn. 17.

526 So kann sich mitunter sogar die Verweigerung der Zustimmung zu einem von der minderjährigen Tochter gewünschten Schwangerschaftsabbruch als kindeswohlgefährdend darstellen; siehe zu dieser besonderen Problematik im Einzelnen *Olzen*, in: MüKo BGB, § 1666 Rn. 63 ff.

che Pflicht zur Beachtung seines Vetos hinaus gar eine Befolgungspflicht für Behandlungsentscheidungen hinreichend entscheidungsfähiger Kinder herleiten[527].

Es besteht insoweit ein Unterschied zwischen der Berücksichtigung eines Vetos *gegen* und der Einwilligung *in* einen (relativ indizierten) ärztlichen Eingriff, als ersteres einen Eingriff in die körperliche Integrität des Patienten *abwendet*, der nach herrschender Ansicht den Tatbestand der Körperverletzung erfüllen würde, während letztere darauf abzielt, den körperlichen Eingriff erst zu *legitimieren*. Zunächst ist jeder ärztliche Eingriff – zumindest vorübergehend – als ein Nachteil für den Patienten anzusehen, selbst wenn er seinen Gesundheitszustand langfristig verbessern mag, da die Behandlung zunächst einmal seine körperliche Integrität verletzt, mit Risiken und Nebenwirkungen verbunden ist und ein Behandlungserfolg nicht garantiert werden kann[528]. Lehnt ein Minderjähriger einen ärztlichen Eingriff ab, erleidet er dadurch zwar möglicherweise in der Zukunft einen gesundheitlichen Nachteil, zugleich entschließt er sich jedoch gegen die unmittelbare Verletzung seiner Körperintegrität infolge der medizinischen Maßnahme. Willigt der Minderjährige hingegen in einen Eingriff ein, so initiiert er damit erst den Eingriff in seine körperliche Unversehrtheit und führt sich folglich zunächst einen gesundheitlichen Nachteil zu. Während aber bei eindeutig indizierten, also medizinisch zweifellos erforderlichen Behandlungsmaßnahmen der gesundheitliche Nutzen unstreitig ist, würde der Minderjährige bei einem relativ indizierten, das heißt nicht erforderlichen Eingriff durch sein Behandlungsverlangen einen nicht notwendigen Nachteil veranlassen, obgleich bis dato keine konkrete Gefahr für seine Gesundheit bestand. Die Beurteilung, ob ein solcher von dem Kind gewünschter Eingriff kindeswohlentsprechend ist, stellt sich daher als besonders schwierig dar, denn neben dem Kindeswohl spielen hier sowohl der Minderjährigenschutz als auch das Erziehungsprimat der Eltern im Rahmen ihrer elterlichen Sorge eine größere Rolle[529]:

527 Vgl. zu der Frage der Entscheidungsbefugnis bzgl. eines Schwangerschaftsabbruchs bei Divergenzen zwischen Sorgeberechtigten und minderjähriger werdender Mutter zudem *Olzen*, in: MüKo BGB, § 1666 Rn. 69 ff. m. w. N.

528 Nach der herrschenden „Rechtfertigungslösung“, siehe RGZ 88, 433, 436; BGHZ 29, 33, 37; 106, 391, 397 f.; sowie in Kapitel 2 B. III.

529 Vgl. zu diesem Gedanken allgemein *Coester-Waltjen*, MedR 2012, 553, 559.

In Bezug auf die §§ 1626 ff. BGB ist stets zu berücksichtigen, dass den Eltern das vorrangige Erziehungsrecht zukommt[530]. Das Bürgerliche Gesetzbuch sieht ein Sorgerecht der Eltern grundsätzlich bis zum Eintritt der Volljährigkeit vor. Dabei lässt es zwar einige Ausnahmen in Form von Beschränkungen und Ausübungsgrenzen zu, wie beispielsweise in den §§ 1631 Abs. 2, 1631d Abs. 1 und 1666 BGB; zudem fordert es die Eltern – wie beschrieben – über § 1626 Abs. 2 S. 1 BGB ausdrücklich auf, die wachsenden Fähigkeiten des Kindes sowie dessen wachsendes Bedürfnis zu einem selbstständigen verantwortungsbewussten Handeln zu berücksichtigen. Eine vorzeitige Beendigung des Sorgerechts, die das Kind gegenüber seinen Eltern zur Alleinentscheidung berechtigen würde, enthalten die kindschaftsrechtlichen Regelungen des BGB indes nicht. Auch zum Schutze des Minderjährigen darf eine Entscheidung zu einem relativ indizierten medizinischen Eingriff grundsätzlich nicht ohne die Beteiligung der Eltern erfolgen, da er vor allem für jüngere, noch wenig erfahrene Kinder regelmäßig deutlich schwieriger zu beurteilen und abzuwägen sein wird. Ferner können derartige, zum Zeitpunkt der Entscheidung weder lebensnotwendige noch unaufschiebbare Behandlungsmaßnahmen auch für die sorgeberechtigten Eltern nicht nur unerhebliche Auswirkungen haben[531]. So sind sie beispielsweise, sollte ein von dem Minderjährigen gewünschter Eingriff fehlschlagen und bleibende Schäden nach sich ziehen, weiterhin zur Sorge und Betreuung des Kindes verpflichtet[532]. Eine generelle Bindung der Eltern an positive Behandlungsentscheidungen ihres Kindes, zu denen sie nicht bereits aufgrund der bestehenden medizinischen Indikation verpflichtet sind, ist der Regelung des § 1627 S. 1 BGB folglich nicht zu entnehmen[533].

Wie allerdings bereits herausgestellt werden konnte, muss der Wille des bereits in ausreichendem Maße *einsichts- und urteilsfähigen* Kindes bei der Beurteilung des Kindeswohls vorrangig beachtet werden[534]. Diese Prämisse hat gleichermaßen für negative und positive Behandlungsentscheidungen des Kindes zu gelten, sodass auch im Rahmen nur relativ indizierter medizinischer Eingriffe der Behandlungswille des hinreichend entscheidungsfähigen Minderjährigen als vorrangig gegenüber einer möglicher-

530 Vgl. BVerfG FamRZ 2012, 1127, 1128 f.; BVerfG FamRZ 2014, 907, 908; BVerfG FamRZ 2014, 1177, 1178 f.; BVerfG FamRZ 2015, 208, 208 f.; OLG Saarbrücken FamRZ 2010, 1092, 1093; *Götz*, in: Palandt, BGB, § 1666 Rn. 31.

531 Vgl. *Benkert*, S. 378 f.

532 So *Benkert*, S. 378 f.

533 Vgl. hierzu ebenfalls *Olzen*, in: MüKo BGB, § 1666 Rn. 70.

534 Vgl. nochmals *Fegeler*, 87 f., 119.

weise ablehnenden Haltung der Eltern angesehen werden muss. Ist der minderjährige Patient zu selbstbestimmten Entscheidungen fähig, würde es eine Verletzung des Kindeswohls bedeuten, sollte ihm eine verlangte und relativ indizierte ärztliche Behandlung verwehrt werden. Ein Weniger an Dringlichkeit des Eingriffs wird sodann durch ein Mehr an Rücksicht auf den kindlichen Willen aufgewogen, um das Kindeswohl insgesamt als gewahrt betrachten zu können[535]. Eine ärztliche Indikation ist jedoch stets erforderlich. Die Eltern sind somit gemäß § 1627 S. 1 BGB letztlich auch an positive Behandlungsentscheidungen des hinreichend einsichts- und urteilsfähigen Kindes im Innenverhältnis gebunden und müssen diese gegenüber dem Arzt durchsetzen.

Im Übrigen wird aber auch der Behandlungswunsch eines Kindes, das noch nicht die nötigen Fähigkeiten besitzt, um selbstbestimmt zu entscheiden, die Beurteilung seines Wohles nicht nur unerheblich beeinflussen, da die Vorenthaltung einer – wenn auch nur relativ indizierten – Heilmaßnahme durch die Eltern eines legitimen Grundes bedarf. Die Entscheidung, inwieweit die positive Behandlungsentscheidung eines Kindes zu befolgen ist, hängt maßgeblich von der Feststellung des Kindeswohles im Einzelfall ab und muss jedenfalls dann zur primären Berücksichtigung des Kindeswillens führen, wenn die Behandlungsmaßnahme der Erhaltung, Verbesserung oder Wiederherstellung des gesundheitlichen Wohls des Kindes dienlich ist. Je mehr Entscheidungsfähigkeit dem partizipierenden Minderjährigen hierbei zuzusprechen ist, desto eher ist von einem Missbrauch des Sorgerechts der Eltern auszugehen, enthalten diese ihrem Kind die gewünschte ärztliche Maßnahme vor[536].

dd. Mögliche Grenzen der Beachtlichkeit des Kindeswillens

Eine Grenze der Beachtlichkeit des kindlichen Willens in Gesundheitsangelegenheiten könnte jedoch dort gezogen werden, wo der Kindeswille auf eine Manipulation zurückgeht oder zur Schädigung der Gesundheit des Kindes führt.

---

535 So i. E. wohl auch *Vogel*, FPR 2008, 617, 617. Siehe hierzu insb. die Diskussion zum Schwangerschaftsabbruch, bei dem zusätzlich zum Willen der minderjährigen Patienten Interessen des ungeborenen Kindes einbezogen werden müssen: ausführlich bei *Olzen*, in: MüKo BGB, § 1666 Rn. 63 ff.

536 Zur Prüfung und Beurteilung der Entscheidungsfähigkeit des Kindes im Einzelfall siehe bereits in diesem Kapitel unter B. I.

(1) Selbstschädigung als Grenze der Bindungswirkung (negativer) Behandlungsentscheidungen?

Lehnt der Minderjährige eine möglicherweise dringend indizierte Behandlung ab, gefährdet er damit nicht selten seine eigene Gesundheit. Da dies dem objektiven körperlich-gesundheitlichen Wohl des Kindes offensichtlich entgegensteht, wird argumentiert, dass Behandlungsverweigerungen mit der Folge einer Selbstschädigung des Kindes als unbeachtlich angesehen werden müssen[537].

Diese Ansicht widerspricht allerdings den soeben getroffenen Feststellungen. Ist der Wille des Minderjährigen das primäre Beurteilungskriterium für das Wohl des Kindes, so muss davon auch der Wunsch, eine Behandlung nicht durchführen zu lassen, gedeckt sein. Ein körperlicher Eingriff gegen den ausdrücklichen Wunsch kann nicht dem Wohlbefinden eines selbstbestimmten Patienten zugutekommen. Besitzt der Minderjährige die nötige Reife, um die Risiken und Folgen seiner Entscheidungen zu erfassen und gegeneinander abzuwägen, so darf hinsichtlich der inhaltlichen Ausgestaltung seines Vetos keine Wertung durch die Eltern vorgenommen werden[538]. Andernfalls würde es sich lediglich um eine fingierte Selbstbestimmung handeln, die dem Minderjährigen ein eigenes Entscheidungsrecht nur insoweit zugestehen würde, als Konsens mit der elterlichen Ansicht besteht, wohingegen ihm eine „echte" Entscheidung zu einem Veto und einem damit verbundenen gesundheitlichen Risiko regelmäßig aberkannt würde. Wird einem Menschen die Fähigkeit zur Selbstbestimmung zugebilligt, so muss ihm aber auch die Entscheidung über seine Gesundheit grundsätzlich freistehen[539]. Wird ein Minderjähriger für hinreichend einsichts- und urteilsfähige angesehen, die Konsequenz der eigenen gesundheitlichen Schädigung zu erkennen und zu bewerten, so muss seine Entscheidung gegen die Maßnahme daher ebenso berücksichtigt werden wie eine positive Erklärung zugunsten des Eingriffs[540]. Die Hürde für die Annahme dieser Fähigkeit wird aber entsprechend höher anzusetzen sein, je schwerer das mögliche Schädigungsrisiko wiegt.

---

537 Vgl. OLG Bamberg ZfJ 1996, 194, 196 f. (zu § 1671 BGB); so wohl auch *Olzen*, in: MüKo BGB, § 1666 Rn. 48.

538 *Fegeler*, S. 87 f.

539 *Fegeler*, S. 87.

540 Vgl. *Fegeler*, S. 88.

(2) Unbeachtlichkeit des manipulierten Kindeswillens?

Einer anderen Ansicht nach soll der Kindeswille für die Eltern ferner dann unbeachtlich sein, wenn er auf Manipulation zurückgeht, da es sich dann nicht um einen Akt der Selbstbestimmung des Kindes handele[541]. Im Außenverhältnis wäre ein auf Täuschung oder Drohung zurückzuführender Wille bereits nach den allgemeinen Voraussetzungen einer wirksamen und mithin freien Einwilligung nicht beachtlich. Auch im Innenverhältnis, in dem die Eltern das Wohl und die wachsenden Fähigkeiten des Kindes zur Selbstbestimmung in den Mittelpunkt ihrer Entscheidungen zu stellen haben, kann von einem selbstbestimmten und freien Kindeswillen nicht gesprochen werden, wenn der Minderjährige getäuscht oder bedroht wurde. Ein infolge von Nötigung oder Zwang geäußerter beziehungsweise aufgrund vorgespiegelter Tatsachen anhand falscher Annahmen gebildeter Wunsch entspricht dem wahren Kindeswillen nicht. Derartige Willensäußerungen führen demnach nicht zu einer rechtlichen Bindung der Eltern, die dem tatsächlichen Wohle des Kindes verpflichtet sind. Es kommt insoweit also nicht auf die manipulierte Willenskundgabe des Minderjährigen an, sondern auf sein tatsächliches Wohlergehen.

Darüber hinaus wird der kindliche Wille teilweise jedoch auch dann in Frage gestellt, wenn er auf eine sachwidrige Beeinflussung – insbesondere auf eine Einflussnahme der Eltern selbst – zurückgeht[542]. Wann eine solche gegeben sein soll, wird indes nicht näher erläutert. Zudem ist zu bedenken, dass die Eltern im Rahmen ihres Erziehungsrechts gar dazu angehalten sind, die Entwicklung ihres Kindes durch die Vermittlung konkretisierter, zumeist eigener Wertvorstellungen zu fördern und so gezielt auf das Kind einzuwirken[543]. Hierbei sind sie wiederum gemäß § 1627 S. 1 BGB an das Kindeswohl gebunden. Eine Beeinflussung des kindlichen Willens durch die Eltern ist somit regelmäßig nicht als unbillige Manipulation, sondern als Teil der in ihrem Ermessen liegenden elterlichen Erziehung anzusehen[544]. Zu prüfen ist stets, ob der durch das Kind geäußerte Wille allein als fremdbestimmt oder zumindest auch als ein Akt seiner Selbstbestimmung anzusehen ist[545]. Der Wille wird hier ebenfalls umso

541 OLG Karlsruhe FamRZ 1968, 170, 170; OLG Köln FamRZ 1972, 144, 145; *Fegeler*, S. 84 ff.; *Schwoerer*, NJW 1964, 5, 5 ff. mit Verweis auf einen Aufsatz von *Lempp*, der diese Ansicht ebenfalls vertrat.

542 BGH FamRZ 1985, 169, 170; *Coester*, S. 264 ff.

543 *Coester*, S. 265; *Fegeler*, S. 85.

544 Vgl. *Fegeler*, S. 85.

545 Vgl. *Coester*, S. 265; *Fegeler*, S. 85.

eher als selbstbestimmt anzusehen sein, je reifer der Minderjährige ist[546]. Agieren die Eltern hingegen sachwidrig, indem sie ihr Kind manipulieren, um vor allem nach außen hin den Anschein familiärer Einigkeit zu erwecken, so kann dies im Innenverhältnis eine Kindeswohlgefährdung darstellen. Bindend ist eine durch die Eltern in sachwidriger Weise erzeugte Bekundung des Kindes ihnen gegenüber selbstverständlich nicht.

ee. Bewertung

Das Kindeswohl stellt den zentralen Richtpunkt der elterlichen Sorge dar. Gemäß § 1627 S. 1 BGB haben die Eltern das ihnen obliegende Sorgerecht in eigener Verantwortung zum Wohle des Kindes auszuüben, was sowohl das körperliche als auch geistige und seelische Wohlergehen des Kindes umfasst. Aufgrund des elterlichen Erziehungsprimats liegen Sorge und Erziehung grundsätzlich in ihrem Ermessen, sodass auch die Ausfüllung des Wohlbegriffs primär ihrer Verantwortung überlassen ist. Mit zunehmendem Alter des Kindes wächst jedoch die Bedeutung seines Willens für die Feststellung des Kindeswohls. Es handelt sich dabei um eine graduelle, nicht zwingend geradlinige Entwicklung des Selbstentscheidungsvermögens des Kindes, welches in Bezug auf medizinische Entscheidungen seine volle Ausprägung erlangt, wenn das Kind das erforderliche Maß an Entscheidungsfähigkeit innehat, um selbstbestimmte Behandlungsentscheidungen zu treffen. Ist der minderjährige Patient hinreichend einsichts- und urteilsfähig, muss daher der Kindeswille das ausschlaggebende Kriterium zur Ermittlung seines Wohles sein, wodurch sich die elterliche Pflicht zur kindeswohlorientierten Sorgerechtsausübung im Ergebnis auf die Umsetzung des kindlichen Willens im Außenverhältnis konkretisieren muss.

Wie schon aus § 1626 Abs. 2 BGB zu entnehmen war, müssen die Eltern ihr minderjähriges Kind an den es betreffenden Behandlungsentscheidungen beteiligen, soweit dies nach seinem Entwicklungsstand angezeigt ist. In Verbindung mit der sorgerechtsimmanenten Schranke des Kindeswohls leitet sich hieraus eine Pflicht der Eltern zur Umsetzung des Willens des hinreichend entscheidungsfähigen Minderjährigen in Gesundheitsangelegenheiten ab. Die Sorgeberechtigten sind gemäß § 1627 S. 1 i.V.m. § 1626 Abs. 2 BGB im innerfamiliären Eltern-Kind-Verhältnis an die Wünsche ihres hinreichend entscheidungsfähigen Kindes gebunden. Sie sind also

546 BGH FamRZ 1985, 169, 170 f.; *Fegeler*, S. 84 ff.

weder berechtigt, eine Behandlung entgegen der Verweigerung des Kindes durchführen zu lassen, noch dürfen sie dem ausreichend einsichts- und urteilsfähigen Minderjährigen eine von ihm gewünschte, zumindest relativ indizierte Heilmaßnahme vorenthalten. Dies gilt auch dann, wenn die Umsetzung des kindlichen Willens eine Schädigung seiner Gesundheit bedeuten könnte. Andernfalls muss von einer Verletzung des Kindeswohls durch die Eltern ausgegangen werden.

§ 1627 S. 1 BGB ist allerdings lediglich als Ausübungsdirektive des Eltern-Kind-Verhältnisses ausgestaltet und bestimmt im Falle eines Zuwiderhandelns keine unmittelbare Rechtsfolge für den Minderjährigen oder Dritte. Folglich sind die Eltern dem Kind zwar im Innenverhältnis zur Beachtung seines Behandlungswillens verpflichtet, ein originärer Anspruch des Minderjährigen gegen seine Eltern aus §§ 1627 S. 1, 1626 Abs. 2 BGB auf Umsetzung seines Willens gegenüber Dritten besteht jedoch nicht[547]. Auch für Drittbeteiligte wie den behandelnden Arzt haben Elternpflichten im Innenverhältnis grundsätzlich keine Bedeutung. Lediglich die Eingriffsnorm des § 1666 BGB sieht einen Kindesschutz durch staatliches Eingreifen bei kindeswohlgefährdendem Verhalten vor.

3. Staatlicher Schutz des Kindeswohls bei Missbrauch der elterlichen Sorge nach § 1666 Abs. 1 und Abs. 3 BGB

Missbrauchen die Eltern ihr Sorgerecht, wird dies als Kindeswohlgefährdung im Sinne des § 1666 Abs. 1 BGB anzusehen sein. Das Familiengericht hat in einem solchen Fall die zum Schutz des Kindes erforderlichen Maßnahmen zur Gefahrenabwendung zu treffen.

a. § 1666 BGB als Ausprägung des staatlichen Wächteramtes

Die Norm des § 1666 BGB bildet die zentrale Kindesschutzbestimmung des Bürgerlichen Gesetzbuches[548]. Sie ist Ausfluss des grundgesetzlich verbürgten Wächteramtes des Staates aus Art. 6 Abs. 2 S. 2 GG und setzt den staatlichen Verfassungsauftrag des Kinder- und Jugendschutzes auf einfach-

---

547 Vgl. *Huber*, in: MüKo BGB, § 1627 Rn. 15; *Zorn*, Rn. 292, 308.
548 Vgl. BT-Drs. 13/4899, S. 97; *Veit*, in: Bamberger/Roth, § 1666 Rn. 1.

gesetzlicher Normenebene um[549]. Indem § 1666 BGB den Staat zum Eingriff in die elterliche Personensorge ermächtigt, wird das verfassungsrechtlich garantierte Elternrecht aus Art. 6 Abs. 2 S. 1 GG eingeschränkt, welches den Eltern hinsichtlich Pflege und Erziehung ihres minderjährigen Kindes zukommt[550]. Zugleich bestimmt § 1666 Abs. 1 BGB die Untergrenze staatlicher Kontroll- und Eingriffsbefugnisse[551]:

Neben einer Gefährdungslage für das körperliche, geistige oder seelische Wohl des minderjährigen Kindes ist als weitere Voraussetzung für einen Eingriff des Staates erforderlich, dass die sorgeberechtigten Eltern ihre Unfähigkeit beziehungsweise ihren Unwillen zeigen, die bestehende Gefährdung von ihrem Kind abzuwenden. Durch diese zusätzliche Hürde kommt die Subsidiarität des staatlichen Wächteramtes gegenüber dem Elternrecht zum Ausdruck (sogenannte Subsidiaritätsklausel)[552]. Die Eltern sollen aufgrund ihres Erziehungs- und damit zugleich Gefahrenabwehrprimats zuvörderst zur Selbsthilfe gebracht werden; ein Übergehen der Eltern ist zu vermeiden[553].

b. Der Gefährdungsbegriff des § 1666 Abs. 1 BGB

Eine Gefährdung des Kindeswohles im Sinne des § 1666 Abs. 1 BGB setzt eine gegenwärtige Gefahrenlage voraus, die bei weiterem Fortgang ohne staatliche Intervention eine erhebliche Schädigung des geistigen, seelischen oder körperlichen Wohls des Kindes mit ziemlicher Sicherheit voraussehen lässt[554]. Dazu sind sämtliche Umstände des Einzelfalls unter Berücksichtigung der Anlagen sowie des Verhaltens des Kindes gegeneinander abzuwägen[555]. Eine Gefährdungslage besteht, wenn die Gefahr für das Wohl des Kindes unmittelbar bevorsteht oder bereits gegenwärtig ist und eine gewisse Schwere aufweist[556]. Wegen des elterlichen Erzie-

---

549 BVerfGE 24, 119, 144; 31, 194, 205; BT-Drs. 13/4899, S. 97; *Schwab*, FamRZ 1998, 457, 466; *Veit*, in: Bamberger/Roth, § 1666 Rn. 1.

550 *Olzen*, in: MüKo BGB, § 1666 Rn. 1; *Veit*, in: Bamberger/Roth, § 1666 Rn. 1.

551 *Olzen*, in: MüKo BGB, § 1666 Rn. 1.

552 *Götz*, in: Palandt, BGB, § 1666 Rn. 28; *Olzen*, in: MüKo BGB, § 1666 Rn. 116.

553 So *Götz*, in: Palandt, BGB, § 1666 Rn. 28; *Olzen*, in: MüKo BGB, § 1666 Rn. 116.

554 BVerfG FamRZ 2010, 713, 714; BGH NJW 1956, 1434, 1434; BGH NJW 2005, 672, 673; OLG Hamm FamRZ 2009, 1752, 1752 f.

555 OLG Brandenburg FamRZ 2008, 1556, 1556.

556 BVerfG FamRZ 2010, 528, 528; BVerfG FamRZ 2010, 713, 713; OLG Hamm FamRZ 2010, 1091, 1092; OLG Saarbrücken FamRZ 2010, 1092, 1093.

hungsprimats sind somit nur solche Gefährdungen von § 1666 Abs. 1 BGB erfasst, die sich als nachhaltig beziehungsweise schwerwiegend für die Entwicklung des Kindes darstellen[557].

Gegenstand der Gefährdung muss das Kindeswohl sein, wobei die gesetzliche Aufzählung des körperlichen, geistigen und seelischen Wohls die Intention eines umfassenden Kindesschutzes unterstreicht[558]. Wegen seiner Unbestimmtheit erfordert der abstrakte Begriff des Kindeswohls jedoch stets eine Ausfüllung im Rahmen einer gerichtlichen Einzelfallprüfung anhand bestimmter Kindeswohlkriterien und objektiver Entwicklungsstandards[559].

§ 1666 Abs. 1 BGB erfasst unterschiedliche Gefährdungsursachen: Sowohl aktives als auch passives Fehlverhalten der Eltern sowie unverschuldete Gefährdungen und Gefährdungen durch Dritte sind umfasst[560]. Als aktives Fehlverhalten wird der Missbrauch der elterlichen Sorge verstanden[561]. Ein Missbrauch setzt voraus, dass die Personensorge falsch, rechts- oder zweckwidrig ausgeübt wird und dies dem kindlichen Wohle nach § 1627 S. 1 BGB sowie vor allem den Erziehungszielen des § 1626 Abs. 2 BGB entgegensteht[562], was für einen vernünftigen und besonnen denkenden Elternteil erkennbar gewesen sein muss[563]. Passives Fehlverhalten der Eltern ist regelmäßig bei einer Vernachlässigung des Kindes durch wiederholtes oder andauerndes Untätigbleiben entgegen der elterlicher Pflicht zu einem kindeswohldienlichen Handeln anzunehmen[564]. Schließlich ermöglichen auch das unverschuldete Versagen der Eltern oder ein kindeswohlgefährdendes Verhalten eines Dritten ein staatliches Eingreifen[565].

---

557 BVerfGE 60, 79, 91; BVerfG FamRZ 2010, 528, 528; BVerfG FamRZ 2010, 713, 713; OLG Saarbrücken FamRZ 2010, 1092, 1093.

558 Vgl. *Götz*, in: Palandt, BGB, § 1666 Rn. 7.

559 *Gernhuber*, FamRZ 1973, 229, 230 ff.; *Götz*, in: Palandt, BGB, § 1666 Rn. 7; siehe dazu bereits S. 111 ff.

560 Siehe *Olzen*, in: MüKo BGB, § 1666 Rn. 59 m. w. N.

561 *Zorn*, Rn. 369 ff.

562 OLG Karlsruhe FamRZ 1974, 661, 662; *Zorn*, Rn. 369 ff. Bloß unzweckmäßiges oder ungeschicktes elterliches Verhalten ist hingegen nicht ausreichend.

563 OLG Karlsruhe FamRZ 1974, 661, 662; OLG Zweibrücken FamRZ 1984, 931, 931.

564 Vgl. *Zorn*, Rn. 371; siehe auch *Coester*, in: Staudinger, BGB, § 1666 Rn. 117 ff.

565 Vgl. *Zorn*, Rn. 369 ff.

c. Sorgerechtsmissbrauch als Typisierung der Kindeswohlgefährdung im Rahmen medizinischer Behandlungen

Im Rahmen medizinischer Behandlungen wird ein elterliches Fehlverhalten in der Kasuistik des § 1666 Abs. 1 BGB regelmäßig als Sorgerechtsmissbrauch verstanden. Die Eltern üben ihr Sorgerecht widerrechtlich, falsch oder zweckwidrig aus, wenn sie eine eindeutig indizierte und alternativlose Behandlung ihres Kindes nicht durchzuführen bereit sind, was dem Kindeswohl sowie den Erziehungszielen des § 1626 Abs. 2 BGB zuwiderläuft und jedem vernünftigen und besonnen denkenden Elternteil erkennbar ist[566]. Damit stellt beispielsweise die Verweigerung der Einwilligung durch Angehörige der Zeugen Jehovas zu einer lebensnotwendigen Bluttransfusion[567] oder die elterliche Ablehnung einer dringend indizierten psychiatrischen Begutachtung oder Behandlung des Kindes eine Gefährdung seines Wohles dar[568].

Bestehen hingegen legitime Gründe für das Ablehnen des Eingriffs oder wird die Schwelle der Erheblichkeit für die kindliche Wohlgefährdung nicht erreicht, so liegt in der Weigerung der Eltern keine Kindeswohlgefährdung begründet[569]. Legitime Gründe für eine Behandlungsverweigerung oder -begrenzung lassen sich regelmäßig bei sehr risikobehafteten Eingriffen mit ungewissem Ausgang oder gar neuartigen, experimentellen Behandlungsmethoden finden[570]. Demgegenüber wird es bei der Vorenthaltung nur relativ indizierter, optionaler Eingriffe, wie zum Beispiel einer Warzenentfernung oder Grippeschutzimpfung, voraussichtlich bereits an der Erheblichkeit der Gefährdungslage für das Kind fehlen[571]. Nicht jedes kindeswohlundienliche Elternverhalten in Bezug auf eine medizinische Entscheidung ist somit als Kindeswohlgefährdung im Sinne des § 1666 Abs. 1 BGB anzusehen.

Bei einem Sorgerechtsmissbrauch durch Nichtbehandlung steht der Wille des Kindes nicht zwingend stets im Vordergrund, allerdings verdeutlicht er die Gefahr für das kindliche Wohl, wenn eine Maßnahme nicht

566 BayObLG FamRZ 1981, 814, 816; vgl. *Lipp*, in: Laufs/Katzenmeier/Lipp, Kap. VI Rn. 181; *Tönsmeyer*, S. 162 f.; *Zorn*, Rn. 370.

567 BayObLG FamRZ 1976, 43, 46; OLG Celle NJW 1995, 792, 793; OLG München FuR 2000, 434, 435; *Coester*, in: Staudinger, BGB, § 1666 Rn. 102.

568 BayObLG FamRZ 1984, 929, 930; *Coester*, in: Staudinger, BGB, § 1666 Rn. 102.

569 Vgl. *Lipp*, in: Laufs/Katzenmeier/Lipp, Kap. VI Rn. 181.

570 Vgl. *Lipp*, in: Laufs/Katzenmeier/Lipp, Kap. VI Rn. 181; *Coester*, in: Staudinger, BGB, § 1666 Rn. 104.

571 Vgl. *Kern*, NJW 1994, 753, 756; *Coester*, in: Staudinger, BGB, § 1666 Rn. 104.

nur ärztlich indiziert ist, sondern auch ausdrücklich von dem minderjährigen Patienten verlangt wird. Zudem setzt der ausdrückliche Wunsch eines Minderjährigen die Schwelle dessen, was nach objektiven Kriterien bei der Vorenthaltung einer Behandlung als erheblich anzusehen ist, herab. Denn die elterliche Verweigerung stellt sodann nicht allein eine Gefahr für die körperliche Gesundheit des Kindes dar, sondern missachtet zudem die subjektiven Kindesbedürfnisse, sodass das Kindeswohl insgesamt erst recht und bei Berücksichtigung des Einzelfalls durchaus frühzeitiger als gefährdet angesehen werden muss als bei einer rein auf die körperliche Gesundheit gerichteten Bewertung. Die Erheblichkeitsgrenze zur Verwirklichung des § 1666 Abs. 1 BGB verschiebt sich somit durch den Behandlungswunsch eines Kindes zugunsten seines Willens. Ist der Minderjährige bereits im erforderlichen Maße einsichts- und urteilsfähig und sein Wille in der Folge das entscheidungserhebliche Kriterium zur Feststellung des Kindeswohles, so wären die Nachteile für den Minderjährigen durch eine Nichtbehandlung derart überragend, dass legitime Gründe für eine Ablehnung durch seine Eltern regelmäßig ganz ausscheiden.

Doch nicht nur die Gesundheitsgefährdung des Kindes durch Nichtbehandlung ist als Gefahr für das Kindeswohl zu erachten. Da dem Willen des hinreichend einsichts- und urteilsfähigen Kindes – wie dargelegt – übergeordnetes Gewicht bei der Einschätzung seines Wohles beizumessen ist, muss im Ergebnis auch die aufgezwungene Heilbehandlung des Minderjährigen, also der Eingriff in die körperliche Integrität gegen seinen Willen, als Kindeswohlgefährdung durch die Eltern angesehen werden: Das Veto eines zur selbstbestimmten Entscheidung fähigen minderjährigen Patienten gegen einen ihn betreffenden medizinischen Eingriff muss von den erziehungsberechtigten Eltern im Rahmen ihres Personensorgerechts nach §§ 1627 S. 1, 1626 Abs. 2 BGB zwingend beachtet werden. Eine Zuwiderhandlung würde nicht nur das körperliche Wohl des Kindes infolge des Eingriffs in seine Körperintegrität verletzen, sondern zudem regelmäßig mit einer erheblichen seelischen Belastung durch die Ausübung von Zwang einhergehen, sodass eine Behandlung gegen den Willen sowohl in ihrer Schwere als auch ihrer Nachhaltigkeit stets als erheblich kindeswohlgefährdend beurteilt werden muss[572]. Verlangen die Eltern eine Behandlung dennoch, ist auch dies folglich als Missbrauch des Sorgerechts zu bewerten. Es lässt zugleich den Unwillen der Eltern zur Gefahrenabwehr erkennen, sodass gemäß § 1666 Abs. 1 BGB ein Eingreifen des Staates zum Schutze des Kindes erforderlich wird.

572 So auch *Bichler*, S. 114, 118; vgl. darüber hinaus *Benkert*, S. 183 f.

d. Eingriffsbefugnisse des Staates nach § 1666 Abs. 3 BGB bei Nichtachtung der Wohlschranke

Ist das Kindeswohl gefährdet, so hat das Gericht die Maßnahmen zu treffen, die zur Abwendung der Gefahr erforderlich sind. Zuständig ist nach § 1666 Abs. 1 BGB, §§ 23a Abs. 1 S. 1, 23b Abs. 1 GVG das Familiengericht als Abteilung des Amtsgerichts. Zu seinen möglichen Maßnahmen gehören gemäß § 1666 Abs. 3 BGB neben der Verhängung von Geboten zur Inanspruchnahme öffentlicher Hilfen oder zur Einhaltung der Schulpflicht und Verboten zur Nutzung der Familienwohnung oder zur Kontaktaufnahme zum Kind insbesondere die Ersetzung von Erklärungen des Inhabers der elterlichen Sorge sowie die teilweise oder vollständige Entziehung des Sorgerechts. Bei allen Eingriffen des Staates in die elterliche Sorge ist sich dabei am Kindeswohl zu orientieren und der Verhältnismäßigkeitsgrundsatz zu beachten: Die Maßnahme muss die Kriterien der Geeignetheit, Erforderlichkeit sowie Gebotenheit erfüllen; es ist also stets das mildeste geeignete Eingriffsmittel zu wählen[573].

Im Falle einer Zustimmungsverweigerung der Eltern hinsichtlich einer bevorstehenden ärztlichen Behandlung des Kindes erfolgt das staatliche Einschreiten regelmäßig in Form einer Ersetzung der elterlichen Einwilligung durch gerichtliche Entscheidung gemäß § 1666 Abs. 3 Nr. 5 BGB[574]. Ebenso kann ein wirksamer Behandlungsvertrag mit dem Arzt oder Krankenhausträger durch Entscheidung des Familiengerichts erwirkt werden, sollten sich die Eltern einem Vertragsschluss widersetzen[575]. Spricht der hinreichend einsichts- und urteilsfähige Minderjährige hingegen sein Veto gegen den geplanten medizinischen Eingriff aus, welchen seine Eltern befürworten, ist ein Intervenieren des Staates nur dann erforderlich, wenn der Arzt sich trotz der Ablehnung des Kindes durch die elterliche Aufforderung zur Durchführung der Maßnahme veranlasst sieht – andernfalls fehlt es an einer Gefahrenlage. Das Gericht hat auch dann die erforderlichen Maßnahmen zu ergreifen, um die Gefahr für das Kindeswohl abzuwenden, namentlich das Veto des Kindes umzusetzen und die Unterlassung der ärztlichen Behandlung zu gewährleisten. Die Einwilligungserklä-

---

573 BT-Drs. 13/4899, S. 97; BVerfGE 24, 119, 145; 60, 79, 89; BVerfG FamRZ 2008, 492, 492; BVerfG FamRZ 2009, 1472, 1473; OLG Hamm FamRZ 2010, 1742, 1743; vgl. auch *Benkert*, S. 177 ff.

574 OLG Celle NJW 1995, 792, 793; *Vogel*, FPR 2008, 617, 617; *Veit*, in: Bamberger/Roth, § 1666 Rn. 35.3, 41.

575 Vgl. *Zorn*, Rn. 333; *Götz*, in: Palandt, BGB, § 1666 Rn. 37; *Olzen*, in: MüKo BGB, § 1666 Rn. 189.

rung der Eltern ist folglich durch eine den Eingriff ablehnende Erklärung des Gerichts zu ersetzen. Zusätzlich können entsprechende Maßnahmen gemäß § 1666 Abs. 4 BGB unmittelbar gegen den behandelnden Arzt ergehen, sollte dies erforderlich sein[576].

Die gerichtliche Entscheidung ist für die Eltern verbindlich. Indem die Gefahr für das kindliche Wohl bereits durch die Ersetzung der Erklärung regelmäßig abgewendet ist, sind zusätzliche Maßnahmen zumeist nicht erforderlich, sodass es einer begleitenden Ergänzungspflegerbestellung in derartigen Fällen für gewöhnlich nicht bedarf[577].

Da das Verfahren nach § 1666 BGB von Amts wegen durch das Familiengericht einzuleiten ist, haben Anträge durch Betroffene oder Dritte gemäß § 24 Abs. 1 FamFG lediglich anregende Funktion[578]. Derartige Anregungen können zum Beispiel durch einen Elternteil oder andere Familienangehörige, Jugendamtsmitarbeiter, den behandelnden Arzt oder anderes beteiligtes Krankenhauspersonal erfolgen. Das Jugendamt ist gemäß § 50 Abs. 2 SGB VIII im Falle einer Kindeswohlgefährdung sogar verpflichtet, das Familiengericht zu informieren. Auch der Arzt muss regelmäßig infolge seiner ärztlichen Garantenstellung gegenüber seinen Patienten in Verdachtsfällen das Familiengericht anrufen[579].

Begehrt der minderjährige Patient selbst gerichtlichen Schutz nach § 1666 BGB, weil er seinen Behandlungswillen durch seine Eltern übergangen sieht, und wendet sich mit seinem Anliegen an das Familiengericht, stellt dies ebenfalls lediglich eine Verfahrensanregung im Sinne von § 24 Abs. 1 FamFG dar[580]. Der Minderjährige wird nicht formell Beteiligter des Verfahrens, sodass ihm keine Antragsbefugnis zukommt[581]. Dies wird zu Recht kritisiert, ist es doch gerade das Kind, welches durch die Gefährdung betroffen ist[582]. In der gerichtlichen Praxis entstehen durch diese Verfahrensregel jedoch nur selten Schwierigkeiten, da die Anregung durch ein betroffenes Kind das Familiengericht gemäß § 26 FamFG ganz regelmäßig

---

576 Vgl. *Olzen*, in: MüKo BGB, § 1666 Rn. 209 f.

577 *Olzen*, in: MüKo BGB, § 1666 Rn. 189; *Veit*, in: Bamberger/Roth, § 1666 Rn. 35.3, 41.

578 BayObLG FamRZ 1993, 1350, 1351; *Borth*, FamRZ 2007, 1925, 1928; *Stößer*, FamRZ 2009, 656, 658; *Olzen*, in: MüKo BGB, § 1666 Rn. 213; *Veit*, in: Bamberger/Roth, § 1666 Rn. 52.

579 *Ulsenheimer*, Therapieverweigerung bei Kindern, in: Dierks/Graf-Baumann/Lenard, Therapieverweigerung, S. 65, 81 f.

580 *Olzen*, in: MüKo BGB, § 1666 Rn. 214.

581 LG Stuttgart FamRZ 1961, 325, 325 f.; LG Kassel FamRZ 1970, 597, 597.

582 Siehe *Olzen*, in: MüKo BGB, § 1666 Rn. 214.

zur Ermittlung der Angelegenheit und damit im Ergebnis auch zur Einleitung eines Verfahrens zwingt, sollte sich der Vorwurf bestätigen und eine gerichtliche Prüfung erforderlich machen[583].

4. Haftung der Eltern gegenüber dem Minderjährigen bei Sorgerechtsverstößen

Darüber hinaus können sich die Eltern gegenüber ihrem Kind durch die pflichtwidrige Ausübung der elterlichen Sorge schadensersatzpflichtig machen. Verstoßen sie gegen ihre Pflicht aus §§ 1627 S. 1, 1626 Abs. 2 BGB zur Umsetzung seines Behandlungswillens, so begründet dies einen Anspruch auf Schadensersatz nach der kindschaftsrechtlichen Haftungsbestimmung des § 1664 BGB:

(1) Die Eltern haben bei der Ausübung der elterlichen Sorge dem Kind gegenüber nur für die Sorgfalt einzustehen, die sie in eigenen Angelegenheiten anzuwenden pflegen.
(2) Sind für einen Schaden beide Eltern verantwortlich, so haften sie als Gesamtschuldner.

Während vereinzelt vertreten wird, § 1664 Abs. 1 BGB lege ebenso wie § 276 BGB lediglich den Verschuldensmaßstab im Rahmen der Haftung aus einer familienrechtlichen Sonderverbindung fest[584], erkennt die herrschende Ansicht § 1664 BGB insbesondere aus dem bestehenden Bedürfnis einer Schadensersatzpflicht heraus als eigene Anspruchsgrundlage des Kindes an[585]. Zudem kommt eine Haftung nach den §§ 823 ff. BGB in

---

583 LG Kassel FamRZ 1970, 597, 597; OLG Hamm FamRZ 1974, 29, 29 f.; *Olzen*, in: MüKo BGB, § 1666 Rn. 214. Problematisch ist die fehlende Verfahrensbeteiligung und Antragsbefugnis des Minderjährigen damit lediglich bei Untätigkeit des Gerichts.

584 *Petersen*, Jura 1998, 399, 399 f., der – vergleichbar mit dem heutigen § 280 Abs. 1 BGB – eine positive Vertragsverletzung annimmt; *Gernhuber/Coester-Waltjen*, § 57 Rn. 37; *Peschel-Gutzeit*, in: Staudinger, BGB, § 1626 Rn. 74.

585 BGH BGHR BGB, § 1664 Anspruchsgrundlage 1; OLG Düsseldorf FamRZ 1992, 1097, 1097 f.; OLG Hamm NJW 1993, 542, 542; OLG Köln FamRZ 1997, 1351, 1351; OLG Bamberg WM 2006, 273, 275; *Steenbuck*, FamRZ 2007, 1064, 1066; *Döll*, in: Erman, § 1664 Rn. 1; *Heilmann*, in: Staudinger, BGB, § 1664 Rn. 6; *Huber*, in: MüKo BGB, § 1664 Rn. 1.

Betracht, sofern sich die Verletzung von Pflichten der elterlichen Sorge auch als unerlaubte Handlung zum Nachteil des Kindes darstellt[586].

Dabei enthält § 1664 Abs. 1 BGB allerdings eine Haftungserleichterung für die Sorgeberechtigten im Rahmen der Ausübung ihrer elterlichen Sorge. Diese besteht aufgrund des gesetzgeberischen Anliegens, das innerfamiliäre Leben so wenig wie möglich durch staatliche Reglementierungen zu stören[587]. Danach haben die Eltern nur für die Sorgfalt einzustehen, welche sie in eigenen Angelegenheiten anzuwenden pflegen („diligentia quam in suis"). Indem diese Beschränkung der elterlichen Haftung eine umfassende Wirkung im Eltern-Kind-Verhältnis anstrebt, muss sie darüber hinaus ebenso im Rahmen der deliktischen Haftung Anwendung finden[588].

§ 1664 Abs. 1 BGB bezieht sich indes lediglich auf solches Verschulden, welches als leichte oder einfache Fahrlässigkeit zu bewerten ist, wohingegen bei grob fahrlässigem oder gar vorsätzlichem Verhalten der Eltern eine Haftungsbefreiung gemäß § 277 BGB sowohl hinsichtlich des Anspruchs aus § 1664 BGB als auch im Deliktsrecht ausgeschlossen ist[589]. Stellen sich die sorgeberechtigten Eltern folglich bewusst und willentlich gegen die Behandlungswünsche ihres Kindes, werden sie regelmäßig für Schädigungen des kindlichen Wohls einzustehen haben.

Neben Schadensersatzansprüchen aus §§ 249 ff. BGB kommen nach § 253 BGB auch Schmerzensgeldansprüche in Betracht.

III. Entscheidungskompetenz des Minderjährigen im Außenverhältnis (gegenüber dem Behandler)

Nachdem die Verbindlichkeit des kindlichen Willens in Gesundheitsangelegenheiten im Eltern-Kind-Verhältnis beleuchtet wurde, ist nunmehr das Arzt-Patienten-Verhältnis in den Blick zu nehmen. Auch für den Arzt muss erkennbar und bestimmbar sein, ob und mit welcher Wirkung er durch Behandlungswünsche oder -ablehnungen eines minderjährigen Pa-

586 OLG Hamm NJW 1993, 542, 543; *Döll*, in: Erman, § 1664 Rn. 6; *Huber*, in: MüKo BGB, § 1664 Rn. 7 ff.; vgl. auch *Steenbuck*, FamRZ 2007, 1064, 1067; a. A. hingegen *Heilmann*, in: Staudinger, BGB, § 1664 Rn. 10.

587 OLG Bamberg WM 2006, 273, 275; *Gernhuber/Coester-Waltjen*, § 57 Rn. 37; *Heilmann*, in: Staudinger, BGB, § 1664 Rn. 5; vgl. auch OLG Hamm NJW 1993, 542, 542 f.

588 OLG Hamm NJW 1993, 542, 543; *Huber*, in: MüKo BGB, § 1664 Rn. 7 ff.

589 Siehe auch *Döll*, in: Erman, § 1664 Rn. 4 f.; *Heilmann*, in: Staudinger, BGB, § 1664 Rn. 31.

tienten verpflichtet werden kann. Bedeutsam ist dies für den Behandler in der Praxis vor allem im Dissensfall zwischen dem minderjährigen Patienten und seinen Eltern, wenn der Arzt sich vor die Entscheidung gestellt sieht, ob die Behandlung des Kindes durchgeführt werden darf oder ob diese zu unterlassen ist. Insbesondere dann, wenn er die gerichtliche Klärung des Konflikts nicht abwarten und frühzeitig tätig werden möchte, muss sichergestellt sein, dass der Arzt im Rahmen seiner rechtlichen Legitimation handelt und keine strafbaren respektive haftungsrelevanten Handlungen vollzieht.

1. Grundsatz der Arztbindung an die Berechtigtenerklärung, § 630d BGB

Da sich die elterlichen Pflichten zur Rücksichtnahme auf den Kindeswillen aus den kindschaftsrechtlichen Regelungen der §§ 1627 S. 1, 1626 Abs. 2 BGB ergeben, führen Sorgerechtsverletzungen der Eltern für den behandelnden Arzt generell keine unmittelbaren rechtlichen Konsequenzen herbei. Die §§ 1626 ff. BGB sind Bestimmungen des Kindschaftsrechts, welches das zivile Rechtsverhältnis zwischen Eltern und Kind regelt und in erster Linie kindgerichtete Rechte und Pflichten der Eltern enthält[590]. Die darin kodierte elterliche Sorge erstreckt sich in ihrem persönlichen Anwendungsbereich allein auf minderjährige Kinder und ihre Eltern[591]. Außenstehende sind von diesem Innenrechtsverhältnis nicht betroffen[592]. Wird ein Minderjähriger medizinisch behandelt, so tritt der tätige Arzt gegenüber Kind und Eltern als dritte Person auf, der keine Rechte und Pflichten der elterlichen Sorge auferlegt sind. Somit lässt sich aus den §§ 1627 S. 1, 1626 Abs. 2 BGB keine Pflichten des Arztes herleiten, aus welchen er den erklärten Willen seines mitunter bereits hinreichend einsichts- und urteilsfähigen minderjährigen Patienten zu befolgen hätte.

Eine unmittelbare Bindung des Behandlers durch die kindschaftsrechtlichen Normierungen besteht folglich grundsätzlich nicht. Vielmehr dürfte der Arzt in erster Linie durch die Regelungen des Behandlungsvertrages

590 *Gernhuber/Coester-Waltjen*, § 57 Rn. 1 ff.; *Huber*, in: MüKo BGB, § 1626 Rn. 2 ff.

591 *Gernhuber/Coester-Waltjen*, § 57 Rn. 46; *Tönsmeyer*, S. 147; *Huber*, in: MüKo BGB, § 1627 Rn. 15; *Peschel-Gutzeit*, in: Staudinger, BGB, § 1626 Rn. 31 ff.

592 Vgl. BT-Drs. 8/2788, S. 45; *Gernhuber*, FamRZ 1962, 89, 95; *Gernhuber/Coester-Waltjen*, § 57 Rn. 46; *Tönsmeyer*, S. 147; *Zorn*, Rn. 292, 308; *Huber*, in: MüKo BGB, § 1627 Rn. 15; *Peschel-Gutzeit*, in: Staudinger, BGB, § 1626 Rn. 31 ff.

nach §§ 630a ff. BGB, also aus dem Arzt-Patienten-Verhältnis heraus, verpflichtet werden.

a. Einwilligung des Patienten oder des hierzu Berechtigten, § 630d Abs. 1 S. 1 und S. 2 BGB

Gemäß § 630d Abs. 1 S. 1 und S. 2 BGB ist der behandelnde Arzt verpflichtet, vor Durchführung einer medizinischen Maßnahme die Einwilligung seines Patienten oder, im Falle dessen Einwilligungsunfähigkeit, diejenige des hierzu berechtigten Patientenvertreters einzuholen[593]:

> Vor Durchführung einer medizinischen Maßnahme, insbesondere eines Eingriffs in den Körper oder die Gesundheit, ist der Behandelnde verpflichtet, die Einwilligung des Patienten einzuholen. Ist der Patient einwilligungsunfähig, ist die Einwilligung eines hierzu Berechtigten einzuholen, soweit nicht eine Patientenverfügung nach § 1901a Absatz 1 Satz 1 die Maßnahme gestattet oder untersagt.

Nach dem Gesetz kann also im Umkehrschluss nur der einwilligungsfähige Patient wirksam in einen ärztlichen Eingriff einwilligen; andernfalls muss eine Vertreterperson die nötige Erklärung abgeben[594].

Die Vorschrift differenziert dabei begrifflich nicht zwischen der Entscheidungsfähigkeit und der Entscheidungskompetenz, sondern setzt diese gleich. Damit umfasst sie lediglich den Regelfall des erwachsenen Patienten, dessen Fähigkeit zur Einwilligung vermutet wird und mit der zugleich die Kompetenz zur Alleinentscheidung hinsichtlich des betreffenden Eingriffs einhergeht[595]. Für Minderjährige gilt diese Vermutung indes nicht. Damit könnte bereits die Anwendung des § 630d Abs. 1 BGB auf minderjährige Patienten fraglich sein.

Um Minderjährige in den Anwendungsbereich der ärztlichen Pflichten des Behandlungsvertrages einzubeziehen, ist die persönliche Voraussetzung der Einwilligungsfähigkeit des § 630d Abs. 1 S. 2 BGB daher unter teleologischer Auslegung als die Einwilligungs- oder Entscheidungskom-

---

593 So auch BT-Drs. 17/10488, S. 23.

594 *Rehborn/Gescher*, in: Erman, § 630d Rn. 6 ff., 10; *Spickhoff*, in: Spickhoff, Medizinrecht, § 630d BGB Rn. 3 ff.; *Wenzel*, in: Wenzel, Patientenrechtegesetz, § 630d BGB, Rn. 560 f.

595 Vgl. BT-Drs. 17/10488, S. 23; *Haberstroh/Müller*, ZGG 2017, 298, 298; *Schroth*, in: Roxin/Schroth, Medizinstrafrecht, S. 34.

petenz zu verstehen[596]. Wirksam kann nur die Einwilligung desjenigen Patienten sein, der zur Erteilung der Einwilligung *befugt* ist[597]. Ob einem minderjährigen Patienten, der die Fähigkeiten zur selbstbestimmten Behandlungsentscheidung im Sinne hinreichender Einsichts- und Urteilsfähigkeit innehat, ebenfalls die Kompetenz zukommt, im Außenverhältnis allein oder im Zusammenwirken mit seinen Eltern eine wirksame Einwilligungserklärung abzugeben, ist umstritten[598]. Nur soweit der Minderjährige selbst zur Einwilligung befugt ist, hat der Arzt seine Erklärungen im Rahmen des § 630d Abs. 1 S. 1 BGB zu berücksichtigen. Ist der Minderjährige indes nicht entscheidungskompetent, so werden grundsätzlich die Eltern, welche gemäß §§ 1626 Abs. 1, 1629 Abs. 1 S. 1 BGB zur Vertretung ihres minderjährigen Kindes ermächtigt sind, die nötige Einwilligung gegenüber dem Behandler erklären.

Der Arzt wird somit zumindest mittelbar durch die Erklärung der Eltern an den Willen des Minderjährigen gebunden, denn indem die Eltern im Innenverhältnis gegenüber ihrem hinreichend einsichts- und urteilsfähigen Kind verpflichtet sind, dessen Willen zu berücksichtigen, wird der Arzt im Ergebnis durch die kindeswohlentsprechende Erklärung der Eltern nach den Wünschen des Kindes handeln, sofern die Eltern gemäß ihrer innerfamiliären Pflicht aus §§ 1627 S. 1, 1626 Abs. 2 BGB die Wünsche ihres Kindes umsetzen. Bindend ist für den Arzt dann jedoch nur die Erklärung des nach § 630d Abs. 1 S. 1 und S. 2 BGB Berechtigten, also der Eltern.

b. Berücksichtigung des mutmaßlichen Willens in Eilfällen, § 630d Abs. 1 S. 4 BGB

Über diesen Grundsatz hinausgehend nimmt § 630d BGB in Abs. 1 S. 4 direkten Bezug auf den Willen des Patienten. Es findet hier jedoch ausdrücklich nur der mutmaßliche Patientenwille Erwähnung:

---

596 Vgl. dazu BT-Drs. 17/10488, S. 23: „Schließlich soll es allein dem mündigen Patienten obliegen, über den eigenen Körper und die insoweit durchzuführenden Maßnahmen zu entscheiden." [Hervorhebung durch Verfasserin].

597 I. E. so wohl auch *Rehborn/Gescher*, in: Erman, § 630d Rn. 6 ff.; *Spickhoff*, in: Spickhoff, Medizinrecht, § 630d BGB Rn. 8; BT-Drs. 17/10488, S. 23.

598 Siehe dazu ab S. 141.

> Kann eine Einwilligung für eine unaufschiebbare Maßnahme nicht rechtzeitig eingeholt werden, darf sie ohne Einwilligung durchgeführt werden, wenn sie dem mutmaßlichen Willen des Patienten entspricht.

Einschlägig ist diese Regelung vor allem in Eilfällen, in denen die Zustimmung des Patienten zu einer dringenden, unaufschiebbaren Heilbehandlung aufgrund einer akuten Verletzung oder Erkrankung nicht zeitig genug eingeholt werden kann, aber davon auszugehen ist, dass die Maßnahme im Sinne des Betroffenen wäre[599].

Dabei spricht die Norm lediglich von dem „Willen des Patienten", ohne wie in § 630d Abs. 1 S. 2 BGB zudem auf den „Berechtigten" Bezug zu nehmen, woraus geschlossen werden könnte, dass sich der Arzt unmittelbar auf den mutmaßlichen Willen des Minderjährigen stützen dürfte, sollten die Eltern des minderjährigen Patienten in einem Eilfall nicht rechtzeitig zu erreichen sein. Indem der mutmaßliche Wille zudem nur nachrangig zu berücksichtigen ist, wenn ein tatsächlicher Wille nicht festgestellt werden kann[600], wären ausdrückliche Willensäußerungen des minderjährigen Patienten sodann trotz fehlender Erwähnung im Gesetz erst recht zu berücksichtigen.

Allerdings ist nach der Terminologie des Gesetzes – abweichend von der in dieser Arbeit verwendeten Begrifflichkeit – der „Patient" nicht zwingend derjenige, welchem die Behandlung zuteilwird, sondern der Vertragspartner des Behandlers[601], was bei Minderjährigen regelmäßig nicht die Kinder selbst, sondern ihre sorgeberechtigten Eltern sein dürften[602]. Abgesehen davon impliziert § 630d Abs. 1 S. 4 BGB nach seinem Sinn und Zweck ebenso wie S. 1 die Entscheidungskompetenz des einwilligenden Patienten, sodass nur der mutmaßliche Wille desjenigen über die Vornahme der ärztlichen Behandlung entscheiden kann, welcher auch zur Einwilligung *befugt* wäre. Kommt es nicht auf die Einwilligungserklärung des Minderjährigen an, so kann in der Folge auch nicht sein mutmaßlicher Wille, sondern nur derjenige seiner sorgeberechtigten Vertreter entscheidend sein.

---

599 Vgl. BT-Drs. 17/10488, S. 24; *Wagner*, in: MüKo BGB, § 630d Rn. 50 ff.; *Wenzel*, in: Wenzel, Patientenrechtegesetz, § 630d BGB, Rn. 617 ff.

600 Vgl. *Beckmann*, FPR 2010, 278, 279; *Bichler*, S. 107; *Czerner/Soßdorf*, KritV 2013, 315, 324.

601 BT-Drs. 17/10448, S. 17; *Weidenkaff*, in: Palandt, BGB, Vorb v § 630a Rn. 4; siehe hierzu bereits Kapitel 1 C. III.

602 Siehe dazu die Ausführungen unter A. I. und II. dieses Kapitels.

Damit kann der Arzt auch im Rahmen des § 630d Abs. 1 S. 4 BGB nur dann direkt an den mutmaßlichen Willen des Kindes gebunden sein, wenn dieses selbstständig entscheidungskompetent wäre. Im Übrigen ergibt sich die Legitimation des ärztlichen Handelns aus dem zu mutmaßenden Willen der Eltern. Indem diese aber wiederum gemäß §§ 1627 S. 1, 1626 Abs. 2 BGB dem kindlichen Wohle verpflichtet sind, bindet der Kindeswille des hinreichend entscheidungsfähigen Minderjährigen den Arzt im Ergebnis auch nach § 630d Abs. 1 S. 4 BGB zumindest mittelbar über die Elternbindung.

2. Ausnahmen vom Grundsatz der elterlichen Vertretung: Unmittelbare Außenwirkung des Kindeswillens auf den Behandler

Die Entscheidung der elterlichen Vertreter bindet den Arzt allerdings dann nicht, wenn das Familiengericht Maßnahmen, welche die Erklärungen der Sorgeberechtigten ersetzen, mit unmittelbarer Wirkung gegenüber dem Behandler beschließt. Ferner hat der Wille des Minderjährigen dann direkten Einfluss auf den Arzt, wenn ein Missbrauch der elterlichen Sorge für den Arzt evident ist. Auch in diesem Falle kann er die elterlichen Erklärungen nicht zur Grundlage der Behandlungsmaßnahme machen.

a. Gerichtliche Maßnahmen gegenüber dem Arzt zur Umsetzung des Kindeswillens nach § 1666 Abs. 4 BGB

Einen richterlichen Akt mit Außenwirkung gegenüber dem Behandler sieht § 1666 Abs. 4 BGB vor, der dem Gericht die Möglichkeit verschafft, in Angelegenheiten der Personensorge Maßnahmen mit Wirkung gegen Dritte zu treffen, um mithilfe derer den Schutz des Kindeswohls umzusetzen. § 1666 BGB markiert insoweit nicht lediglich eine Grenze der elterlichen Sorge gegenüber dem Minderjährigen, sondern ist darüber hinaus auch Außengrenze in Bezug auf Drittbeteiligte. Wenngleich der Arzt also nicht unmittelbar durch §§ 1627 S. 1, 1626 Abs. 2 BGB an die Behandlungswünsche seines minderjährigen Patienten gebunden ist, kann auch er von gerichtlichen Maßnahmen zur Abwendung von daraus resultierenden Kindeswohlgefährdungen betroffen sein[603]. Verweigern die Eltern beispielsweise ihre Mitwirkung im Rahmen einer indizierten Heilbehandlung

603 Vgl. *Olzen*, in: MüKo BGB, § 1666 Rn. 209 f.

in missbräuchlicher Art und Weise, wird das Gericht die Einwilligung sowie die Willenserklärung zum Abschluss des Behandlungsvertrages mit direkter Wirkung auch für den behandelnden Arzt oder Krankenhausträger ersetzen[604].

Offenbart sich dem Arzt im Verlaufe der Aufklärungsgespräche und Voruntersuchungen ein Dissens zwischen dem Kind und seinen Eltern hinsichtlich der bevorstehenden Behandlungsentscheidungen oder ist er unsicher, ob der geplante Eingriff dem Wohle und Willen des Kindes entspricht, so ist er aufgrund seiner Garantenstellung gegenüber seinem minderjährigen Patienten regelmäßig zur Anrufung des Gerichts verpflichtet[605]. Er sollte also im Zweifel stets gemäß § 24 Abs. 1 FamFG das Verfahren nach § 1666 Abs. 1 BGB bei dem zuständigen Familiengericht anregen und eine Entscheidung im Sinne von § 1666 Abs. 4 BGB abwarten, bevor er im Falle eines Konflikts zwischen dem Willen des Minderjährigen und seiner gesetzlichen Vertreter eine Behandlung vornimmt.

Das Gericht muss schließlich auch dann gegen den Arzt tätig werden, wenn dieser sich weigern sollte, den durch die Eltern vertretenen Willen des Kindes zu befolgen. Zwar ist es dann zuvörderst Aufgabe der Eltern, die Gefahr für das Wohl ihres Kindes abzuwenden (Subsidiaritätsklausel)[606], jedoch wird das Familiengericht gegen den Arzt mit einer Verpflichtung zur Vornahme respektive Unterlassung der betreffenden Maßnahme vorgehen müssen, sofern die Eltern nicht fähig sind, selbstständig die Gefahrenlage abzuwenden.

b. Unmittelbare Wirkung des kindlichen Willens bei evidentem Missbrauch des Sorgerechts

Die sorgeberechtigten Eltern sind gesetzliche Vertreter ihres Kindes. Üben sie das ihnen nach §§ 1626 Abs. 1, 1629 Abs. 1 S. 1 BGB zustehende Vertretungsrecht rechtsmissbräuchlich aus, indem sie mit den ihnen gewährten Befugnissen in treuwidriger Weise und zum Nachteil des vertretenen Kindes verfahren, handelt es sich um einen nach dem allgemeinen Stellvertre-

---

604 Vgl. OLG Celle NJW 1995, 792, 793; *Vogel*, FPR 2008, 617, 617; *Veit*, in: Bamberger/Roth, § 1666 Rn. 35.3, 41.

605 *Ulsenheimer*, Therapieverweigerung bei Kindern, in: Dierks/Graf-Baumann/Lenard, Therapieverweigerung, S. 65, 81 f.; vgl. auch *Lipp*, in: Laufs/Katzenmeier/Lipp, Kap. VI Rn. 192.

606 *Götz*, in: Palandt, BGB, § 1666 Rn. 28; *Olzen*, in: MüKo BGB, § 1666 Rn. 1, 116; *Veit*, in: Bamberger/Roth, § 1666 Rn. 1.

terrecht zu beurteilenden Missbrauch der Vertretungsmacht im Innenverhältnis.

Die elterliche Vertretungsmacht gilt nach außen zunächst unbeschränkt, was insbesondere durch den Schutz des Rechtsverkehrs und das Interesse des Vertretenen an einer sicheren Vertreterposition zu begründen ist[607]. Sowohl der allgemeine Verkehrsschutz als auch der Schutz des gutgläubigen Geschäftspartners folgen aus der Selbstständigkeit der Vertretungsmacht im Außenverhältnis gegenüber der Pflichtbindung im Innenverhältnis[608]. Obgleich die Eltern dem Kind also im Innenverhältnis zur Achtung des Kindeswohls verpflichtet sind, wirkt ihre gesetzliche Vertretungsmacht nach außen grundsätzlich unbeschränkt, sodass die elterlichen Erklärungen gegenüber dem Arzt gemeinhin auch dann wirksam sind, wenn sie durch diese ihre elterliche Sorge missbrauchen. Im Außenverhältnis kann es darauf nicht ankommen, soweit nicht die Vertretungsmacht der Eltern durch gesetzliche Vorschriften, die eigene Handlungsfähigkeit des Kindes oder richterliche Akte begrenzt ist[609].

Dieser Grundsatz findet seine Grenze jedoch nach herrschender Ansicht in der Evidenz des Vertretungsmissbrauchs gegenüber dem Erklärungsempfänger, der im Falle einer sich aufdrängenden Pflichtwidrigkeit des Vertreters nicht schutzwürdig ist[610]. Evidente Verstöße durch die Vertreterperson führen zum Ausschluss ihrer Vertretungsmacht, sodass derartige Rechtsakte der Eltern gemäß § 177 Abs. 1 BGB insoweit keine Wirkung für oder gegen den Minderjährigen entfalten[611]. Eine evident kindeswohlgefährdende Einwilligungserklärung oder Behandlungsverweigerung hinsichtlich eines ärztlichen Eingriffs durch die Eltern ist daher im Ergebnis für den Arzt bedeutungslos.

Evidenz ist nach überwiegender Ansicht allerdings nur in eng umgrenzten Fällen anzunehmen: Dem anderen Teil muss der Missbrauch entweder positiv bekannt sein oder er hätte ihn infolge massiver Verdachtsmomente

607 Siehe *Schubert*, in: MüKo, BGB, § 164 Rn. 207; *Lipp*, Fürsorge, S. 184 ff. (bzgl. Betreuung).

608 Vgl. *Lipp*, Fürsorge, S. 184 ff. (bzgl. Betreuung); *Zorn*, Rn. 292; *Schilken*, in: Staudinger, BGB, § 167 Rn. 95; *Schubert*, in: MüKo, BGB, § 164 Rn. 206.

609 *Zorn*, Rn. 292.

610 Siehe nur RGZ 71, 219, 222; BGHZ 50, 112, 114; *Schilken*, in: Staudinger, BGB, § 167 Rn. 95 ff.; *Schubert*, in: MüKo, BGB, § 164 Rn. 210 ff., 221.

611 BGHZ 141, 357, 364; *Ellenberger*, in: Palandt, BGB, § 164 Rn. 14b; *Schubert*, in: MüKo, BGB, § 164 Rn. 224 f.; ausführlich *Schilken*, in: Staudinger, BGB, § 167 Rn. 101 ff. m. w. N.; hinsichtlich der Vertretungsmacht im Betreuungsverhältnis siehe ebenso *Lipp*, Fürsorge, S. 184 ff.

zumindest erkennen müssen[612]. Es handelt sich somit um eine an strenge Voraussetzungen geknüpfte Ausnahmesituation, die im täglichen Rechtsverkehr nur selten vorliegt, da der Erklärungsempfänger regelmäßig nicht derart mit dem Vertretenen in Kontakt tritt, dass daraus ein Verdacht für eine missbräuchliche Ausübung der Vertretungsmacht durch den Stellvertreter erwachsen könnte.

Eine Besonderheit des Arzt-Patienten-Verhältnisses ist jedoch, dass der Arzt im Vorfeld einer Behandlung in aller Regel mit dem minderjährigen Patienten in Kontakt treten muss, wenn dieser mit seinen Eltern oder allein zu der Untersuchung bei ihm vorstellig wird. Insbesondere infolge der ärztlichen Verpflichtung aus § 630e Abs. 1 und Abs. 5 BGB, auch einwilligungsunfähige Patienten nach Maßgabe ihrer Verständnismöglichkeiten über die Behandlung zu informieren, und der ärztlichen Aufgabe, im Rahmen einer Voruntersuchung die Einsichts- und Urteilsfähigkeit seines Patienten zu prüfen, wird der Arzt – abgesehen von Einzelfällen, in denen ein Gespräch mit dem Minderjährigen nicht möglich ist – mit dem Kind in einen Austausch treten und Erkenntnisse über dessen Behandlungswünsche sammeln. So können dem Arzt innerfamiliäre Konflikte hinsichtlich des geplanten Eingriffs nicht selten bereits im Verlaufe der Vorbereitungen einer Maßnahme offenbar werden, sodass er sorgerechtliche Missbrauchsversuche durch die Eltern zumindest in einer nicht unerheblichen Anzahl der Behandlungssituationen erkennen wird beziehungsweise infolge der von ihm einzuholenden Informationen erkennen müsste. Innerhalb des Vertretungsverhältnisses zwischen Arzt, Eltern und minderjährigem Patienten ist das Tatbestandsmerkmal der Evidenz demnach nicht als besonderer Ausnahmefall anzusehen; vielmehr ist anzunehmen, dass dem Arzt des Öfteren Anhaltspunkte für einen Dissens im Eltern-Kind-Verhältnis offenbar werden.

Ist der Missbrauch der elterlichen Vertretungsmacht für den Behandler evident, entfalten sowohl die rechtsgeschäftlichen Willenserklärungen als auch die Einwilligung oder Behandlungsverweigerung der Eltern nach § 177 BGB keine rechtliche Wirkung gegenüber Ärzten und Krankenhausträgern. Damit schlägt die grundsätzlich auf das Innenverhältnis beschränkte elterliche Pflicht zur kindeswohldienlichen Sorgerechtsausübung aus §§ 1627 S. 1, 1626 Abs. 2 BGB in einer Reihe von Behandlungssituationen auf das Außenverhältnis zu dem Behandler durch, da erkenn-

612 BGHZ 50, 112, 114; 127, 239, 241 f.; BGH NJW 1994, 2082, 2083; BGH NJW 1999, 2883, 2883 f.; *Ellenberger*, in: Palandt, BGB, § 164 Rn. 14; *Schilken*, in: Staudinger, BGB, § 167 Rn. 97 m. w. N.

bar dem kindlichen Willen widersprechende, kindeswohlgefährdende Erklärungen der Eltern für den Arzt unbeachtlich sind[613].

3. Weiterreichende Ausstrahlungswirkung des Kindeswillens durch eigene Entscheidungskompetenz des Minderjährigen

Fraglich ist allerdings, ob dem hinreichend einsichts- und urteilsfähigen Minderjährigen über die Fälle der Evidenz und des staatlichen Einschreitens nach § 1666 Abs. 4 BGB hinaus eigene Kompetenzen zur Einwilligung in einen ärztlichen Eingriff oder zur Verweigerung desselben im Außenverhältnis zukommen.

Das Gesetz hält zu dieser Frage keine Lösung bereit. Auch kann weder der höchstrichterlichen Rechtsprechung noch der (medizin-) rechtlichen Fachliteratur diesbezüglich ein einheitliches Meinungsbild entnommen werden[614]. Es sind höchst differente Konzepte dazu zu finden, welche Rechte für den Minderjährigen hinsichtlich seiner Behandlungsentscheidungen mit dem Erreichen des erforderlichen Grades an Einsichts- und Urteilsfähigkeit einhergehen. Die Ansichten reichen von einem bloßen Vetorecht des Kindes gegen die Einwilligungserklärung seiner Sorgeberechtigten[615] über ein Co-Konsens-Prinzip[616] bis hin zu einem Alleinentscheidungsrecht des minderjährigen Patienten über die Vornahme der ärztlichen Maßnahme[617]. So könnte der Minderjährige dem Arzt gegenüber mitunter bereits unmittelbar bindende Erklärungen abgeben, sollte ihm die Befugnis zuschrieben werden, eigenständig die Einwilligung nach § 630d Abs. 1 S. 1 BGB zu erteilen. Auf eine mittelbare Arztbindung durch die stellvertretende Erklärung der Eltern käme es dann nicht mehr an.

---

613 Vgl. *Wenzel*, in: Wenzel, Patientenrechtegesetz, § 630d BGB, Rn. 590 ff.

614 Einen ausführlichen Überblick über die vorherrschenden Ansichten in Rechtsprechung und Schrifttum gibt *Gleixner-Eberle*, S. 248 ff., 332 ff.

615 Beispielhaft BGHZ 29, 33, 36 f.; *Lipp*, in: Laufs/Katzenmeier/Lipp, Kap. VI Rn. 183, Kap. VII Rn. 69; *Nebendahl*, MedR 2009, 197, 201 ff.; *Pawlowski*, JZ 2003, 66, 71.

616 Siehe *Diederichsen*, Aspekte des Selbstbestimmungsrechts Minderjähriger, in: FS Hirsch, S. 355, 361 f.; *Pawlowski*, Probleme der Einwilligung, in: FS Hagen, S. 5, 19; *ders.*, JZ 2003, 66, 71; *Olzen*, in: MüKo BGB, § 1666 Rn. 78.

617 Statt vieler BGHSt 12, 379, 382; *Kern*, LMK 2007, 220412; *Lenckner*, ZStW 1960, 446, 462 f.; *Schlund*, Anm. zu OLG Hamm, JR 1999, 333, 335 f.; *Wölk*, MedR 2001, 80, 84.

a. Die Entscheidungskompetenz Minderjähriger nach dem Patientenrechtegesetz

Das am 26. Februar 2013 in Kraft getretene Patientenrechtegesetz[618] hat die bestehende Problematik der Entscheidungskompetenz Minderjähriger nicht aufgelöst. Den §§ 630a ff. BGB sind keine Regelungen zur Befugnis minderjähriger Patienten zur Abgabe wirksamer Einwilligungserklärungen zu entnehmen. Vereinzelte Argumentationsversuche dahingehend, dass sich aus § 630d Abs. 1 S. 2 BGB nunmehr ein eigenes Entscheidungsrecht des hinreichend einsichts- und urteilsfähigen Minderjährigen ergäbe, da die Einwilligung eines Berechtigten nur eingeholt werden müsse, wenn der Patient einwilligungsunfähig sei[619], überzeugen nicht. Wie bereits erörtert wurde, bezieht sich die Bezeichnung als „einwilligungsunfähig" beziehungsweise „einwilligungsfähig" in § 630d Abs. 1 BGB nicht auf die tatsächlichen Fähigkeiten zur Einwilligung, sondern impliziert zuvörderst das Vorhandensein der rechtlichen Befugnis zu ebendieser Erklärung. Zu der Frage, ob minderjährige Patienten, die die erforderliche geistige Reife zum Treffen eigener Behandlungsentscheidungen innehaben, ebenfalls entscheidungskompetent im Sinne des Gesetzes sind, trifft die Regelung des § 630d Abs. 1 BGB somit keine Aussage.

Die Gesetzesbegründung äußert sich nur kurz zur medizinischen Heilbehandlung Minderjähriger. Ihr ist lediglich der folgende Hinweis zu entnehmen:

> „Bei dem Minderjährigen kommt es auf die Umstände des Einzelfalles an, ob seine Eltern als gesetzliche Vertreter, gegebenenfalls der Minderjährige allein oder auch der Minderjährige und seine Eltern gemeinsam einwilligen müssen. […] Die Einwilligungsfähigkeit Minderjähriger ist im Regelfall dann gegeben, wenn sie über die behandlungsspezifische natürliche Einsichtsfähigkeit verfügen."[620]

Der Gesetzgeber will die Befugnis zur Einwilligung folglich von den Umständen des Einzelfalls abhängig machen. Er nennt dabei sowohl die alleinige Entscheidung durch die Eltern als auch die kumulative Einwilli-

618 Gesetzes zur Verbesserung der Rechte von Patientinnen und Patienten vom 26. Februar 2013, BT-Drs. 17/10488, BGBl. 2013 I S. 277 ff.

619 So argumentieren *Rehborn/Gescher*, in: Erman, § 630d Rn. 7. Sie verweisen auf die Motive des Gesetzgebers, aus denen sich dieser Schluss jedoch gerade nicht ergibt, vgl. BT-Drs. 17/10488, S. 23. Ebenso wohl auch *Damm*, MedR 2015, 775, 778; *Kreße*, MedR 2015, 91, 94.

620 BT-Drs. 17/10488, S. 23.

gung durch einen Co-Konsens durch Kind und Eltern gemeinsam sowie die Möglichkeit einer Alleinentscheidungsbefugnis des minderjährigen Patienten. Unter welchen Umständen die jeweiligen Einwilligungskonzepte anzunehmen seien, bleibt hingegen offen. Einwilligungsfähig soll der Minderjährige „im Regelfall" sein, wenn er die „natürliche Einsichtsfähigkeit" innehat. Aus welchem Grund sich diese Annahme allerdings auf den Regelfall beschränkt und wann dieser anzunehmen ist, bleibt dabei jedoch ebenso unklar wie die Frage, was unter der „natürlichen Einsichtsfähigkeit" zu verstehen ist und unter welchen Voraussetzungen sie für den Minderjährigen angenommen werden kann. Ferner geht aus der Gesetzesbegründung nicht eindeutig hervor, ob sich eine Beteiligung des minderjährigen Patienten ausschließlich auf hinreichend entscheidungsfähige Kinder und Jugendliche beschränken soll oder ob gegebenenfalls auch schon der noch nicht für eine eigenständige Entscheidung in ausreichendem Maße einsichts- und urteilsfähige Minderjährige zumindest mitentscheiden kann.

Die mit dem Patientenrechtegesetz umgesetzten Neuerungen in Bezug auf das Arzt-Patienten-Verhältnis halten somit keine Antworten auf die Frage bereit, ob die Behandlungsentscheidungen eines hinreichend einsichts- und urteilsfähigen Minderjährigen gegenüber dem Behandler Verbindlichkeit entfalten.

b. Entwicklung der höchstrichterlichen Judikatur zur Entscheidungskompetenz Minderjähriger

Auch der Judikatur lässt sich kein einheitliches Meinungsbild entnehmen. Insbesondere die Entscheidungen der Zivil- und Strafsenate des Bundesgerichtshofs lassen bei einer Gegenüberstellung große Diskrepanzen hinsichtlich der Anerkennung einer eigenen Entscheidungskompetenz für den in einer konkreten Situation entscheidungsfähigen Minderjähriger erkennen. Die Entwicklung der höchstrichterlichen Rechtsprechung wird nachfolgend näher erörtert.

aa. Höchstrichterliche Entscheidungen in Zivilsachen

Die Zivilsenate des Reichsgerichts sahen die Einwilligung in ärztliche Heileingriffe noch als eine Form rechtsgeschäftlicher Willenserklärungen an, auf die die Vorschriften des BGB über die Willenserklärung anzuwenden waren[621]. Als Voraussetzung für die wirksame Einwilligung wurde daher in ständiger Rechtsprechung die Geschäftsfähigkeit des Einwilligenden geprüft[622]. Minderjährigen war die selbstständige Disposition über Verletzungen persönlicher Rechte und Rechtsgüter wie der körperlichen Integrität damit versagt.

Die frühen Entscheidungen des Bundesgerichtshofs in Zivilsachen schlossen sich dieser Ansicht zunächst noch an und beurteilten die Einwilligungsfähigkeit ebenfalls entsprechend der Regeln zur Geschäftsfähigkeit[623]. Dies änderte sich erst mit dem Urteil des 6. Zivilsenats vom 5. Dezember 1958, das als eine Grundsatzentscheidung zur Rechtsnatur der Einwilligung anzusehen ist[624]. Das Gericht hatte über die Klage eines Patienten gegen seinen behandelnden Arzt zu befinden, welcher an dem zum Zeitpunkt der Maßnahme noch minderjährigen Kläger eine Schilddrüsenoperation durchführte, ohne die Einwilligung der gesetzlichen Vertreter eingeholt zu haben. Diese befanden sich in der sowjetisch besetzten Zone Deutschlands, sodass der Kläger befürchtete, sie durch die Einholung ihrer Zustimmung einer Gefahr auszusetzen. Der zwanzigjährige Patient, der kurz vor dem Erreichen des damaligen Volljährigkeitsalters von einundzwanzig Jahren stand, erlitt durch den Eingriff eine Stimmbandnervenlähmung und machte nunmehr Schadensersatzforderungen geltend. In diesem arzthaftungsrechtlichen Fall löste sich der 6. Zivilsenat von der bisherigen Rechtsprechung, indem er in einem obiter dictum zunächst den rechtsgeschäftlichen Charakter der Einwilligung verneinte: Bei der Einwilligung zu einem Eingriff in die körperliche Integrität handle es sich nicht um eine rechtsgeschäftliche Willenserklärung, sondern um eine Gestattung oder Ermächtigung zur Vornahme tatsächlicher Handlungen, die in den Rechtskreis des Gestattenden eingriffen[625]. Die Vorschriften der §§ 107 ff. BGB seien also weder unmittelbar noch analog anwendbar[626]. In einem zweiten Schritt folgerte das Gericht aus dieser Annahme, dass damit auch Minderjährige, wenn sie nach ihrer geistigen und sittlichen Reife die Bedeutung und Tragweite des Eingriffs und seiner Gestattung zu ermessen

621 RG JW 1907, 505, 505, Nr. 2; RG JW 1911, 748, 748 f., Nr. 2; RGZ 68, 431, 435 f.; 141, 262, 265.

622 RG JW 1907, 505, 505, Nr. 2; RG JW 1911, 748, 748 f., Nr. 2; RGZ 68, 431, 435 f.; 141, 262, 265.

623 Siehe BGHZ 2, 159, 162 f.; 7, 198, 207 (zum Haftungsausschluss wegen Handelns auf eigene Gefahr).

624 Hier und im Folgenden BGHZ 29, 33 ff.

625 BGHZ 29, 33, 36.

626 BGHZ 29, 33, 36.

vermochten, wirksam in diesen einwilligen könnten[627]. Es stellte sodann fest, dass der minderjährige Patient im vorliegenden Fall nach seiner geistigen Entwicklung und sittlichen Reife zur eigenen Entscheidung fähig gewesen sei und folglich keine elterliche Zustimmung eingeholt werden musste, fügte jedoch einschränkend hinzu, das Personensorgerecht der Eltern stünde dem Bestimmungsrecht des Minderjährigen über seine körperliche Unversehrtheit jedenfalls dann nicht entgegen, wenn die Einholung der elterlichen Zustimmung undurchführbar sei und der Minderjährige kurz vor der Erreichung der Volljährigkeit stehe[628]. Letztlich konnte dies allerdings dahinstehen, da das Gericht die Wirksamkeit der Einwilligung bereits aufgrund der unzureichenden Aufklärung des Patienten durch den Arzt ablehnte[629].

Ohne auf seine Entscheidung aus dem Jahr 1958 Bezug zu nehmen, urteilte der Arzthaftungssenat im Januar 1970, dass bei der Warzenbehandlung einer fünfzehnjährigen Patientin mit einem arsenhaltigen Medikament die Unterrichtung der Eltern erforderlich gewesen wäre[630]. Das Kind begab sich zunächst mit Zustimmung seiner Eltern in die ärztliche Behandlung, jedoch klärte der Arzt weder die Minderjährige noch ihre Eltern über die gesundheitliche Gefährdung auf, welche sich aus einer Überdosierung des verordneten Mittels hätte ergeben können. Während das vorinstanzliche Gericht ausführte, der Arzt sei nicht verpflichtet gewesen, auch die Eltern der minderjährigen Patientin aufzuklären, nahm der Senat – möglicherweise auch aufgrund des jungen Alters der Patientin, das weit unter dem Volljährigkeitsalter von damals einundzwanzig Jahren lag – ohne nähere Erläuterungen an, dass nicht ohne Weiteres davon ausgegangen werden könne, dass ein Mensch dieses Alters auch seine eigene Gefährdung mit vollem Ernst und in ihrer ganzen Tragweite erfassen und sich danach verhalten könne[631]. Auf die Frage, ob die Einwilligung der Patientin im Falle hinreichender Einsichts- und Urteilsfähigkeit wirksam gewesen wäre, kam es daher nicht an, sodass diese offenblieb.

Ähnlich befand der Bundesgerichtshof ein Jahr darauf über die Einwilligung einer sechzehnjährigen Patientin in eine Warzenbehandlung mittels Röntgenstrahlen[632]. Zwar bestätigte er in seinem Urteil seine Auffassung

627 BGHZ 29, 33, 33 (Leitsatz 1), 36.
628 BGHZ 29, 33, 37.
629 BGHZ 29, 33, 37.
630 Hier und im Folgenden BGH NJW 1970, 511 ff.
631 BGH NJW 1970, 511, 512.
632 BGH NJW 1972, 335 ff.

aus dem Jahr 1958 – ebenso wie wenig später nochmals in einem obiter dictum zu einer Entscheidung aus dem Jahr 1974[633] – und stellte abermals heraus, dass Minderjährige bei entsprechender geistiger Entwicklung und sittlicher Reife jedenfalls dann selbst rechtswirksam in einen ärztlichen Heileingriff einwilligen könnten, wenn der Patient kurz vor Erreichen der Volljährigkeit stehe und die elterliche Zustimmung nicht zu erlangen sei[634]. Da der dortige Fall indes nicht mit dem dieser Entscheidung zugrundeliegenden Sachverhalt vergleichbar gewesen sei, hielt das Gericht die Einwilligung der sechzehnjährigen Patientin im Ergebnis für unzureichend. Zwischen Minderjährigen im einundzwanzigsten und solchen im siebzehnten Lebensjahr bestünden hinsichtlich der geistigen Entwicklung und allgemeinen Reife regelmäßig erhebliche Unterschiede, aufgrund derer letztere einer gesetzlichen Vertretung bedürftig und für ihr Verhalten rechtlich nur bedingt verantwortlich seien. Bei aufschiebbaren oder nicht unwichtigen Entscheidungen über eine ärztliche Behandlung könne die Einwilligung des Jugendlichen aufgrund einer nur an ihn gerichteten Aufklärung nicht genügen. Daher sei hier die Zustimmung der Eltern notwendig gewesen[635].

Ohne die Einsichts- und Urteilsfähigkeit des minderjährigen Patienten überhaupt zu prüfen, urteilte der 6. Zivilsenat demgegenüber in einer Entscheidung aus dem Jahr 1991[636] zu der Frage einer hypothetischen Einwilligung in einen ärztlichen Eingriff, dass es neben dem elterlichen Willen für die Annahme einer hypothetischen Einwilligung zudem auf den Willen des Minderjährigen ankomme, obgleich er vorab lediglich die Aufklärung der Eltern thematisiert hatte[637]. Das Kind war zum Zeitpunkt des betreffenden Eingriffs bereits siebzehneinhalb Jahre alt und stand damit kurz vor dem Erreichen der Volljährigkeit, die inzwischen auf die Vollendung des achtzehnten Lebensjahres herabgesetzt worden war. Dies legt nahe, dass der Senat eine kumulative Entscheidungskompetenz der Eltern gemeinsam mit dem minderjährigen – vermutlich als hinreichend einsichts- und urteilsfähig erachteten – Patienten zugrunde legte. Erläuternde Ausführungen zu den rechtlichen Grundlagen dieser Annahme lässt die Entscheidung jedoch vermissen.

---

633 BGH NJW 1974, 1947, 1950 (bzgl. der Einwilligung in die Verletzung des Persönlichkeitsrechts einer Minderjährigen durch die Veröffentlichung intimer Fotografien).

634 Hier und im Folgenden BGH NJW 1972, 335, 337 f.

635 BGH NJW 1972, 335, 337 f.

636 BGH NJW 1991, 2344 ff.

637 Hier und im Folgenden BGH NJW 1991, 2344, 2345.

Ausdrücklich sprach sich der 6. Zivilsenat hingegen schließlich in seiner jüngsten Entscheidung zu dieser Thematik für ein Vetorecht urteilsfähiger Minderjähriger gegen die Entscheidung seiner gesetzlichen Vertreter aus[638]. In seinem Urteil vom 10. Oktober 2006 hatte das Gericht über eine relativ indizierte, orthopädische Operation zu entscheiden, bei der sich die Risiken einer Querschnittslähmung sowie Verwachsungen im Brustraum, Falschgelenkbildungen und Rippeninstabilität bei der Klägerin verwirklichten, über welche weder sie noch ihre gesetzlichen Vertreter aufgeklärt wurden[639]. Die zum Zeitpunkt des fraglichen Eingriffs fünfzehnjährige Patientin machte nun Schmerzensgeldansprüche gegen den sie behandelnden Arzt wegen unzureichender Risikoaufklärung geltend. Zur Prüfung der wirksamen Einwilligung stellte der Senat zunächst auf die Erklärung der Eltern ab, an die als gesetzliche Vertreter der minderjährigen Patientin die ärztliche Aufklärung zu adressieren gewesen sei. Anschließend stellte das Gericht mit knappen Worten fest, dass minderjährigen Patienten bei relativ indizierten Eingriffen mit potenziell erheblichen Folgen ein Vetorecht gegen die Fremdbestimmung durch die gesetzlichen Vertreter zuzubilligen sein könne, wenn sie über eine ausreichende Urteilsfähigkeit verfügen würden[640]. Zu diesem Zwecke seien auch Minderjährige entsprechend aufzuklären. Dass die Klägerin gegebenenfalls allein entscheidungsbefugt gewesen sein könnte, zog das Gericht indes nicht in Betracht. Zudem urteilte es, eine Prüfung der Urteilsfähigkeit der fünfzehnjährigen Patientin habe im vorliegenden Fall dahinstehen können, da ihrem Selbstbestimmungsrecht bereits durch ihre Anwesenheit bei den Aufklärungsgesprächen mit ihren Eltern und ihre Unterschrift auf der Einverständniserklärung zu der Operation in ausreichendem Maße Rechnung getragen worden sei[641].

Ob damit im Ergebnis nicht sogar ein Co-Konsens-Prinzip statt eines bloßen Vetorechts angenommen wurde, wonach der minderjährige Patient nicht nur ein Veto gegen die Erklärung seiner Eltern einlegen kann, sondern darüber hinaus kumulativ gemeinsam mit seinen Eltern die Zustimmung zu der geplanten Maßnahme erklären muss, lässt sich nicht mit letzter Gewissheit sagen. Bemerkenswert ist jedoch, dass es sich um die bislang einzige höchstrichterliche Entscheidung handelt, die ausdrücklich die Bezeichnung des Vetorechts verwendet. Obwohl das Urteil in Teilen

638 BGH NJW 2007, 217 ff. (sog. Vetorecht-Entscheidung).
639 Hier und im Folgenden BGH NJW 2007, 217, 217 ff.
640 BGH NJW 2007, 217, 218 f.
641 BGH NJW 2007, 217, 218 f.

des Schrifttums stark kritisiert wurde[642] – insbesondere, weil die Äußerung des Bundesgerichtshofs zum Vetorecht nicht entscheidungstragend war –, schlossen sich die Zivilgerichte überwiegend der Ansicht an, dem hinreichend einsichts- und urteilsfähigen Minderjährigen hinsichtlich der ihn betreffenden medizinischen Eingriffe ein Mitbestimmungsrecht in Form eines Vetos gegenüber der Einwilligung seiner gesetzlichen Vertreter einzuräumen[643].

Damit ist aktuell nach der zivilrechtlichen höchstrichterlichen Rechtsprechung wohl von einer kumulativen Entscheidungskompetenz in Form eines Co-Konsenses oder zumindest eines Vetorechts des hinreichend einsichts- und urteilsfähigen Minderjährigen auszugehen. Ob darüber hinausgehend in besonderen Fällen die Einwilligung des Minderjährigen allein ausreichen kann, wie dies in der Entscheidung aus dem Jahre 1958 angenommen wurde, ist ungewiss. Die jüngste Rechtsprechung stützt dies nicht.

Deutlich wird aus dem Urteil des 6. Zivilsenats vom 10. Oktober 2006 allerdings, wie maßgeblich die begriffliche Unterscheidung zwischen der *Einsichts- und Urteilsfähigkeit* und der *Einwilligungsfähigkeit* ist, wenn das Gericht zwar die erforderliche Einsichts- und Urteilsfähigkeit des minderjährigen Patienten bejaht, diesem im Ergebnis aber dennoch nicht die alleinige Entscheidungskompetenz (das heißt die Einwilligungsfähigkeit), sondern lediglich ein Vetorecht gegen die Einwilligungserklärung seiner Eltern zuspricht.

bb. Höchstrichterliche strafrechtliche Rechtsprechung

Anders als die Zivilsenate des Bundesgerichtshofs scheint die strafrechtliche Rechtsprechung dem hinreichend einsichts- und urteilsfähigen Minderjährigen hingegen unter bestimmten Voraussetzungen die Alleinent-

---

642 Siehe nur *Bichler*, S. 85 f.; *Brückner*, S. 70, 88 f.; *Franzki*, S. 116 f.; *Kern*, LMK 2007, 220412.

643 Für die kumulative Entscheidungskompetenz der sorgeberechtigten Eltern und des einsichts- und urteilsfähigen Minderjährigen sprach sich zwischenzeitlich auch BayObLG FamRZ 1987, 87, 87 (Leitsatz 3), 88 f. aus; im Anschluss an das Urteil von 2006 zudem OLG Karlsruhe, Urt. v. 10.03.2010 – 7 U 14/09 – juris, Rn. 19; OLG Stuttgart GesR 2011, 30, 31; OLG Koblenz, Beschl. v. 22.05.2012 – 5 U 148/12 – juris, Rn. 12 f. Demgegenüber weiterhin für eine Alleinentscheidungskompetenz LG Köln GesR 2009, 43, 44; im Umkehrschluss wohl ebenfalls OLG München, Urt. v. 04.06.2009 – 1 U 3200/08 – juris, Rn. 44.

scheidungsbefugnis hinsichtlich ärztlicher Heileingriffe gegenüber dem behandelnden Arzt einräumen zu wollen:

Schon das Reichsgericht in Strafsachen stellte bei der Beurteilung der Entscheidungsfähigkeit über Eingriffe in persönliche Rechte nicht auf die Volljährigkeit, sondern auf die individuelle Einsichts- und Urteilsfähigkeit des Betroffenen ab[644]. Die Einwilligung des hinreichend einsichts- und urteilsfähigen Verletzten sollte die Strafbarkeit ausschließen[645]. So entschied das Reichsgericht zunächst in Fällen, die beleidigende oder sexuelle Handlungen an Heranwachsenden zum Gegenstand hatten, dass auch Minderjährige die erforderliche geistige Reife zur Erteilung der Einwilligung in Verletzungen persönlicher Rechtsgüter innehaben könnten und in der Folge selbst zur Erteilung der rechtfertigenden Einwilligung berechtigt seien[646]. Die Strafsenate des Bundesgerichtshofs folgten dieser Rechtsprechungslinie und entschieden ebenfalls, dass Minderjährige unter entsprechenden Voraussetzungen eine wirksame rechtfertigende Einwilligung erteilen könnten[647].

Mit der Frage der Wirksamkeit der Einwilligung in einen ärztlichen Heileingriff durch einen minderjährigen Patienten hatte sich erstmals der 5. Strafsenat des Bundesgerichtshofs in einer Entscheidung vom 10. Februar 1959 zu befassen[648]. In dem zu entscheidenden Fall wurde einer siebzehnjährigen Patientin zur Vorbeugung möglicher künftiger Entzündungen vorsorglich der Wurmfortsatz des Blinddarms operativ entfernt[649]. In der Folge der Operation kam es zu inneren Blutungen, die schließlich zum Tod der Patientin führten. Die Eltern waren über den Eingriff nicht informiert worden. Entsprechend seiner bisherigen Rechtsprechung stellte das Gericht in seiner Urteilsbegründung zunächst heraus, dass es auf die Urteilskraft des Patienten ankomme. Es betonte, dass auch Minderjährigen je nach gegebenen Umständen hinreichendes Verständnis zugetraut wer-

---

644 Vgl. RGSt 10, 372, 374; 29, 398, 399 f.

645 Vgl. RGSt 10, 372, 374; 29, 398, 399 f.

646 RGSt 10, 372, 374; 29, 398, 399 f.; 41, 392, 394 ff.; 60, 34, 35. In diesen Fällen stellte das Reichsgericht zwar fest, dass auch Minderjährige die erforderliche Einsichts- und Urteilsfähigkeit für eine rechtfertigende Einwilligung innehaben können, lehnte diese aber gleichwohl nach Prüfung des Einzelfalls für die jeweils elf- bis siebzehnjährigen Betroffenen letztlich aufgrund fehlender Reife ab.

647 BGHSt 5, 362, 364; 8, 278, 282; vgl. auch BGHSt 4, 88, 90 f. zur Einsichts- und Urteilsfähigkeit als entscheidendes Kriterium für die Einwilligung in Eingriffe in die körperliche Integrität.

648 BGHSt 12, 379 ff.

649 Hier und im Folgenden BGHSt 12, 379, 379 ff.

den könne, um Für und Wider des Eingriffs verständig gegeneinander abzuwägen und die Tragweite der Einwilligung zu erkennen, wenn es um die sofortige Notwendigkeit eines lebensrettenden Eingriffs gehe[650]. Vorliegend habe es sich jedoch um keine dringende, gleichwohl aber schwere und gefährliche Maßnahme gehandelt, sodass sowohl an die ärztliche Aufklärung als auch an die Fähigkeiten des Patienten besonders hohe Anforderungen zu stellen waren[651]. Eine solche Entscheidung würde gerade ein verständiger Minderjähriger nicht allein treffen; daher habe sich der Arzt in diesen Fällen stets persönlich mit den Sorgeberechtigten in Verbindung zu setzen[652]. Im Ergebnis befand der Senat die Einwilligung der siebzehnjährigen Patientin daher im konkreten Fall für unwirksam[653]. Der operierende Arzt habe die Patienten folglich vorsätzlich körperlich verletzt[654]. Er sei hinreichend verdächtig, dadurch fahrlässig ihren Tod verursacht zu haben, weshalb das Verfahren an das Schwurgericht zurückverwiesen wurde, das über den Vorwurf der Körperverletzung mit Todesfolge neu zu verhandeln und zu entscheiden hatte[655].

In einem Beschluss aus dem Jahre 1961 verwies der 2. Strafsenat nochmals auf diesen Sonderfall der Einwilligung eines minderjährigen Patienten, ohne jedoch inhaltliche Ausführungen zu treffen[656]. Jüngere, den ärztlichen Heileingriff betreffende höchstrichterliche Entscheidungen zur Entscheidungskompetenz hinreichend entscheidungsfähiger Minderjähriger finden sich nicht.

Nach strafrechtlicher BGH-Rechtsprechung soll folglich denjenigen Minderjährigen, die im konkreten Einzelfall in ausreichendem Maße entscheidungsfähig sind, die Alleinentscheidungsbefugnis zur rechtfertigenden Einwilligung in den ärztlichen Eingriff zukommen. Auf eine Beteiligung der sorgeberechtigten Eltern wäre dann zu verzichten[657].

---

650 BGHSt 12, 379, 382.

651 BGHSt 12, 379, 383.

652 BGHSt 12, 379, 383.

653 Vgl. BGHSt 12, 379, 383 f., 386.

654 BGHSt 12, 379, 385.

655 BGHSt 12, 379, 385. Das Verfahren wurde zur Entscheidung an das Schwurgericht in Braunschweig zurückverwiesen.

656 BGHSt 16, 309, 311 f.; verweisend auf BGHSt 12, 379 ff.

657 Dieser höchstrichterlichen Rechtsprechung folgen (bzgl. der Einwilligung einer einsichts- und urteilsfähigen Minderjährigen in einen Schwangerschaftsabbruch) auch einige zivilrechtliche Entscheidungen: LG München NJW 1980, 646, 646; OLG Schleswig VersR 1989, 810, 811; AG Schlüchtern NJW 1998, 832, 832 f.; LG Köln GesR 2009, 43, 44.

Es muss jedoch kritisch angemerkt werden, dass die Fähigkeit der betreffenden Minderjährigen zur Einwilligung in der Entscheidung vom 10. Februar 1959, auf die sich stets berufen wird, im Ergebnis abgelehnt wurde. Dies muss die Frage aufwerfen, ob es sich bei der strafrechtlich vertretenen Entscheidungskompetenz des minderjährigen Patienten nicht lediglich um eine nur theoretische Befugnis handelt. Denn wird diese in letzter Konsequenz – aufgrund bestehender Zweifel oder Bedenken hinsichtlich der Einsichts- und Urteilsfähigkeit des Kindes im Einzelfall – doch versagt, so gewährt die strafrechtliche Rechtsprechung dem minderjährigen Patienten entgegen dem ersten Anschein im Ergebnis kein Mehr an Rechten. Da an die Fähigkeit zur Alleinentscheidung in der strafrechtlichen Rechtsprechung offenbar höhere Anforderungen gestellt werden, als die zivilrechtliche Rechtsprechung für eine kumulative Entscheidungskompetenz verlangt, ist zu vermuten, dass die Vertreter des Co-Konsenses oder Vetorechts schlussendlich deutlich früher und häufiger zu einer Beteiligung des Minderjährigen gelangen als die Befürworter der Alleinentscheidungskompetenz.

c. Im rechtswissenschaftlichen Schrifttum vorherrschende Standpunkte

Innerhalb der im rechtswissenschaftlichen Schrifttum ebenfalls kontrovers geführten Diskussion lassen sich heute im Wesentlichen zwei Konzepte ausmachen: Weite Teile des zivil- und strafrechtlichen Schrifttums befürworten eine „Entweder-Oder-Lösung“, wonach entweder allein die Eltern[658] oder aber allein das Kind die Einwilligung zu erteilen haben[659]. Die Kompetenz zur Einwilligung nach § 630d Abs. 1 S. 1 BGB könne danach stets nur einem Beteiligten zukommen. Demgegenüber vertritt die vor allem in der zivilrechtlichen Literatur aufzufindende Gegenauffassung ein „Co-Konsens-Prinzip“, wonach dem Minderjährigen unter bestimmten Voraussetzungen ein Mitbestimmungsrecht zustehe, aufgrund dessen er

---

658 Siehe nur *Mittenzwei*, Anm. zu AG Celle, MedR 1988, 41, 44; *Schmitt*, in: MüKo BGB, 5. Aufl. 2006 [Altaufl.], § 105 Rn. 22 f.; *Zitelmann*, AcP 99 (1906), 1, 62 f.; BT-Drs. 8/2788, S. 44 f.

659 Beispielhaft *Belling/Eberl/Michlik*, S. 135 ff.; *Bichler*, S. 83 ff.; *Kern*, LMK 2007, 220412; *Lenckner*, ZStW 1960, 446, 462 f.; *Lesch*, NJW 1989, 2309, 2309 f.; *Rehborn/Schäfer*, Einwilligung Minderjähriger, in: AG RAe im Medizinrecht, 25 Jahre Arzthaftung, S. 253, 265 ff.; *Schlund*, Anm. zu OLG Hamm, JR 1999, 333, 335 f.; *Wölk*, MedR 2001, 80, 84.

an der Einwilligungsentscheidung mit Außenwirkung beteiligt werden müsse[660].

aa. Vorrang der elterlichen Entscheidung

Insbesondere in der älteren Literatur sprach sich ein beachtlicher Teil des zivilen Schrifttums gegen jegliche Form von Entscheidungsbefugnissen für Minderjährige aus. Bis zur Volljährigkeit des Kindes sollten allein dessen gesetzliche Vertreter einwilligungsbefugt sein[661]. Gestützt wurde diese Auffassung vor allem auf die Annahme, die Einwilligung stelle ihrer Rechtsnatur nach eine rechtsgeschäftliche Willenserklärung dar[662]. Aus der direkten oder analogen Anwendung der §§ 104 ff. BGB[663] wurde gefolgert, dass die Einwilligung eines Minderjährigen mangels Geschäftsfähigkeit ohne Zustimmung der vertretungsbefugten Eltern unwirksam sei[664].

Im Konfliktfall zwischen Eltern und minderjährigem Kind müsse die Entscheidung der Eltern daher stets Vorrang gegenüber dem Behandler haben[665]. Dies sollte sowohl für die Einwilligung in den Eingriff als auch

660 Siehe hierzu nur *Diederichsen*, Aspekte des Selbstbestimmungsrechts Minderjähriger, in: FS Hirsch, S. 355, 361 f.; *Gernhuber/Coester-Waltjen*, § 57 Rn. 79 f.; *Lipp*, in: Laufs/Katzenmeier/Lipp, Kap. VI Rn. 183, Kap. VII Rn. 69; *Nebendahl*, MedR 2009, 197, 201 ff.; *Pawlowski*, JZ 2003, 66, 71.

661 *Mittenzwei*, Anm. zu AG Celle, MedR 1988, 41, 44; *Zitelmann*, AcP 99 (1906), 1, 62 f.; so auch noch *Schmitt*, in: MüKo BGB, 5. Aufl. 2006 [Altaufl.], § 105 Rn. 22 f. (heute a. A., *Schmitt*, in: MüKo BGB, § 107 Rn. 10 ff.); sowie *Kern/Laufs*, S. 35, die dem einsichts- und urteilsfähigen Minderjährigen zwar grundsätzlich die Möglichkeit einräumen, in geringfügige Eingriffe selbst einzuwilligen, jedoch in Konfliktfällen der Einwilligung der gesetzlichen Vertreter den Vorrang vor der Entscheidung des Minderjährigen gewähren wollen. So liest sich auch die Entwurfsbegründung des Gesetzes zur Neuregelung des Rechts der elterlichen Sorge, siehe BT-Drs. 8/2788, S. 44 f.; vgl. auch *Bosch*, Anm. zu OLG Karlsruhe, FamRZ 1983, 742, 744, zu der Einwilligung einer Siebzehnjährigen, mit entblößtem Oberkörper fotografiert zu werden; immerhin hält *Bosch* Mitwirkungsrechte eines Minderjährigen aber für „überlegenswert".

662 Siehe exemplarisch *Mittenzwei*, Anm. zu AG Celle, MedR 1988, 41, 44; *Schmitt*, in: MüKo BGB, 5. Aufl. 2006 [Altaufl.], § 105 Rn. 22 f.

663 Zu dieser M. M. hinsichtlich der Rechtsnatur der Einwilligung siehe in Kapitel 2, S. 43 f.

664 *Mittenzwei*, Anm. zu AG Celle, MedR 1988, 41, 44; *Schmitt*, in: MüKo BGB, 5. Aufl. 2006 [Altaufl.], § 105 Rn. 22 f.; vgl. auch *Bosch*, Anm. zu OLG Karlsruhe, FamRZ 1983, 742, 744.

665 *Kern/Laufs*, S. 35.

für die Verweigerung der Maßnahme gelten, sodass die Eltern infolge ihrer Vertretungsbefugnis nicht nur einen Heileingriff verhindern konnten, der von dem Minderjährigen ausdrücklich gewünscht wurde, sondern auch eine Behandlung gegen den Willen des Kindes durchzusetzen vermochten[666].

Den Behandlungswünschen des Minderjährigen wurde nach dieser Auffassung mithin jede Anerkennung versagt. Die geistigen Fähigkeiten des Kindes hatten keinerlei Auswirkungen auf die Entscheidungskompetenz über ärztliche Maßnahmen, da der hinreichend entscheidungsfähige Minderjährige ebenso wie ein entscheidungsunfähiger Minderjähriger durch die Eltern fremdbestimmt werden sollte. Eine Beteiligung des kindlichen Patienten durch den Arzt wäre danach lediglich im Rahmen der Aufklärung nach § 630e Abs. 5 BGB erforderlich, nicht jedoch hinsichtlich der Entscheidungsfindung über den bevorstehenden Eingriff.

Mit Blick auf die wachsende Bedeutung der Patientenautonomie und des Selbstbestimmungsrechts Minderjähriger wird diese Ansicht in der heutigen Diskussion jedoch nicht mehr vertreten und ist in der Sache abzulehnen[667].

bb. Kumulative Entscheidungskompetenz des Kindes und seiner Eltern: Co-Einwilligung oder Vetorecht

Verbreitet wird vor allem in der zivilrechtlichen Literatur demgegenüber eine kumulative Entscheidungskompetenz vertreten. Der hinreichend einsichts- und urteilsfähige Minderjährige sei zwar nicht alleinentscheidungsbefugt, allerdings sei er an der Entscheidung über einen ihn betreffenden medizinischen Eingriff zu beteiligen[668]. Ihm komme ein Mitbestimmungsrecht zu, infolgedessen zur ärztlichen Legitimation des Heileingriffs je

666 *Kern/Laufs*, S. 35.

667 Vgl. *Kern*, LMK 2007, 220412, Punkt 2.

668 *Spickhoff*, VersR 2013, 267, 275; ebenso *Deutsch/Spickhoff*, Rn. 425; *Diederichsen*, Aspekte des Selbstbestimmungsrechts Minderjähriger, in: FS Hirsch, S. 355, 361 f.; *Gernhuber/Coester-Waltjen*, § 57 Rn. 79 f.; *Lipp*, Anm. zu BGH MedR 2008, 289, 293; *ders.*, in: Laufs/Katzenmeier/Lipp, Kap. VI Rn. 183, Kap. VII Rn. 69; *Nebendahl*, MedR 2009, 197, 201 ff.; *Pawlowski*, Probleme der Einwilligung, in: FS Hagen, S. 5, 19; *ders.*, JZ 2003, 66, 71; *Reipschläger*, S. 204 f.; *Olzen*, in: MüKo BGB, § 1666 Rn. 78; jedenfalls in Zweifelsfällen für die Einholung beider Zustimmungen sind auch *Katzenmeier*, in: Laufs/Katzenmeier/Lipp, Kap. V Rn. 52 ff.; *Ulsenheimer*, in: Laufs/Kern, § 139 Rn. 48.

nach Auslegung entweder sowohl die Einwilligung der Eltern als auch die des Minderjährigen kumulativ vorliegen müssten („Co-Einwilligung")[669] oder aber dem Minderjährigen zumindest das Recht zugesprochen werde, der Einwilligung seiner Eltern gegenüber dem Arzt verbindlich zu widersprechen („Vetorecht")[670].

Die Ausübung des Vetorechts durch den minderjährigen Patienten führt dabei ebenso wie die Verweigerung einer kumulativ zu erteilenden Einwilligung zur Unbeachtlichkeit der elterlichen Einwilligungserklärung. In einem Konfliktfall zwischen Eltern und Kind, in welchem die Eltern eine medizinische Behandlung ihres Kindes wünschen, dieses den Eingriff indes ablehnt, kommt es nach dieser Ansicht auch im Außenverhältnis gegenüber dem Behandler schlussendlich auf den Willen des im nötigen Maße entscheidungsfähigen Kindes an. Der Minderjährige kann sodann durch seine ablehnende Behandlungsentscheidung einen – mitunter auch erforderlichen und gegebenenfalls sogar ärztlich dringend indizierten – Heileingriff verhindern, weil der Arzt diesen mangels Legitimation nicht gegen seinen Willen durchführen dürfte.

Indes ist es dem Minderjährigen nach dieser Auffassung nicht möglich, ohne das Mitwirken seiner gesetzlichen Vertreter eine medizinische Behandlung zu veranlassen. Da es sowohl für die Co-Einwilligung als auch bei Annahme eines Vetorechts des Kindes zwingend (auch) der Einwilligungserklärung durch die gesetzlichen Vertreter bedarf, können die Eltern einen ihr minderjähriges Kind betreffenden Eingriff durch ihre Vertretungsmacht im Außenverhältnis grundsätzlich verhindern, selbst wenn das Kind diese Behandlung fordert[671]. Im Rahmen einer positiven Behandlungsentscheidung wird dem Elternwillen somit Vorrang vor dem Willen des Kindes eingeräumt. Bei Meinungsverschiedenheiten bleibt dem Minderjährigen – abgesehen von Eil- und Evidenzfällen – danach lediglich der Weg über das Familiengericht[672]. Das im zivilrechtlichen Schrift-

---

669 *Diederichsen*, Aspekte des Selbstbestimmungsrechts Minderjähriger, in: FS Hirsch, S. 355, 361 f.; *Pawlowski*, Probleme der Einwilligung, in: FS Hagen, S. 5, 19; *ders.*, JZ 2003, 66, 71; *Olzen*, in: MüKo BGB, § 1666 Rn. 78.

670 In dieser Terminologie v. a. *Lipp*, Anm. zu BGH MedR 2008, 289, 293; *ders.*, in: Laufs/Katzenmeier/Lipp, Kap. VI Rn. 183; vgl. auch *Gernhuber/Coester-Waltjen*, § 57 Rn. 80; *Pawlowski*, Probleme der Einwilligung, in: FS Hagen, S. 5, 25.

671 *Diederichsen*, Aspekte des Selbstbestimmungsrechts Minderjähriger, in: FS Hirsch, S. 355, 361 f.; *Gernhuber/Coester-Waltjen*, § 57 Rn. 80; *Lipp*, in: Laufs/Katzenmeier/Lipp, Kap. VII Rn. 69; *Nebendahl*, MedR 2009, 197, 203.

672 Siehe *Olzen*, in: MüKo BGB, § 1666 Rn. 80; *Ulsenheimer*, in: Laufs/Kern, § 139 Rn. 49.

tum vertretene kumulative Einwilligungserfordernis führt folglich zu dem Ergebnis, dass dem minderjährigen Patienten im Konfliktfall zwar die Verantwortung für die Nichtbehandlung zugestanden wird, indem das kindliche Veto letztentscheidende Wirkung haben soll, im konträren Fall müssen jedoch regelmäßig die Eltern letztverantwortlich tätig werden, um einen gewünschten Eingriff zu veranlassen.

Als Grundlage der Argumentation für eine kumulative Entscheidungskompetenz dient insbesondere das Selbstbestimmungsrecht des Minderjährigen aus Art. 2 Abs. 1 i.V.m. Art. 1 Abs. 1 GG respektive Art. 2 Abs. 2 GG[673]. Dessen Wahrung verlange eine aktive Partizipation des Kindes nach außen[674]. Es müsse daher an der Entscheidung über die Vornahme eines Eingriffs beteiligt werden. Hierfür sei jedoch nicht erforderlich, die Eltern als gesetzliche Vertreter gänzlich von der Behandlungsentscheidung auszunehmen, da der Minderjährige zugleich in zweifacher Hinsicht erheblich schutzbedürftig sei: Ihm drohten sowohl Gefahren durch seine eigene Unvernunft als auch von Seiten Dritter, die seine Unerfahrenheit und Schwäche ausnutzen könnten[675]. Das grundgesetzlich verbürgte elterliche Sorgerecht gebiete daher zum Schutze des Minderjährigen die zusätzliche Einwilligung durch die Eltern[676]. Außerdem stelle diese Lösung eine Erleichterung für den behandelnden Arzt dar, der das Risiko einer unzutreffenden Einschätzung der Einsichts- und Urteilsfähigkeit des Minderjährigen trage und durch die zwingende Einbeziehung der Eltern einen zusätzlichen sicheren Ansprechpartner an seiner Seite habe[677].

In Teilen der Literatur wird die große Bedeutung des Selbstbestimmungsrechts Minderjähriger zum Anlass genommen, ein Vetorecht auch schon für deutlich jüngere Kinder anzunehmen, da sie das Recht des Minderjährigen, einem medizinischen Eingriff zu widersprechen, nicht alternativ zu einer Alleinentscheidungsbefugnis, sondern vielmehr als Vorstufe zu ebendieser verstehen[678]. Während die Hürde zur alleinigen Behandlungsentscheidung hoch anzusetzen sei, komme ein Vetorecht bereits für

---

673 *Lipp*, Fürsorge, S. 32 f.; *Nebendahl*, MedR 2009, 197, 199 ff.; *Pawlowski*, Probleme der Einwilligung, in: FS Hagen, S. 5, 19.

674 Vgl. *Reipschläger*, S. 191 ff., 204 f.

675 Vgl. *Nebendahl*, MedR 2009, 197, 201; *Reipschläger*, S. 193 ff., 204 f.

676 *Lipp*, Fürsorge, S. 32 ff.; *Nebendahl*, MedR 2009, 197, 199 ff.; *Reipschläger*, S. 194 f., 204 f.

677 *Diederichsen*, Aspekte des Selbstbestimmungsrechts Minderjähriger, in: FS Hirsch, S. 355, 361.

678 *Taupitz*, A 75 ff.; *Ulsenheimer*, in: Laufs/Kern, § 139 Rn. 47; *Koch*, in: Eser/Lutterotti/Sporken, Lexikon Medizin Ethik Recht, S. 604 f.; vgl. auch *Biermann*,

deutlich unerfahrenere, unreifere Minderjährige in Betracht[679]. Indem sie den Entscheidungsprozess nicht eigenverantwortlich, sondern gemeinsam mit ihren Eltern vollziehen, ist im Ergebnis auch die ihnen übertragene Verantwortung als geringer anzusehen. So ist es weitgehend anerkannt, dass es für einen Minderjährigen im Allgemeinen eine weit weniger anspruchsvolle Leistung darstellt, eine ihm von seinen Eltern und Ärzten in Aussicht gestellte, konkrete medizinische Maßnahme abzulehnen, als autonom in eine solche einzuwilligen, da sowohl das Abwägen der Risiken als auch die möglichen Folgen bei einer Verweigerung überschaubarer und klarer zu fassen sein werden[680]. Aus diesem Grund werden an die Vetofähigkeit eines Minderjährigen regelmäßig geringere Anforderungen zu stellen sein als dies im Rahmen einer positiven Behandlungsentscheidung notwendig wäre[681]. In der Praxis dürfte dies zur Folge haben, dass hinsichtlich einer Vetoerklärung des Kindes niederschwelliger dessen hinreichende Einsichts- und Urteilsfähigkeit angenommen werden kann.

Die Vertreter einer kumulativen Entscheidungskompetenz argumentieren somit zwar restriktiv in Bezug auf die Befugnisse des Minderjährigen im Außenverhältnis, da sie stets eine elterliche Einbeziehung fordern, erweitern demgegenüber aber zugleich den Raum zur aktiven (Mit-) Entscheidung für eine große Zahl jüngerer Patienten, deren geistige und sittliche Reife für eine Alleinentscheidung noch nicht ausreichen würde.

Dieser Auffassung schloss sich im Jahre 2011 hinsichtlich bedeutsamer oder riskanter ärztlicher Maßnahmen auch die Bundesärztekammer in ihren Grundsätzen zur ärztlichen Sterbebegleitung an[682]. Zu der Betreuung von schwerstkranken und sterbenden Kindern und Jugendlichen erklärte sie dort:

> „Für Kinder und Jugendliche sind die Sorgeberechtigten, d. h. in der Regel die Eltern, kraft Gesetzes für alle Angelegenheiten zuständig, einschließlich der ärztlichen Behandlung. Sie müssen als Sorgeberechtigte und gesetzliche Vertreter des Kindes über die ärztlichen Maßnahmen aufgeklärt werden und darin einwilligen. […]

---

in: Ulsenheimer, Arztstrafrecht, Rn. 425, der eine kumulative Einwilligung im Strafrecht indes ausdrücklich ablehnt (siehe Rn. 426).

679 *Taupitz*, A 75 ff.; *Ulsenheimer*, in: Laufs/Kern, § 139 Rn. 47; *Koch*, in: Eser/Lutterotti/Sporken, Lexikon Medizin Ethik Recht, S. 604 f.; vgl. *Biermann*, in: Ulsenheimer, Arztstrafrecht, Rn. 425 f.

680 *Huber*, in: MüKo BGB, § 1626 Rn. 43; *Ulsenheimer*, in: Laufs/Kern, § 139 Rn. 47.

681 *Huber*, in: MüKo BGB, § 1626 Rn. 43; *Ulsenheimer*, in: Laufs/Kern, § 139 Rn. 47.

682 *BÄK*, DÄBl 2011, A346 ff.

> Schwerstkranke und sterbende Kinder oder Jugendliche sind wahrheits- und altersgemäß zu informieren. Sie sollten regelmäßig und ihrem Entwicklungsstand entsprechend in die sie betreffenden Entscheidungen einbezogen werden, soweit dies von ihnen gewünscht wird. Dabei ist anzuerkennen, dass schwerstkranke Kinder und Jugendliche oft einen frühen Reifungsprozess durchmachen. Sie können aufgrund ihrer Erfahrungen mit vorhergegangenen Behandlungen und deren Folgen ein hohes Maß an Entscheidungskompetenz erlangen, die bei der Entscheidungsfindung berücksichtigt werden muss.
> Soweit der Minderjährige aufgrund seines Entwicklungsstandes selbst in der Lage ist, Bedeutung und Tragweite der ärztlichen Maßnahme zu verstehen und zu beurteilen, steht ihm ein Vetorecht gegen ihre Durchführung zu, selbst wenn die Sorgeberechtigten einwilligen. Davon wird ab einem Alter von 16 Jahren regelmäßig ausgegangen.
> Bei bedeutsamen oder riskanten ärztlichen Maßnahmen ist neben der Zustimmung des minderjährigen Patienten auch die Einwilligung der Sorgeberechtigten erforderlich. Können Meinungsverschiedenheiten zwischen Sorgeberechtigten untereinander oder mit dem Minderjährigen für eine solche Entscheidung über die medizinische Betreuung oder Behandlung nicht ausgeräumt werden, muss eine familiengerichtliche (Eil-)Entscheidung eingeholt werden."[683]

Ob hingegen bei weniger gravierenden Eingriffen die Einwilligung des hinreichend einsichts- und urteilsfähigen Minderjährigen für ausreichend erachtet wird, lässt sich den Grundsätzen, welche ihren Fokus auf die Behandlung schwerstkranker und sterbender Patienten legen, nicht entnehmen. Jedenfalls für Patienten mit infauster Prognose, welche auch diese Arbeit vorwiegend in den Blick nimmt, sei neben der Zustimmung des Kindes aber die elterliche Einwilligung erforderlich, sodass im Grundsatz ein Co-Konsens-Prinzip vertreten wird[684].

cc. Alleinige Entscheidungskompetenz des Minderjährigen

Schließlich geht eine dritte, in der strafrechtlichen Literatur herrschende, aber auch in Teilen des zivilen Schrifttums vertretene Ansicht von einer Alleinentscheidungskompetenz des hinreichend einsichts- und urteilsfähi-

---

683 *BÄK*, DÄBl 2011, A346, A347 f.
684 Siehe *BÄK*, DÄBl 2011, A346, A348.

gen Minderjährigen aus[685]: Wird dem minderjährigen Patienten von dem behandelnden Arzt der nötige Grad an Entscheidungsfähigkeit zuerkannt, so soll damit in der Folge auch dessen Berechtigung einhergehen, allein über die Erteilung oder Verweigerung der Einwilligung in einen ihn betreffenden medizinischen Eingriff zu entscheiden. In der Konsequenz komme es auf die Zustimmung der gesetzlichen Vertreter nicht mehr an. Die Entscheidung der sorgeberechtigten Eltern sei für den Arzt folglich unbeachtlich, sollte der Minderjährige wirksam eingewilligt oder den betreffenden Eingriff abgelehnt haben[686].

Ebenso wie die Vertreter einer kumulativen Einwilligungsbefugnis argumentieren auch die Befürworter des Alleinentscheidungsrechts mit dem Selbstbestimmungsrecht des Minderjährigen. Als Ausfluss des allgemeinen Persönlichkeitsrechts garantiere dieses jedem Menschen die freie Entfaltung der Persönlichkeit und somit auch die Entscheidungsbefugnis hinsichtlich der Frage, ob ein ärztlicher Eingriff in die eigene körperliche Unversehrtheit stattfinden dürfe und welche Maßnahmen im Einzelnen

---

685 *Baston-Vogt*, S. 232 f.; *Belling*, FuR 1990, 68, 76; *Belling/Eberl/Michlik*, S. 135 ff.; *Bender*, MedR 1997, 7, 13; *ders.*, GesR 1999, 260, 264 (Zeugen Jehovas); *Bichler*, S. 83 ff.; *Brückner*, S. 90 ff., 102 f.; *Diederichsen*, Zustimmungsersetzungen, in: Dierks/Graf-Baumann/Lenard, Therapieverweigerung, S. 97, 99, 103 f.; *Eberbach*, FamRZ 1982, 450, 451; *Eser*, Ärztliches Handeln, in: Müller/Olbing, Ethische Probleme in der Pädiatrie, S. 178, 179; *Francke/Hart*, S. 146 f.; *Franzki*, S. 115; *Gleixner-Eberle*, S. 334, 339 ff.; *Golbs*, S. 90; *Kern*, NJW 1994, 753, 755; *ders.*, LMK 2007, 220412, Punkt 2; *ders.*, GesR 2009, 1, 3; *Lenckner*, ZStW 1960, 446, 462 f.; *Lesch*, NJW 1989, 2309, 2309 f.; *Rehborn/Schäfer*, Einwilligung Minderjähriger, in: AG RAe im Medizinrecht, 25 Jahre Arzthaftung, S. 253, 265 ff.; *Schlund*, Anm. zu OLG Hamm, JR 1999, 333, 335 f.; *Schwerdtner*, NJW 1999, 1525, 1525 ff.; *Spickhoff*, NJW 2000, 2297, 2300; *ders.*, AcP 208 (2008), 345, 389 f.; *Wölk*, MedR 2001, 80, 84; *Huber*, in: MüKo BGB, § 1626 Rn. 41 f.; *Jung/Lichtschlag-Traut/Ratzel*, in: Ratzel/Luxenburger, Medizinrecht, Kap. 13 Rn. 245; *Lenckner/Sternberg-Lieben*, in: Schönke/Schröder, StGB, Vorbem. §§ 32 ff. Rn. 40, 42; *Rehborn/Gescher*, in: Erman, § 630d Rn. 7; *Schroth*, in: Roxin/Schroth, Medizinstrafrecht, S. 33 f.; *Spindler*, in: Bamberger/Roth, § 823 Rn. 638. Zur Behandlung einsichts- und urteilsfähiger weiblicher Minderjähriger im Rahmen einer Kontrazeption: *Biermann*, in: Ulsenheimer, Arztstrafrecht, Rn. 421 ff.; *Ulsenheimer*, in: Laufs/Kern, § 139 Rn. 46; *v. Harder/Erlinger*, Der Gynäkologe 2004, 366, 368.

686 *Diederichsen*, Zustimmungsersetzungen, in: Dierks/Graf-Baumann/Lenard, Therapieverweigerung, S. 97, 103 f.; *Eser*, Ärztliches Handeln, in: Müller/Olbing, Ethische Probleme in der Pädiatrie, S. 178, 179; *Francke/Hart*, S. 146 f.; *Lesch*, NJW 1989, 2309, 2309 f.; *Spickhoff*, NJW 2000, 2297, 2300; *Lenckner/Sternberg-Lieben*, in: Schönke/Schröder, StGB, Vorbem. §§ 32 ff. Rn. 40; *Spindler*, in: Bamberger/Roth, § 823 Rn. 638.

durchzuführen oder zu unterlassen seien[687]. Indem auch minderjährige Patienten grundrechtsfähig seien[688], müsse ihnen bei Vorliegen hinreichender Einsichts- und Urteilsfähigkeit die Befugnis zustehen, ihr Selbstbestimmungsrecht eigenständig auszuüben[689].

Zur Bekräftigung dieser Auffassung wird auf § 1626 Abs. 2 S. 1 BGB verwiesen, der die Eltern bei der Ausübung der elterlichen Sorge dazu anhält, die wachsenden Fähigkeiten des Kindes sowie sein wachsendes Bedürfnis zu selbstständigem und verantwortungsbewusstem Handeln zu berücksichtigen[690]. Zwar komme den erziehungsberechtigten Eltern grundsätzlich die elterliche Sorge für ihr minderjähriges Kind zu, allerdings folge aus der Fremdnützigkeit des Elternrechts, welches die Selbstbestimmung und Selbstverantwortung des Kindes zum Ziel habe, dass das Elternrecht so weit zurückweiche, wie der Minderjährige selbstverantwortlich entscheiden könne. Die Elternverantwortung trete folglich mit der wachsenden Selbstbestimmungsfähigkeit des Minderjährigen immer weiter in den Hintergrund. Elterliche Sorge und Selbstbestimmung durch das minderjährige Kind stünden nicht in einem Konkurrenzverhältnis zueinander, sondern lösten sich ab. Denn auch die aus dem Fürsorgegedanken erwachsene Vertretungshandlung durch die gesetzlichen Vertreter stelle eine Fremdbestimmung zulasten des Minderjährigen dar, welche lediglich dann als zulässig zu erachten sei, wenn der Minderjährige sein Selbstbestimmungsrecht nicht eigenständig ausüben könne. Habe er den erforderlichen Grad an Einsichts- und Urteilsfähigkeit inne, um eine selbstbestimmte Entscheidung zu treffen, müsse dies eine Entscheidung

---

687 *Lesch*, NJW 1989, 2309, 2310; *Rehborn/Gescher*, in: Erman, § 630d Rn. 7; *Rothärmel/Wolfslast/Fegert*, MedR 1999, 293, 294; *Schwerdtner*, NJW 1999, 1525, 1526; *Wölk*, MedR 2001, 80, 84; *Koch*, in: Eser/Lutterotti/Sporken, Lexikon Medizin Ethik Recht, S. 602.

688 Siehe dazu BVerfGE 47, 46, 74; 59, 360, 382.

689 *Belling/Eberl/Michlik*, S. 122 ff.; *Brückner*, S. 51 ff.; *Rehborn/Schäfer*, Einwilligung Minderjähriger, in: AG RAe im Medizinrecht, 25 Jahre Arzthaftung, S. 253, 264 ff.; *Roth*, S. 63 ff.; *Rothärmel/Wolfslast/Fegert*, MedR 1999, 293, 294.

690 Vgl. zu dieser Argumentation allg. BVerfGE 59, 360, 382, 387 f.; 79, 203, 210 f.; sowie zu der konkreten Fragestellung *Belling*, FuR 1990, 68, 71 f.; *Belling/Eberl/Michlik*, S. 119 ff., 156; *Bender*, MedR 1997, 7, 13; *Biermann*, in: Ulsenheimer, Arztstrafrecht, Rn. 423; *Bosch*, FamRZ 1973, 489, 506; *Eberbach*, FamRZ 1982, 450, 451; *Golbs*, S. 90; *Kern*, LMK 2007, 220412, Punkte 2, 3; *ders*, GesR 2009, 1, 3; *Lenckner*, ZStW 1960, 446, 462 f.; *Lesch*, NJW 1989, 2309, 2310; *Rehborn/Schäfer*, Einwilligung Minderjähriger, in: AG RAe im Medizinrecht, 25 Jahre Arzthaftung, S. 253, 265 ff.; *Rothärmel*, S. 125 f.; *Schwerdtner*, NJW 1999, 1525, 1526; *Uhlenbruck*, DMW 1977, 65, 66 f.

durch die Eltern letztlich ausschließen[691]. Hinreichend entscheidungsfähige Minderjährige sind nach dieser Ansicht folglich stets auch alleinentscheidungsbefugt in Bezug auf ärztliche Behandlungsentscheidungen.

Teilweise wird in diesem Zusammenhang vertreten, dass den Eltern aufgrund ihres Erziehungsrechts aus Art. 6 Abs. 2 S. 1 GG aber ein Recht auf Information verbleibe, aufgrund dessen der Arzt sie über die Behandlung ihres hinreichend entscheidungsfähigen minderjährigen Kindes in Kenntnis setzen müsse[692]. So könnten die Eltern ihrem Kind zumindest weiterhin beratend zur Seite stehen[693]. Inwiefern dies aber mit der Schweigepflicht des Arztes vereinbar wäre, ist jedoch fraglich[694].

Unterstützung finden die juristischen Vertreter des kindlichen Alleinentscheidungsrechts durch verschiedene ärztliche Fachorganisationen und Interessenverbände wie die Kommission für ethische Fragen der Deutschen Akademie für Kinder- und Jugendmedizin (DAKJ)[695], die Deutsche Gesellschaft für Medizinrecht (DGMR)[696] oder die Deutsche Gesellschaft für Gynäkologie und Geburtshilfe (DGGG)[697], welche für eine Alleinentscheidungskompetenz hinreichend einsichts- und urteilsfähiger Minderjähriger plädieren. Auch die Bundesärztekammer sprach sich in einer Bekanntgabe zu ethischen und rechtlichen Problemen bei der Behandlung bösartiger Erkrankungen von Kindern und Jugendlichen aus dem Jahr 1994 noch für eine alleinige Entscheidungskompetenz dieser Kinder aus[698]:

---

691 *Baston-Vogt*, S. 229 ff.; *Bichler*, GesR 2014, 208, 212; *Brückner*, S. 91; *Schwerdtner*, NJW 1999, 1525, 1526 f.; *Wölk*, MedR 2001, 80, 84; *Koch*, in: Eser/Lutterotti/Sporken, Lexikon Medizin Ethik Recht, S. 603 f.

692 *Baston-Vogt*, S. 233; *Belling/Eberl/Michlik*, S. 136 f.; vgl. auch *Spickhoff*, NJW 2000, 2297, 2300.

693 *Baston-Vogt*, S. 233; *Belling/Eberl/Michlik*, S. 136 f.; vgl. auch *Spickhoff*, NJW 2000, 2297, 2300; a. A. aber aus strafrechtlicher Perspektive *Biermann*, in: Ulsenheimer, Arztstrafrecht, Rn. 426.

694 Zur Problematik eines Informationsrechts der Eltern und der mit diesem kollidierenden ärztlichen Schweigepflicht aufgrund der Patientenautonomie des minderjährigen Patienten siehe *Bender*, MedR 1997, 7 ff.; *Kölch/Fegert*, FPR 2007, 76, 77.

695 *DAKJ*, Monatsschr Kinderheilkd 2015, 375, 375 ff.

696 *DGMR*, Empfehlungen zur Therapieverweigerung, in: Dierks/Graf-Baumann/Lenard, Therapieverweigerung bei Kindern und Jugendlichen, S. 147, 148 Punkt 9.

697 *DGGG*, S. 4.

698 *BÄK*, DÄBl 1994, A3204, A3207.

> „Jugendliche sind [...] selbst zur Erteilung der Einwilligung berechtigt, wenn sie in der Lage sind, Bedeutung und Tragweite der ärztlichen Behandlung beziehungsweise die Folgen eines Unterlassens der Behandlung zu verstehen. Dem Recht der Eltern, die Sorge für ihr Kind dahingehend auszuüben, daß sie einer Behandlung zustimmen oder sie ablehnen, sind also durch die Einwilligungsfähigkeit des minderjährigen Patienten Grenzen gezogen. [...]
> Ist der Jugendliche urteilsfähig und stimmt er der Behandlung zu, so ist die Therapie auch bei Ablehnung durch die Eltern durchzuführen, wobei das Bemühen weiter darauf gerichtet sein muß, die Eltern ebenfalls zu überzeugen. [...] Willigen nur die Eltern in die Behandlung ein, nicht aber der einsichtsfähige Jugendliche, so darf die Behandlung nicht durchgeführt werden, wenn es trotz aller an der Behandlung Beteiligten nicht gelingt, den Jugendlichen von der Notwendigkeit und den Erfolgsaussichten der Therapie zu überzeugen."

Allerdings rückte die Bundesärztekammer von dieser Auffassung – auch vor dem Hintergrund der „Vetorecht-Entscheidung" des Bundesgerichtshofs vom 10. Oktober 2006[699] – ab und vertritt nunmehr den Standpunkt einer kumulativen Entscheidungskompetenz von Kind und Eltern[700].

Demgegenüber empfehlen einige Kliniken in ihren Ethikleitlinien weiterhin, der kindlichen Entscheidung Vorrang zu gewähren gegenüber der elterlichen Behandlungserklärung[701]. So heißt es beispielsweise in der „Leitlinie zur Frage der Therapiezieländerung bei schwerstkranken Patienten und zum Umgang mit Patientenverfügungen" des Klinikums der Ludwig-Maximilians-Universität München ausdrücklich:

> „Ist ein Minderjähriger in Bezug auf eine konkrete medizinische Behandlung einwilligungsfähig, so zählt ausschließlich seine Entscheidung. Die Meinung der Eltern ist dann für das medizinische Team rechtlich nicht maßgeblich."[702]

Mit Blick auf die anhaltende Uneinigkeit in der rechtswissenschaftlichen Fachdiskussion und der vor allem in der zivilrechtlichen Judikatur vor-

---

699 BGH NJW 2007, 217 ff.

700 Siehe *BÄK*, DÄBl 2011, A346, A348.

701 Siehe beispielhaft *Klinikum der Universität München*, S. 14 (Anhang A.); *Asklepios Klinik Sankt Augustin*, S. 3 f. (ebenfalls in Bezug auf eine Bluttransfusion bei minderjährigen Kindern von Zeugen Jehovas).

702 *Klinikum der Universität München*, S. 14 (Anhang A.).

herrschenden deutlich restriktiveren Auffassung ist dies keineswegs unproblematisch.

d. Stellungnahme und Bewertung

Die Ansichten in Rechtsprechung und Schrifttum reichen in der aktuellen Diskussion von einer Berücksichtigung des Willens des hinreichend einsichts- und urteilsfähigen Minderjähriger im Außenverhältnis gegenüber dem Behandler im Rahmen eines Vetorechts oder einer Co-Einwilligung bis hin zu einer Alleinentscheidungskompetenz über die ihn betreffenden Eingriffe. Dieser Debatte lässt sich weder eine herrschende Ansicht ausmachen noch zeichnet sich derzeit eine eindeutige Richtung ab. Insbesondere kann innerhalb der höchstrichterlichen Rechtsprechung eine „klare Linie" nicht erkannt werden, da sowohl das maßgebliche strafrechtliche Urteil als auch die zivilrechtlichen Entscheidungen in hohem Maße einzelfallgeprägt waren und nicht nur unerheblichen Interpretationsspielraum offenlassen. Letztlich hat auch das Patientenrechtegesetz keine Klarheit geschaffen[703]. Die Unsicherheiten im Umgang mit Entscheidungen minderjähriger Patienten bestehen somit – zum Leidwesen aller Beteiligten – vorerst fort[704].

Als Schnittmenge der dargestellten vertretenen Ansichten lässt sich allerdings herausstellen, dass minderjährigen, in der konkreten Situation entscheidungsfähigen Patienten *wenigstens* ein Vetorecht zustehen muss, durch welche sie im Außenverhältnis aktiv an der Entscheidung mitwirken können. Sie sind folglich befugt, eine Behandlung zu verhindern, indem sie der Einwilligung durch ihre Eltern rechtsverbindlich gegenüber dem Arzt widersprechen können.

Ob ihnen darüber hinaus das Recht einzuräumen ist, selbstständig die Einwilligung in einen ärztlichen Eingriff zu erteilen, auch wenn die Eltern einen solchen ablehnen, bleibt indes umstritten. Für die erforderlichen Fähigkeiten des minderjährigen Patienten zu einer solchen Alleinentscheidungskompetenz müssten sodann jedenfalls deutlich strengere Maßstäbe gelten, als dies im Rahmen einer kumulativen Entscheidungskompetenz

703 Siehe BT-Drs. 17/10488, BGBl. 2013 I S. 277 ff.

704 Vgl. *Deutsch/Spickhoff*, Rn. 424; *Franzki*, S. 113 f.; *Hart*, GesR 2012, 385, 386; *Spickhoff*, VersR 2013, 267, 276; so auch schon *Eser*, Ärztliches Handeln, in: Müller/Olbing, Ethische Probleme in der Pädiatrie, S. 178, 179.

der Fall ist, bei welcher der Minderjährige stets der Mitwirkung seiner Eltern bedarf.

C. *Minderjährige als Adressaten der Aufklärung*

Eine wichtige Voraussetzung der wirksamen Einwilligung ist die Aufklärung des Disponierenden[705]. Denn nur der aufgeklärte Patient, der sich der Tragweite seiner Entscheidung bewusst ist, ist dazu in der Lage, selbstbestimmte Entscheidungen zu treffen[706]. Indem der Minderjährige gemäß § 1626 Abs. 2 BGB entsprechend seines Entwicklungsstandes an den Entscheidungen seiner Eltern zu beteiligen ist und der Behandlungswille des Kindes sowohl für jene als auch für den behandelnden Arzt zumindest im Falle hinreichender Einsichts- und Urteilsfähigkeit bindend sein kann, muss sich für den Arzt ab einem gewissen Alter seines minderjährigen Patienten die Frage stellen, an wen die erforderliche Aufklärung zu adressieren ist.

Gemäß § 630e Abs. 1 S. 1 BGB ist der Behandelnde verpflichtet, den Patienten über sämtliche Umstände aufzuklären, die für die Einwilligung wesentlich sind. Patient im Sinne der §§ 630a ff. BGB ist dabei grundsätzlich der Vertragspartner des Behandelnden[707]. Für die Aufklärung kommt es jedoch nicht auf den Abschluss des Behandlungsvertrages, sondern vielmehr auf die Abgabe der informierten Einwilligung an. Daher bestimmt auch § 630d Abs. 2 BGB, dass Adressat der Aufklärung derjenige zu sein hat, dessen Einwilligung es bedarf[708]. Dies ist nach § 630d Abs. 1 S. 1 BGB regelmäßig der einwilligungsfähige Patient, dem die Behandlung zuteilwird.

Nach § 630d Abs. 1 S. 1, Abs. 2 i.V.m. § 630e BGB ist der einwilligungsfähige Patient *vor* dem Eingriff aufzuklären. Inhalt und Form der Aufklärung legt § 630e Abs. 1 und Abs. 2 BGB fest. Unterbleiben darf die Aufklärung lediglich insofern, als die Information ausnahmsweise aufgrund besonderer Umstände als entbehrlich anzusehen ist, vor allem wenn die Maßnahme unaufschiebbar ist oder der Patient auf die Aufklärung ausdrücklich verzichtet hat, § 630e Abs. 3 BGB.

---

705 Zur Aufklärung siehe schon Kapitel 2, S. 70 ff.

706 *Deutsch/Spickhoff*, Rn. 434.

707 BT-Drs. 17/10448, S. 17; *Weidenkaff*, in: Palandt, BGB, Vorb v § 630a Rn. 4.

708 *Rehborn/Gescher*, in: Erman, § 630e Rn. 22; *Schneider*, in: Prütting/Wegen/Weinreich, BGB, § 630e Rn. 10.

Ist der Patient hingegen einwilligungsunfähig und somit nicht in der Lage, eine wirksame Einwilligung zu erklären, so richtet sich die Aufklärung gemäß § 630e Abs. 4 BGB an den nach § 630d Abs. 1 S. 2 Hs. 1 BGB zur Einwilligung Berechtigten. Indem für einen nicht entscheidungsfähigen Minderjährigen regelmäßig dessen Eltern als gesetzliche Vertreter einwilligungsbefugt sind, hat der Arzt die notwendige Selbstbestimmungsaufklärung in diesen Fällen an sie zu adressieren. Auch Inhalt, formelle Anforderungen und Entbehrlichkeit der Aufklärung richten sich sodann nach ihnen als Berechtigte[709].

Der wachsende Stellenwert des Persönlichkeitsschutzes – und damit einhergehend des Selbstbestimmungsrechts – hat allerdings zu dem verfassungsrechtlich begründeten Bestreben geführt, auch einwilligungsunfähige Patienten, die nicht wirksam in eine medizinische Behandlung einwilligen können, stärker in das Behandlungsgeschehen einzubeziehen[710]. Nach heutiger Regelung des § 630e Abs. 5 BGB sind daher auch einwilligungsunfähige Patienten entsprechend ihrem Verständnishorizont über die wesentlichen Umstände der vorgesehenen Maßnahme in Kenntnis zu setzen[711]. Art und Umfang der ärztlichen Erläuterungen hängen dabei von den Umständen des Einzelfalls ab. Sie richten sich insbesondere nach dem Entwicklungsstand und den Verständnismöglichkeiten des Patienten. Besondere Bedeutung erlangt die Pflicht zur Aufklärung damit in Bezug auf minderjährige Patienten vor allem für Jugendliche und Kinder mit Vorwissen über ihre Erkrankung, da diese auch bei unzureichender Entscheidungsfähigkeit schon ein großes Verständnis für den bevorstehenden Eingriff haben können und entsprechend weitreichend an ärztlichen Aufklärungsgesprächen zu beteiligen sind.

Abgesehen von Fällen des § 630e Abs. 3 bedarf es der Information einwilligungsunfähiger Patienten lediglich dann nicht, wenn aufgrund

---

709 *Rehborn/Gescher*, in: Erman, § 630d Rn. 10 ff.; *Schneider*, in: Prütting/Wegen/Weinreich, BGB, § 630e Rn. 10; auch bereits in BGHZ 105, 45, 47 ff.

710 BT-Drs. 17/11710, S. 29. Hintergrund der Bestimmung ist die Entscheidung des BVerfG betreffend die Behandlung eines einwilligungsunfähigen, psychotischen Patienten während seiner Unterbringung im Maßregelvollzug, BVerfGE 128, 282, 310.

711 BT-Drs. 17/11710, S. 29. Mit Einführung des § 630e Abs. 5 BGB trägt die Gesetzgebung der jüngsten Rspr. des BVerfG Rechnung, nach der auch ein Einwilligungsunfähiger über das Ob und Wie einer Behandlung, der er unterzogen wird, grundsätzlich nicht im Unklaren gelassen werden darf, siehe BVerfGE 128, 282, 301, 310 (primär zu Zwangsbehandlungen im Maßregelvollzug); dazu *Deutsch/Spickhoff*, Rn. 497; *Rinke*, NStZ 1988, 10, 11; *Thole*, MedR 2013, 145, 148; *Volckart/Grünebaum*, S. 224 f.

ihrer geistigen Fähigkeiten im Einzelfall ausgeschlossen ist, dass sie in der Lage sind, die Erläuterungen wenigstens in wesentlichen Zügen aufzunehmen[712]. Dies wird nur bei Säuglingen und Kleinkindern angenommen werden können. Zudem darf eine Aufklärung ausnahmsweise unterbleiben, wenn die Inkenntnissetzung dem Wohle des Patienten schaden würde, § 630e Abs. 5 S. 1 Hs. 2 BGB. Damit erstreckt sich die Aufklärungspflicht des Arztes nach § 630e Abs. 5 BGB grundsätzlich auch auf minderjährige Patienten, soweit diese in der Lage sind, die Aufklärung aufzunehmen, selbst wenn die Behandlungsentscheidung letztlich durch die gesetzlichen Vertreter getroffen wird.

Die Aufklärungspflicht aus § 630e Abs. 5 BGB bleibt allerdings ohne Einfluss auf die gemäß Abs. 4 bestehende Pflicht des Arztes zur Aufklärung des Vertreters. Sie kann diese weder ersetzen noch die Wirksamkeit der elterlichen Einwilligung beeinträchtigen und ist insoweit funktionslos[713]. Entscheidend für die Vornahme der ärztlichen Maßnahme bleibt hier allein die Erklärung des Einwilligungsbefugten, also des hierzu berechtigten Vertreters, sodass die Einwilligung auch dann wirksam ist, wenn der Arzt das nicht entscheidungsfähige Kind nicht pflichtgemäß informiert hat[714]. Auch § 630d Abs. 2 BGB setzt für die Wirksamkeit der Einwilligung lediglich voraus, dass nach Maßgabe der Absätze 1 bis 3 des § 630e BGB aufgeklärt wurde[715]. Somit führt die Nichterfüllung der Pflicht aus § 630e Abs. 5 BGB durch den Arzt nicht zur Unwirksamkeit der Einwilligung.

Da ein Verstoß der Aufklärungspflicht die Wirksamkeit der Vertretereinwilligung nicht beeinträchtigt, scheidet eine deliktische Haftung aus § 823 Abs. 1 BGB für Eingriffe in die Körperintegrität aus[716]. Eine fehlende oder unzureichende Aufklärung des einwilligungsunfähigen Patienten hat für ihn deshalb auch keine strafrechtlichen Konsequenzen[717], was mit Blick auf das zu achtende Selbstbestimmungsrecht Einwilligungsunfähi-

---

712 Siehe BT-Drs. 17/11710, S. 29.

713 BT-Drs. 17/11710, S. 28; *Rehborn/Gescher*, in: Erman, § 630e Rn. 24; *Schneider*, in: Prütting/Wegen/Weinreich, BGB, § 630e Rn. 10.

714 BT-Drs. 17/11710, S. 29; BVerfGE 128, 282, 310; *Bernsmann*, Maßregelvollzug und Grundgesetz, in: Blau/Kammeier, Straftäter in der Psychiatrie, S. 142, 160; *Damm*, MedR 2015, 775, 778; *Rehborn/Gescher*, in: Erman, § 630e Rn. 24; *Schneider*, in: Prütting/Wegen/Weinreich, BGB, § 630e Rn. 10.

715 *Spickhoff*, VersR 2013, 267, 274; *Rehborn/Gescher*, in: Erman, § 630e Rn. 24.

716 *Kreße*, MedR 2015, 91, 94.

717 Dies folgt aus der Funktionslosigkeit der Aufklärungspflicht, siehe BT-Drs. 17/11710, S. 28 f.; *Damm*, MedR 2015, 775, 778; *Kreße*, MedR 2015, 91, 94; *Rehborn/Gescher*, in: Erman, § 630e Rn. 24; *Schneider*, in: Prütting/Wegen/Weinreich, BGB, § 630e Rn. 10.

ger, welches durch die Regelung des § 630e Abs. 5 BGB eine ausdrückliche Wertsteigerung erfahren sollte, ernüchternd ist. Als Entschädigung für eine Verletzung der ärztlichen Aufklärungspflicht kommt somit allenfalls ein Anspruch auf Schmerzensgeld aus §§ 823 Abs. 1, 253 BGB wegen der Verletzung des allgemeinen Persönlichkeitsrechts des einwilligungsunfähigen Patienten in Betracht[718]. Immaterielle Schäden sind bei Verletzungen des allgemeinen Persönlichkeitsrechts allerdings nur dann als ersatzfähige Rechtsverletzungen anerkannt, wenn diese als besonders schwerwiegend anzusehen sind, sodass eine Arzthaftung wegen Verletzung des § 630e Abs. 5 BGB im Ergebnis wohl die Ausnahme darstellen wird[719]. Gleiches gilt für eine mögliche Entschädigung aus § 280 Abs. 1 BGB aufgrund von Pflichtverletzungen aus dem Behandlungsvertrag[720].

Dennoch bedeutet die Verankerung des Aufklärungsgebotes für Einwilligungsunfähige in den §§ 630a ff. BGB als vertragliche Pflicht des Arztes eine Stärkung der Rechte für minderjährige, noch nicht hinreichend entscheidungsfähige Patienten[721]. Der Ärzteschaft wird durch diese ausdrückliche Regelung bewusstgemacht, dass minderjährige Patienten in jedem Fall in die Aufklärung einzubeziehen sind und dabei selbst jüngere Kinder nicht übergangen werden dürfen.

Fraglich ist nunmehr, welche Anforderungen an die Einwilligung eines bereits hinreichend einsichts- und urteilsfähige Minderjährige gestellt werden müssen und ob diese Voraussetzung für die Wirksamkeit ihrer Behandlungsentscheidung ist. Indem ihm nach gesicherter Rechtsauffassung jedenfalls ein Vetorecht zukommt, sie aber noch nicht zwingend über die volle Einwilligungsfähigkeit im Sinne einer Alleinentscheidungskompetenz verfügen, wie es in § 630d Abs. 1 S. 1 und § 630e Abs. 1 BGB vorausgesetzt wird, muss sich für den behandelnden Arzt unweigerlich die Frage stellen, ob Minderjährige damit stets nur nach § 630e Abs. 5 über die wesentlichen Umstände der Behandlung zu informieren sind. Es dürfte allerdings nicht dem Sinn und Zweck der §§ 630d f. BGB entsprechend, hinreichend entscheidungsfähige und somit zumindest mitentscheidungsbefugte Patienten als Adressaten der Aufklärung auszuklammern.

Die §§ 630d f. BGB verlangen, dass derjenige, der die Behandlungsentscheidung trifft, über den bevorstehenden Eingriff insoweit aufzuklären

---

718 Vgl. *Kreße*, MedR 2015, 91, 95.

719 *Rehborn/Gescher*, in: Erman, § 630e Rn. 24.

720 *Kreße*, MedR 2015, 91, 94 f.

721 *Damm*, MedR 2015, 775, 777; *Deutsch/Spickhoff*, Rn. 497; *Thole*, MedR 2013, 145, 148.

ist, dass er eine informierte Erklärung abgeben kann. Wie herausgestellt wurde, hat das Veto eines Minderjährigen, der die erforderliche Einsichts- und Urteilsfähigkeit innehat, für den Behandler letztentscheidende und bindende Wirkung. Verweigert der Minderjährige eine Behandlung, ist der Arzt zu dem betreffenden Heileingriff nicht legitimiert; die Maßnahme darf nicht durchgeführt werden. Diese Entscheidung sollte nicht ohne hinreichende Aufklärung oder ohne Konsequenzen für den Behandler bei deren Nichtbeachtung getroffen werden dürfen.

Ist ein minderjähriger Patient in ausreichendem Maße entscheidungsfähig und wird ihm infolgedessen das Recht zugestanden, die Einwilligung der Eltern durch Ausübung eines Beteiligungsrechts in Form eines Vetos (oder gar einer Co-Einwilligung) zu beeinflussen, so ist es daher erforderlich, dass er entsprechend informiert ist. Denn auch der hinreichend entscheidungsfähige Minderjährige kann nur dann eine selbstbestimmte Entscheidung treffen, wenn er sämtliche für die Einwilligung wesentlichen Umstände wie insbesondere Art, Umfang, Durchführung, zu erwartende Folgen und Risiken der Maßnahme sowie ihre Notwendigkeit, Dringlichkeit, Eignung, Erfolgsaussichten und Behandlungsalternativen im Hinblick auf die Diagnose oder die Therapie kennt[722]. Für den minderjährigen mitentscheidenden Patienten sollte daher nichts anderes gelten dürfen als für einen alleinentscheidenden Volljährigen. Eine bloß informatorische Erläuterung der Umstände des Eingriffs im Sinne des § 630e Abs. 5 BGB, dessen Nichtbeachtung keine Auswirkungen auf die Wirksamkeit der Einwilligung hat, kann daher in diesem Fall nicht ausreichen. Dem mitentscheidungsbefugten Minderjährigen muss vielmehr eine umfängliche Aufklärung durch den Behandler gemäß § 630e Abs. 1 und Abs. 2 BGB zukommen[723]. In diesem Falle sind sowohl die sorgeberechtigten Eltern als auch der Minderjährige Adressaten der Aufklärung nach § 630e Abs. 1 und Abs. 2 BGB.

Anders als bei gemeinsam sorgeberechtigten Eltern besteht bei dem mitentscheidungsbefugten Minderjährigen auch nicht die Möglichkeit, die Aufklärung auf eine der beteiligten Personen zu beschränken[724]. Wird nur ein Elternteil mit dem minderjährigen Kind bei einem Behandler vorstellig, so darf – jedenfalls bei leichten und risikoarmen Eingriffen –

---

722 Vgl. nochmals *Deutsch/Spickhoff*, Rn. 434.

723 Vgl. bereits BGH NJW 2007, 217, 218.

724 Anders möglicherweise BGH NJW 2007, 217, 218, wonach der Arzt im Allgemeinen darauf vertrauen dürfe, dass die Aufklärung und Einwilligung der Eltern genügten.

regelmäßig davon ausgegangen werden, dass der andere Elternteil ihn zur Entgegennahme der Aufklärung und zur Erteilung der Einwilligung bevollmächtigt hat[725]. Dies kann bei einem mitentscheidungsbefugten Minderjährigen hingegen nicht angenommen werden. Zwar bedarf es auch hier der Zustimmung mehrerer Beteiligter, jedoch ist der Minderjährige im Gegensatz zu dem vertretenen Elternteil Betroffener des Eingriffs. Indem § 630e Abs. 5 BGB festlegt, dass der zu Behandelnde stets über die wesentlichen Umstände der ärztlichen Maßnahme zu unterrichten ist, selbst wenn er nicht zur Erteilung der Einwilligung befugt ist, so muss erst recht der mitentscheidungsbefugte Patient aufgeklärt werden, auch wenn es zu seiner wirksamen Einwilligung zusätzlich der elterlichen Zustimmung bedarf.

Minderjährige Patienten sind somit auch auf die Art und Weise an den Vorbereitungshandlungen für eine sie betreffende medizinische Maßnahme zu beteiligen, dass der behandelnde Arzt die Aufklärung *auch* an sie adressieren muss – unabhängig davon, ob sie bereits (mit-) entscheidungsbefugt sind. Kindern steht folglich stets ein Recht auf Partizipation an dem ärztlichen Aufklärungsgespräch zu[726]. Während (mit-) entscheidungsbefugte Minderjährige im Rahmen des § 630e Abs. 1 bis Abs. 3 BGB umfänglich aufzuklären sind, um zu einer informierten Entscheidung befähigt zu werden, sind entscheidungsunfähigen Minderjährigen gemäß § 630e Abs. 5 BGB die wesentlichen Umstände des Eingriffs zu erläutern, soweit diesen aufgrund ihres Entwicklungsstandes und ihrer Verständnismöglichkeiten zu einer Aufnahme der Informationen in der Lage sind, ohne dass sich hieran eine Rechtsfolge für die Wirksamkeit der Behandlungsentscheidung knüpft. Eingriffe ganz ohne ein vorheriges Gespräch mit dem minderjährigen Patienten kommen damit allerdings regelmäßig nicht in Betracht.

D. Ergebnisse und Folgen für die Forschungsfrage

Die medizinische Behandlung eines Minderjährigen stellt Behandler und Gerichte seit jeher vor große Herausforderungen, die neben der Problematik der Einwilligung als solche auch die Rolle des minderjährigen Patienten beim Abschluss eines Behandlungsvertrages sowie hinsichtlich Umfang und Adressierung der ärztlichen Aufklärung betreffen.

---

725 *Deutsch/Spickhoff*, Rn. 496.
726 *Damm*, MedR 2015, 775, 777 f.

Wie dargelegt wurde, kann ein wirksamer Behandlungsvertrag nach §§ 630a ff. BGB grundsätzlich nicht ohne Beteiligung der gesetzlichen Vertreter des Minderjährigen geschlossen werden. Regelmäßig wird im Vorfeld der Behandlung mit dem zuständigen Arzt ein Vertrag zugunsten Dritter im Sinne von § 328 Abs. 1 BGB durch die Eltern vereinbart, aus dem ihr minderjähriges Kind als Berechtigter einen eigenen Leistungsanspruch auf die medizinische Behandlung erlangt. Der minderjährige Patient kann ab dem siebten Lebensjahr darüber hinaus selbst einen Behandlungsvertrag mit dem Arzt oder Krankenhausträger eingehen, allerdings ist dessen Wirksamkeit gemäß §§ 107, 108 Abs. 1 BGB von der Zustimmung seiner gesetzlichen Vertreter abhängig, da der Minderjährige bis zur Vollendung des achtzehnten Lebensjahres nur beschränkt geschäftsfähig ist. Ohne Einbeziehung der Eltern wird eine Behandlung mithin lediglich auf Basis einer berechtigten Geschäftsführung ohne Auftrag nach §§ 677 ff. BGB in Not- und Eilsituationen stattfinden sowie bei Vorliegen einer Kindeswohlgefährdung nach gerichtlichem Verfahren, sofern die elterliche Zustimmung zu dem Behandlungsvertrag gemäß § 1666 Abs. 3 Nr. 5 BGB durch eine familiengerichtliche Entscheidung ersetzt wurde.

Der Behandlungsvertrag stellt dabei die vertragliche Basis für die ärztliche Behandlung dar, er ist jedoch in seiner Bedeutung streng von der medizinischen Einwilligung zu trennen. Während ersterer den schuldrechtlichen Rahmen der Behandlungsmaßnahme absteckt, aus welchem vertragliche Rechte und Verpflichtungen erwachsen, stellt die Einwilligung ihrem Wesen nach einen freiwilligen Verzicht auf den durch die Rechtsordnung gebotenen Rechtsschutz der körperlichen Integrität dar[727]. Da das Rechtsinstitut der Einwilligung unmittelbar aus dem persönlichen Selbstbestimmungsrecht hergeleitet wird, knüpft es, anders als die Willenserklärung, die zum Abschluss des Behandlungsvertrages erforderlich ist, nicht an die Geschäftsfähigkeit, sondern an die Einwilligungsfähigkeit des Patienten an. Einwilligungsfähigkeit liegt vor, wenn der Patient hinreichend einsichts- und urteilsfähig ist, also in der Lage ist, Wesen, Bedeutung und Tragweite der medizinischen Behandlung zu erkennen und den eigenen Willen hiernach auszurichten[728]. Ein festes Mindestalter ist hierfür nicht vorgesehen, sodass auch Minderjährige, die noch nicht voll geschäftsfähig sind, das erforderliche Maß an Einsichts- und Urteilsfä-

---

727 *Amelung*, Vetorechte, S. 10; *Deutsch*, AcP 192 (1992), 161, 167; *Voll*, S. 37.

728 Vgl. nochmals BGH NJW 1956, 1106, 1106 f.; BGHZ 29, 33, 36; BGHSt 12, 379, 382; BGH MDR 1981, 810, 810; BT-Drs. 17/10488, S. 23; *Amelung/Eymann*, JuS 2001, 937, 941 f.

higkeit hinsichtlich der konkreten Behandlungsentscheidung innehaben können. Ob ein minderjähriger Patient über diese Fähigkeiten verfügt, wird regelmäßig im Innenverhältnis durch die sorgeberechtigten Eltern und im Außenverhältnis durch den Arzt im Rahmen einer individuellen Einzelfallprüfung anhand seines Entwicklungsstandes und seiner persönlichen Fähigkeiten zu prüfen sein.

Wird dem hinreichend entscheidungsfähigen Minderjährigen zumindest das Recht zugestanden, durch ein Veto Einfluss auf die Behandlungsentscheidung der Eltern zu nehmen, ist er gemäß § 630d Abs. 1 S. 1, Abs. 2 und § 630e Abs. 1 S. 1 BGB Adressat einer umfänglichen Aufklärung im Sinne der §§ 630e Abs. 1 bis Abs. 3 BGB. Doch auch alle anderen Minderjährigen sind gemäß § 630e Abs. 5 BGB entsprechend ihres Entwicklungsstandes und Verständnishorizontes über die wesentlichen Umstände eines Eingriffs zu informieren, sodass der Arzt minderjährige Patienten mit Ausnahme von Säuglingen und Kleinkindern, denen es an jeglichem Verständnis für die Maßnahme fehlt, jedenfalls stets so umfassend aufklären muss, wie dies nach der persönlichen Entwicklung und geistigen Reife des Kindes verständlich ist.

Nicht ohne Weiteres ist indes die Frage zu beantworten, welche rechtliche Bedeutung dem Willen eines hinreichend einsichts- und urteilsfähigen Minderjährigen zukommt. Diesbezüglich ist zu differenzieren: Während im familiären Innenverhältnis die Normen der §§ 1626 ff. BGB heranzuziehen sind, ist der Behandler gegenüber dem Patienten nach den Regelungen des Behandlungsvertrages und den allgemeinen medizinrechtlichen Grundsätzen verpflichtet.

Die kindschaftsrechtlichen Bestimmungen der §§ 1626 ff. BGB stellen nicht die formelle Entscheidungskompetenz, sondern das materielle Kriterium des Kindeswohls in den Mittelpunkt der Diskussion um die Bindungswirkung kindlicher Behandlungserklärungen[729]. Danach haben die Eltern zwar gemäß § 1626 Abs. 1 S. 1 BGB die Entscheidungsmacht für die Behandlung ihres minderjährigen Kindes, jedoch wird diese im medizinischen Zusammenhang vor allem durch die Ausübungsdirektiven der dem § 1626 Abs. 1 BGB immanenten Pflichtbindung des Elternrechts, des Gebots der Rücksichtnahme aus § 1626 Abs. 2 BGB sowie der Pflicht zur kindeswohldienlichen Sorgerechtsausübung aus § 1627 S. 1 BGB beschränkt.

Unabhängig von der Entscheidungsfähigkeit des Minderjährigen sind die Eltern gemäß § 1626 Abs. 1 S. 1 i.V.m. § 1627 S. 1 BGB dem Wohle des Kindes verpflichtet, sodass eine Vorenthaltung dringend indizierter Heil-

---

729 Vgl. hierzu insg. *Coester*, S. 271 ff.

behandlungen für das Kind regelmäßig einen kindeswohlgefährdenden Missbrauch des Sorgerechts darstellt. § 1626 Abs. 2 BGB legt den Eltern darüber hinaus auf, das Kind im Rahmen seiner Fähigkeiten an Entscheidungen der elterlichen Sorge zu beteiligen und seinen Behandlungswillen bei der Entscheidungsfindung zu berücksichtigen. Je selbstständiger und reifer das Kind ist, desto höher muss dabei auch der Stellenwert sein, der dem Kindeswillen bei der Feststellung des Kindeswohls zukommt. Ist der Minderjährige hinreichend einsichts- und urteilsfähig, um eine eigenständige und selbstbestimmte Behandlungsentscheidung zu treffen, so muss sein Wille letztlich vorrangig gegenüber objektiven Kriterien zur Bemessung des Kindeswohls beachtet werden. Die elterliche Pflicht zur kindeswohlorientierten Sorgerechtsausübung konkretisiert sich in Behandlungsentscheidungen für ein insoweit einsichts- und urteilsfähiges Kind sodann in der Pflicht zur Umsetzung des Kindeswillens im Außenverhältnis. Die sorgeberechtigten Eltern sind sodann gemäß § 1627 S. 1 i.V.m. § 1626 Abs. 2 BGB an den Behandlungswillen des minderjährigen Patienten gebunden. Daraus folgt eine kindschaftsrechtliche innerfamiliäre Entscheidungsbefugnis des Minderjährigen gegenüber seinen Eltern, sodass sowohl das kindliche Veto gegen eine Behandlungsmaßnahme als auch die positive Behandlungsentscheidung für einen – wenigstens relativ indizierten – Heileingriff durch die Eltern gegenüber dem Arzt durchzusetzen sind.

Missbrauchen die Eltern ihr Sorgerecht, indem sie dem zu beachtenden Kindeswillen zuwiderhandeln, stellt dies eine erhebliche Gefährdung des körperlichen oder geistigen sowie seelischen Wohls des Kindes im Sinne des § 1666 Abs. 1 BGB dar, welche ein Einschreiten des Familiengerichts erforderlich macht. Nimmt das Gericht eine Kindeswohlgefährdung an, wird es zum Schutz des Kindeswohls in der Regel die Einwilligungs- oder Ablehnungserklärung der Eltern gegenüber dem Arzt – die überhaupt nur bei Annahme eines kumulativen oder alleinigen Entscheidungsrechts der Eltern erforderlich ist – nach § 1666 Abs. 3 Nr. 5 BGB durch eine gerichtliche Entscheidung ersetzen.

Auf das Arzt-Patienten-Verhältnis sind die §§ 1626 ff. BGB nicht anwendbar, sodass sich die Verpflichtungen des Arztes allein aus den §§ 630a ff. BGB und den allgemeinen medizinrechtlichen Grundsätzen ergeben. Nach § 630d Abs. 1 S. 1 und S. 2 BGB hat die Einwilligung in eine Heilbehandlung durch denjenigen zu erfolgen, der hierzu berechtigt ist – ebenso wie nach S. 4 in Eilfällen der mutmaßliche Wille des zur Einwilligung berechtigten Patienten maßgebend ist. In der Regel sind die Eltern des Kindes für dieses nach § 630d Abs. 1 S. 2 Hs. 1 BGB zur Einwilligung berechtigt. Daraus folgt zumindest eine mittelbare Ausstrahlungswirkung der Behandlungswünsche hinreichend entscheidungsfähiger Minderjähriger gegenüber dem Arzt, da die Eltern aus dem familiären Innenverhältnis gemäß §§ 1627 S. 1, 1626 Abs. 2 BGB verpflichtet sind, den Willen des Kindes im Außenverhältnis umzusetzen.

Der Behandler ist an die Erklärung der Eltern allerdings nicht gebunden, sofern ein evidenter Sorgerechtsmissbrauch vorliegt oder das Familiengericht nach § 1666 Abs. 4 BGB im Falle einer Kindeswohlgefährdung eine Maßnahme mit direkter Wirkung gegenüber dem Arzt erlassen hat: Während Fälle evidenter Vertretungsmachtmissbräuche im Rahmen von Vermögensgeschäften lediglich in seltenen Ausnahmen angenommen werden können, dürften sie im Verhältnis des Arztes zu seinem minderjährigen Patienten häufiger vorkommen, weil sich der Arzt – soweit möglich – stets persönlich mit dem Patienten zu befassen und ihn insbesondere entsprechend seiner Verständnisfähigkeiten aufzuklären hat. Ein elterlicher Missbrauch ihrer Vertretungsmacht wird sich ihm daher in bestimmten Behandlungssituationen aufdrängen müssen, sodass Verstöße der Eltern gegen §§ 1627 S. 1, 1626 Abs. 2 BGB in einer Reihe der Fälle nach außen durchschlagen und zur Unbeachtlichkeit der elterlichen Erklärung gemäß § 177 BGB führen dürften. Zweifelt der Arzt an einem kindeswohlorientierten Handeln der Eltern, so ist ein familiengerichtliches Verfahren nach § 1666 BGB anzuregen, in dessen Folge Maßnahmen nach § 1666 Abs. 4 BGB auch direkt gegen den Behandler ergehen können.

Ob dem hinreichend einsichts- und urteilsfähigen Minderjährigen darüber hinaus aber auch eine eigene Entscheidungsbefugnis im Sinne des § 630d Abs. 1 S. 1 BGB zukommt, ist umstritten. Die strafrechtliche Rechtsprechung und ein Teil der rechtswissenschaftlichen Literatur scheinen von einem Alleinentscheidungsrecht des im konkreten Fall entscheidungsfähigen Minderjährigen auszugehen. Demgegenüber sprechen sich weite Teilen des zivilrechtlichen Schrifttums sowie auch das jüngste Urteil des Bundesgerichtshofs in Zivilsachen zu dieser Thematik für ein kumulatives Entscheidungsrecht für minderjährige Patienten unter Beteiligung ihrer gesetzlichen Vertreter in Form einer Co-Einwilligung oder zumindest eines Vetorechts aus. Schließlich nennt auch der Gesetzgeber in der Begründung zum Patientenrechtegesetz neben der Vertretungsbefugnis der Eltern die Optionen der Co-Einwilligung und der Alleinentscheidungskompetenz für minderjährige Patienten, ohne sich jedoch einem der Konzepte ausdrücklich anzuschließen.

Ohne diese Problematik in der vorliegenden Arbeit lösen zu wollen, lässt sich als Konsens der anhaltenden Diskussion jedenfalls das Vetorecht ausmachen. Fest steht damit, dass der minderjährige Patient, dem das erforderliche Maß an Einsichts- und Urteilsfähigkeit zukommt, zwingend an der ihn betreffenden Behandlungsentscheidung beteiligt werden muss und sein Veto gegen eine Maßnahme für den Arzt unmittelbar verbindlich ist. Es besteht dahingehend Einigkeit, dass dem hinreichend einsichts- und urteilsfähigen Minderjährigen zumindest ein Mitbestimmungsrecht zusteht. Dies macht zwar trotz der tatsächlichen Fähigkeit des Kindes zur eigenverantwortlichen Behandlungsentscheidung weiterhin eine Einbeziehung der gesetzlichen Vertreter erforderlich, zugleich kann es aber auch jüngeren, weniger reifen Minderjährigen die Möglichkeit zur aktiven Mitbestimmung im Außenverhältnis eröffnen, da in Falle eines Vetorechts die Anforderungen an die erforderliche Einsichts- und Urteilsfähigkeit des Minderjährigen gegenüber einer alleinigen Behandlungsentscheidung deutlich herabzusetzen sind.

Praktische Relevanz kommt der Frage nach der Bindungswirkung des kindlichen Willens für den Behandler damit regelmäßig nur im Dissensfall zu. Sind sich der minderjährige Patient und seine sorgeberechtigten Eltern über die Durchführung oder Ablehnung einer ärztlichen Maßnahme einig, hat sich der Arzt nach dieser Entscheidung zu richten. Dabei spielt es keine Rolle, ob der Eingriff eindeutig oder nur relativ indiziert ist. Stimmen Eltern und Kind der Heilmaßnahme zu, liegt eine wirksame, dem Kindeswohl entsprechende Einwilligung vor, die den Arzt zu dem Eingriff legitimiert. Entscheiden sich Eltern und Kind gegen die Durchführung der ärztlichen Maßnahme, darf der Minderjährige nicht behandelt werden.

Diese Ergebnisse bilden im Folgenden die Grundlage für die Untersuchung antizipierter Behandlungsentscheidungen Minderjähriger. Denn nur diejenigen Entscheidungen des minderjährigen Patienten, die in Bezug auf *aktuelle* Behandlungen rechtliche Relevanz haben, können auch im Rahmen von Verfügungen über *künftige* Behandlungen rechtlich beachtlich sein. Indem dargelegt werden konnte, dass der Wille des minderjährigen Patienten in Bezug auf einen unmittelbar bevorstehenden ärztlichen Eingriff sowohl die Eltern als auch den Behandler binden kann, ist die sich anschließende Untersuchung eröffnet, ob ihm durch das Formulieren einer Vorausverfügung ebenfalls die Möglichkeit gegeben wird, verbindliche Vorsorge für noch nicht unmittelbar geplante Behandlungen zu treffen. Ein antizipiertes Veto könnte sich vor allem auf zu erwartende lebenserhaltende oder -verlängernde Maßnahmen am Ende einer langen Krankheit beziehen. Darüber hinausgehend ist als Äquivalent zur aktuellen Einwilligung zudem zu untersuchen, inwieweit dem Minderjährigen das Recht zukommt, Vorausverfügungen auch in Form positiver Behandlungsentscheidungen bindend zu formulieren.

Kapitel 4: Bindungswirkung der Behandlungsverfügung eines minderjährigen Patienten

Nachdem die Rolle Minderjähriger im Rahmen *aktueller* Behandlungsentscheidungen im dritten Kapitel dieser Arbeit erörtert wurde, sollen die gefundenen Ergebnisse nunmehr als Grundlage für die nachfolgenden Ausführungen dienen. Im Folgenden ist zu untersuchen, ob Minderjährige rechtlich verbindlich antizipierte Festlegungen über *künftige* Behandlungsentscheidungen treffen können und welcher Regelungsumfang diesen im Einzelnen zukommen kann.

Die in diesem Kapitel zu analysierende Fallgruppe soll diejenigen Behandlungsverfügungen thematisieren, welche von einem hinreichend einsichts- und urteilsfähigen Minderjährigen verfasst wurden und zu einem Zeitpunkt, in dem er sich nicht mehr selbstbestimmt äußern kann, hinsichtlich einer ihn betreffenden Behandlungsmaßnahme angewendet werden sollen. Der Patient hat hierbei weder in dem Moment des Verfassens der Verfügung noch zur Zeit des ärztlichen Eingriffs das Volljährigkeitsalter erreicht.

Es steht außer Frage, dass sich auch Minderjährige Gedanken über ihr Leben und mögliche ärztliche Behandlungsmaßnahmen machen. Viele Minderjährige, insbesondere solche, die von chronischen und/oder lebensgefährdenden Krankheiten betroffen sind, beschäftigen sich ausführlich mit ihrer Diagnose und den möglichen Behandlungsmaßnahmen[730]. Oftmals erwächst daraus der Wunsch, selbst verbindliche Regelungen für weitere Behandlungen zu treffen[731].

Um sich dahingehend abzusichern, dass der eigene Wille nicht unberücksichtigt bleibt oder von den Eltern übergangen wird, könnte sich der minderjährige Patient nunmehr dazu entschließen, vorsorglich eine eigene Erklärung für den Fall zu verfassen, dass er seine Fähigkeit zur selbstbestimmten Entscheidung verliert, beispielsweise infolge einer psy-

---

730 *Jox et al.*, Monatsschr Kinderheilkd 2007, 1166, 1166; *Jox/Führer/Borasio*, Monatsschr Kinderheilkd 2009, 26, 29.

731 Vgl. *Heitmann*, in: NK BGB, § 1901a Rn. 10; *Jox et al.*, Monatsschr Kinderheilkd 2007, 1166, 1166; *Jox/Führer/Borasio*, Monatsschr Kinderheilkd 2009, 26, 29; *Tolmein*, Patientenautonomie, in: Höfling, Das neue Patientenverfügungsgesetz, S. 47, 49.

chischen Erkrankung oder eines Komas. Ebenso könnte der Minderjährige antizipierte Festlegungen für die Zukunft treffen, um seinen Eltern die schwierige Entscheidung über eine Weiterbehandlung abzunehmen oder sie zumindest durch das Formulieren eigener Wünsche in der Entscheidungsfindung zu unterstützen. Eine Vorausverfügung kann dabei sowohl in Form einer antizipierten Einwilligung erfolgen als auch durch das Ablehnen aller oder einzelner Maßnahmen. Es können konkrete Entscheidungen oder allgemeine Wünsche und Vorstellungen formuliert werden. Fraglich ist sodann, welche dieser Erklärungen für die Sorgeberechtigten bindend sind und wie der Behandler in der Praxis mit derartigen Erklärungen umzugehen hat.

Man stelle sich folgende Situation vor: Ein chronisch kranker, minderjähriger Patient ist in ein Koma gefallen und somit nicht mehr in der Lage, eine eigene Erklärung abzugeben. Der behandelnde Arzt möchte den Minderjährigen medizinisch versorgen, beispielsweise in Form einer Blutentnahme zur weiteren Diagnostik, therapeutischer Medikamentengabe oder durch das Legen einer Magensonde für eine künstliche Ernährung. Dafür benötigt er jeweils die Einwilligung des Patienten beziehungsweise seiner gesetzlichen Vertreter.

Es ist somit zu untersuchen, ob Vorausverfügungen durch minderjährige Patienten Eltern und Ärzte ebenso binden wie die Patientenverfügung eines Erwachsenen und welche Bedeutung ihren Festlegungen im Falle eines Konflikts mit den gesetzlichen Vertretern respektive dem Behandler zukommt. Dazu sind im Anschluss an die folgenden einführenden rechtsdogmatischen Überlegungen zunächst die Bestimmungen zur Patientenverfügung aus §§ 1901a ff. BGB einer Prüfung zu unterziehen, welche bereits eine Kodifizierung zur Wirksamkeit antizipierter Behandlungsentscheidungen bereithalten. Hierbei ist insbesondere deren Anwendbarkeit auf Vorausverfügungen Minderjähriger zu untersuchen. Sodann sollen auf Basis der bisherigen Erkenntnisse die kindschaftsrechtlichen Regelungen der §§ 1626 ff. BGB in den Blick genommen und eine Einordnung der Minderjährigenverfügung anhand der bestehenden Regelungen des Kindschaftsrechts vorgestellt werden, wobei erneut die Wirkungen der Festlegungen im familiären Innenverhältnis gegenüber den Eltern von einer möglichen Außenwirkung gegenüber Ärzten und Pflegepersonal abzugrenzen sein werden.

A. Allgemeine rechtsdogmatische Überlegungen zur antizipierten Behandlungsentscheidung eines Minderjährigen

Die Vorausverfügung stellt eine besondere Form der Behandlungsentscheidung dar, welche sich auf noch nicht unmittelbar bevorstehende und daher zugleich in gewissem Umfang unsichere Behandlungsmaßnahmen in der Zukunft des Patienten bezieht[732]. Sie lässt sich jedoch in weiten Teilen mit der Einwilligung in aktuelle medizinische Eingriffe vergleichen. Sowohl inhaltlich als auch funktional sind die konkrete Einwilligung in einen aktuellen Eingriff und die antizipierte Einwilligung zu einer künftigen Maßnahme gleichgerichtet. Ein Unterschied besteht lediglich in den Komponenten Zeit und Voraussehbarkeit, da die Einwilligung in eine aktuelle, konkret bevorstehende Behandlung speziell auf diese abzielt, während sich die vorsorgliche Einwilligungs- oder Ablehnungserklärung auf potenzielle künftige Maßnahmen bezieht. Damit geht eine gewisse Unsicherheit sowohl hinsichtlich der Folgen der Verfügung als auch in Bezug auf eine dahingehende Aufklärung einher. Denn zum Zeitpunkt des Verfügens ist noch nicht mit Gewissheit vorauszusagen, ob und zu welchem Zeitpunkt des künftigen Lebens die Festlegungen Wirkung entfalten werden. Möglicherweise bleibt die geregelte Behandlungssituation ganz aus, wodurch auch die Verfügung letztlich folgenlos bliebe.

Dies gibt indes keinen hinreichenden Anlass für eine divergente Bewertung der Wirksamkeit der Erklärungen nach allgemeinen medizinrechtlichen Prinzipien. Die vorsorglich erklärte Zustimmung zu einer medizinischen Behandlung sollte einerseits nicht allein deshalb an Bindungswirkung verlieren, weil der Eintritt der verfügten Behandlungssituation ungewiss ist und der Verfügende zu einem späteren Zeitpunkt seine Entscheidungskompetenz einbüßt. Andererseits sind aufgrund ihrer Ausgestaltung als spezielle Form der Einwilligung keine Gründe ersichtlich, der vorsorglichen Zustimmung einen umfangreicheren Wirkungsrahmen zuzusprechen als der aktuellen Erklärung eines Patienten. Zu seinem Schutze wäre dies gleichermaßen verfehlt wie die Beschneidung der Beachtlichkeit seiner Erklärungen.

Dieser Argumentation folgend ist die Vorausverfügung minderjähriger Patienten grundsätzlich als ebenso beachtlich, wirksam und verbindlich anzusehen wie eine aktuelle Behandlungsentscheidung durch diese. Zu prüfen somit, ob sich diese Annahme anhand der §§ 1901a ff. BGB oder der §§ 1626 ff. BGB belegen lässt.

---

732 So schon BT-Drs. 15/3700, S. 5.

B. Bindungswirkung kindlicher Vorausverfügungen durch die Regelungen zur Patientenverfügung aus §§ 1901a ff. BGB

Nach § 1901a Abs. 1 S. 1 BGB sind Patientenverfügungen definiert als schriftliche Festlegungen eines einwilligungsfähigen Volljährigen für den Fall seiner Einwilligungsunfähigkeit darüber, ob er in bestimmte, zum Zeitpunkt der Festlegung noch nicht unmittelbar bevorstehende Untersuchungen seines Gesundheitszustandes, Heilbehandlungen oder ärztliche Eingriffe einwilligt oder sie untersagt. Liegt eine solche Verfügung vor, überprüft der Betreuer, ob die Festlegungen auf die aktuelle Lebens- und Behandlungssituation des Betroffenen zutreffen, und setzt den Patientenwillen um, indem er den Verfügungen des Betreuten Ausdruck und Geltung verschafft, § 1901a Abs. 1 S. 1 Hs. 2, S. 2 BGB.

Neben der *Einwilligungsfähigkeit* des Patienten wird auch die *Volljährigkeit* als Voraussetzung für eine wirksame Patientenverfügung festgeschrieben. Dessen ungeachtet stellt sich aufgrund der Ähnlichkeiten hinsichtlich Form und Zweck der Erklärungen die Frage, ob den Normen der §§ 1901a ff. BGB über ihren Wortlaut hinaus zudem Regelungen über kindliche Behandlungsverfügungen entnommen werden können. Aus diesem Grunde ist die Norm des § 1901a BGB von ihrer Entstehungsgeschichte bis hin zu ihrem praktischen Anwendungsbereich im Folgenden umfassend in den Blick zu nehmen.

I. Entstehungsgeschichte des § 1901a BGB

Am 18. Juni 2009 beschloss der Deutsche Bundestag das 3. Gesetz zur Änderung des Betreuungsrechts[733] und setzte damit eine verbindliche Regelung der Patientenverfügung im Gesetz fest. Vorausgegangen war dieser Normierung ein über mehrere Legislaturperioden hinweg dauernder Meinungsfindungsprozess – ausgelöst insbesondere durch den sogenannten „1. Sterbehilfebeschluss" des Bundesgerichtshofs in Zivilsachen vom 17. März 2003[734] sowie die „Kemptener Entscheidung" des Strafsenats vom 13. September 1994[735]. Um die Fragen der Voraussetzungen von Patientenverfügungen und deren Verbindlichkeit zu prüfen, beschloss der

733 Drittes Gesetz zur Änderung des Betreuungsrechts vom 29. Juli 2009, BGBl. 2009 I S. 2286 f. (kurz: 3. BtÄndG).

734 BGHZ 154, 205 ff. (auch Lübecker Fall).

735 BGHSt 40, 257 ff.; vgl. dazu *Albrecht/Albrecht*, Rn. 10 ff.

Bundestag bereits im Februar 2003 die Einsetzung einer Enquete-Kommission mit dem Titel „Ethik und Recht der modernen Medizin"[736], die in ihrem Zwischenbericht ausdrücklich auf die Problematik der Patientenverfügung einging[737]. Zudem gründete das Bundesjustizministerium im September 2003 die interdisziplinäre Arbeitsgruppe „Patientenautonomie am Lebensende"[738], auf deren Grundlage im November 2004 ein erster Referentenentwurf eines 3. Gesetzes zur Änderung des Betreuungsrechts veröffentlicht wurde[739]. Dieser wurde jedoch wenig später wieder zurückgezogen, um den Mitgliedern des Bundestages aufgrund der Schwierigkeit der Thematik, welche persönliche Gewissensfragen in Bezug auf Menschenwürde, Lebensschutz und Selbstbestimmung implizierte, die Möglichkeit zu eröffnen, unabhängig von der Fraktionszugehörigkeit überparteiliche Gruppenanträge aus der Mitte des Parlaments heraus einzubringen[740].

Dem Plenum standen schließlich vier Optionen zur parlamentarischen Abstimmung offen. Neben einem Antrag, der die gesetzliche Regelung der Patientenverfügung ablehnte, wurden im Wesentlichen drei inhaltlich unterschiedliche Gesetzentwürfe mit Regelungsvorschlägen eingebracht: der sogenannte Stünker-Entwurf[741], der Bosbach-Entwurf[742] und der Zöller-Entwurf[743], jeweils benannt nach den sie repräsentierenden Bundestagsabgeordneten. Unter Berücksichtigung der vom Rechtsausschuss empfohlenen Änderungen wurde letzten Endes der Entwurf des Abgeordneten Stünker in der Abstimmung vom 18. Juni 2009 mehrheitlich durch den Bundestag angenommen[744]. Die beschlossene Regelung zur Patientenver-

---

736 Antrag auf Einsetzung einer Enquete-Kommission „Ethik und Recht der modernen Medizin" vom 18. Februar 2003, BT-Drs. 15/464.

737 Zwischenbericht der Enquete-Kommission „Ethik und Recht der modernen Medizin", Patientenverfügungen, vom 13. September 2004, BT-Drs. 15/3700.

738 Vgl. *Kutzer*, FPR 2004, 683, 683 f.

739 Abrufbar unter http://gesmat.bundesgerichtshof.de/gesetzesmaterialien/15_wp/betrraendg_3/re-fe_04-11-01.pdf (letzter Zugriff: 28. Juni 2019); vgl. auch *Kutzer*, BtPrax 2005, 50, 50 ff.; *May*, BtPrax 2004, 234.

740 Vgl. *May*, BtPrax 2007, 149, 150; *Müller*, ZEV 2008, 583, 584.

741 Entwurf eines Dritten Gesetzes zur Änderung des Betreuungsrechts („Stünker-Entwurf") vom 6. März 2008, BT-Drs. 16/8442.

742 Entwurf eines Gesetzes zur Verankerung der Patientenverfügung im Betreuungsrecht (Patientenverfügungsgesetz – PatVerfG) („Bosbach-Entwurf") vom 16. Dezember 2008, BT-Drs. 16/11360.

743 Entwurf eines Gesetzes zur Klarstellung der Verbindlichkeit von Patientenverfügungen (Patientenverfügungsverbindlichkeitsgesetz – PVVG) („Zöller-Entwurf") vom 18. Dezember 2008, BT-Drs. 16/11493.

744 Vgl. *Diener*, S. 50 ff.; *Müller*, ZEV 2008, 583, 584 f.

fügung wurde als § 1901a im vierten Buch des Bürgerlichen Gesetzbuches im Rahmen des Betreuungsrechts verankert und trat am 1. September 2009 in Kraft[745].

Durch § 1901a Abs. 1 S. 1 BGB wird die Patientenverfügung zunächst als Rechtsinstitut festgelegt und legaldefiniert. Darüber hinaus werden Formerfordernisse sowie die Rechte und Pflichten des Vorsorgebevollmächtigten oder Betreuers des Patienten zur Ermittlung und Umsetzung des Patientenwillens geregelt. Liegt keine Patientenverfügung im Sinne der Definition vor, ist eine Behandlungsentscheidung gemäß § 1901a Abs. 2 BGB auf Basis der Behandlungswünsche respektive des mutmaßlichen Willens des Patienten durch seinen Vertreter zu treffen.

II. Nichteinbeziehung minderjähriger Patienten in die gesetzliche Regelung zur Patientenverfügung

Minderjährige wurden weder in den Gesetzentwürfen noch in den vorausgegangenen Vorschlägen der Arbeitsgruppen zu einer gesetzlichen Festlegung der Patientenverfügung erkennbar berücksichtigt. Der Zwischenbericht der Enquete-Kommission „Ethik und Recht der modernen Medizin" geht nicht auf minderjährige Patienten ein. Allerdings lässt sich ihm auch nicht ausdrücklich entnehmen, dass das Verfassen einer Patientenverfügung Volljährigkeit voraussetzen solle; es wird vielmehr allein auf die Einwilligungsfähigkeit des Verfügenden als persönliche Wirksamkeitsvoraussetzung abgestellt[746]. Auch findet sich weder in dem Referentenentwurf der durch das Bundesjustizministerium eingesetzten Arbeitsgruppe noch in den Gesetzentwürfen der Abgeordneten Bosbach und Zöller ein Volljährigkeitserfordernis. Sie fordern gleichermaßen lediglich, dass der Patient bei Verfassen der Erklärung einwilligungsfähig gewesen sein muss[747]. Dem Bosbach-Entwurf ist sogar die ausdrückliche Erklärung zu entnehmen, dass das Vorliegen voller Geschäftsfähigkeit *nicht* erforderlich sei[748].

Einzig der Stünker-Entwurf, der in überarbeiteter Form schließlich in geltendes Recht umgesetzt wurde, legt als Wirksamkeitsvoraussetzung

745 3. BtÄndG vom 29. Juli 2009, BGBl. 2009 I S. 2286 f.

746 Vgl. BT-Drs. 15/3700, S. 33 ff.

747 Vgl. „Entwurf eines 3. Gesetzes zur Änderung des Betreuungsrechts" des BMJ vom 1. November 2004, S. 3, 16, abrufbar unter http://gesmat.bundesgerichtshof.de/gesetzesmaterialien/15_wp/betrraendg_3/refe_04-11-01.pdf (letzter Zugriff: 28. Juni 2019); BT-Drs. 16/11360, S. 4, 9; BT-Drs. 16/11493, S. 5, 12.

748 BT-Drs. 16/11360, S. 9.

einer Patientenverfügung fest, dass der Patient zum Zeitpunkt der Verfügung einwilligungsfähig *und* volljährig war[749]. Eine Begründung hierfür bleibt der Entwurf indes schuldig. Zwar heißt es dort zunächst:

> „Als Patientenverfügungen werden schriftliche Willensbekundungen eines einwilligungsfähigen Volljährigen mit Entscheidungen über die Einwilligung oder Nichteinwilligung in noch nicht unmittelbar bevorstehende Untersuchungen seines Gesundheitszustandes, Heilbehandlungen oder ärztliche Eingriffe für den Fall der späteren Einwilligungsunfähigkeit bezeichnet."[750]

In der folgenden Erläuterung wird jedoch nicht weiter auf das Volljährigkeitskriterium eingegangen, sondern allein auf die Einwilligungsfähigkeit abgestellt. Auf die Geschäftsfähigkeit des Patienten komme es danach nicht an:

> „Ebenso wie bei einer aktuell erklärten Einwilligung in eine ärztliche Maßnahme kommt es auch für die Wirksamkeit der Festlegungen in einer Patientenverfügung nicht auf die Geschäftsfähigkeit, sondern auf die Einwilligungsfähigkeit des Betroffenen an, da einwilligungsbedürftige ärztliche Maßnahmen in besonderem Maße in die Rechte des Betroffenen eingreifen. Ausreichend ist die natürliche Einsichts- und Steuerungsfähigkeit."[751]

Dies muss Anlass zu der Frage geben, ob sich ein sachlicher Grund für die Notwendigkeit des Volljährigkeitskriteriums finden lässt[752]. Denn sollte es tatsächlich allein auf die Einwilligungsfähigkeit ankommen, hätte es des zusätzlichen Volljährigkeitserfordernisses nicht bedurft, weswegen mitunter gar spekuliert wurde, es müsse sich um ein redaktionelles Versehen des Stünker-Entwurfes gehandelt haben[753].

Die Ursache für das Tatbestandsmerkmal der Volljährigkeit findet sich indes in erster Linie in der systematischen Stellung der Norm[754]. § 1901a BGB wurde in die Regelungen des Betreuungsrechts integriert. Da die Betreuerbestellung gemäß § 1896 Abs. 1 S. 1 BGB voraussetzt, dass es sich bei dem Betreuten um eine volljährige Person handelt, sind die betreuungsrechtlichen Normierungen in ihrem Anwendungsbereich insgesamt

---

749 BT-Drs. 16/8442, S. 4.
750 BT-Drs. 16/8442, S. 12.
751 BT-Drs. 16/8442, S. 12 f.
752 Dies bezweifelnd *Heitmann*, in: NK BGB, § 1901a Rn. 10.
753 So *Bichler*, S. 93.
754 Siehe *Czerner/Soßdorf*, KritV 2013, 315, 317.

auf volljährige Adressaten beschränkt[755]. Einzige Ausnahme hierzu ist § 1908a BGB, der unter bestimmten Voraussetzungen eine vorsorgliche Betreuerbestellung bereits für Minderjährige ermöglicht. Die Maßnahmen werden jedoch auch in diesem Fall erst mit dem Eintritt der Volljährigkeit wirksam.

Zwar handelt es sich bei der Patientenverfügung um keine spezifisch betreuungsrechtliche Problematik[756], doch fügt sie sich thematisch in die Regelungen ein, indem § 1901a BGB den das Betreuungsrecht prägenden Grundsatz der Achtung des Selbstbestimmungsrechts entscheidungsunfähiger Menschen speziell für den medizinischen Bereich normiert[757]. Aus praktischen Erwägungen scheint daher eine Verortung der Norm im Betreuungsrecht am mühelosesten umsetzbar gewesen zu sein[758]. Zudem wurde diese Lösung präferiert, um die im Übrigen vorzugswürdige Verankerung der Norm im Strafrecht, die eine umfassende Regelung der Sterbehilfethematik nötig gemacht hätte, zu vermeiden[759]. Auch die Entwürfe von Bosbach und Zöller sahen eine Umsetzung des Rechtsinstituts der Patientenverfügung in den §§ 1901a ff. BGB und damit im Kontext des Betreuungsrechts vor[760]. Vergleichbare Vorschläge finden sich zudem bereits im Zwischenbericht der Enquete-Kommission[761] sowie im Referentenentwurf des Bundesjustizministeriums[762]. Damit implizieren auch diese die Volljährigkeit des Patienten als Voraussetzung ihrer Anwendung. Im Ergebnis ergibt sich somit kein Unterschied zu dem Gesetzentwurf Stünkers, welcher das Volljährigkeitserfordernis lediglich als einziger ausdrücklich benennt.

---

755 *Czerner/Soßdorf*, KritV 2013, 315, 317; *Bauer*, in: Prütting/Wegen/Weinreich, BGB, § 1896 Rn. 9; *Budzikiewicz*, in: Jauernig, BGB, §§ 1896-1908a Rn. 1 ff.; *Roth*, in: Erman, § 1896 Rn. 3.

756 Vgl. *Müller*, ZEV 2008, 583, 586.

757 Vgl. BT-Drs. 16/8442, S. 3.

758 *Putz*, FPR 2012, 13, 14; *Silberg*, Humboldt Forum Recht 2010, 104, 117; *Sternberg-Lieben/Reichmann*, NJW 2012, 257, 258.

759 *Diener*, S. 78; *Putz*, FPR 2012, 13, 14; *Rieger*, FamRZ 2010, 1601, 1603; *Silberg*, Humboldt Forum Recht 2010, 104, 117; *Sternberg-Lieben/Reichmann*, NJW 2012, 257, 258; *Bienwald*, in: Staudinger, BGB, § 1901a und b Rn. 24.

760 BT-Drs. 16/11360, S. 2, 15; BT-Drs. 16/11493, S. 11.

761 Vgl. BT-Drs. 15/3700, S. 44.

762 Vgl. „Entwurf eines 3. Gesetzes zur Änderung des Betreuungsrechts" des BMJ vom 1. November 2004, S. 1, 12, abrufbar unter http://gesmat.bundesgerichtshof.de/gesetzesmaterialien/15_wp/betrraendg_3/refe_04-11-01.pdf (letzter Zugriff: 28. Juni 2019).

Die Thematik kindlicher Vorausverfügungen blieb in dem Diskurs um die Patientenverfügung sowie im Rahmen des Gesetzgebungsverfahrens unberücksichtigt[763], wobei sich die Ursachen hierfür allenfalls erahnen lassen. Das Bedürfnis einer Regelung für Minderjährige könnte schlichtweg übersehen worden sein – oder aber die Frage wurde bewusst ausgeklammert, um nicht noch einen weiteren diskussionswürdigen Aspekt in die ohnehin schwierige Debatte einzubringen, welcher die Einigung insgesamt hätte gefährden können[764].

Aus der Verankerung der Patientenverfügung in den betreuungsrechtlichen Regelungen folgt, dass eine unmittelbare Anwendung auf Minderjährige bereits durch die Systematik des Gesetzes ausgeschlossen ist.

III. Anwendungsversuche der §§ 1901a ff. BGB auf minderjährige Patienten

Trotz des Wortlauts und der systematischen Stellung der Norm werden vielfach Versuche unternommen, die Regelung zur Patientenverfügung auf vorsorgliche Behandlungsentscheidungen minderjähriger Patienten anzuwenden. Neben den Ähnlichkeiten in Form und Zielsetzung antizipierter Erklärungen durch hinreichend entscheidungsfähige minderjährige und volljährige Patienten scheint dies nicht zuletzt dem Wunsch nach einer einheitlichen Regelung und gesetzlichen Vorgaben zum Umgang mit Minderjährigenverfügungen für die ärztliche Praxis geschuldet zu sein.

Nachfolgend sollen die in der rechtswissenschaftlichen Literatur aufzufindenden Lösungsansätze vorgestellt und auf ihre Anwendbarkeit hin überprüft werden.

---

763 Siehe auch *Czerner/Soßdorf*, KritV 2013, 315, 318.

764 Vgl. *Müller*, ZEV 2008, 583, 586. Bereits im Jahr 1989 wurde in dem Entwurf des Gesetzes zur Reform des Rechts der Vormundschaft und Pflegschaft für Volljährige festgestellt, dass sich „Fragen der Einwilligungsfähigkeit und der Aufklärungspflicht [...] auch für Minderjährige [stellen], die durch ihre Eltern, einen Vormund oder einen Pfleger vertreten werden [...]. Eine allgemeine Regelung würde also den Rahmen der Vormundschaftsreform überschreiten." Die Regelung betreffend Minderjähriger sollte somit bewusst zu einem späteren Zeitpunkt erfolgen, BT-Drs. 11/4528, S. 72; vgl. dazu auch *Czerner/Soßdorf*, KritV 2013, 315, 317 f.

1. Lösung im Rahmen des gesetzlichen Regelungskonzepts der §§ 1901a ff. BGB

Zunächst sind diejenigen Lösungsvorschläge darzustellen, die unmittelbar an die Regelungen der §§ 1901a ff. BGB anknüpfen. Neben einer direkten Anwendung des § 1901a BGB auf minderjährige Patienten werden insbesondere Möglichkeiten zur Bevollmächtigung Dritter über § 1904 Abs. 5 BGB sowie zur stellvertretenden Errichtung einer Patientenverfügung durch die gesetzlichen Vertreter des Kindes diskutiert.

a. Vorausverfügungen Minderjähriger als Behandlungswünsche nach § 1901a Abs. 2 BGB

Eine direkte Anwendung des § 1901a Abs. 1 S. 1 BGB auf Minderjährigenverfügungen scheidet, wie bereits beschrieben, aufgrund des klaren Wortlauts und der systematischen Stellung der Norm aus. Die Legaldefinition der Patientenverfügung verlangt die Volljährigkeit ihres Verfassers, sodass minderjährige Patienten aus dem Regelungsbereich ausdrücklich ausgenommen sind[765].

Diskutiert wird jedoch die Anwendung des § 1901a Abs. 2 BGB, welcher gemäß S. 1 in den Fällen Wirkung entfaltet, in denen entweder keine Patientenverfügung im Sinne von § 1901a Abs. 1 S. 1 BGB vorliegt (Alt. 1) oder aber die Festlegungen der Patientenverfügung nicht auf die aktuelle Lebens- und Behandlungssituation des Patienten zutreffen (Alt. 2). Dem Patientenvertreter kommt dann die Aufgabe zu, die Behandlungswünsche oder den mutmaßlichen Willen des Patienten festzustellen und anhand dieser Erkenntnisse über den bevorstehenden ärztlichen Eingriff zu entscheiden. Gemäß § 1901a Abs. 2 S. 2 und S. 3 BGB ist zur Ermittlung des mutmaßlichen Willens auf konkrete Anhaltspunkte abzustellen. Dazu sind insbesondere frühere mündliche sowie schriftliche Äußerungen, ethische oder religiöse Überzeugungen und andere persönliche Wertvorstellungen des Vertretenen zu berücksichtigen. Ließe sich diese Bestimmung auf Vorausverfügungen Minderjähriger übertragen, so würde dies eine gesetzlich vorgeschriebene Berücksichtigungspflicht der Wünsche und Ansichten des minderjährigen Patienten bedeuten, sollte er nicht mehr – selbstständig oder in Verbindung mit einer Erklärung seiner Eltern – über eine medizi-

765 *Bichler*, S. 93; *Diener*, S. 78; *Putz*, FPR 2012, 13, 16; *Silberg*, Humboldt Forum Recht 2010, 104, 117; *Bienwald*, in: Staudinger, BGB, § 1901a und b Rn. 24.

nische Behandlung befinden können. Vor allem schriftlich fixierte Festlegungen müssten dann von den gesetzlichen Vertretern Beachtung finden.

Indem § 1901a Abs. 2 S. 1 BGB nach seiner zweiten Alternative das Vorliegen einer Patientenverfügung voraussetzt, welche nach der heranzuziehenden Definition des ersten Absatzes die Volljährigkeit des Verfügenden verlangt, können antizipierte Behandlungsentscheidungen durch Minderjährige nicht darunter gefasst werden. Doch auch der erstgenannte Anwendungsfall des § 1901a Abs. 2 S. 1 BGB ist nicht einschlägig. Zwar lassen sich hierunter Festlegungen subsumieren, die die Voraussetzungen einer Patientenverfügung nicht erfüllen, sodass die Vorausverfügung eines Patienten, der den persönlichen Anforderungen des § 1901a Abs. 1 S. 1 BGB nicht genügt, grundsätzlich erfasst sein kann; allerdings darf die Bestimmung nicht losgelöst aus ihrem Regelungsgefüge betrachtet werden. Aufgrund seiner systematischen Stellung im Betreuungsrecht findet § 1901a BGB, wie ausgeführt, ausschließlich auf die Behandlung volljähriger Personen Anwendung[766]. Dass dies lediglich für Abs. 1, nicht jedoch ebenso für den sich anschließenden und sogar auf Abs. 1 Bezug nehmenden Abs. 2 gelten soll, entbehrt jeder Grundlage. Deutlich wird die Anknüpfung an das Betreuungsrecht zudem bereits durch die Verwendung der betreuungsspezifischen Begrifflichkeiten: So hat explizit *der Betreuer* die Behandlungswünsche und den mutmaßlichen Willen *des Betreuten* festzustellen. Gemäß den allgemeinen betreuungsrechtlichen Voraussetzungen des § 1896 Abs. 1 BGB, wonach eine Betreuung ausschließlich für Volljährige, die ihre Angelegenheiten ganz oder zum Teil nicht allein besorgen können, in Betracht kommt, muss man daher zu dem Schluss kommen, dass auch § 1901a Abs. 2 BGB die Volljährigkeit des zu behandelnden Patienten voraussetzt[767].

Behandlungsverfügungen Minderjähriger sind demnach weder nach § 1901a Abs. 1 BGB als Patientenverfügungen anzusehen, noch können die Festlegungen ihrem Inhalt nach als Behandlungswünsche oder mutmaßlicher Wille des Patienten über die Regelung des § 1901a Abs. 2 BGB für minderjährige Patienten Berücksichtigung finden. Die Frage der Wirksamkeit kindlicher Vorausverfügungen lässt sich infolge der Systematik

---

766 So wohl auch *Czerner/Soßdorf*, KritV 2013, 315, 323.

767 Vgl. *Czerner/Soßdorf*, KritV 2013, 315, 323; *Bienwald*, in: Bienwald/Sonnenfeld/Harm, BetrR, § 1901a BGB Rn. 17; a. A. aber *Deutsch/Spickhoff*, Rn. 1010; *Spickhoff*, FamRZ 2009, 1949, 1951; *Schwab*, in: MüKo BGB, § 1901a Rn. 10; ebenso wohl *Albrecht/Albrecht*, Rn. 153; *Müller*, DNotZ 2010, 169, 182 Fn. 62.

der Kodifikation nicht durch eine direkte Anwendung des § 1901a BGB beantworten[768].

b. „Umgehung" der gesetzlichen Regelung durch das Errichten einer Vollmacht nach § 1904 Abs. 5 BGB

Dieser Schluss wird zu umgehen versucht, indem stattdessen § 1904 Abs. 5 BGB zur Anwendung kommen soll[769]. Die Auffassung fußt auf der Idee, dem Minderjährigen die Möglichkeit zu eröffnen, eine dritte Person zu bevollmächtigen, die eigenen Behandlungswünsche durchzusetzen, sollte der Minderjährige dazu selbst nicht mehr in der Lage sein. So solle der minderjährige Patient insbesondere im Konfliktfall mit seinen sorgeberechtigten Eltern eine andere Vertrauensperson als Bevollmächtigten bestimmen können, welcher seine Interessen vertritt[770]. Eine an den Bevollmächtigten adressierte Vorausverfügung könne sodann von diesem gegen den Willen der gesetzlichen Vertreter durchgesetzt werden, sobald der vorab einsichts- und urteilsfähige Minderjährige die Fähigkeit zur eigenen Behandlungsentscheidung verloren habe[771]. Dafür spreche, dass § 1904 BGB die Volljährigkeit des Bevollmächtigenden nicht explizit voraussetze[772]. Wenngleich die Norm ebenso wie § 1901a BGB im Betreuungsrecht zu verorten ist, sei die Beschränkung auf Volljährige nicht geboten, da die prozedurale Vorschrift – unabhängig vom Alter des betroffenen Patienten – in erster Linie die Richtigkeit der getroffenen Entscheidungen gewährleisten solle[773].

Infolge der dargelegten Systematik des Betreuungsrechts wird diese Argumentation jedoch zu Recht in Zweifel gezogen[774]. Darüber hinaus stellt die Bevollmächtigung nach § 1904 Abs. 5 BGB ebenso wie die Vollmachterteilung gemäß der §§ 167 ff. BGB eine rechtsgeschäftliche Erklärung zur

---

768 So i. E. auch *Lipp*, in: Laufs/Katzenmeier/Lipp, Kap. VI Rn. 184; *Rieger*, FamRZ 2010, 1601, 1603; *Sternberg-Lieben/Reichmann*, NJW 2012, 257, 261; *Damrau/Zimmermann*, § 1901a BGB Rn. 31; *Götz*, in: Palandt, BGB, § 1901a Rn. 10.

769 *Albrecht/Albrecht*, Rn. 154; *Sternberg-Lieben/Reichmann*, NJW 2012, 257, 261 f.

770 Siehe hierzu sehr allgemein *Albrecht/Albrecht*, Rn. 154.

771 Vgl. *Albrecht/Albrecht*, Rn. 154.

772 Vgl. *Albrecht/Albrecht*, Rn. 154; *Sternberg-Lieben/Reichmann*, NJW 2012, 257, 261 f.

773 *Sternberg-Lieben/Reichmann*, NJW 2012, 257, 261 f.

774 Vgl. *Coester-Waltjen*, MedR 2012, 553, 560; *Czerner/Soßdorf*, KritV 2013, 315, 332; i. E. auch *Lipp*, in: Laufs/Katzenmeier/Lipp, Kap. VI Rn. 184.

Bestimmung einer Stellvertretung dar, für die grundsätzlich die Geschäftsfähigkeit des Erteilenden erforderlich ist[775]. Nun wird zwar für die Vollmachterteilung nach § 1904 Abs. 5 BGB keine volle, sondern lediglich eine partielle Geschäftsfähigkeit des Bevollmächtigenden hinsichtlich der Vollmachterteilung verlangt[776], das heißt es kommt bei der Beurteilung der Geschäftsfähigkeit nur auf die Fähigkeit zur Vornahme desjenigen Rechtsgeschäfts an, um das es konkret geht[777]. Jedoch ist auch eine partielle Geschäftsfähigkeit bei einem minderjährigen Patienten nicht gegeben. Minderjährige sind gemäß §§ 2, 106 BGB lediglich beschränkt geschäftsfähig, sodass ihre rechtsgeschäftlichen Erklärungen von der Zustimmung ihrer gesetzlichen Vertreter abhängig sind, §§ 107 ff. BGB[778]. Partielle Geschäftsfähigkeiten für den Minderjährigen sieht das Gesetz gerade nicht vor[779].

Demzufolge bedürfte es zur wirksamen Vollmachterteilung nach § 1904 Abs. 5 BGB der Zustimmung der gesetzlichen Vertreter des Kindes[780]. Es liegt allerdings fern, anzunehmen, dass die Eltern eines Minderjährigen ihre Zustimmung dazu erteilen würden, im Falle des Verlusts seiner Entscheidungsfähigkeit umgangen zu werden und stattdessen eine dritte Person entscheiden zu lassen[781]. Gerade bei Unstimmigkeiten in Bezug auf künftige Behandlungsmaßnahmen für ihr Kind werden die einwilligungsbefugten Eltern ihr Recht zur Vertretung nicht freiwillig einem von dem Minderjährigen bestimmten Dritten überlassen[782]. Ein Verweis des Kindes auf die Regelung des § 1904 Abs. 5 BGB, um seinen Willen – auch gegen die Ansichten seiner Eltern – im Voraus einer zukünftigen medizinischen Behandlung verbindlich festzulegen, ist somit nicht zielführend. Rechtsge-

---

775 OLG Stuttgart BtPrax 1994, 99, 100; *Bühler*, FamRZ 2001, 1585, 1588; *Keilbach*, FamRZ 2003, 969, 979; *Taupitz*, A 102; *Walter*, Vorsorgevollmacht, S. 50, 230 ff.; *Bienwald*, in: Staudinger, BGB, § 1904 Rn. 112 f.; *Zimmermann*, in: Soergel, BGB, § 1904 Rn. 54.

776 *Coester-Waltjen*, MedR 2012, 553, 560.

777 *Lipp*, in: Lipp, Vorsorgeverfügungen, § 16 Rn. 21 ff.; *Spickhoff*, AcP 208 (2008), 345, 401; *Götz*, in: Palandt, BGB, § 1904 Rn. 26 und Einf v § 1896 Rn. 13; *Schwab*, in: MüKo BGB, § 1904 Rn. 71.

778 BGHZ 29, 33, 36; *Deutsch/Spickhoff*, Rn. 126; *Leipold*, § 11 Rn. 24, 44; *Medicus*, Rn. 557 ff.

779 *Coester-Waltjen*, MedR 2012, 553, 560; *Spickhoff*, AcP 208 (2008), 345, 401.

780 Vgl. *Bichler*, S. 109; *Coester-Waltjen*, MedR 2012, 553, 560; *Spickhoff*, AcP 208 (2008), 345, 401; *Taupitz*, A 102; *Schwab*, in: MüKo BGB, § 1904 Rn. 71; a. A. *Albrecht/Albrecht*, Rn. 154; *Sternberg-Lieben/Reichmann*, NJW 2012, 257, 261 f.

781 So auch *Bichler*, S. 109.

782 Vgl. *Bichler*, S. 109.

schäftliche Lösungsansätze müssen in Ermangelung der Geschäftsfähigkeit des minderjährigen Patienten im Ergebnis stets fehlschlagen[783].

c. Stellvertretende Patientenverfügung durch die Eltern

Schließlich wird die Errichtung einer Vorausverfügung für einen minderjährigen Patienten dergestalt für denkbar erachtet, dass ein Vertreter, der die persönlichen Voraussetzungen des § 1901a Abs. 1 S. 1 BGB erfüllt, die Patientenverfügung in Stellvertretung des Minderjährigen verfasst[784]. Indem eine Bevollmächtigung dritter Personen (über § 1904 Abs. 5 BGB) aus den genannten Gründen für nicht voll Geschäftsfähige nicht praktikabel ist, werden regelmäßig nur die gesetzlichen Vertreter des Kindes für dieses im Rahmen einer Stellvertretung tätig werden und eigene Erklärungen mit Wirkung für den Minderjährigen abgeben können. Vorsorgliche Entscheidungen könnten somit vor allem als stellvertretende Patientenverfügungen durch die Eltern des Kindes ergehen, welche in der Praxis daher auch als „Elternverfügungen“ bezeichnet werden[785].

So wird vertreten, die antizipierte Behandlungsentscheidung eines Minderjährigen erlange dadurch Verbindlichkeit als Patientenverfügung im Sinne von § 1901a Abs. 1 S. 1 BGB, dass die Verfügung stellvertretend durch die Eltern getätigt wird[786]. Für die Eltern würde dies den Vorteil bedeuten, dass sie – vor allem hinsichtlich Lebensendeentscheidungen – Festlegungen für kommende Behandlungssituationen ihres Kindes frühzeitig mit gewissem emotionalem und zeitlichem Abstand besprechen und niederlegen könnten[787]. Sie müssten nicht abwarten, bis eine konkrete Behandlungsmaßnahme für ihr Kind unmittelbar bevorsteht, sondern könnten wichtige Entscheidungen bereits im Vorfeld treffen[788]. Sowohl die Eltern als auch die behandelnden Ärzte hätten dadurch die Sicherheit, dass der minderjährige Patient die festgelegte Behandlung erhält, oder aber auch, dass eine Maßnahme von Beginn an unterlassen wird, sollten die

---

783 *Coester-Waltjen*, MedR 2012, 553, 560.

784 Vgl. hierzu *Sternberg-Lieben/Reichmann*, NJW 2012, 257, 261, die diese Idee darstellen.

785 Siehe *Jox et al.*, Monatsschr Kinderheilkd 2007, 1166, 1166 ff.; *Jox/Führer/Borasio*, Monatsschr Kinderheilkd 2009, 26, 27, 29 f. (unter Verwendung dieses Terminus).

786 Siehe zu dieser Ansicht die Ausführungen von *Bichler*, S. 100 f.

787 *Jox/Führer/Borasio*, Monatsschr Kinderheilkd 2009, 26, 30.

788 *Jox/Führer/Borasio*, Monatsschr Kinderheilkd 2009, 26, 30.

Eltern in einer Situation mit akutem Entscheidungsbedarf vorübergehend nicht zu erreichen sein[789].

Einer stellvertretenden Patientenverfügung käme damit in erster Linie ein Nutzen für Eltern und Ärzte zu, wohingegen dem Minderjährigen durch diese Option keinerlei zusätzliche Berechtigungen zur antizipierten Behandlungsentscheidung eröffnet würden. Denn es ist anzunehmen, dass die Eltern in der von ihnen errichteten Verfügung vorzugswürdig ihre eigenen Wünsche für die kindliche Behandlung niederlegen werden. In einem Konfliktfall zwischen Eltern und Kind unterläge der Minderjährige mithin der gleichen Fremdbestimmung wie bei aktuellen Entscheidungen der gesetzlichen Vertreter für einen entscheidungsunfähigen Minderjährigen ohne Vorausverfügung[790]. Der „Elternverfügung" kommt mithin kein Mehrwert zur Umsetzung der Belange hinreichend einsichts- und urteilsfähiger Minderjähriger zu.

Doch auch für die sorgeberechtigten Eltern ist das Instrument der „Elternverfügung" in ihrer Wirkung als zweifelhaft zu erachten. Dabei ist vor allem in den Blick zu nehmen, dass das Rechtsinstitut der Patientenverfügung auf die Sicherung und Fortgeltung des Willens *des Patienten* nach Eintritt der Einwilligungsunfähigkeit zielt[791]. Die Konzeption einer stellvertretenden Patientenverfügung widerspricht dem Sinn und Zweck dieser Regelung damit gleich in zweierlei Hinsicht:

Zum einen wäre durch das stellvertretende Verfassen einer Patientenverfügung durch die gesetzlichen Vertreter gerade *nicht* der Wille des Minderjährigen für den Fall manifestiert, dass dieser entscheidungsunfähig wird und infolgedessen keine Erklärungen zu medizinischen Eingriffen mehr abgeben kann; vielmehr würde lediglich der Elternwille vorab festgelegt, um ohne Verzögerung mit der Behandlung beginnen oder diese unterlassen zu können, sollten die zur Einwilligung befugten Eltern vorübergehend unerreichbar sein[792]. Dies würde jedoch keinen Schutz der Patientenselbstbestimmung des Minderjährigen bedeuten, sondern lediglich zu einer Sicherung der Fremdbestimmung durch dessen gesetzliche Vertreter

789 Vgl. *Jox/Führer/Borasio*, Monatsschr Kinderheilkd 2009, 26, 30; vgl. zu dieser Problematik außerdem den geschilderten Fall bei *Bichler*, S. 101.

790 Vgl. zur Bedeutung der „Elternverfügung" *Jox et al.*, Monatsschr Kinderheilkd 2007, 1166, 1166 f.

791 BT-Drs. 16/8442, S. 2 f.; *Kieß*, in: Jurgeleit, BetrR, § 1901a Rn. 5 f.; *Schwab*, in: MüKo BGB, § 1901a Rn. 2.

792 Vgl. *Bichler*, S. 101; *Czerner/Soßdorf*, KritV 2013, 315, 331; *Jox et al.*, Monatsschr Kinderheilkd 2007, 1166, 1166; *Jox/Führer/Borasio*, Monatsschr Kinderheilkd 2009, 26, 30.

führen, da nicht der Kindeswille, sondern die Elternwünsche schriftlich fixiert würden. Demnach handelt es sich nicht um eine Vorausverfügung des Minderjährigen. Da die Einwilligung eine Disposition über persönliche Rechtsgüter darstellt[793], muss das Verfassen einer Vorausverfügung durch einen Dritten somit jedenfalls so lange unzulässig sein, wie der betroffene Patient selbst entscheidungskompetent ist. Die „Elternverfügung" kann folglich lediglich als eine Niederschrift der Eltern im Rahmen ihrer eigenen Entscheidungsmacht angesehen werden.

Zum anderen beziehen sich Patientenverfügungen auf den Fall, dass ein vormals einwilligungsfähiger Patient zu einem späteren Zeitpunkt einwilligungsunfähig wird. Die Festlegungen der Patientenverfügung sind also erst ab dem Augenblick heranzuziehen, in dem die Einwilligungsfähigkeit des Patienten verloren geht und er keinen selbstbestimmten Willen mehr ausdrücken kann. Solange der Patient hinreichend entscheidungsfähig und damit entscheidungsbefugt ist, erlangen die Festlegungen keine Geltung. Hinsichtlich aktueller, konkreter Behandlungsentscheidungen muss der Patient weiterhin unmittelbar seine Einwilligung erteilen; auf die antizipiert in der Patientenverfügung niedergelegten Entscheidungen darf nicht zurückgegriffen werden[794]. Damit mangelt es bereits an der Erforderlichkeit einer elterlichen Vorausverfügung, denn die Einwilligungsfähigkeit der Eltern wird durch den Verlust des notwenigen Maßes der Entscheidungsfähigkeit ihres Kindes nicht nachteilig beeinträchtigt[795]. Die sorgeberechtigten Eltern sind als gesetzliche Vertreter ohnehin gemäß § 630d Abs. 1 S. 1 Hs. 1 BGB dazu befugt, für ihr einwilligungsunfähiges minderjähriges Kind in ärztliche Eingriffe einzuwilligen oder diese zu verweigern, sodass kein Bedürfnis für eine Vorausverfügung durch die Eltern besteht. Dem Schutz vor kurzfristiger Unerreichbarkeit der gesetzlichen Vertreter, wie ihn die „Elternverfügung" im Blick hat, soll § 1901a BGB gerade nicht dienen. Ferner entsteht auch die Entscheidungszuständigkeit des gesetzlichen Vertreters oder Bevollmächtigten eines erwachsenen Patienten erst mit dem Verlust seiner Einwilligungsfähigkeit[796]. Die alleinige Entscheidungskompetenz der Eltern gegenüber dem Arzt kann

793 *Deutsch*, AcP 192 (1992), 161, 167; *Deutsch/Spickhoff*, Rn. 419; *Ulsenheimer*, in: Laufs/Kern, § 139 Rn. 43; *Voll*, S. 37; *Ellenberger*, in: Palandt, BGB, Einf v § 164 Rn. 1, § 164 Rn. 15; *Müller*, in: Bamberger/Roth, § 1901a Rn. 11.

794 Dies ergibt sich bereits aus dem Wortlaut des § 1901a Abs. 1 S. 1 BGB, vgl. *Schwab*, in: MüKo BGB, § 1901a Rn. 13; so auch *Jox/Führer/Borasio*, Monatsschr Kinderheilkd 2009, 26, 30.

795 *Bichler*, S. 102.

796 Siehe nur *Schwab*, in: MüKo BGB, § 1901a Rn. 13.

folglich erst in dem Moment wiederaufleben, in dem der vormals hinreichend einsichts- und urteilsfähige und demnach zwingend kumulativ einwilligungsbefugte Minderjährige seine Entscheidungsfähigkeit eingebüßt hat[797]. Demnach stehen der stellvertretenden Patientenverfügung neben dem Argument des fehlenden Mehrwerts für den Minderjährigen zudem systematische sowie teleologische Einwände entgegen.

Antizipierte Erklärungen durch die Eltern eines minderjährigen Patienten können sich allenfalls als eine Kommunikationshilfe zwischen Sorgeberechtigten und Ärzteschaft darstellen[798]. Verbindlichkeit durch die Form einer Patientenverfügung entfalten diese Festlegungen indes nicht. Sie lassen sich nicht unter § 1901a Abs. 1 S. 1 BGB subsumieren; bereits die Bezeichnung einer „Elternverfügung" als stellvertretende Patientenverfügung ist missverständlich und daher verfehlt. Doch vor allem haben elterliche Verfügungen dieser Art nicht dieselbe Zielsetzung wie eine Patientenverfügung. Während diese den Willen des Patienten manifestiert und bei Einwilligungsunfähigkeit fortgilt, verschriftlicht jene lediglich die Wünsche der gesetzlichen Vertreter als Vorsorgeinstrument für spätere Behandlungsmaßnahmen des Kindes. Die Möglichkeit einer verbindlichen stellvertretenden Vorausverfügung durch die Eltern für einen minderjährigen Patienten besteht demzufolge nicht[799].

d. Zwischenergebnis

Im Ergebnis ist eine Lösung der Problematik kindlicher Behandlungsverfügungen in direkter Anwendung der gesetzlichen Regelungen der §§ 1901a ff. BGB nicht zu erreichen, da die erforderlichen Voraussetzungen von einem minderjährigen Patienten nicht erfüllt werden. § 1901a Abs. 1 S. 1 sowie gleichermaßen Abs. 2 BGB sind nicht unmittelbar auf Minderjährige anwendbar. Ebenso sind Versuche, die Regelung zur Patientenverfügung über einen direkten Rückgriff auf andere betreuungsrechtliche Bestimmungen oder Stellvertretervorschriften zu umgehen, abzulehnen.

---

797 So *Bichler*, S. 102.

798 *Jox et al.*, Monatsschr Kinderheilkd 2007, 1166, 1166 ff.

799 Zum gleichen Ergebnis kommen *Bichler*, S. 100 ff.; *Müller*, in: Bamberger/Roth, § 1901a Rn. 11; sowie (jedoch ohne hinreichende Begründung) *Damrau/Zimmermann*, § 1901a BGB Rn. 31; *Sternberg-Lieben/Reichmann*, NJW 2012, 257, 261.

2. Weitergehende Lösungsansätze

Da eine direkte Anwendung der Norm nicht möglich ist, wird sich in der rechtswissenschaftlichen Literatur vermehrt für eine Übertragung des Regelungskonzeptes des § 1901a BGB auf kindliche Behandlungsverfügungen ausgesprochen. Neben einer verfassungskonformen Auslegung[800] wird diesbezüglich insbesondere die analoge Anwendung des § 1901a Abs. 1 S. 1 oder Abs. 2 BGB diskutiert. Zudem findet sich der Versuch, die Rechtsverbindlichkeit einer Minderjährigenverfügung als argumentum e contrario aus der Straflosigkeit des Arztes bei Verstößen gegen die Verfahrensvorschriften der §§ 1901a ff. BGB herzuleiten[801].

a. Verfassungskonforme Auslegung des § 1901a BGB

Zunächst ist auf den Vorschlag einer verfassungskonformen Auslegung des § 1901a BGB einzugehen. Diskutiert wird, die Norm zur Erhaltung ihrer Verfassungskonformität so auszulegen, dass sie nicht lediglich für volljährige Patienten, sondern darüber hinaus auch für minderjährige Patienten Geltung beansprucht[802].

Die Einwilligungserklärung als Ausgestaltung der Patientenautonomie genießt unmittelbaren Grundrechtsschutz über das allgemeine Persönlichkeitsrecht aus Art. 2 Abs. 1 i.V.m. Art. 1 Abs. 1 sowie Art. 2 Abs. 2 GG[803]. Da dieser Schutz auch Minderjährigen zukommt[804], gebiete es das Selbstbestimmungsrecht, denjenigen minderjährigen Patienten, die die erforderliche Einsichts- und Urteilsfähigkeit besitzen, um selbst über ihre medizinische Therapie zu befinden, zumindest ein Mitentscheidungsrecht bezüglich der sie betreffenden ärztlichen Heileingriffe zu gewähren. Während dies im Rahmen aktueller Behandlungsentscheidungen jedenfalls durch ein kumulatives Entscheidungsrecht des Kindes in Verbindung mit der Zustimmung seiner gesetzlichen Vertreter geschieht[805], lege die Beschrän-

---

800 Siehe zu diesem Vorschlag bei *Sternberg-Lieben/Reichmann*, NJW 2012, 257, 261.

801 *Sternberg-Lieben/Reichmann*, NJW 2012, 257, 262.

802 Vgl. bei *Sternberg-Lieben/Reichmann*, NJW 2012, 257, 261; *Bichler*, S. 106 f.

803 BVerfGE 52, 131, 168 f., 171 ff.; 128, 282, 300; BGHZ 29, 46, 49; *Deutsch*, AcP 192 (1992), 161, 166; *Hufen*, NJW 2001, 849, 851; *Ludyga*, FPR 2010, 266, 267; *Murswiek*, in: Sachs, GG, Art. 2 Rn. 148; *Quaas/Zuck*, § 2 Rn. 36.

804 BVerfGE 47, 46, 74; 59, 360, 382; *Belling/Eberl/Michlik*, S. 122 ff.; *Rothärmel/Wolfslast/Fegert*, MedR 1999, 293, 294.

805 Siehe dazu ausführlich in Kapitel 3 B. ab S. 88.

kung der Regelung des § 1901a BGB auf volljährige Verfasser nahe, dass minderjährigen Patienten für künftige Behandlungen keine Verfügungsbefugnis zustehe[806]. Die gesetzliche Vorenthaltung eines Entscheidungsrechts sei ein massiver Grundrechtseingriff in das Selbstbestimmungsrecht des Minderjährigen und wohl zugleich in Art. 3 Abs. 1 und Abs. 3 GG[807]. Teile des Schrifttums halten § 1901a BGB auf Basis der dargestellten Überlegungen daher für verfassungswidrig[808] oder äußern zumindest Bedenken an der Verfassungsmäßigkeit der Regelung aufgrund des Volljährigkeitserfordernisses[809]. Vor diesem Hintergrund plädieren sie für eine verfassungskonforme Auslegung der Norm[810].

Das Gebot verfassungskonformer Auslegung ist ein allgemein anerkannter Auslegungsgrundsatz[811], der die verfassungsgeleitete Interpretation einfacher Gesetze beinhaltet und greift, wenn nach einfacher Gesetzesauslegung mehrere Interpretationen möglich sind, von denen eine als verfassungswidrig und mindestens eine weitere als verfassungskonform bewertet wird[812]. Im Sinne der Normerhaltung hat der Rechtsanwender sodann derjenigen Auslegung den Vorzug zu gewähren, die der Verfassung am ehesten gerecht wird[813]. Folglich kommt eine verfassungskonforme Auslegung nur nachrangig zur Anwendung, sofern erstens die herkömmliche Gesetzesauslegung nach Wortlaut, Historie, Systematik und Telos[814] zu keinem eindeutigen Ergebnis gelangt und zweitens eine der herausgestellten Auslegungsvarianten als verfassungswidrig anzusehen wäre[815].

Das Volljährigkeitserfordernis des § 1901a Abs. 1 S. 1 BGB ist jedoch insoweit eindeutig, als eine Auslegung des Regelungstextes nach seinem Wortlaut, der Entstehungsgeschichte der Norm sowie ihrer systematischen

---

806 So *Brückner*, S. 185 ff.; *Müller*, in: Bamberger/Roth, § 1901a Rn. 11.

807 Vgl. *Brückner*, S. 185 ff.; *Sternberg-Lieben/Reichmann*, NJW 2012, 257, 260 f.; *Müller*, in: Bamberger/Roth, § 1901a Rn. 11.

808 Vgl. *Renner*, ZNotP 2009, 371, 377; *Schumacher*, FPR 2010, 474, 478; *Sternberg-Lieben/Reichmann*, NJW 2012, 257, 260 f.; *Brückner*, S. 185 ff.; *Götz*, in: Palandt, BGB, § 1901a Rn. 10.

809 *Beermann*, FPR 2010, 252, 253; *Müller*, DNotZ 2010, 169, 182; *dies.*, in: Bamberger/Roth, § 1901a Rn. 11; *Spickhoff*, FamRZ 2009, 1949, 1950; *ders.*, in: Spickhoff, Medizinrecht, § 1901a BGB Rn. 5; *Schwab*, in: MüKo BGB, § 1901a Rn. 10.

810 Vgl. bei *Sternberg-Lieben/Reichmann*, NJW 2012, 257, 261; sowie *Bichler*, S. 106 f.

811 *Röhl/Röhl*, S. 623 ff.; *Sachs*, S. 38 ff., 61 f.

812 BVerfGE 83, 130, 144; *Bydlinski*, S. 455 f.; *Kingreen/Poscher*, Rn. 8c.

813 BVerfGE 83, 130, 144; *Bydlinski*, S. 455 f.; *Kingreen/Poscher*, Rn. 8c; *Röhl/Röhl*, S. 625; *Sachs*, S. 61 f.

814 Siehe *Larenz/Canaris*, Methodenlehre, S. 141 ff.

815 *Bydlinski*, S. 455 f.

Stellung im Gesetz keine abseitige Interpretation zulässt. Denn nicht nur der Wortlaut ist in Bezug auf die Voraussetzung der Volljährigkeit des Verfassers unmissverständlich[816]; auch aus der Entstehungsgeschichte und der systematischen Stellung der Norm, insbesondere ihrer bewussten Verankerung im Betreuungsrecht, lässt sich keine alternative Deutung entnehmen. Allenfalls eine teleologische Auslegung, die nach dem Sinn und Zweck der Regelung fragt, könnte zu einer abweichenden Interpretation des Regelungsinhalts des § 1901a BGB führen:

Dem Gesetzentwurf ist der Zweck zu entnehmen, durch die gesetzliche Regelung der Patientenverfügung mehr Rechtssicherheit herzustellen[817]. Patienten sollte die Gewissheit verschafft werden, dass sie über die Art und Weise ihrer medizinischen Behandlung selbst bestimmen können, auch wenn sie infolge einer Krankheit oder eines Unfalles ihre Fähigkeit zur selbstbestimmten Einwilligung verlieren[818]. Diese Zielrichtung ist nicht von vornherein auf volljährige Patienten beschränkt, denn auch Minderjährige können den Willen und die tatsächliche Fähigkeit innehaben, über künftige Eingriffe zu entscheiden. Hätte die neue Regelung des § 1901a Abs. 1 BGB demnach einen Schutz des grundrechtlich verbürgten Selbstbestimmungsrechts *aller Patienten* für einen Zustand späterer Entscheidungsunfähigkeit zum Ziel, so müsste dies neben einwilligungsfähigen volljährigen auch (mit-) entscheidungsbefugte minderjährige Patienten umfassen. Eine teleologische Auslegung der Norm könnte somit zu einer abweichenden Interpretation führen, nach welcher die Volljährigkeit nicht zur Voraussetzung des § 1901a Abs. 1 S. 1 BGB gemacht werden dürfe. Allerdings verweist der Gesetzentwurf im Rahmen der Darstellung seiner Zielsetzung wiederum ausdrücklich auf die Positionierung der Norm im Betreuungsrecht:

> „Es soll sichergestellt werden, dass der das Betreuungsrecht prägende Grundsatz der Achtung des Selbstbestimmungsrechts entscheidungsunfähiger Menschen auch bei medizinischen Behandlungen beachtet wird."[819]

Eine alternative Interpretation des § 1901a Abs. 1 S. 1 BGB nach einfachgesetzlicher Auslegung dahingehend, dass die Regelung ebenso für minderjährige Patienten gelten müsse, ist daher bereits schwerlich zu vertreten.

---

816 In diesem Sinne auch *Sternberg-Lieben/Reichmann*, NJW 2012, 257, 261.

817 Vgl. BT-Drs. 16/8442, S. 1 ff.

818 BT-Drs. 16/8442, S. 1 ff.

819 BT-Drs. 16/8442, S. 3.

Zudem findet auch die Anwendung verfassungskonformer Auslegungen dort ihre Grenzen, wo sie zum eindeutigen Wortlaut und zum klaren Willen des Gesetzgebers in Widerspruch treten würde[820]. Vorliegend ist zwar der Wille des Gesetzgebers in Ermangelung einer ausführlichen Gesetzesbegründung nicht zweifelsfrei festzustellen, der Wortlaut des § 1901a Abs. 1 S. 1 BGB ist allerdings – wie dargestellt – unmissverständlich. Indem die Volljährigkeit des Verfügenden verlangt wird, würde die Einbeziehung Minderjähriger in die Bestimmung der Patientenverfügung zu einer Auslegung contra legem führen. Durch den Wortlaut, ebenso wie durch die Verankerung der Normierung im Betreuungsrecht, dokumentiert sich die gesetzgeberische Entscheidung[821]. Ein abweichender Sinn kann der Regelung nicht entnommen werden. Folglich verschließt sich § 1901a BGB durch seine Eindeutigkeit der Möglichkeit einer verfassungskonformen Auslegung, die hinreichend einsichts- und urteilsfähige minderjährige Verfasser in seinen Regelungsumfang mit einbeziehen würde[822].

b. § 1901a Abs. 1 S. 1 oder Abs. 2 BGB in analoger Anwendung

Einige Stimmen des Schrifttums ziehen zur Auflösung der Problematik daher § 1901a BGB in analoger Anwendung heran. Weil § 1901a Abs. 1 ebenso wie Abs. 2 BGB in direkter Anwendung nur auf volljährige Patienten zutrifft, sei in Bezug auf Minderjährige eine Analogie zu bilden[823]. Zumeist wird dabei auf § 1901a Abs. 2 BGB abgestellt[824]. Vorausverfügungen hinreichend entscheidungsfähiger Minderjähriger seien als Behandlungswünsche anzusehen oder zur Ermittlung seines mutmaßlichen Willens zu nutzen, damit auf dieser Grundlage analog von den Eltern eine Behand-

---

820 BVerfGE 54, 277, 299 f.; 71, 81, 105; 83, 130, 144; 90, 263, 275; *Kloepfer*, § 1 Rn. 175; *Röhl/Röhl*, S. 624 f.; *Sachs*, S. 61 f.

821 *Sternberg-Lieben/Reichmann*, NJW 2012, 257, 261.

822 So auch *Bichler*, S. 106; *Czerner/Soßdorf*, KritV 2013, 315, 331; *Sternberg-Lieben/Reichmann*, NJW 2012, 257, 261.

823 Siehe nur *Beermann*, FPR 2010, 252, 253; *Brückner*, S. 191 f.; *Coester-Waltjen*, MedR 2012, 553, 560; *Götz*, in: Palandt, BGB, § 1901a Rn. 10; vgl. auch *Beckmann*, FPR 2010, 278, 281.

824 Vgl. *Beermann*, FPR 2010, 252, 253; *Brückner*, S. 191 f.; *Coester-Waltjen*, MedR 2012, 553, 560; *Diehn/Rebhan*, NJW 2010, 326, 326; *Putz*, FPR 2012, 13, 16; *Götz*, in: Palandt, BGB, § 1901a Rn. 10.

lungsentscheidung für den Minderjährigen getroffen werden könne[825]. Unabhängig davon, ob durch die Regelung des § 1901a Abs. 2 BGB eine unmittelbare rechtliche Bindung an die Minderjährigenverfügung erreicht werden kann, da die Erklärung nicht durch ihn selbst, sondern durch die gesetzlichen Vertreter abgegeben würde[826], verbietet sich ein Rückgriff auf den mutmaßlichen Willen des Minderjährigen aber bereits aus dem Grunde, dass der Wille lediglich dann als „mutmaßlich" bezeichnet werden kann, wenn keine ausdrückliche, die konkrete Behandlungssituation betreffende Willensäußerung des Patienten verfügbar ist[827]. Hat der minderjährige Patient eine eindeutige Behandlungsentscheidung getroffen, bleibt für die Erforschung seines mutmaßlichen Willens kein Raum; vielmehr kann es sich dann lediglich um einen Behandlungswunsch im Sinne des § 1901a Abs. 2 S. 1 Alt. 1 BGB handeln[828]. Eine Analogiebildung wird deshalb nötig, weil die Norm von „Betreuer" und „Betreutem" spricht, sodass sie direkt lediglich an den für einen Volljährigen bestellten Betreuer (oder gemäß Abs. 6 an einen Vorsorgebevollmächtigten) adressiert ist[829]. Im Falle eines minderjährigen Patienten könnten die gesetzlichen Vertreter des Kindes diese Rolle einnehmen. Allerdings fehlt es hier – entgegen dieser Ansicht – für die Annahme eines Analogieschlusses an den Voraussetzungen der analogen Gesetzesanwendung.

Die Methodik der analogen Gesetzesanwendung soll der Ausfüllung planwidriger Gesetzeslücken dienen, wobei eine Gesetzeslücke dann anzunehmen ist, wenn ein Regelungsziel besteht, welchem das Gesetz nicht genügt[830]. Dazu müssen zwei sich ähnelnde Sachverhalte vorliegen, von denen lediglich einer eine rechtlich geregelte Folge nach sich zieht[831]. Die Regelungslücke darf dabei nicht planmäßig gewesen sein, was bedeutet, dass der Gesetzgeber den ungeregelten Sachverhalt nicht willentlich ungeregelt ließ[832]. Nach dem Regelungsplan oder dem gesetzlichen Gesamtzusammenhang muss demzufolge eine Regelung zu erwarten gewesen

---

825 *Beckmann*, FPR 2010, 278, 281; *Beermann*, FPR 2010, 252, 253; *Brückner*, S. 191 f.; *Coester-Waltjen*, MedR 2012, 553, 560; *Diehn/Rebhan*, NJW 2010, 326, 326; *Putz*, FPR 2012, 13, 16; *Götz*, in: Palandt, BGB, § 1901a Rn. 10.

826 Im Einzelnen dazu später in Kapitel 5 ab S. 259.

827 *Beckmann*, FPR 2010, 278, 279; *Bichler*, S. 107; *Bienwald*, in: Bienwald/Sonnenfeld/Harm, BetrR, § 1901a BGB Rn. 49.

828 Vgl. *Bienwald*, in: Bienwald/Sonnenfeld/Harm, BetrR, § 1901a BGB Rn. 48.

829 Siehe hierzu S. 185 f.

830 Vgl. *Rüthers/Fischer/Birk*, Rn. 889.

831 *Larenz/Canaris*, Methodenlehre, S. 202; *Rüthers/Fischer/Birk*, Rn. 889.

832 Vgl. *Larenz/Canaris*, Methodenlehre, S. 195; 202 ff.

sein[833]. Zur Vermeidung ungerechtfertigter Ungleichbehandlungen wird sodann mithilfe einer analogen Anwendung des Gesetzes die Rechtsfolge des geregelten Sachverhalts unter Ausdehnung des Normtextes auf den zweiten, bislang ungeregelten Sachverhalt übertragen[834].

§ 1901a BGB könnte insofern eine Regelungslücke aufweisen, als dass die Norm rechtsverbindliche Bestimmungen für Vorausverfügungen durch volljährige Patienten enthält, indes zu der Frage schweigt, ob auch Behandlungsverfügungen durch Minderjährige Wirksamkeit entfalten. Wäre das Regelungsziel des Gesetzes in dem Schutze des Selbstbestimmungsrechts aller hinreichend entscheidungsfähigen Patienten hinsichtlich künftiger Behandlungsentscheidungen zu sehen, so könnte hier eine planwidrige Lücke innerhalb des Adressatenkreises der Norm angenommen werden. Tatsächlich wäre es bei dieser Annahme unerwartet, dass geschäftsunfähige, aber einwilligungsfähige volljährige Patienten eine Patientenverfügung nach § 1901a Abs. 1 BGB beziehungsweise Behandlungswünsche nach Abs. 2 verfassen könnten, diese Regelung aber auf ebenso einsichts- und urteilsfähige und mitunter sogar beschränkt geschäftsfähige Minderjährige keine Anwendung finden soll. Obgleich sich die Sachverhalte ähneln, enthält § 1901a BGB lediglich für ersteren Fall eine an eine rechtliche Folge geknüpfte Bestimmung, während letzterer nicht umfasst wird. Allerdings ist eine *planwidrige* Regelungslücke nur dann anzunehmen, wenn der zweite Sachverhalt tatsächlich ungeregelt ist und die Bestimmung zudem nicht absichtlich ausblieb[835]. Beides ist vorliegend aus den nachfolgenden Gründen zweifelhaft:

Wenngleich es an einer Einbeziehung Minderjähriger in die Regelung des § 1901a BGB fehlt, ist dies nicht gleichbedeutend mit der Annahme, dass minderjährigen Patienten das Abfassen verbindlicher Behandlungsverfügungen damit generell verwehrt ist[836]. Indem betreuungsrechtliche Regelungen ausschließlich auf volljährige Personen Anwendung finden, kann § 1901a BGB folgerichtig keine Aussage für kindliche Vorausverfügungen treffen – weder positive noch negative. Ein Ausschluss Minderjähriger von der Möglichkeit, vergleichbare Vorausverfügungen wirksam erteilen zu können, ist der Normierung demzufolge ebenso wenig zu

833 Vgl. *Larenz/Canaris*, Methodenlehre, S. 195; 202 ff.

834 *Larenz/Canaris*, Methodenlehre, S. 195; 202 ff.; *Rüthers/Fischer/Birk*, Rn. 889 ff.; so z. B. auch in BGHZ 51, 273 ff.

835 Vgl. *Larenz/Canaris*, Methodenlehre, S. 195; 202 ff.; *Rüthers/Fischer/Birk*, Rn. 889 ff.

836 So aber z. B. fälschlicherweise *Brückner*, S. 183, 185 f.; *Sternberg-Lieben/Reichmann*, NJW 2012, 257, 260.

entnehmen wie eine Regelung ebendieser[837]. Schlussfolgerungen auf die rechtliche Situation vorausverfügender Minderjähriger lassen sich aus einer betreuungsrechtlichen Norm schlicht nicht ziehen. Die Lösung der Problematik kann vielmehr über das Kindschaftsrecht herbeigeführt werden, wie im Folgenden noch zu zeigen sein wird[838]. Es fehlt somit bereits an dem für eine Analogie erforderlichen ungeregelten Sachverhalt.

Weiterhin lassen sich nur schwerlich Argumente für eine Planwidrigkeit der fehlenden Berücksichtigung Minderjähriger in § 1901a BGB finden. Richtig ist zwar, dass der Gesetzesbegründung des Stünker-Entwurfes zum 3. Betreuungsrechtsänderungsgesetz keine Erklärungen zur Voraussetzung der Volljährigkeit zu entnehmen sind[839]. Doch wurde die Bestimmung bewusst innerhalb des Betreuungsrechts verankert und mit einer Reihe von Rechten und Pflichten explizit für Betreuer und Betreute oder Vorsorgebevollmächtigte und Vollmachtgeber verknüpft, sodass wenige Zweifel daran bestehen, dass der Gesetzgeber die Regelung zur Patientenverfügung bewusst auf volljährige Patienten beschränkte[840]. Sollte es sich tatsächlich um ein Versehen gehandelt haben, so hätte zwischenzeitlich die Möglichkeit bestanden, dieses im Zuge der Verabschiedung des Patientenrechtegesetzes[841] im November 2012 zu korrigieren[842]. Selbst wenn also dem Vorgehen, eine Lösung aus den kindschaftsrechtlichen Regelungen herzuleiten, wie es in dieser Arbeit vorgeschlagen wird, nicht gefolgt werden sollte, lägen die Voraussetzungen für eine analoge Anwendung des § 1901a BGB gleichwohl nicht vor. Es fehlt jedenfalls an der Planwidrigkeit einer potenziellen Regelungslücke des § 1901a BGB.

Eine analoge Anwendung des § 1901a Abs. 2 ebenso wie des § 1901a Abs. 1 S. 1 BGB ist demnach abzulehnen[843].

---

837 Richtig daher *Bichler*, S. 108 f.; *Lipp*, in: Laufs/Katzenmeier/Lipp, Kap. VI Rn. 184; *Rieger*, FamRZ 2010, 1601, 1603; *Silberg*, Humboldt Forum Recht 2010, 104, 117.

838 Siehe dazu die Ausführungen unter C. in diesem Kapitel.

839 Siehe BT-Drs. 16/8442.

840 A. A. *Coester-Waltjen*, MedR 2012, 553, 560.

841 Siehe BT-Drs. 17/10488, BGBl. 2013 I S. 277 ff.

842 Vgl. *Bichler*, S. 109.

843 Ebenso *Bichler*, S. 107 ff.; *Czerner/Soßdorf*, KritV 2013, 315, 333 f.; *Lipp*, in: Laufs/Katzenmeier/Lipp, Kap. VI Rn. 184; ablehnend i. E. auch *Sternberg-Lieben/Reichmann*, NJW 2012, 257, 261.

c. Unmittelbare Bindung des Arztes an den Willen des minderjährigen Patienten infolge des Fehlens strafrechtlichen Unrechts bei Verstößen gegen die §§ 1901a ff. BGB

Schlussendlich entwickelten *Sternberg-Lieben* und *Reichmann* einen Lösungsansatz zur unmittelbaren Bindung des behandelnden Arztes an antizipierte Erklärungen seiner Patienten aus einer strafrechtlichen Wertung heraus[844]. Die §§ 1901a ff. BGB werden dabei lediglich als Verfahrensvorschriften erachtet, deren Nichtbeachtung nicht zu einer Strafbarkeit des Arztes führe, wenn dieser sein Handeln nach den Wünschen des Patienten ausrichte[845]. Die Regelungen dienten der verfahrensrechtlichen Absicherung der Rechtfertigung des ärztlichen Eingriffs durch Errichtung einer Patientenverfügung, sodass bei regelungskonformem Verhalten des Arztes ein strafrechtlicher Vorwurf, insbesondere aus §§ 212, 13 oder §§ 223 ff. StGB, gemeinhin auszuschließen sei[846]. Umgekehrt könne jedoch allein der Verstoß gegen die niedergelegten Verfahrensabläufe ebenfalls nicht zu einer Strafbarkeit des Arztes führen, wenn sich der Arzt entsprechend dem Willen des Patienten verhalte[847], da sodann das hierfür erforderliche gesteigerte Strafunrecht nicht zu erkennen sei[848]. Nach *Sternberg-Lieben* und *Reichmann* bestehe keine akzessorische Anknüpfung der §§ 212, 223 ff. StGB an die außerstrafrechtlichen Regelungen zur Patientenverfügung[849]. Folglich sei die Nichtbefolgung des vorgegebenen Verfahrens für den behandelnden Arzt nicht strafbar[850]. Dogmatisch lasse sich die Straflosig-

844 *Sternberg-Lieben/Reichmann*, NJW 2012, 257, 262.

845 So der Lösungsvorschlag von *Sternberg-Lieben*, Gesetzliche Anerkennung der Patientenverfügung, in: FS Roxin, S. 537, 548 ff., 552 f.; *Sternberg-Lieben/Reichmann*, NJW 2012, 257, 262.

846 Vgl. *Sternberg-Lieben/Reichmann*, NJW 2012, 257, 262.

847 *Sternberg-Lieben/Reichmann*, NJW 2012, 257, 262.

848 Siehe *Sternberg-Lieben*, Gesetzliche Anerkennung der Patientenverfügung, in: FS Roxin, S. 537, 552 ff. (sowie dort Fn. 87).

849 *Sternberg-Lieben/Reichmann*, NJW 2012, 257, 262.

850 *Sternberg-Lieben*, Gesetzliche Anerkennung der Patientenverfügung, in: FS Roxin, S. 537, 552 ff.; *Sternberg-Lieben/Reichmann*, NJW 2012, 257, 262; so beispielsweise auch *Engländer*, JZ 2011, 513, 518 f.; *Fateh-Moghadam/Kohake*, ZJS 2011, 98, 105; *Hirsch*, Anm. zu BGHSt 55, 191 ff., JR 2011, 37, 39; *Rissing-van Saan*, ZIS 2011, 544, 548; *Rosenau*, Neuausrichtung der passiven Sterbehilfe, in: FS Rissing-van Saan, S. 547, 563; *Verrel*, NStZ 2010, 671, 674; *ders.*, Anm. zu BGH NStZ 2011, 276, 277; a. A. demgegenüber BGH NStZ 2011, 274, 276; BGHSt 55, 191, 199 f.; *Dölling*, ZIS 2011, 345, 348; *Gaede*, NJW 2010, 2925, 2927 f.; *Spickhoff*, ZRP 2012, 65, 68; *Walter*, ZIS 2011, 76, 80.

keit über den Wegfall der vereinbarungsgemäßen ärztlichen Garantenstellung beziehungsweise die fehlende Zumutbarkeit der Weiterbehandlung begründen[851]. Zudem könne ein Verfahrensverstoß als solcher schon aufgrund seines geringeren Unrechtsgehalts keine Strafbarkeit wegen eines Tötungsdelikts begründen[852]. Der Arzt eines minderjährigen Patienten könne sich daher auch bei Unwirksamkeit einer Patientenverfügung auf dessen Festlegungen berufen und unmittelbar – ohne das Zwischenschalten eines gerichtlich berufenen Betreuers respektive Minderjährigenvertreters – dem niedergelegten Patientenwillen nachkommen[853].

Über die Verneinung der Strafbarkeit wollen *Sternberg-Lieben* und *Reichmann* in der Folge ein Recht oder gar eine Pflicht des Arztes zum unmittelbaren Rückgriff auf den antizipiert geäußerten Willen des Minderjährigen herleiten[854]. Dem kann in dieser Konsequenz indes nicht gefolgt werden.

Unterstellt, ein Verstoß gegen die Verfahrensregeln der §§ 1901a ff. BGB sei tatsächlich straflos, was aufgrund der Einheit der Rechtsordnung und des hohen Schutzgutes der Patientenautonomie bereits umstritten ist[855], muss jedenfalls kritisiert werden, dass aus der Straflosigkeit eines Verhaltens nicht ohne Weiteres ein Recht auf dieses außerhalb der Strafrechtsordnung hergeleitet werden kann. Dass der Arzt bei Nichtbeachtung der §§ 1901a ff. BGB möglicherweise einer Strafbarkeit entgeht, ist nicht gleichbedeutend damit, dass er auch im Übrigen zu diesem Handeln berechtigt ist. Der Begründung des Gesetzentwurfs zum 3. Betreuungsrechtsänderungsgesetz ist zwar zu entnehmen, dass die gesetzliche Regelung zur Patientenverfügung die strafrechtlichen Grenzen nicht verschieben, sondern lediglich die Beachtung des Selbstbestimmungsrechts bei antizipierten Verfügungen klären solle[856]. Doch auch ohne strafrechtliche Vorwerfbarkeit können durch Verstöße gegen zivilrechtliche Normen Haftungs-

---

851 *Sternberg-Lieben*, Gesetzliche Anerkennung der Patientenverfügung, in: FS Roxin, S. 537, 555 Fn. 102.

852 *Fateh-Moghadam/Kohake*, ZJS 2011, 98, 105; *Rosenau*, Neuausrichtung der passiven Sterbehilfe, in: FS Rissing-van Saan, S. 547, 563; *Verrel*, Anm. zu BGH NStZ 2011, 276, 277.

853 *Sternberg-Lieben/Reichmann*, NJW 2012, 257, 262; siehe auch BGHSt 55, 191, 199 f.

854 *Sternberg-Lieben*, Gesetzliche Anerkennung der Patientenverfügung, in: FS Roxin, S. 537, 548 ff., 552 f.; *Sternberg-Lieben/Reichmann*, NJW 2012, 257, 262.

855 BGHSt 55, 191, 199 f.; *Dölling*, ZIS 2011, 345, 348; *Engländer*, JZ 2011, 513, 519; *Gaede*, NJW 2010, 2925, 2927 f.; *Spickhoff*, ZRP 2012, 65, 68; *Walter*, ZIS 2011, 76, 80; vgl. auch BGH NStZ 2011, 274, 276.

856 BT-Drs. 16/8442, S. 9.

ansprüche entstehen[857], vorliegend insbesondere aus dem Behandlungsvertrag nach §§ 280 ff. BGB sowie über deliktische Ansprüche aus § 823 Abs. 1 BGB[858]. Würde den Bestimmungen der §§ 1901a ff. BGB eine Rechtsfolge für das ärztliche Handeln gänzlich abgesprochen werden, gingen diese praktisch nahezu ins Leere, da die in einer Patientenverfügung festgelegten Behandlungsentscheidungen letztlich doch gerade das Handeln des Arztes gegenüber dem Patienten festschreiben sollen. Der behandelnde Arzt, der die Verfahrensabläufe der §§ 1901a ff. BGB nicht beachtet, kann somit unabhängig von der strafrechtlichen Beurteilung des Sachverhalts durchaus zivilrechtlich in Haftung genommen werden[859]. Sieht sich der Arzt dieser Gefahr ausgesetzt, ist kaum anzunehmen, dass er dessen ungeachtet eine Behandlung vornehmen oder unterlassen würde[860].

Zudem nähert sich der dargestellte Vorschlag der Problematik von der falschen Seite. Die Regelung der Patientenverfügung soll primär das Selbstbestimmungsrecht des Patienten sichern. Wird also nach dem Schutz des Selbstbestimmungsrechts eines Minderjährigen bei antizipierten Behandlungsentscheidungen gefragt, ist eine Lösung nicht über die Straflosigkeit des Arztes zu suchen, da die Straflosstellung des Arztes in keinem unmittelbaren Zusammenhang zu der Frage der Verbindlichkeit einer kindlichen Vorausverfügung steht. Ungeachtet der Zweifel daran, ob aus der Straflosigkeit eines Verstoßes gegen die §§ 1901a ff. BGB eine zivilrechtliche *Befugnis* des Arztes zur unmittelbaren Berücksichtigung des Patientenwillens hergeleitet werden könnte, so lässt sich daraus indes keinesfalls eine *Pflicht* des Arztes zur Befolgung der Wünsche des Patienten konstruieren, aus der die Verbindlichkeit der Vorausverfügung eines hinreichend einsichts- und urteilsfähigen Minderjährigen abzuleiten wäre.

Die Argumentation geht aber ohnehin bereits aus dem Grunde fehl, dass § 1901a BGB – wie dargelegt – weder direkt noch analog auf Minderjährige Anwendung findet[861]. Mangels wirksamer Patientenverfügung kann die Nichtbeachtung der §§ 1901a ff. BGB damit denklogisch nicht als Verstoß des Arztes gegen die Verfahrensvorgaben erachtet werden. Der Minderjährige ist in den §§ 1901a ff. BGB nicht bedacht, sodass die Heranziehung dieser Normen zur Begründung einer unmittelbaren Arzt-

857 Vgl. *Bichler*, S. 110; sowie *ders.*, GesR 2014, 1, 3.
858 Siehe zur zivilrechtlichen Haftung des Arztes Kapitel 2 B. III. 1.
859 *Bichler*, S. 110.
860 *Bichler*, S. 110.
861 So auch *Bichler*, S. 111.

bindung an den Kindeswillen nicht taugt[862]. In der Folge wird sich aus dem Fehlen eines strafrechtlichen Unrechts des ärztlichen Handelns keine Berechtigung zum unmittelbaren Rückgriff auf den antizipiert erklärten Willen eines minderjährigen Patienten ergeben, geschweige denn eine Pflicht zu ebendiesem.

d. Zwischenergebnis

Eine Einbeziehung kindlicher Behandlungsverfügungen in das gesetzliche Regelungskonzept des § 1901a BGB über eine verfassungskonforme Auslegung der Norm ist ausgeschlossen. Gleichzeitig ist einem Analogieschluss ebenso wie einer unmittelbaren Bindung des Arztes an den Willen eines Minderjährigen infolge der potenziellen Straflosigkeit seines Verhaltens aus den dargestellten Gründen eine Absage zu erteilen. Es besteht mithin kein geeigneter Weg, Vorausverfügungen minderjähriger Patienten über die dargestellten Lösungsansätze rechtliche Beachtlichkeit oder gar Verbindlichkeit zu verschaffen.

IV. Ergebnis und Bewertung

Den Bestimmungen der §§ 1901a ff. BGB können keine Festlegungen für kindliche Vorausverfügungen entnommen werden. Die seit dem 1. September 2009 gesetzlich fixierte Regelung der Patientenverfügung findet aufgrund ihres Volljährigkeitserfordernisses weder direkt noch analog Anwendung auf Behandlungsverfügungen Minderjähriger. Dies gilt nicht allein für § 1901a Abs. 1 S. 1 BGB, sondern für die Gesamtheit der Regelungen des Betreuungsrechts. Infolgedessen können Minderjährigenverfügungen entgegen der im Schrifttum vorgefundenen Lösungsansätze nicht als Behandlungswünsche im Sinne des § 1901a Abs. 2 BGB (analog) oder über die Bevollmächtigung einer dritten Person gemäß § 1904 Abs. 5 BGB Wirksamkeit erlangen.

Klarstellend ist an dieser Stelle allerdings zu betonen, dass Minderjährigen das Abfassen einer verbindlichen Behandlungsverfügung damit nicht insgesamt unmöglich sein muss. Fälschlicherweise wird aus der Nichtanwendbarkeit des Betreuungsrechts vielfach geschlossen, dass dies einen

862 *Bichler*, S. 111; *ders.*, GesR 2014, 1, 3, der jedoch ausnahmsweise den Weg über den mutmaßlichen Willen des minderjährigen Patienten zulassen will.

gesetzgeberischen Ausschluss der Wirksamkeit antizipierter Erklärungen minderjähriger Patienten impliziere[863]. Diesem Schluss muss widersprochen werden, da dem Gesetz keine abschließende Regelung in Bezug auf kindliche Vorausverfügungen zu entnehmen ist[864]. Aufgrund der in § 1901a Abs. 1 S. 1 BGB enthaltenen Voraussetzungen lässt sich der Bestimmung einzig entnehmen, dass Minderjährige keine „echten“ Patientenverfügungen im Sinne der Legaldefinition verfassen können – was jedoch nicht bedeutet, dass ihnen zugleich versagt wird, vergleichbare verbindliche Verfügungen für zukünftige Behandlungssituationen zu treffen[865]. Eine derartige Verbotsnorm ist im Bürgerlichen Gesetzbuch nicht zu finden.

Ob und inwieweit die Vorausverfügung eines Minderjährigen wirksam ist, kann sich somit nicht aus dem Betreuungsrecht ergeben. Eine Antwort ist vielmehr in den für Minderjährige einschlägigen kindschaftsrechtlichen Regelungen zu suchen[866].

C. *Herleitung rechtlicher Bindung kindlicher Vorausverfügungen gegenüber den Eltern aus den Bestimmungen des Kindschaftsrechts*

§ 1901a BGB sowie das Betreuungsrecht insgesamt sind auf minderjährige Patienten nicht anwendbar. Zur Untersuchung kindlicher Vorausverfügungen sind deshalb die für Minderjährige einschlägigen kindschaftsrechtlichen Regelungen heranzuziehen. Im Folgenden wird untersucht, inwieweit die bestehenden Regelungen des Kindschaftsrechts eine Antwort darauf geben, welche Wirkungen der Vorausverfügung eines minderjährigen Patienten im familiären Innenverhältnis gegenüber den sorgeberechtigten Eltern zukommt.

Dass Erklärungen volljähriger Patienten auch dann wirksam sind, wenn sich der betroffene Patient nicht zu einer unmittelbar bevorstehenden medizinischen Maßnahme äußert, sondern Festlegungen für künftige Si-

863 So beispielsweise *Brückner*, S. 183, 185 f.; *Czerner/Soßdorf*, KritV 2013, 315, 319 ff.; *Müller*, in: Bamberger/Roth, § 1901a Rn. 11; *Sternberg-Lieben/Reichmann*, NJW 2012, 257, 260; gleichbedeutend *Schumacher*, FPR 2010, 474, 478; vgl. zu dieser Wertung auch *Spickhoff*, in: Spickhoff, Medizinrecht, § 1901a BGB Rn. 5.

864 *Rieger*, FamRZ 2010, 1601, 1603.

865 Ebenso *Lipp*, in: Laufs/Katzenmeier/Lipp, Kap. VI Rn. 184; *Rieger*, FamRZ 2010, 1601, 1603; *Silberg*, Humboldt Forum Recht 2010, 104, 117; so argumentiert bzgl. § 630d BGB auch *Deutsch/Spickhoff*, Rn. 430.

866 Vgl. *Bienwald*, in: Bienwald/Sonnenfeld/Harm, BetrR, § 1901a BGB Rn. 17.

tuationen trifft, wurde viele Jahre lang diskutiert[867] und schließlich durch Einführung des § 1901a BGB gesetzlich geregelt. Dem Kindschaftsrecht ist eine entsprechende ausdrückliche Lösung für Vorausverfügungen minderjähriger Patienten nicht zu entnehmen, sodass auf die allgemeinen Regelungen der § 1627 S. 1 und § 1626 Abs. 2 BGB Bezug zu nehmen ist, aus denen sich – wie in Kapitel 3 belegt werden konnte – die elterliche Pflicht zur Achtung des Kindeswohls ergibt und damit zugleich eine Pflicht zur Umsetzung des Willens des hinreichend einsichts- und urteilsfähigen Kindes in Gesundheitsangelegenheiten hergeleitet werden kann.

Äußert ein Minderjähriger, der das erforderliche Maß an Einsichts- und Urteilsfähigkeit innehat, seinen Willen nicht in einer aktuellen, unmittelbar bevorstehenden Behandlungssituation, sondern – ähnlich einer Patientenverfügung – in Form einer antizipierten Festlegung für künftige Behandlungen, so ist auf Grundlage der elterlichen Pflicht zur Befolgung des Kindeswillens aus §§ 1626 Abs. 2, 1627 S. 1 BGB zu fragen, welche Schlussfolgerungen die bislang gewonnenen Erkenntnisse zur Bindungswirkung aktueller Behandlungsentscheidungen für antizipierte Erklärungen des Minderjährigen zulassen. Es ist zu prüfen, ob vorsorgliche Behandlungsverfügungen hinreichend entscheidungsfähiger Minderjähriger die Sorgeberechtigten bereits de lege lata über die Normen des Kindschaftsrechts binden. Dazu sind inhaltliche Differenzierungen hinsichtlich der unterschiedlichen Gestaltungsformen kindlicher Vorausverfügungen anzustellen. Denn obwohl Vorausverfügungen vorwiegend zur vorsorglichen Ablehnung oder Eingrenzung künftiger Maßnahmen genutzt werden, können sie ebenso positiv einwilligende beziehungsweise regelnde Festlegungen für künftige Heileingriffe enthalten[868].

I. Gestaltungsformen antizipierter (Minderjährigen-) Verfügungen

In der medizinischen Praxis werden Vorausverfügungen zu einem weit überwiegenden Teil mit dem Inhalt einer Beschränkung oder Ablehnung ärztlicher Behandlungen formuliert[869]. Patienten legen vorsorglich für

867 Vgl. zur Entstehung der gesetzlichen Normierung nur BGHZ 154, 205 ff.; BGHSt 40, 257 ff.; BT-Drs. 15/3700; *Albrecht/Albrecht*, Rn. 10 ff.; *Kutzer*, FPR 2004, 683, 683 f.; *May*, BtPrax 2007, 149, 150; *Müller*, ZEV 2008, 583, 584.

868 Vgl. zu verschiedenen Formen der Patientenverfügung *Albrecht/Albrecht*, Rn. 172 ff.; *Schwab*, in: MüKo BGB, § 1901a Rn. 17; Formulierungsvorschläge für positive Verfügungen geben z. B. das *BMJ*, S. 23 ff.; *Zimmermann*, Rn. 391.

869 Vgl. *Lipp*, in: Laufs/Katzenmeier/Lipp, Kap. VI Rn. 184.

die Zukunft fest, bei Vorliegen einer bestimmten Krankheitssituation keine lebenserhaltenden oder lebensverlängernden Behandlungsmaßnahmen (mehr) zu wollen. Da die Durchführung ärztlicher Maßnahmen grundsätzlich die Einwilligung des Patienten erforderlich macht, ist ein medizinischer Eingriff ohne die Zustimmung des Betroffenen oder seines Vertreters nach ganz herrschender Ansicht als Eingriff in die körperliche Integrität und damit als strafrechtlich relevante Körperverletzungen im Sinne der §§ 223 ff. StGB[870] sowie ferner als Verstoß gegen § 630d Abs. 1 BGB zu bewerten[871]. Wird die Einwilligung verweigert beziehungsweise wirksam und verbindlich auf vorab festgelegte Maßnahmen begrenzt, muss eine darüber hinausgehende Behandlung demzufolge unterbleiben.

Vorausverfügungen sind inhaltlich jedoch nicht auf Ablehnungen und Begrenzungen einer Behandlung beschränkt, sondern können ebenso auch positive Behandlungserklärungen wie insbesondere Einwilligungen in einzelne oder mehrere bestimmte Eingriffe oder allgemeine Therapiewünsche beinhalten[872]. So kann ein Patient beispielsweise antizipiert äußern, im Laufe einer andauernden Krankheit mit voraussehbarem Verlauf zum Zwecke der Lebensverlängerung künstliche Ernährung und Flüssigkeitszufuhr erhalten zu wollen oder Wiederbelebungsversuche (generell oder in bestimmten Situationen) zu wünschen, sollten seine Vitalfunktionen aussetzen[873]. Des Weiteren könnte durch die Verknüpfung negativer und positiver Anordnungen gegebenenfalls darüber hinaus die ärztliche Wahl der Behandlungsmethode durch den Patienten beeinflusst werden, indem die Therapie bei Ablehnung der einen unter gleichzeitiger Einwilligung in eine alternative, ebenfalls mögliche und sinnvolle Maßnahme unter Umständen in eine bestimmte Richtung gelenkt wird[874]. So könnten die Verfügungen zum Beispiel regelnden Charakter erlangen, sollte zugunsten eines Medikaments die Einwilligung erteilt, die Verabreichung eines anderen Mittels indes vorsorglich abgelehnt worden sein. Als Steuerungsinstrument kann die Verfügung mitunter auch dann wirken, wenn bei-

870 Nach der herrschenden „Rechtfertigungslösung“, siehe RGZ 88, 433, 436; BGHZ 29, 33, 37; 106, 391, 397 f.; sowie in Kapitel 2 B. III. 1.

871 Vgl. BGHZ 162, 320, 323 f.; 172, 1, 1 ff.; 176, 342, 347; *Bergmann/Wever*, S. 6 ff.; *Hart*, GesR 2012, 385, 386; sowie nochmals Kapitel 2 B. III. 1.

872 Formulierungsvorschläge für positive Vorausverfügungen geben z. B. das *BMJ*, S. 23 ff.; *Zimmermann*, Rn. 391.

873 Siehe *BMJ*, S. 23 ff.

874 Vgl. hierzu die Literatur zur Patientenverfügung: *Albrecht/Albrecht*, Rn. 172 ff.; *Schwab*, in: MüKo BGB, § 1901a Rn. 17; Formulierungsvorschläge für positive Verfügungen zudem bei *BMJ*, S. 23 ff.; *Zimmermann*, Rn. 391.

spielsweise ein psychisch kranker Patient verfügt, für den Fall einer akuten Psychose Fixierungen abzulehnen und stattdessen eine Isolierung zu wünschen[875]. Positive Vorausverfügungen erlangen außerdem zunehmend an Bedeutung, weil sich Patienten immer häufiger um Einschränkungen der Leistungen des Gesundheitssystems sorgen und daher den konkreten Wunsch formulieren wollen, alle medizinisch möglichen und sinnvollen Maßnahmen zur Lebensverlängerung zu erhalten[876]. Ebenso nachvollziehbar ist das Bedürfnis schwer erkrankter Patienten, sich nach Aufklärung über Diagnose und Therapie verbindlich auf eine bestimmte Behandlung festlegen und auch nach Verlust der Einwilligungsfähigkeit daran festhalten zu wollen[877].

Im Rahmen eines zweistufigen Vorgehens ist demnach die Verbindlichkeit negativer sowie positiver Behandlungsverfügungen gegenüber den Eltern des Kindes zu prüfen. Darüber hinaus werden mögliche gerichtliche Maßnahmen und haftungsrechtliche Ansprüche zum Schutze und zur Durchsetzung des antizipierten Kindeswillens dargestellt.

II. Bindung der elterlichen Vertreter an Vorausverfügungen ihres Kindes gemäß § 1627 S. 1 i.V.m. § 1626 Abs. 2 BGB

Die Krankheit eines Kindes ist häufig nicht nur für dieses ein schweres Schicksal, sondern stellt zugleich auch für die Eltern eine große Belastung dar[878]. Nicht selten kann es in einer Ausnahmesituation wie dieser vorkommen, dass Eltern und Kind uneinig hinsichtlich des weiteren Fortgangs einer geplanten oder bereits begonnenen Therapie sind.

Die Eltern sind vor die schwere Aufgabe gestellt, das kranke Kind zu pflegen, für das kindliche Wohl zu sorgen und dabei gemäß § 1626 Abs. 2 S. 1 BGB die wachsenden Fähigkeiten und das wachsende Bedürfnis des Kindes zu selbständigem Handeln zu berücksichtigen. Sie haben zu beurteilen, ob die geplante Behandlungsmaßnahme kindeswohldienlich ist[879], was insbesondere dann eine empfindliche Einschätzung darstellt, wenn das Kind selbst Festlegungen getroffen hat, die im Konflikt zu den elterlichen Vorstellungen stehen. Die Frage, wie ein solcher innerfamiliä-

875 Siehe zur psychiatrischen Patientenverfügung *Henking/Bruns*, GesR 2014, 585 ff.
876 *Albrecht/Albrecht*, Rn. 173.
877 *Schwab*, in: MüKo BGB, § 1901a Rn. 17.
878 Vgl. *Führer et al.*, Monatsschr Kinderheilkd 2009, 18, 23.
879 Siehe nochmals *Gernhuber/Coester-Waltjen*, § 57 Rn. 30.

rer Dissens aufzulösen ist, kann positive wie negative Minderjährigenverfügungen gleichermaßen betreffen.

Zunächst obliegt den sorgeberechtigten Eltern nach § 1626 Abs. 2 BGB die Pflicht, das wachsende Bedürfnis des Kindes zu selbständigem Handeln zu berücksichtigen, Fragen der Gesundheitssorge mit dem Kind zu besprechen, soweit dies nach seinem geistigen Entwicklungsstand angezeigt ist, und Einvernehmen anzustreben[880]. Dem Streben nach Konsens des Patienten mit einer Therapiemaßnahme kommt insgesamt eine besondere Bedeutung zu, da dessen Genesung häufig nicht ohne seine Kooperation (sogenannte Compliance) zu erreichen ist[881]. Somit sollten auch die Eltern stets eindringlich versuchen, ihr Kind zur Mitwirkung an der geplanten Behandlung zu bewegen. Allerdings wird die gute Compliance des Patienten in Behandlungssituationen, für die vorsorgliche Erklärungen abgefasst wurden, regelmäßig keine Rolle mehr spielen, da ein kooperatives Verhalten von entscheidungsunfähigen, möglicherweise nicht einmal mehr ansprechbaren und gegebenenfalls sogar komatösen Patienten nicht zu erwarten ist und im Rahmen der für sie einschlägigen Therapie (zum Beispiel künstliche Ernährung) auch kaum Auswirkungen haben wird. Umso wichtiger sollte es in diesem Stadium einer Erkrankung sein, zur Wahrung von Patientenautonomie und Patientenwürde den vorsorglich festgelegten Behandlungswillen zu achten.

1. Behandlungsbegrenzungen oder -ablehnungen durch den Minderjährigen

Wie in Kapitel 3 herausgearbeitet wurde[882], stellt die Nichtbeachtung des Vetos eines hinreichend entscheidungsfähigen Minderjährigen hinsichtlich aktueller Behandlungsentscheidungen durch die Eltern eine Verletzung des Kindeswohls dar[883], da dem selbstbestimmten Kindeswillen im Rahmen medizinischer Behandlungen mit zunehmendem Alter des Minderjährigen eine wachsende Rolle beizumessen ist [884]. Hat der minderjährige Patient die erforderliche Einsichts- und Urteilsfähigkeit, um eigen-

880 Siehe zu den Pflichten aus § 1626 Abs. 2 BGB bereits in Kapitel 3 B. II., S. 106 ff.

881 Vgl. *Rasmussen et al.*, JAMA 2007, 177, 184 f.; *Geisler*, BT-Drs. 14/9020, 216 ff.

882 Siehe im Folgenden daher nochmals S. 115 ff.

883 So auch *Bichler*, S. 114 ff.; *Olzen*, in MüKo BGB, § 1666 Rn. 46, 63 ff.

884 Vgl. BVerfGE 55, 171, 179 ff. (zu § 1671 BGB); *Götz*, in: Palandt, BGB, § 1666 Rn. 9; *Olzen*, in: MüKo BGB, § 1666 Rn. 45; *Veit*, in: Bamberger/Roth, § 1666 Rn. 6.

verantwortlich Entscheidungen über ärztliche Eingriffe zu treffen, steht ihm gemäß §§ 1627 S. 1, 1626 Abs. 2 BGB ein Recht zur Ablehnung der Maßnahme gegenüber seinen Eltern zu, mit der Folge, dass diese – wollen sie eine kindeswohldienende Behandlungsentscheidung treffen – das Veto ihres Kindes akzeptieren und nach außen hin gegenüber dem Arzt vertreten müssen. Macht der Minderjährige von diesem innerfamiliären Vetorecht Gebrauch, indem er der Einwilligung seiner Eltern in eine ihn betreffende medizinische Behandlung widerspricht, muss die Maßnahme unterbleiben.

a. Bindungswirkung des antizipiert erklärten Vetos

Im Unterschied zu einer aktuellen Behandlungssituation wird die antizipierte Vetoerklärung nicht für einen *aktuell* bevorstehenden Eingriff, sondern für eine *künftige* Maßnahme in vorsorglicher Form abgegeben, sodass zu untersuchen ist, ob dem hinreichend einsichts- und urteilsfähigen Minderjährigen auch in diesem Fall ein uneingeschränktes Recht zur Ablehnung der Maßnahme zuzusprechen ist oder ob die Besonderheit der Vorsorglichkeit der Behandlungsentscheidung Einschränkungen oder gar einen Ausschluss der kindlichen Mitentscheidungsbefugnis bedeuten könnte.

Grundsätzlich gilt: Willensbekundungen verlieren ihre Beachtlichkeit nicht allein dadurch, dass der Äußernde zu einem späteren Zeitpunkt die Fähigkeit zur Abgabe einer wirksamen Erklärung einbüßt. Steht die Wirksamkeit einer Erklärung infrage, so ist in aller Regel der Erklärungszeitpunkt maßgeblicher Anknüpfungspunkt der Prüfung. Dieser Rechtsgedanke findet sich in § 1901a BGB ebenso wie in § 130 Abs. 2 BGB in Bezug auf rechtsgeschäftliche Willenserklärungen[885]. Aber auch §§ 1627 S. 1, 1626 Abs. 2 BGB sowie darauf Bezug nehmend § 1666 Abs. 1 BGB bieten für eine abweichende Argumentation keine Anhaltspunkte. Denn die Normen stellen bei der Prüfung einer Kindeswohlgefährdung ebenfalls nicht auf die Aktualität einer potenziellen Willensäußerung des Kindes ab, sondern schützen umfassend das geistige, seelische und körperliche Wohl des Kindes. Dabei sind die inneren Empfindungen und das Befinden des Kindes im Ganzen in den Blick zu nehmen; kurzfristiger („aktueller")

885 Danach hat es auf die Wirksamkeit einer Willenserklärung keinen Einfluss, wenn der Erklärende nach der Abgabe der Erklärung stirbt oder geschäftsunfähig wird.

Erklärungen bedarf es demgegenüber nicht. Eine zeitliche Komponente ergibt sich aus §§ 1627 S. 1, 1626 Abs. 2 BGB lediglich dergestalt, dass sich ein Missbrauch der Elternpflichten nach § 1666 Abs. 1 BGB auf derzeitige und künftige Gefährdungen richten muss, um eine staatliche Eingriffsbefugnis zu begründen. Die Gefahr für das Wohl des Kindes muss unmittelbar bevorstehen oder bereits gegenwärtig sein und dabei eine gewisse Schwere aufweisen[886]. Entscheidend ist somit nicht die Aktualität der Fähigkeit des Kindes zur Selbstbestimmung, sondern die Aktualität der Gefährdungslage für das kindliche Wohl.

Indem der Wille des hinreichend entscheidungsfähigen Minderjährigen von vorrangiger Bedeutung bei der Beurteilung des Kindeswohls ist, müssen die Eltern vor einer Behandlungsentscheidung gemäß § 1627 S. 1 i.V.m. § 1626 Abs. 2 BGB prüfen, ob und inwiefern sich ihr Kind eine Behandlung wünscht. Kann der Minderjährige zu der aktuellen Behandlungsmaßnahme nicht befragt werden, weil er beispielsweise nicht bei Bewusstsein ist, oder ist zweifelhaft, ob die aktuell geäußerten Wünsche tatsächlich (noch) dem freien Willen des Kindes entsprechen, da der Minderjährige zum Beispiel infolge einer psychischen Beeinträchtigung seine Entscheidungsfähigkeit weitgehend eingebüßt hat, so muss regelmäßig der mutmaßliche Kindeswille bestimmt werden[887]. Im Rahmen dessen sind neben konkreten Festlegungen und Wünschen auch allgemeine Wertvorstellungen des Minderjährigen zu berücksichtigen[888].

Hat der minderjährige Patient nunmehr vorsorglich eine entsprechende Verfügung verfasst, in der er sein Veto gegenüber der fraglichen Behandlungsmaßnahme erklärt, gibt dies seinen Willen zumeist so deutlich zu erkennen, dass kaum Raum für abweichende Einschätzungen bleiben wird. Statt zu fragen, was das Kind in der vorliegenden Behandlungssituation gewollt hätte, ist folglich seine vorsorgliche Behandlungsverfügung heranzuziehen. Denn trifft ein minderjähriger Patient im hinreichend einsichts- und urteilsfähigen Zustand vorsorgliche Entscheidungen zu Therapiebegrenzungen und Behandlungsverweigerungen für den Fall des krankheitsbedingten Verlustes des nötigen Grades der Entscheidungsfähigkeit, so übt er damit ebenso sein beschriebenes Vetorecht aus. Er macht seinen Willen deutlich, bestimmte oder gar jegliche ärztlichen Maßnahmen in einer konkreten Behandlungssituation in der Zukunft abzulehnen, sollte

886 BVerfG FamRZ 2010, 528, 528; BVerfG FamRZ 2010, 713, 713; OLG Hamm FamRZ 2010, 1091, 1092; OLG Saarbrücken FamRZ 2010, 1092, 1093.

887 Vgl. nur *Coester*, in: Staudinger, BGB, § 1666 Rn. 74 ff.

888 *Coester*, in: Staudinger, BGB, § 1666 Rn. 74 ff.

er sich zu diesem Zeitpunkt nicht mehr in einem Zustand befinden, in dem er eine selbstbestimmte Erklärung abgeben kann. Demzufolge sind auch die in der Vergangenheit geäußerten Wünsche und Vorstellungen des Kindes zu einer ihn künftig betreffenden medizinischen Behandlung bedeutsam für die Beurteilung des Kindeswohles und dürfen nicht außer Acht gelassen werden, sofern anzunehmen ist, dass diese fortgelten. Mutmaßungen hinsichtlich eines möglichen Kindeswillens sind im Falle einer eindeutigen Vetoerklärung hinfällig[889].

Die Verbindlichkeit einer antizipierten Behandlungsverweigerung bleibt also nach dem Verlust der erforderlichen Entscheidungsfähigkeit des minderjährigen Patienten fortbestehen. Die elterliche Pflicht zur Befolgung seines Vetos aus §§ 1627 S. 1, 1626 Abs. 2 BGB ist auf antizipierte Behandlungsentscheidungen zu übertragen. Die kindliche Behandlungsverfügung, in der der hinreichend einsichts- und urteilsfähige Minderjährige von seinem Recht zur Behandlungsverweigerung Gebrauch macht, ist für dessen Sorgeberechtigten bei Ausübung ihres Elternrechts folglich grundsätzlich dergestalt zu beachten, dass sie bei kindeswohlorientierter Sorgerechtsausübung an das wirksam erklärte Veto ihres Kindes gebunden sind und ihre Entscheidungen auf dieser Grundlage zu treffen haben, solange keine Anhaltspunkte für eine Willensänderung bestehen[890].

b. Keine Einschränkung der Beachtlichkeit eines vorsorglich erklärten Vetos im Falle initiierter Selbstschädigungen oder in Ermangelung objektiv-rationaler Gründe

Als Einschränkung der Bindungswirkung insbesondere des antizipiert erklärten Vetos, zum Teil aber auch der positiven Entscheidung, wird mitunter formuliert, dass das Nein eines Minderjährigen dort seine Beachtlichkeit verlieren müsse, wo die Befolgung des Kindeswillens eine Selbstschädigung für den Minderjährigen bedeuten würde[891]. Die Selbstgefährdung des Minderjährigen wird damit als Verfügungsgrenze herausgestellt. Ferner wird in der Rechtsprechung teilweise eine vernünftige Begründung für

889 Vgl. *Czerner/Soßdorf*, KritV 2013, 315, 324.

890 Im Ergebnis auch *Beermann*, FPR 2010, 252, 253; *Bichler*, S. 118 f.; *Lipp*, in: Laufs/Katzenmeier/Lipp, Kap. VI Rn. 184; ebenso wohl *Coester-Waltjen*, MedR 2012, 553, 557.

891 Vgl. OLG Bamberg ZfJ 1996, 194, 196 f. (zu § 1671 BGB); siehe auch BayObLG FamRZ 1975, 169, 171; *Olzen*, in: MüKo BGB, § 1666 Rn. 46; BVerfGE 55, 171, 179 ff. (zu § 1671 BGB).

den Willen des Kindes gefordert: Der Kindeswille müsse auf Gründen beruhen, welche objektiv als verständlich, rational und vernünftig angesehen würden[892]. Dadurch wäre nicht allein die Anwendbarkeit des § 1666 Abs. 1 BGB eingeschränkt, sondern bereits die Ermittlung des Kindeswohls durch die Eltern hinsichtlich der Einbeziehung des kindlichen Willens betroffen.

Zwar sind diese Einwände nicht auf Vorausverfügungen beschränkt, sondern finden sich generell in der Diskussion um die Bestimmung des Kindeswohls unter Einbeziehung des geäußerten Willens[893], doch kann die antizipierte Ablehnung einer medizinischen Behandlung durch einen minderjährigen Patienten besonders gravierende Konsequenzen für diesen haben. Nicht selten geht es hierbei um die Verweigerung lebenserhaltender und -verlängernder Maßnahmen oder lebensrettender Operationen und Therapien, sodass die „Gefahr" einer Selbstgefährdung oder gar Selbstschädigung durch vorsorgliche negative Behandlungsverfügungen besonders groß ist.

Vorstellbar sind selbstschädigende Minderjährigenverfügungen vor allem für Patienten mit tödlich verlaufenden Krankheiten, die für ihre letzte Lebensphase Vorsorge treffen und möglicherweise ihr Leben auf diese Weise frühzeitiger beenden wollen. Doch auch minderjährige Patienten mit chronischen Erkrankungen ohne infauste Prognose können das Bedürfnis haben, bestimmte Behandlungen zu untersagen, insbesondere wenn bereits negative Erfahrungen gemacht wurden und sie befürchten, dass ihre Eltern einer erneuten Behandlung zustimmen würden. Lehnt ein Minderjähriger eine dringend notwendige oder medizinisch ratsame Behandlung ab und ist seine Erklärung in diesem Falle verbindlich, so kann sie erhebliche gesundheitliche Folgen für den Minderjährigen haben und schlussendlich nicht selten seinen Tod bedeuten.

Dies führte einige Gerichte zu der vermeintlich naheliegenden Lösung, dem Minderjährigen zu seinem eigenen Schutz die Beachtlichkeit seines Willens immer dann abzusprechen, wenn dieser seiner Gesundheit schaden würde und/oder nicht vernünftig erschien[894]. Paternalistische Erwägungen sind in Anbetracht des hohen Ranges des grundgesetzlich verbürgten Selbstbestimmungsrechts eines jeden Menschen allerdings abzu-

892 Vgl. BVerfG FamRZ 1981, 124, 126; BGH FamRZ 1980, 131, 132 f.; OLG Bamberg FamRZ 1989, 890, 891; OLG Düsseldorf FamRZ 1994, 1277, 1277.

893 Siehe zu möglichen Einwänden bereits Kapitel 3 B. II., S. 120.

894 Siehe z. B. BGH FamRZ 1980, 131, 132 f.; OLG Bamberg FamRZ 1989, 890, 891; BVerfG FamRZ 1981, 124, 126.

lehnen[895]. Die meisten Patienten, ob minderjährig oder erwachsen, treffen ihre Entscheidungen nicht ausschließlich rational, sondern vor allem intuitiv und durch Emotionen gelenkt[896]. Dabei ist weder die Rationalität eines Willens Garant für dessen Ernst- und Sinnhaftigkeit noch dürfen der auf Intuition oder Gefühlslagen gegründeten Entscheidung ebendiese vorschnell abgesprochen werden[897]. Das allgemeine Persönlichkeitsrecht, aus welchem sich die Patientenautonomie für medizinische Entscheidungen ableitet, gewährleistet ein Recht auf jede Art von Entscheidung, die nicht in unzulässiger Weise in den Rechts- oder Persönlichkeitskreis eines anderen einwirkt[898]. Wird einer Person hinreichende Entscheidungsfähigkeit und Entscheidungskompetenz bezüglich der in Rede stehenden Maßnahme zuerkannt, so muss es ihr folglich auch freistehen, unvernünftig erscheinende Entscheidungen zu treffen. Willensbekundungen, die eine Selbstschädigung zur Folge haben, sind daher gleichermaßen beachtlich wie Entscheidungen, die nach objektiven Gesichtspunkten als vernünftig zu beurteilen wären[899]. Darüber hinaus ist bereits zweifelhaft, inwieweit einem an schwerer Krankheit leidenden, mitunter sogar moribunden Patienten die Vernunftseinschätzungen eines unbeteiligten, womöglich gesunden Dritten aufoktroyiert werden sollten.

Ist der minderjährige Patient bei der Äußerung seiner Behandlungswünsche hinreichend einsichts- und urteilsfähig gewesen, um eine selbstbestimmte Entscheidung zu treffen, muss diese folglich respektiert und berücksichtigt werden, selbst wenn sie eine Selbstschädigung bewirkt und dem objektiven Beobachter unvernünftig erscheinen mag[900]. Dem Kindeswillen ist also auch in diesem Falle Vorrang einzuräumen gegenüber einer rein objektiven Kindeswohlbetrachtung[901].

Das Vorbringen rationaler Gründe für die eigene Entscheidung ist als Voraussetzung für deren Verbindlichkeit somit nicht adäquat. Sie können allerdings ein Indiz dafür darstellen, dass der Minderjährige die erforderliche Einsichts- und Urteilsfähigkeit besitzt – ebenso wie das Fehlen einer nachvollziehbaren Motivation auf die fehlende Entscheidungsfähigkeit

895 Vgl. *Fegeler*, S. 86 ff.

896 *Fegeler*, S. 86.

897 *Fegeler*, S. 86.

898 Vgl. BVerwGE 82, 45, 48 ff.; *Kunig*, in: von Münch/Kunig, GG, Art. 2 Rn. 30 ff.

899 BVerwGE 82, 45, 48 ff.; vgl. auch OLG Bamberg FamRZ 1998, 1462, 1462.

900 *Fegeler*, S. 87 f.; *Coester*, in: Staudinger, BGB, § 1666 Rn. 77 f; *Olzen*, in: MüKo BGB, § 1666 Rn. 46.

901 Siehe hierzu nochmals Kapitel 3 B. II., S. 110 ff.

des Kindes schließen lassen könnte[902]. Eine Einschränkung der Bindungswirkung selbstschädigender Behandlungsverfügungen hat somit nicht in Form einer Bewertung des selbstbestimmt gebildeten Willens zu erfolgen, sondern muss sich richtigerweise bereits auf die Ebene der vorgelagerten Prüfung der Einsichts- und Urteilsfähigkeit beziehen. Sie betrifft die Frage, ob der Minderjährige bei der Bildung seines Willens imstande war, die Bedeutung und Tragweite des Eingriffs sowie dessen Verweigerung zu ermessen[903]. Ist dies der Fall, muss seinem selbstbestimmten Willen unabhängig von der inhaltlichen Richtung gefolgt werden.

Der auf Selbstschädigung gerichtete Wille könnte nunmehr jedoch Zweifel an der erforderlichen Entscheidungsfähigkeit des Kindes aufkommen lassen. Trifft ein minderjähriger Patient Entscheidungen, die erhebliche Risiken haben, seine Gesundheit schädigen oder gar den eigenen Tod bedeuten könnten, so sind dies vermeintliche Anhaltspunkte dafür, dass sich der Minderjährige der negativen Folgen seiner Festlegungen nicht bewusst ist. Sodann fehlt ihm die erforderliche Einsichts- und Urteilsfähigkeit, um selbstbestimmt diese Erklärung abzugeben[904]. Es darf allerdings keineswegs automatisch von einer auf Selbstschädigung gerichteten Verfügung auf einen Mangel der Einsichts- und Urteilsfähigkeit geschlossen werden[905]. Denn dies würde de facto zu einer erheblichen Einschränkung der Wirkungen ablehnender Behandlungsverfügungen führen, welche als Aushebelung der Bindungswirkung kindlicher Vorausverfügungen zu begreifen wäre. Auch das hinsichtlich aktueller Behandlungsmaßnahmen erklärte Veto bedeutet nicht selten einen gesundheitlichen Nachteil für den minderjährigen Patienten; trotz dessen ist es zu beachten. Den beschriebenen Anhaltspunkten darf daher allenfalls Indizwirkung bei der individuellen Prüfung der Entscheidungsfähigkeit des Minderjährigen zukommen[906].

Zugleich ist damit die Aufforderung an Gerichte und Ärzte zu richten, das Vorliegen der erforderlichen Einsichts- und Urteilsfähigkeit des Minderjährigen besonders sorgsam zu prüfen und keine vorschnellen Schlüsse zu ziehen. Denn gerade diejenigen Minderjährigen, die sich bewusst zum Verfassen einer Vorausverfügung entscheiden, befinden sich häufig in

---

902 So auch *Bichler*, S. 117; *Fegeler*, S. 87; *Coester*, in: Staudinger, BGB, § 1666 Rn. 76.

903 Siehe nochmals BGH NJW 1956, 1106, 1106 f.; BGHZ 29, 33, 36; BGHSt 12, 379, 382; BT-Drs. 17/10488, S. 23.

904 Vgl. *Fegeler*, S. 88; *Olzen*, in: MüKo BGB, § 1666 Rn. 46.

905 Vgl. *Fegeler*, S. 88.

906 Ebenso *Fegeler*, S. 88.

besonderen Ausnahmesituationen und werden trotz einer auf Selbstschädigung gerichteten Erklärung als hinreichend einsichts- und urteilsfähig anzusehen sein, da sie über erhebliche Krankheitserfahrungen und umfangreiche Kenntnisse zu ihrer eigenen gesundheitlichen Situation verfügen[907]. So wird man zum Beispiel einem siebzehnjährigen Leukämiepatienten, welcher sich im Laufe langjähriger Therapien und mehrerer Bestrahlungszyklen ein reiches Wissen über Verlauf und Heilungschancen seiner Erkrankung aneignen konnte und über eigene Erfahrungswerte verfügt, die Fähigkeit zur Einwilligung erkennbar nicht allein deshalb absprechen dürfen, weil seine Verfügung vermeintlich auf eine Selbstschädigung gerichtet ist, sollte er vorsorglich sein Veto gegen weitere Bestrahlungen für den Fall erklärt haben, dass er das erforderliche Maß an Entscheidungsfähigkeit verliert. Vielmehr scheint es wahrscheinlich, dass er die nötige geistige Reife besitzt, um selbstbestimmt über sein Leben zu entscheiden. Demgegenüber wird beispielsweise im Falle eines Jugendlichen, welcher an Liebeskummer leidend erklärt, nach einem Suizidversuch keine lebensrettende Behandlung zu wünschen, wohl die Indizwirkung greifen, dass es an objektiv vernünftigen und nachvollziehbaren Gründen für diese Form von Selbstgefährdung fehlt und der Minderjährige die Folgen seiner Erklärung womöglich derzeit nicht ausreichend überblicken kann.

Eine generelle Unbeachtlichkeit des antizipiert erklärten Vetos eines minderjährigen Patienten, welches gesundheitliche Risiken oder Nachteile zur Folge hat, ist daher mit Nachdruck abzulehnen. Ist der Minderjährige hinreichend entscheidungsfähig, so muss sein negierender Wille selbst dann Vorrang vor seinem objektiven Wohl haben, wenn dies einen gesundheitlichen Schaden oder gar seinen Tod mit sich bringt. Das Absprechen der Wirksamkeit seines Vetos käme einer Ablehnung der Wirkungen negativer Erklärungen im Ganzen gleich und kann deshalb im Ergebnis nicht überzeugen. Auch sollten keine übermäßig strengen Anforderungen an rationale oder vernünftige Gründe für seine Entscheidung gestellt werden. Allerdings ist die Entscheidungsfähigkeit des Erklärenden in diesen Fällen besonders sorgfältig zu prüfen, da die Schädigung der eigenen Gesundheit ein Indiz für das Fehlen der erforderlichen geistigen Reife darstellen könnte. Ist der Patient nach eingehender Prüfung aber als hinreichend einsichts- und urteilsfähig anzusehen, darf die Bindungswirkung seiner Erklärung nicht aufgrund ihres Verfügungsinhalts geschmälert werden.

907 Vgl. *Jox et al.*, Monatsschr Kinderheilkd 2007, 1166, 1166; *Jox/Führer/Borasio*, Monatsschr Kinderheilkd 2009, 26, 29.

Eltern sind somit auch an diese Art von Behandlungsentscheidungen ihres Kindes gemäß §§ 1627 S. 1, 1626 Abs. 2 BGB gebunden.

2. Antizipierte Einwilligungen in ärztliche Heileingriffe: Die Bindung positiver Behandlungsverfügungen des minderjährigen Patienten

Ebenso können minderjährige Patienten den Wunsch haben, positiv in künftig indizierte Therapien einzuwilligen oder eine mögliche Behandlung durch differenzierende Erklärungen zu lenken, insbesondere wenn sie bereits über Krankheits- und Therapieerfahrungen verfügen[908]. Positive Vorausverfügungen gehen über ein bloßes Veto hinaus, da es sich hierbei gerade nicht um die Verweigerung eines Eingriffs handelt, sondern um eine Einwilligung in ebendiese. Anhand der dargelegten elterlichen Verpflichtungen aus §§ 1627 S. 1, 1626 Abs. 2 BGB ist zu prüfen, ob auch positive Festlegungen bindende Wirkung gegenüber den Sorgeberechtigten haben.

Die Eltern sind, wie in Kapitel 3 herausgestellt wurde[909], zumeist bereits aus einer objektiven Kindeswohlbetrachtung heraus gemäß § 1627 S. 1 BGB dazu verpflichtet, einem ärztlich eindeutig indizierten und für ihr Kind dringlichen Eingriff zuzustimmen, da andernfalls gesundheitliche Nachteile für den Minderjährigen drohen würden[910]. Eine Verweigerung durch die Eltern wäre nicht kindeswohldienlich. Sind die drohenden Schäden für das Kindeswohl erheblich und stehen keine legitimen Gründe für die elterliche Ablehnung bereit, hat gemäß § 1666 Abs. 1 BGB das Familiengericht geeignete und erforderliche Maßnahmen zu ihrer Abwendung zu ergreifen. Dies gilt besonders dann, wenn es sich um eine Situation handelt, in der über das Aufnehmen oder Fortführen lebenserhaltender oder -verlängernder Behandlungsmaßnahmen zu befinden ist. Würden die Eltern ihre Einwilligung hierzu nicht erteilen, hätte dies mit ziemlicher Sicherheit das baldige Ende des Lebens ihres Kindes zur Folge. Der Schaden für die Gesundheit des Kindes wäre sodann irreversibel und endgültig.

---

908 A. A. jedoch *Lipp*, in: Laufs/Katzenmeier/Lipp, Kap. VI Rn. 184, der dieser Möglichkeit der adoleszenten Vorausverfügung keine praktische Bedeutung beimisst.

909 Siehe im Folgenden abermals S. 116 ff.

910 BayObLG FamRZ 1984, 929, 930; *Gernhuber/Coester-Waltjen*, § 57 Rn. 111; *Coester*, in: Staudinger, BGB, § 1666 Rn. 102; OLG Celle NJW 1995, 792, 793 (zur Bluttransfusion eines Kindes von Zeugen Jehovas); sowie aus strafrechtlicher Sicht OLG Hamm FamRZ 1968, 221, 222.

Doch nicht immer steht die Verweigerung einer Behandlung dem Kindeswohl entgegen. Selbst in Lebensendesituationen können legitime Gründe für einen Abbruch oder eine Nichtdurchführung lebenserhaltender oder lebensverlängernder Maßnahmen bestehen. So erkannte beispielsweise das OLG Hamm, dass es mit Blick auf das Recht des Kindes auf eine menschenwürdige Behandlung nicht dem Kindeswohl widerspreche, die lebenserhaltenden medizinischen Maßnahmen ihrer vierjährigen Tochter (in der Entscheidung bezeichnet als J.) einzustellen, welche am sogenannten appallischen Syndrom litt und mit diesen irreversiblen Gesundheitsschäden aus schulmedizinischer Sicht für immer ohne Bewusstsein sein würde[911]:

> „Ein Sorgerechtsmissbrauch ergibt sich insbesondere auch nicht unter dem Gesichtspunkt, dass die Entscheidung der Eltern möglicherweise oder sogar wahrscheinlich [...] den Tod von J zur Folge hätte. In ihrer konkreten Situation ohne die Perspektive einer Besserung ihrer gesundheitlichen Situation, ohne nach medizinischem Ermessen greifbare Wahrscheinlichkeit der Wiedererlangung irgendeiner Bewusstseinsfunktion und einhergehend mit weiteren irreversiblen, wenn auch nur auf basaler Ebene als schmerzhaft erlebten gesundheitlichen Beeinträchtigungen, die nur durch weitere invasive Eingriffe gemildert werden können, erscheint dem Senat auch aus Sicht des Kindeswohls im Lichte des mit Verfassungsrang ausgestatteten Rechts auf eine menschenwürdige Behandlung die Entscheidung, einer Fortsetzung der lebenserhaltenden Maßnahmen nicht weiter zustimmen zu wollen, als einfühlbar und das Kindeswohl wahrend."

Das Beenden der Behandlung kann also mitunter als die dem Kindeswohl dienlichste Entscheidung angesehen werden, selbst wenn dies den Tod des minderjährigen Patienten bedeutet. Der Wille des Kindes spielte im vorliegenden Fall allerdings keine Rolle, da J. weder nach ihrem Alter noch ihren krankheitsbedingten geistigen Fähigkeiten einen selbstbestimmten Willen bilden konnte.

Anders stellt sich die Situation dar, wenn der Minderjährige in der Zeit vor dem fraglichen Eingriff hinreichend einsichts- und urteilsfähig war und sich im Vorfeld umfänglich Gedanken über denkbare künftige Behandlungssituationen machte. Der Kindeswille ist seinem Wohl beziehungsweise Wohlbefinden immanent und beeinflusst damit stets die Be-

---

911 OLG Hamm NJW 2007, 2704, 2705, allerdings kritisch hierzu die Anm. von *Balloff*.

urteilung des Kindeswohls durch die Eltern sowie die Gerichte[912]. Der antizipierte Therapiewunsch unterstreicht dabei nicht nur die Beurteilung des gesundheitlichen Wohls des minderjährigen Patienten. Handelt es sich um einen hinreichend entscheidungsfähigen Minderjährigen, so ist der Wille umso gewichtiger und muss bei der Beurteilung des Kindeswohls sogar vorrangig berücksichtigt werden. Dadurch verschiebt sich der Fokus bei der Bewertung des Kindeswohls weg von den objektiven Kriterien des gesundheitlichen Nutzens und der Dringlichkeit des Eingriffs hin zu einer zunehmenden Berücksichtigung des kindlichen Selbstbestimmungsrechts. Sein vorsorglich niedergelegter Wille ist dann von zentraler Bedeutung bei der elterlichen, dem Kindeswohl verpflichteten Entscheidungsfindung. Eine indizierte, von dem Minderjährigen antizipiert festgelegte Maßnahme ist demnach als kindswohlentsprechend anzusehen – der Versuch der Eltern, die Therapie des Minderjährigen nach dem Verlust seiner Entscheidungsfähigkeit einzustellen, muss antagonistisch dazu also als Missbrauch ihrer elterlichen Sorge im Sinne von § 1666 Abs. 1 BGB angesehen werden. Sollte der Minderjährige vorausverfügt haben, lebenserhaltene Maßnahmen wie zum Beispiel eine künstliche Ernährung und Medikamentengabe zu wollen, sind die Eltern im Falle der Indikation der Heilbehandlung gemäß §§ 1627 S. 1, 1626 Abs. 2 BGB im familiären Innenverhältnis an die Vorausverfügung ihres Kindes gebunden[913].

III. Schutz des antizipierten Kindeswillens vor einem Missbrauch der elterlichen Sorge

Obgleich die sorgeberechtigten Eltern somit gemäß §§ 1627 S. 1, 1626 Abs. 2 BGB dazu verpflichtet sind, vorsorglich festgelegte Behandlungswünsche ihres im Zeitpunkt der Äußerung hinreichend einsichts- und urteilsfähig gewesenen Kindes zu beachten und den Kindeswillen entsprechend nach außen zu vertreten, gewährleistet diese innerfamiliäre Pflicht nicht zugleich auch ihre Befolgung in der Praxis. Für den Fall, dass die Eltern – bewusst oder unbewusst – gegen ihre Verpflichtung verstoßen, indem sie die sie bindende Vorausverfügung ihres Kindes missachten und dadurch ihr Sorgerecht missbrauchen[914], sind Mechanismen erforderlich, um den vorsorglichen Willen des Kindes zu schützen und seine Rechte

912 Vgl. *Fegeler*, S. 87 f.
913 Siehe nochmals Kapitel 3 B. II. ab S. 116.
914 Siehe in Kapitel 3 B. II., S. 127 f.

gegenüber den Eltern durchzusetzen. Schutzmechanismen gegen pflichtwidriges Verhalten der Eltern könnten sowohl in Form staatlicher Eingriffsmaßnahmen des Familiengerichts als auch durch eine innerfamiliäre Haftung der Eltern gegenüber ihrem minderjährigen Kind bestehen.

3. Gerichtlicher Schutz nach § 1666 Abs. 1 und Abs. 3 BGB

Wird das körperliche, geistige oder seelische Wohl des Kindes gefährdet und sind die Eltern nicht gewillt oder nicht in der Lage, die Gefahr von ihrem Kind abzuwenden, hat das Gericht gemäß § 1666 Abs. 1 BGB die Maßnahmen zu treffen, die zur Abwendung der Gefahr erforderlich sind[915].

a. Maßnahmen nach § 1666 Abs. 1 und Abs. 3 BGB gegen die Eltern zum Schutz des antizipierten Kindeswillens

Verstoßen die Eltern im Rahmen einer medizinischen Behandlungsentscheidung gegen ihre Pflicht, die durch das Kind im hinreichend einsichts- und urteilsfähigen Zustand verfügten Festlegungen, eine Maßnahme zu verweigern oder eine indizierte Behandlung durchführen zu lassen, umzusetzen, so missbrauchen sie ihr Recht zur elterlichen Sorge. Liegt hierin eine Kindeswohlgefährdung nach § 1666 Abs. 1 BGB begründet[916], wird das Familiengericht die elterliche Erklärung gemäß § 1666 Abs. 3 Nr. 5 BGB unter Umständen durch eine eigene Entscheidung ersetzen müssen[917]. Dabei kommen auch im Hinblick auf vorsorgliche Behandlungsentscheidungen zwei unterschiedliche Entscheidungssituationen in Betracht:

Verweigern die Eltern die erforderliche Einwilligung in eine medizinisch indizierte Behandlung ihres Kindes und gefährden damit dessen körperliches oder geistiges Wohl, ist ein staatliches Engreifen erforderlich. Gemäß § 1666 Abs. 3 Nr. 5 BGB ersetzt das Gericht die Erklärung der Sorgerechtsinhaber, indem es statt der Eltern die in § 630d Abs. 1 S. 2 Hs. 1 BGB geforderte Einwilligungserklärung zur Durchführung des ärztli-

---

915 Hierzu ausführlich Kapitel 3 B. II. 3.

916 Vgl. hierzu ausführlich Kapitel 3 B. II. 3. c.

917 Vgl. *Vogel*, FPR 2008, 617, 617 f.; *Götz*, in: Palandt, BGB, § 1666 Rn. 37; *Veit*, in: Bamberger/Roth, § 1666 Rn. 35.3, 41.

chen Eingriffs erklärt[918]. Darüber hinaus kann auch die Willenserklärung zum Abschluss des regelmäßig erforderlichen Behandlungsvertrages durch familiengerichtliche Entscheidung ersetzt werden[919].

Hat der Minderjährige hingegen vorsorglich eine negative Behandlungsentscheidung in Bezug auf die vorgesehene Maßnahme getroffen und die Ablehnung des Eingriffs verfügt, sind die Eltern in der Erklärung, welche sie nach § 630d Abs. 1 S. 2 Hs. 1 BGB gegenüber dem Arzt abgeben müssen, inhaltlich an das Veto des Kindes gebunden. Weichen sie hiervon ab, indem sie dennoch ihre Einwilligung in die Maßnahme erteilen wollen, um ihr Kind behandeln zu lassen, wird ein Intervenieren des Staates dahingehend erforderlich, dass die Einwilligungserklärung der Eltern durch eine negative Entscheidung des Gerichts ersetzt wird, um das Veto des Kindes umzusetzen. Im Falle einer vorausverfügten Behandlungsverweigerung oder -begrenzung eines minderjährigen Patienten mit infauster Prognose wird dies allerdings nicht selten zu dem paradox erscheinenden Ergebnis führen, dass die Durchsetzung des Kindeswohles letztlich den (frühzeitigen) Tod des Kindes bedeutet[920].

b. Einschränkungen der staatlichen Eingriffsbefugnis aus § 1666 BGB in Bezug auf antizipierte Behandlungsentscheidungen?

In der rechtswissenschaftlichen Literatur werden aber vereinzelt Einschränkungen der staatlichen Eingriffsbefugnis aus § 1666 BGB in Bezug auf kindliche Vorausverfügungen formuliert. Es wird angeführt, das zeitliche Auseinanderfallen von Erklärung und ärztlichem Eingriff führe zur Unanwendbarkeit des § 1666 BGB, wenn keine hinreichende Wahrscheinlichkeit für den Schadenseintritt gegeben sei[921]. Da dies den Schutz des Kindeswillens erheblich schwächen würde, sind die für eine derartige Schranke angeführten Argumente im Folgenden einer eingehenderen Prüfung zu unterziehen:

Der wesentliche Unterschied zwischen der Erklärung, in eine *unmittelbar bevorstehende* medizinische Behandlung einzuwilligen oder sie abzuleh-

---

918 OLG Celle NJW 1995, 792, 793; *Vogel*, FPR 2008, 617, 617; *Veit*, in: Bamberger/Roth, § 1666 Rn. 35.3, 41.

919 Vgl. *Zorn*, Rn. 333; *Götz*, in: Palandt, BGB, § 1666 Rn. 37; *Olzen*, in: MüKo BGB, § 1666 Rn. 189.

920 *Beermann*, FPR 2010, 252, 253; siehe auch *Czerner/Soßdorf*, KritV 2013, 315, 325 f.

921 Vgl. *Bichler*, S. 114 ff.

nen, und der vorsorglichen Behandlungsentscheidung für eine *mögliche künftige* Behandlungsmaßnahme ist zeitlicher Natur. Während sich die erstgenannte Erklärung auf einen aktuellen ärztlichen Eingriff bezieht, ist letztere auf eine künftig bevorstehende Behandlungssituation gerichtet, die infolgedessen nicht mit Sicherheit voraussehbar ist. Die aktuell bevorstehende Maßnahme stellt ein höchstwahrscheinliches, nahezu sicheres Ereignis dar, wohingegen sich die Festlegungen einer Vorausverfügung naturgemäß auf potenzielle Behandlungs- und Therapiesituationen in der Zukunft beziehen, deren Eintritt – mehr oder weniger – unsicher ist und zumeist nicht mit einer bestimmten Wahrscheinlichkeit vorhergesehen werden kann. Auch der zwischen dem minderjährigen Patienten und seinen Eltern befürchtet Dissens ist damit jedenfalls im Zeitpunkt des Verfassens der Behandlungsverfügung zu einem gewissen Grad ungewiss.

Von einer einen staatlichen Eingriff rechtfertigenden Gefährdung des Kindeswohles ist indes nur dann auszugehen, wenn eine Gefahr für die Kindesentwicklung gegenwärtig ist oder zumindest so unmittelbar bevorsteht, dass sich eine Schädigung des Kindeswohles mit ziemlicher Sicherheit vorhersehen lässt[922]. Erforderlich ist zum einen eine hinreichende zeitliche Nähe zum drohenden Schadenseintritt sowie darüber hinaus eine gewisse Verdichtung der Kausalfaktoren, durch die eine künftige Schädigung nicht nur als möglich, sondern auch als konkret voraussehbar erscheint[923].

Bichler erachtet dies als problematisch für die Anwendung des § 1666 Abs. 1 BGB, da bei einer vorsorglichen Behandlungsentscheidung das Eintreten der vorausverfügten Behandlungssituation regelmäßig nicht sicher vorhergesehen werden könne, sodass seiner Auffassung nach in der Folge fraglich sei, ob ein Missbrauch der elterlichen Vertretungsmacht in diesem Fall zu einer unmittelbaren Gefährdung des Kindeswohles im Sinne des § 1666 Abs. 1 BGB führe[924]. Er unterscheidet drei Fallkonstellationen: den akuten Dissensfall, den kurz bevorstehenden Dissensfall und den befürchteten, aber zeitlich noch nicht bestimmbaren Dissensfall[925].

Ein akuter Dissensfall sei anzunehmen, wenn der minderjährige Patient im hinreichend entscheidungsfähigen Zustand Behandlungswünsche ver-

922 BGH FamRZ 1996, 1031, 1032; BGH FamRZ 2005, 344, 345; BGHZ 184, 269, 275; BVerfG FamRZ 2009, 1472, 1473; BVerfG FamRZ 2010, 713, 713; *Coester*, Kindeswohlgefährdung, in: Lipp/Schumann/Veit, Kindesschutz bei Kindeswohlgefährdung, S. 19, 23 ff.; *Olzen*, in MüKo BGB, § 1666 Rn. 48.

923 *Coester*, Kindeswohlgefährdung, in: Lipp/Schumann/Veit, Kindesschutz bei Kindeswohlgefährdung, S. 19, 24.

924 Vgl. *Bichler*, S. 114 ff.

925 *Bichler*, S. 114 ff.

fügt habe, die Eltern ihm gegenüber aber bereits zu diesem Zeitpunkt deutlich gemacht hätten, seinen Erklärungen nicht folgen zu wollen[926]. Zwar sei der betreffende ärztliche Eingriff in dieser Fallkonstellation zeitlich ungewiss, jedoch liege der Dissensfall bereits aktuell, sprich akut, vor, sodass ohne staatliches Eingreifen mit an Sicherheit grenzender Wahrscheinlichkeit in der Zukunft von einer Kindeswohlschädigung ausgegangen werden müsse[927]. Indem die Kausalfaktor schon jetzt zweifellos vorlägen, könne eine Gefährdungslage daher bei akuten Dissensfällen auch dann bejaht werden, wenn das Eintreten der Schädigung zeitlich noch ungewiss sei[928].

Von einem kurz bevorstehenden Dissensfall spricht *Bichler* dann, wenn der Minderjährige befürchte, dass seine Eltern seiner Verfügung in der Zukunft nicht Folge leisten werden, und der Verlust seiner Fähigkeiten zur selbstbestimmten Entscheidung bereits in absehbarer Zeit bevorstehe[929]. Wenngleich in diesem Fall noch keine hinreichend hohe Wahrscheinlichkeit für das Vorliegen eines Dissenses gegeben sei, trete hier allerdings die zeitliche Komponente aufgrund der Gegenwärtigkeit der drohenden Entscheidungsunfähigkeit des Kindes derart in den Vordergrund, dass gleichwohl von einer Gefährdungslage ausgegangen werden könne[930].

Die dritte Fallgruppe stelle der bloß befürchtete Dissensfall zu einem noch nicht bestimmbaren Zeitpunkt dar[931]. Hier könne weder das Eintreten des Dissenses noch der alsbaldige Verlust der Entscheidungsfähigkeit des Minderjährigen mit hinreichender Wahrscheinlichkeit vorausgesehen werden[932]. Aus diesem Grund stünde eine Gefährdungslage für das Kindeswohl noch nicht unmittelbar bevor, sodass das Vorliegen einer Kindeswohlgefährdung in diesem Fall abgelehnt werden müsse[933]. Indem ein vorbeugendes gerichtliches Verfahren nach § 1666 BGB nicht möglich sei, kommen gerichtliche Maßnahmen nach der Ansicht *Bichlers* hier folglich nicht in Betracht[934].

Der Schutz des antizipierten Kindeswillens eines vormals hinreichend einsichts- und urteilsfähigen Minderjährigen durch das staatliche Eingrei-

---

926 *Bichler*, S. 115.
927 *Bichler*, S. 115.
928 *Bichler*, S. 115.
929 *Bichler*, S. 115 f.
930 *Bichler*, S. 115 f.
931 *Bichler*, S. 116.
932 *Bichler*, S. 116.
933 *Bichler*, S. 116.
934 *Bichler*, S. 116.

fen zur Vereitelung einer Kindeswohlgefährdung wäre nach der dargestellten Argumentation für letzteren Fall ausgeschlossen. Die Sinnhaftigkeit dieser Unterscheidung nach Zeitpunkt und Vorhersehbarkeit des Dissensfalles darf jedoch in Zweifel gezogen werden. Die Differenzierung ist insoweit gewinnbringend, als sie die verschiedenen Möglichkeiten eines Konflikts zwischen dem minderjährigen Patienten und seinen Eltern aufzeigt. Dabei ist allerdings zu berücksichtigen, dass im klinischen Alltag – geht es um vorsorgliche Behandlungsverfügungen – in aller Regel die dritte Fallkonstellation einschlägig sein wird. Einerseits ist es der Vorausverfügung geradezu immanent, dass sie für eine ungewisse Lebens- und Behandlungssituation in der Zukunft verfasst wird und sich der Patient nur in den seltensten Fällen tatsächlich gewiss sein kann, alsbald seine Fähigkeit zur Einwilligung zu verlieren. Zwar kann deren Verlust im Rahmen spezifischer Krankheitsbilder möglicherweise mit einer gewissen Wahrscheinlichkeit vorausgeahnt werden, mit Sicherheit wird sich ein derartiger zeitlicher Zusammenhang aber nur selten ärztlich prophezeien lassen[935]. Andererseits wird regelmäßig auch die Komponente der Voraussehbarkeit des Dissensfalles fehlen, stellt man auf den Zeitpunkt des Verfassens der Behandlungsverfügung ab. Es ist höchst unwahrscheinlich, dass die Eltern eines minderjährigen Patienten diesem aufrichtig versichern werden, seinen Willen nach dem Verlust seiner Entscheidungsfähigkeit missachten zu wollen. Wahrscheinlicher ist, dass sie sich erst dann, wenn es ihrer Erklärung bedarf, nicht dazu durchringen können, den Kindeswillen entgegen der eigenen Überzeugung umzusetzen. Leistet man der dargelegten Argumentation *Bichlers* Folge, so käme ein Verfahren nach § 1666 Abs. 1 BGB bei einem weit überwiegenden Teil der Minderjährigenverfügungen nicht in Betracht, da es seiner Auffassung nach an einem hinreichend wahrscheinlichen Schädigungseintritt für ein gerichtliches Einschreiten fehle und somit regelmäßig keine gegenwärtige, gesicherte Gefährdungslage vorläge.

Dies träfe allerdings nur dann zu, wenn die Gefährdungslage für das Kindeswohl, wie hier, für den Zeitpunkt des Verfassens der Verfügung beurteilt wird. Es ist aber im Hinblick auf die Gefährdung des Kindeswohles im Rahmen vorsorglicher Willensbekundungen richtigerweise erst auf die Situation abzustellen, in der die medizinische Behandlungsmaßnahme in Frage steht. Das heißt, es kommt auf den Moment an, in dem die

935 Nach Ansicht *Bichlers* stelle es den Minderjährigen vor nahezu unüberwindbare Hindernisse, den baldigen Eintritt seiner Entscheidungsunfähigkeit vorauszusagen: *Bichler*, S. 116.

Festlegungen der kindlichen Behandlungsverfügung Wirkung entfalten sollen. Solange der Minderjährige selbst hinreichend entscheidungsfähig ist, bedarf es keines Verweises auf seine Vorausverfügung. Kommt es während dieser Zeit zu einem Konflikt der Eltern mit ihrem Kind über eine medizinische Behandlung, die beispielsweise seine Eltern befürworten, der Minderjährige jedoch ablehnt, muss das Gericht nach Anhörung des Kindes und Feststellung seiner aktuellen Wünsche gemäß § 1666 Abs. 1 und Abs. 3 BGB zur Durchsetzung des kindlichen Willens einschreiten, sollten die Eltern im Begriff sein, ihr Sorgerecht zu missbrauchen. Begrifflich bietet sich daher in erster Linie in diesem Fall an, von einem „akuten", sprich vordringlichen und aktuellen Dissensfall zu sprechen.

Erst wenn der Minderjährige das erforderliche Maß an Einsichts- und Urteilsfähigkeit nicht mehr innehat, ist zur Ermittlung des Kindeswohls hilfsweise auf seine antizipiert erklärten Festlegungen zurückzugreifen. Doch auch in diesem Fall wird es zu einem gerichtlichen Verfahren zur Überprüfung einer Kindeswohlgefährdung nach § 1666 Abs. 1 BGB nur dann kommen, wenn sich die Eltern gegen die Behandlungswünsche ihres Kindes stellen und entweder eine gewünschte und indizierte Maßnahme ablehnen oder entgegen des vorausverfügten Vetos des Kindes seine Behandlung fordern. In diesem Moment liegt allerdings wiederum ein „akuter" Dissensfall vor, welcher den Minderjährigen sowohl gegenwärtig als auch mit hinreichender Wahrscheinlichkeit derart gefährdet, dass ein Schaden für das Kindeswohl konkret voraussehbar ist. Hat der Minderjährige im Zustand hinreichender Einsichts- und Urteilsfähigkeit vorsorglich seine Wünsche zu einer Behandlungssituation erklärt, welche sich in dem bevorstehenden ärztlichen Eingriff widerspiegelt, gefährdet die Missachtung dieses fortwirkenden Willens durch die Eltern sein körperliches oder geistiges sowie seelisches Wohl spätestens in dem Zeitpunkt, in dem die Eltern eine abweichende Entscheidung treffen, und muss gemäß § 1666 Abs. 3 BGB durch geeignete Maßnahmen gerichtlich unterbunden werden. Für das Ergebnis spielt die zeitlich-vorhersehbare Differenzierung zwischen den einzelnen Dissensfällen demzufolge keine erkennbare Rolle.

Die Problematik, welche *Bichler* mit seiner Differenzierung anspricht, betrifft augenscheinlich vor allem die Frage, wann ein Verfahren vor dem Familiengericht nach § 1666 Abs. 1 BGB einzuleiten ist beziehungsweise wie das Familiengericht praktisch Kenntnis erlangt[936]. Die Diskussion scheint sich weniger um die Aktualität des Dissensfalles als vielmehr um die Schwierigkeit zu drehen, wie das Familiengericht über den Eltern-

936 Vgl. selbst *Bichler*, S. 116.

Kind-Konflikt zu informieren ist, wenn der Minderjährige selbst (insbesondere aufgrund seiner die Entscheidungsfähigkeit beeinträchtigenden Erkrankung) nicht mehr dazu in der Lage ist, seine Unzufriedenheit mit der Elternentscheidung kundzutun und das Gericht oder die Ärzte über den Missbrauch des elterlichen Sorgerechts in Kenntnis zu setzen. Da das Verfahren nach § 1666 Abs. 1 BGB allerdings von Amts wegen durch das Familiengericht eingeleitet wird, hätte ein „Antrag" des betroffenen Minderjährigen für das Gericht ohnehin nur anregende Funktion nach § 24 Abs. 1 FamFG und kann ebenso durch das Jugendamt, Kindsangehörige, behandelnde Ärzte oder anderes Krankenhauspersonal erfolgen[937]. Der Minderjährige muss das Verfahren folglich nicht selbst in die Wege leiten beziehungsweise sich um dessen Einleitung bemühen, damit das Familiengericht zum Schutze seines Wohls einschreitet. Indem es sich in der zugrundeliegenden Behandlungssituation um Kinder handelt, die nicht mehr in der Lage sind, selbstbestimmte Entscheidungen zu treffen, wird eine selbstständige Anregung durch den Minderjährigen in der Praxis wohl auch die Ausnahme bleiben.

Regelmäßig wird das Kind auf die Hilfe Dritter zur Information des Gerichts angewiesen sein. Es sollte sich daher, wenn es einen Dissensfall zwischen den Festlegungen der eigenen Vorausverfügung und den Wünschen seiner Eltern für den Fall des Verlusts seiner Entscheidungsfähigkeit befürchtet, nach Möglichkeit frühzeitig darum bemühen, die verfasste Vorausverfügung insbesondere bei seinem Arzt bekannt zu machen und sie in der zuständigen Klinik und bei Angehörigen oder Freunden zu hinterlegen[938], um sicherzustellen, dass Behandler und Gerichte von der Erklärung Kenntnis erlangen und in der betreffenden Situation auf die Verfügung zugreifen können[939].

Das zeitliche Auseinanderfallen zwischen der Erklärung des Minderjährigen und dem bevorstehenden Eingriff sowie die Unsicherheit des Ein-

---

937 Siehe BayObLG FamRZ 1993, 1350, 1351; *Borth*, FamRZ 2007, 1925, 1928; *Stößer*, FamRZ 2009, 656, 658; *Olzen*, in: MüKo BGB, § 1666 Rn. 213; *Veit*, in: Bamberger/Roth, § 1666 Rn. 52.

938 In Betracht kommt u. U. ferner eine Hinterlegung durch einen Internetdienst. Eine Hinterlegung im Zentralen Vorsorgeregister ist demgegenüber nicht möglich, da in diesem lediglich Vorsorgevollmachten, Betreuungsverfügungen sowie Patientenverfügungen registriert werden können, vgl. dazu unter: https://www.vorsorgeregister.de/ZVR-Zentrales-Vorsorgeregister/Zentrales-Vorsorgeregister-ZVR.php (letzter Zugriff: 28. Juni 2019).

939 Dies schlägt schließlich auch *Bichler* zur Lösung seiner Problemstellung vor, siehe *Bichler*, S. 116.

tritts der betreffenden Behandlungssituation und des Dissensfalles mit seinen Sorgeberechtigten haben damit im Ergebnis keinerlei Auswirkungen auf die Anwendbarkeit des Kindesschutzes aus § 1666 Abs. 1 und Abs. 3 BGB, da es maßgeblich auf die Gefährdungslage zum Zeitpunkt der elterlichen Entscheidung über die ärztliche Maßnahme ankommt. Das Familiengericht hat im Rahmen der gerichtlichen Erforschung des Kindeswohles in diesen Fällen allerdings besonders sorgfältig zu überprüfen, ob die in der Vergangenheit geäußerten Wünsche des Minderjährigen auf die konkrete Behandlungssituation zutreffen und noch immer dem Willen respektive Wohlergehen des Kindes entsprechen.

4. Haftung der Eltern gegenüber dem Minderjährigen bei Sorgerechtsverstößen

Darüber hinaus können sich die Eltern gegenüber ihrem Kind auch im Rahmen vorsorglicher Behandlungsentscheidungen durch pflichtwidrige Ausübung der elterlichen Sorge schadensersatzpflichtig machen. Verstoßen sie gegen ihre Pflicht aus §§ 1627 S. 1, 1626 Abs. 2 BGB, so kann dies einen Anspruch auf Schadensersatz sowie Schmerzensgeld nach §§ 1664, 249 ff. BGB begründen[940]. Eine Haftungserleichterung im Sinne von § 277 BGB kommt für grob fahrlässiges oder vorsätzliches Handeln der Eltern nicht in Betracht, sodass sie, sollten sie sich bewusst gegen den wirksam vorausverfügten Willen ihres Kindes stellen, regelmäßig für Kindeswohlschädigungen einzustehen haben. Ferner kommt auch hier eine Haftung nach den §§ 823 ff., 249 ff. BGB in Betracht[941].

Allerdings stellt ein Haftungsanspruch gegen die Eltern für den minderjährigen Patienten in aller Regel kein probates Mittel dar, um seine Vorausverfügung umzusetzen, da er sich zum Zeitpunkt der haftungsrechtlich relevanten Handlungen seiner Eltern bereits nicht mehr in einem Zustand hinreichender Entscheidungsfähigkeit befindet und damit voraussichtlich

---

940 Siehe hierzu ausführlich Kapitel 3 B. II. 4.; zu § 1664 BGB als Anspruchsgrundlage nochmals BGH BGHR BGB, § 1664 Anspruchsgrundlage 1; OLG Düsseldorf FamRZ 1992, 1097, 1097 f.; OLG Hamm NJW 1993, 542, 542; OLG Köln FamRZ 1997, 1351, 1351; OLG Bamberg WM 2006, 273, 275; *Steenbuck*, FamRZ 2007, 1064, 1066; *Döll*, in: Erman, § 1664 Rn. 1; *Heilmann*, in: Staudinger, BGB, § 1664 Rn. 6; *Huber*, in: MüKo BGB, § 1664 Rn. 1.

941 OLG Hamm, NJW 1993, 542, 543; *Döll*, in: Erman, § 1664 Rn. 6; *Huber*, in: MüKo BGB, § 1664 Rn. 7 ff.; vgl. auch *Steenbuck*, FamRZ 2007, 1064, 1067; a. A. hingegen *Heilmann*, in: Staudinger, BGB, § 1664 Rn. 10.

auch nicht mehr zur Geltendmachung etwaiger Schadensersatzansprüche in der Lage sein wird. Enthält seine Verfügung Festlegungen in Form von Behandlungsbegrenzungen und -ablehnungen für seine letzte Lebensphase, wird ein zivilrechtlicher Haftungsanspruch ferner kaum zielführend sein. Denn es ist zu bezweifeln, dass allein eine drohende Haftung die Eltern in dieser Situation davon abhalten wird, sich für eine Weiterbehandlung ihres Kindes einzusetzen, wenn sie glauben, dadurch sein Leben retten zu können.

IV. Zwischenergebnis

Indem sich dem Kindschaftsrecht keine dem Betreuungsrecht entsprechende Spezialnorm zum Umgang mit vorsorglichen Behandlungsverfügungen entnehmen lässt, sind zur Auflösung eines Dissenses zwischen Eltern und Kind hinsichtlich künftiger Heilbehandlungen die allgemeinen Regelungen der §§ 1627 S. 1, 1626 Abs. 2 BGB heranzuziehen. Zur Wahrung des kindlichen Wohls ist danach auch der vorsorglich erklärte Wille des hinreichend einsichts- und urteilsfähigen Minderjährigen von dessen Eltern im Außenverhältnis gegenüber dem Arzt umzusetzen. Der erklärte Wille gilt, sofern er noch dem wirklichen Kindeswillen im Zeitpunkt der fraglichen Maßnahme entspricht, auch dann fort und behält seine Bindungswirkung bei, wenn der Minderjährige zwischenzeitlich durch Krankheit das erforderliche Maß an Entscheidungsfähigkeit eingebüßt hat. Dabei sind sowohl positive als auch negative Behandlungsentscheidungen verbindlich; insbesondere erfährt die Wirkung der antizipierten Minderjährigenverfügung keine Einschränkung dadurch, dass sie eine Selbstschädigung des Kindes zum Inhalt hat, wie dies vor allem bei Behandlungsbegrenzungen und -ablehnungen der Fall sein wird, oder einem objektiven Dritten unvernünftig erscheint. Fehlt es an rationalen Gründen für eine Festlegung des Kindes in der Vorausverfügung, ist dies allein auf der Prüfungsebene der Einsichts- und Urteilsfähigkeit beachtlich. Ist der Minderjährige nach entsprechender Begutachtung als hinreichend entscheidungsfähig anzusehen, muss sein Wille folglich durch die Eltern umgesetzt werden.

Staatlichen Schutz gegen einen Missbrauch der elterlichen Vertretungsmacht erfährt der Wille des minderjährigen Patienten durch § 1666 Abs. 1 und Abs. 3 BGB. Verstoßen die Eltern gegen ihre innerfamiliäre Verpflichtung zur Achtung des Kindeswillens aus §§ 1627 S. 1, 1626 Abs. 2 BGB, hat das Familiengericht einzugreifen. In aller Regel wird dies in Form der Ersetzung der elterlichen Erklärung gegenüber dem Behandler durch eine gerichtliche Entscheidung erfolgen, § 1666 Abs. 3 Nr. 5 BGB. Da im Rahmen des Verfahrens nach § 1666 BGB zur Feststellung einer Kindeswohlgefährdung auf den Zeitpunkt der aktuellen Elternerklärung in Bezug auf einen konkreten ärztlichen Eingriff abzustellen ist, besteht der erforderliche Gefährdungszusammenhang auch hinsichtlich vorsorglicher, auf künftige, noch ungewisse Behandlungssituationen gerichteter Erklärungen. Darüber hinaus haften die sorgeberechtigten Eltern gemäß § 1664 Abs. 1 BGB sowie §§ 823 ff. BGB. Die Beschränkung der Haftung auf die eigenübliche Sorgfalt führt bei dem zumeist bewussten Zuwiderhandeln der Eltern regelmäßig nicht zu einem anderen Ergebnis.

D. Wirkungen kindlicher Vorausverfügungen im Außenverhältnis gegenüber dem Behandler

Neben der Verbindlichkeit der kindlichen Vorausverfügung im innerfamiliären Kontext sind zudem die Wirkungen der Behandlungsverfügung innerhalb des Arzt-Patienten-Verhältnisses zu beleuchten. Kann der Arzt den minderjährigen Patienten infolge des Verlusts der nötigen Einsichts- und Urteilsfähigkeit nicht mehr beziehungsweise nicht mehr mit hinreichender Sicherheit zu seinen Wünschen befragen und hat er Kenntnis von einer vorsorglichen Verfügung, so gelangt er in einen Konflikt, wenn die Eltern eine davon abweichende Erklärung abgeben. Zu untersuchen ist daher, ob der Arzt in diesem Dissensfall unmittelbar durch die Minderjährigenverfügung gebunden werden kann oder ob er durch die Erklärung der Kindeseltern, die als gesetzliche Vertreter des Minderjährigen auftreten, verpflichtet wird.

I. Mittelbare Bindung des Arztes an den vorausverfügten Kindeswillen

Der Arzt ist an antizipierte Behandlungserklärungen eines Minderjährigen im Grundsatz zunächst nur mittelbar gemäß § 630d Abs. 1 S. 2 Hs. 1 i.V.m. § 1629 Abs. 1 S. 1 BGB über die elterliche Verpflichtung zur Umsetzung des Kindeswillens gebunden[942].

Indem es sich bei den §§ 1626 ff. BGB um Bestimmungen des Kindschaftsrechts handelt, verpflichten diese allein die Eltern im Verhältnis zu ihrem Kind. Der tätige Arzt tritt lediglich als dritte Person gegenüber dem

942 Siehe hierzu die Ausführungen in Kapitel 3 B. III. ab S. 134.

kindlichen Patienten und seinen Eltern auf. Eine Bindung des Arztes an das Kindeswohl ist aus den kindschaftsrechtlichen Normen folglich nicht herzuleiten[943].

Vielmehr sind für ihn die arztrechtlichen Bestimmungen der §§ 630a ff. BGB sowie die allgemeinen medizinrechtlichen Grundsätze maßgeblich. Der Behandler ist über § 630d Abs. 1 S. 1 BGB verpflichtet, vor Durchführung der medizinischen Maßnahme die Einwilligung seines Patienten einzuholen[944]. Er ist somit an den Patientenwillen gebunden – allerdings nur insoweit, als der Patient zur Erteilung der Einwilligung fähig und befugt ist[945]. Andernfalls ist gemäß § 630d Abs. 1 S. 2 BGB die Einwilligung des dazu Berechtigten, sprich des gesetzlichen oder rechtsgeschäftlichen Vertreters einzuholen, sofern der Patient seine Behandlungsentscheidung nicht vorab in einer Patientenverfügung nach § 1901a Abs. 1 S. 1 BGB festgelegt hat. Die antizipiert verfügte Behandlungsentscheidung des Patienten ist nach der neuen Regelung des § 630d BGB folglich vorrangig zu berücksichtigen und gegenüber dem Arzt unmittelbar verbindlich. Eine Vertreterentscheidung ist lediglich dann einzuholen, wenn keine wirksame Patientenverfügung vorliegt[946].

Die Möglichkeit, eine „echte" Patientenverfügung im Sinne des § 1901a Abs. 1 S. 1 BGB zu verfassen, besteht für den Minderjährigen jedoch nicht, da die Wirksamkeit ihrer Errichtung die Volljährigkeit des Verfassers voraussetzt[947]. Auch § 630d Abs. 1 S. 4 BGB, der Bezug auf den mutmaßlichen Patientenwillen nimmt, kann nicht angewendet werden, da auch er allein den (gemutmaßten) Willen des einwilligungsbefugten Patienten berücksichtigt[948]. Hat der Patient durch Krankheit oder andere Umstände seine Einwilligungsfähigkeit (genauer: seine Alleinentscheidungskompetenz) eingebüßt, ist nach § 630d Abs. 1 S. 2 BGB die Einwilligung seines Vertreters einzuholen. Bei einem minderjährigen Patienten sind dies gemäß § 1629 Abs. 1 BGB regelmäßig die gemeinsam sorgeberechtigten Kindeseltern. Indem diese aber nach §§ 1627 S. 1, 1626 Abs. 2 BGB verpflichtet sind, die im Zustand hinreichender Einsichts- und Urteilsfähigkeit und

---

943 Vgl. BT-Drs. 8/2788, S. 45; *Gernhuber*, FamRZ 1962, 89, 95; *Gernhuber/Coester-Waltjen*, § 57 Rn. 1 ff., 46; *Huber*, in: MüKo BGB, § 1626 Rn. 2 ff.; *Zorn*, Rn. 292, 308; siehe ausführlich in Kapitel 3 B. III. 1.

944 So auch BT-Drs. 17/10488, S. 23.

945 Vgl. BT-Drs. 17/10488, S. 23; *Schneider*, in: Prütting/Wegen/Weinreich, BGB, § 630d Rn. 3; *Weidenkaff*, in: Palandt, BGB, § 630d Rn. 3.

946 BT-Drs. 17/10488, S. 23; *Weidenkaff*, in: Palandt, BGB, § 630d Rn. 3.

947 Siehe in Kapitel 3, S. 178 ff.

948 Siehe hierzu bereits in Kapitel 3 B. III. ab S. 135.

damit dem Kindeswohl entsprechenden vorausverfügten Behandlungsentscheidungen ihres minderjährigen Kindes im Außenverhältnis umzusetzen, wird der Arzt nach § 630d Abs. 1 S. 2 Hs. 1 i.V.m. § 1629 Abs. 1 S. 1 BGB zumindest mittelbar über die Bindung der sorgeberechtigten Eltern durch die wirksame Minderjährigenverfügung verpflichtet, sofern sie die dem Kindeswillen entsprechende Entscheidung treffen.

II. Unmittelbare Außenwirkung der vorsorglichen Minderjährigenverfügung in besonderen Fällen

Wie bei aktuellen Behandlungserklärungen könnte der antizipiert erklärten Behandlungsentscheidung eines Minderjährigen unter speziellen Voraussetzungen darüber hinaus – ohne den „Umweg" über die sorgeberechtigten Eltern – zudem unmittelbare Außenwirkung gegenüber dem Arzt zukommen. Dies ist im Einzelnen bei gerichtlichen Maßnahmen nach § 1666 Abs. 4 BGB, bei evidenten Sorgerechtsverstößen der Eltern sowie bei Vorliegen eigener Entscheidungskompetenz des minderjährigen Patienten denkbar[949].

1. Familiengerichtliche Maßnahmen gegenüber dem Behandler, § 1666 Abs. 4 BGB

Die elterliche Erklärung ist für den Arzt auch im Hinblick auf einen vorausverfügten Behandlungswillen des Minderjährigen unbeachtlich, wenn gemäß § 1666 Abs. 4 BGB eine davon abweichende gerichtliche Entscheidung zum Schutze des Kindeswohles mit unmittelbarer Wirkung für ihn ergeht[950].

Verweigern die Eltern ihre Zustimmung zu einer durch den Minderjährigen vorausverfügten Behandlungsmaßnahme oder verlangen sie einen Eingriff, den der Minderjährige ihnen gegenüber wirksam in antizipierter Form abgelehnt hat, hat das Gericht regelmäßig die Behandlungserklärung für den Minderjährigen ebenso wie die erforderlichen Willenserklärungen hinsichtlich eines gegebenenfalls notwendigen Behandlungsvertrages durch eine eigene Entscheidung auch mit Wirkung für den Behandelnden

949 Ausführliche Herleitungen finden sich jeweils in Kapitel 3 B. ab S. 137.
950 Siehe hierzu ausführlich unter Kapitel 3 B. III. 2. a.

zu ersetzen[951]. Gleiches gilt, wenn sich der Behandler entgegen dem Kindeswohle verhalten sollte und die Eltern die Umsetzung des vorsorglichen Kindeswillens nicht gewährleisten können.

Der Arzt sollte dann – sofern dies zeitlich möglich ist – zunächst das Verfahren nach § 1666 BGB abwarten, bevor er gegenüber dem minderjährigen Patienten tätig wird.

2. Evidente Verstöße der Eltern gegen ihre sorgerechtlichen Pflichten aus §§ 1627 S. 1, 1626 Abs. 2 BGB

Darüber hinaus findet die unbeschränkte Vertretungsmacht der sorgeberechtigen Eltern im Außenverhältnis seine Grenze nach herrschender Ansicht dort, wo ein Missbrauch für den Erklärungsempfänger evident ist[952]. Üben die Eltern also als gesetzliche Vertreter ihres Kindes das ihnen aus § 1629 Abs. 1 S. 1 BGB zustehende Vertretungsrecht rechtsmissbräuchlich aus, indem sie gegen ihre innerfamiliäre Verpflichtung zur Achtung des Kindeswillens aus §§ 1627 S. 1, 1626 Abs. 2 BGB verstoßen, und wird dem Behandler der Missbrauch positiv bekannt oder wäre er infolge massiver Verdachtsmomente erkennbar gewesen, entfalten ihre Behandlungserklärungen gegenüber dem Arzt oder Krankenhausträger keine rechtliche Wirkung, § 177 BGB[953].

Während sich Fälle evidenten Missbrauchs aus den besonderen Umständen des Arzt-Patienten-Verhältnisses dem Arzt für gewöhnlich deutlich häufiger offenbaren werden als im allgemeinen Stellvertreterrecht, weil er den minderjährigen Patienten regelmäßig bereits vor dem Eingriff untersuchen, seine Einsichts- und Urteilsfähigkeit prüft und ihn wenigstens gemäß § 630e Abs. 5 BGB aufklärt, dürfte dies für vorsorgliche Behandlungsentscheidungen nicht in gleichem Maße anzunehmen sein. Hat der minderjährige Patient beispielsweise durch Bewusstlosigkeit die erforderliche Einsichts- und Urteilsfähigkeit zur selbstbestimmten Entscheidung über die Vornahme eines bevorstehenden Heileingriffs eingebüßt, kann es

---

951 Vgl. OLG Celle NJW 1995, 792, 793; *Vogel*, FPR 2008, 617, 617; *Veit*, in: Bamberger/Roth, § 1666 Rn. 35.3, 41.

952 Siehe hierzu und im Folgenden abermals Kapitel 3 B. III. 2. unter b.

953 Siehe nochmals BGHZ 50, 112, 114; 127, 239, 241 f.; 141, 357, 364; BGH NJW 1994, 2082, 2083; BGH NJW 1999, 2883, 2883 f.; *Ellenberger*, in: Palandt, BGB, § 164 Rn. 14 ff.; ausführlich *Schilken*, in: Staudinger, BGB, § 167 Rn. 97 ff. m. w. N.; *Schubert*, in: MüKo, BGB, § 164 Rn. 224 f.; hinsichtlich der Vertretungsmacht im Betreuungsverhältnis siehe ebenso *Lipp*, Fürsorge, S. 184 ff.

für den Arzt durchaus schwierig sein, einen Dissens zwischen Eltern und Kind festzustellen.

Aus diesem Grund ist es für den Minderjährigen von besonders großer Bedeutung, vorsorgliche Festlegungen möglichst frühzeitig und ausführlich mit dem behandelnden Arzt zu besprechen und sicherzustellen, dass seine Vorausverfügung diesem bekannt und für ihn verfügbar ist. Hat der Arzt Kenntnis über den vorsorglich festgelegten Behandlungswillen des minderjährigen Patienten, so wird ihm ein möglicher Konflikt zu den elterlichen Erklärungen ebenfalls offenbar werden. Eine der Elternerklärung widersprechende Vorausverfügung muss dabei zumindest Zweifel an der rechtmäßigen Umsetzung des kindlichen Willens hervorrufen, sodass der Arzt eine familiengerichtliche Überprüfung anzuregen hat[954].

Ferner wird es sich bei den in dieser Arbeit vorrangig in den Blick genommene Fallgruppe vorwiegend um minderjährige Patienten handeln, die der Arzt bereits vorab kennengelernt hat, insbesondere wenn es sich um junge Patienten mit schweren chronischen oder tödlich verlaufenden Krankheiten handelt. Der Behandler wird sich dann bereits im Vorfeld der Behandlungssituation ein Bild von den Vorstellungen und Wünschen des Kindes gemacht haben können.

3. Verbindlichkeit des Kindeswillens infolge eigener Entscheidungskompetenz des Minderjährigen

Unmittelbar verbindliche Wirkung gegenüber dem Behandler kann der kindlichen Vorausverfügung damit nur zukommen, soweit dem Minderjährigen eine eigene (Mit-) Entscheidungskompetenz zugestanden wird[955]. Dabei soll die Prämisse gelten, dass die Einordnung vorsorglicher Festlegungen eines zum Zeitpunkt des Abfassens hinreichend entscheidungsfähigen Minderjährigen für den späteren Wegfall der erforderlichen Einsichts- und Urteilsfähigkeit wertungsmäßig den Prinzipien zur Entscheidungskompetenz bei aktuellen Behandlungsmaßnahmen entspricht[956]. Anzunehmen ist also: Ist der hinreichend entscheidungsfähige Minderjäh-

954 Vgl. *Ulsenheimer*, Therapieverweigerung bei Kindern, in: Dierks/Graf-Baumann/Lenard, Therapieverweigerung, S. 65, 81 f.

955 Vgl. *Zorn*, Rn. 292.

956 So auch *Coester-Waltjen*, MedR 2012, 553, 557; *Lipp*, in: Laufs/Katzenmeier/Lipp, Kap. VI Rn. 184; *Putz*, FPR 2012, 13, 16; *DAKJ*, Monatsschr Kinderheilkd 2015, 375, 376.

rige im Rahmen einer aktuellen Behandlungsentscheidung (mit-) entscheidungsbefugt, so hat dies zur Wahrung seines Selbstbestimmungsrechts gleichermaßen auch für künftige Behandlungssituationen zu gelten, für welche er vorsorgliche Festlegungen getroffen hat.

Während das am 26. Februar 2013 in Kraft getretene Patientenrechtegesetz[957] die Frage der Entscheidungsbefugnis Minderjähriger in Bezug auf ärztliche Eingriffe offen ließ, finden sich in der höchstrichterlichen Rechtsprechung und der medizinrechtlichen Fachliteratur uneinheitliche Ansichten. Der langjährige und weiterhin andauernde Meinungsstreit wurde in Kapitel 3 ausführlich dargestellt[958].

Während in früheren Zeiten insbesondere im zivilrechtlichen Schrifttum noch eine Alleinentscheidungskompetenz der Eltern befürwortet wurde[959], finden diese Ansicht heutzutage nahezu keine Anhänger mehr[960]. Von großer aktueller Bedeutung sowohl für die Rechtswissenschaft als auch für die medizinische Praxis sind demgegenüber die Konzepte der kumulativen und der alleinigen Entscheidungskompetenz des hinreichend entscheidungsfähigen Minderjährigen. Die Auffassungen spalten sich im Wesentlichen in zwei Lager: Die Befürworter einer kumulativen Entscheidungskompetenz von Eltern und Kind sprechen dem hinreichend einsichts- und urteilsfähigen Minderjährigen zumindest ein Vetorecht gegenüber der elterlichen Entscheidung zu oder vertreten ein Co-Konsens-Prinzip, nach dem der Arzt eine Einwilligung sowohl von den Eltern als auch von dem Minderjährigen einzuholen hat[961]. Die Vertreter einer Alleinentscheidungsbefugnis für den hinreichend einsichts- und urteilsfähigen Minderjährigen lassen hingegen die Einwilligung des Minderjährigen ausreichen, ohne dass es einer zusätzlichen Beteiligung seiner sorgeberechtigten Eltern bedürfte[962].

---

957 BT-Drs. 17/10488, BGBl. 2013 I S. 277 ff.

958 Siehe im Einzelnen dazu Kapitel 3 B., S. 88 ff.

959 Siehe exemplarisch nochmals *Mittenzwei*, Anm. zu AG Celle, MedR 1988, 41, 44; *Schmitt*, in: MüKo BGB, 5. Aufl. 2006 [Altaufl.], § 105 Rn. 22 f.; *Zitelmann*, AcP 99 (1906), 1, 62 f.

960 Vgl. *Kern*, LMK 2007, 220412, Punkt 2.

961 Statt vieler *Diederichsen*, Aspekte des Selbstbestimmungsrechts Minderjähriger, in: FS Hirsch, S. 355, 361 f.; *Lipp*, Anm. zu BGH MedR 2008, 289, 293; *ders.*, in: Laufs/Katzenmeier/Lipp, Kap. VI Rn. 183, Kap. VII Rn. 69; *Spickhoff*, VersR 2013, 267, 275; *Olzen*, in: MüKo BGB, § 1666 Rn. 78.

962 Siehe nur *Baston-Vogt*, S. 232 f.; *Belling*, FuR 1990, 68, 76; *Bender*, MedR 1997, 7, 13; *Wölk*, MedR 2001, 80, 84; *Ulsenheimer*, in: Laufs/Kern, § 139 Rn. 46.

Wird das kumulative Einwilligungskonzept auf die Vorausverfügung eines zum Zeitpunkt des Verfassens hinreichend entscheidungsfähigen Minderjährigen übertragen, ergibt sich für die Wirksamkeit der antizipiert formulierten Festlegungen Folgendes: Der minderjährige Patient, der im Zustand der erforderlichen Einsichts- und Urteilsfähigkeit eine Behandlungsverfügung verfasst, in der er vorsorglich eine bestimmte Maßnahme ablehnt oder begrenzt, macht damit antizipiert von seinem Vetorecht Gebrauch. Verliert er nachfolgend seine Fähigkeit zur selbstbestimmten Entscheidung, bevor es zu der betreffenden Behandlungsmaßnahme kommt, wird diese weiterhin durch das vorausverfügte Veto des Kindes ausgeschlossen. Der Arzt darf das Kind folglich auch dann nicht behandeln, wenn es nicht mehr mitentscheidungsbefugt ist und dessen Eltern nunmehr den Eingriff befürworten. Enthält die kindliche Vorausverfügung demgegenüber eine vorsorgliche Einwilligung in den betreffenden Eingriff, bedarf es zur wirksamen Legitimation des Arztes zusätzlich der Co-Einwilligung der Sorgeberechtigten. Stimmen die Eltern der Behandlung zu, liegt gegenüber dem Behandler eine wirksame kumulative Einwilligung für den Eingriff vor, wohingegen der Eingriff nicht stattfinden darf, wenn die Eltern die Maßnahme – wohlgemerkt entgegen ihrer Pflicht aus §§ 1627 S. 1, 1626 Abs. 2 BGB – ablehnen, da es in diesem Fall an der für die kindliche Einwilligung erforderlichen elterlichen Zustimmung fehlt. Hat der Minderjährige indes keine wirksamen vorsorglichen Festlegungen getroffen, sind die Eltern gegenüber dem Arzt nach § 630d Abs. 1 S. 2 Hs. 1 BGB allein zur Einwilligung für ihr Kind befugt.

Anders zu beurteilen wäre die Bindungswirkung kindlicher Vorausverfügungen indes unter Anwendung des Konzepts der Alleinentscheidungsbefugnis: Gibt der minderjährige Patient im hinreichend entscheidungsfähigen Zustand eine antizipierte Erklärung ab, bleibt diese für den Fall, dass er den erforderlichen Grad an Entscheidungsfähigkeit später einbüßt, wirksam und wirkt auch im Außenverhältnis gegenüber dem Behandler unmittelbar. Indem allein seine Entscheidung maßgeblich ist, darf die Behandlungsmaßnahme bei entsprechender Indikation durchgeführt werden, soweit der Minderjährige eine dahingehende positive Behandlungsverfügung verfasst hat. Hat er den Eingriff hingegen durch ein antizipiert erklärtes Veto verweigert, muss die Behandlung unterbleiben, da es sodann an einer rechtfertigenden Einwilligung für die ärztliche Maßnahme fehlt. Die Entscheidung der Eltern bleibt in beiden Fällen wirkungslos, sodass der Arzt im Konfliktfall zwischen Eltern und Kind ausschließlich dem Kindeswillen zu folgen hätte. Lediglich dann, wenn der hinreichend einsichts- und urteilsfähige Minderjährige keine wirksame Vorausverfügung abgegeben hat oder die in Frage stehende Maßnahme von seiner Verfügung nicht umfasst ist, sind die sorgeberechtigten Eltern des Kindes als dessen gesetzliche Vertreter zur Behandlungsentscheidung befugt.

Abhängig davon, welchem Konzept gefolgt wird, kommt die Untersuchung somit auch hinsichtlich der Frage der vorsorglichen Entscheidungskompetenz Minderjähriger und der Bindungswirkung seiner Entscheidungen gegenüber dem Behandler zu unterschiedlichen Ergebnissen. Als Konsens beider Ansichten lässt sich mit Blick auf das hohe Schutzgut des Selbstbestimmungsrechts aber wiederum feststellen, dass minderjährigen, hinreichend entscheidungsfähigen Patienten hinsichtlich antizipierter Behandlungsentscheidungen *zumindest* ein Vetorecht zustehen muss, durch welches sie aktiv im Außenverhältnis auf die Entscheidung über medizinische Eingriffe Einfluss nehmen können. Minderjährige sind danach wenigstens befugt, eine Behandlung durch die rechtsverbindliche Erklärung ihres vorsorglichen Vetos zu verhindern. Dies setzt allerdings voraus, dass der Minderjährige zum Zeitpunkt des Verfassens der Erklärung hinreichend einsichts- und urteilsfähig war, um derartige Festlegungen zu treffen, und sich seine antizipierte Verfügung auf die aktuelle Lebens- und Behandlungssituation bezieht; andernfalls ginge der Schutz fehl.

Hat der hinreichend einsichts- und urteilsfähige minderjährige Patient eine wirksame negative Vorsorgeverfügung verfasst, welche in der medizinischen Praxis einen bedeutend höheren Stellenwert einnimmt als die positive Vorausverfügung[963], so hat diese dementsprechend unmittelbare Außenwirkung gegenüber dem Arzt. Eine abweichende elterliche Erklärung ist sodann unbeachtlich. In einem weit überwiegenden Teil der Minderjährigenverfügungen binden die Festlegungen des Minderjährigen den Behandler folglich unmittelbar.

Während die Differenzierung der beiden Einwilligungskonzepte im Falle einer negativen Behandlungsentscheidung ohne Bedeutung ist, da beide Auffassungen zu demselben Ergebnis gelangen, ergeben sich für positive Minderjährigenverfügungen Unterschiede dann, wenn der Minderjährige vorsorglich einer Behandlung zugestimmt hat, welche die Eltern ablehnen.

---

963 Vgl. *Lipp*, in: Laufs/Katzenmeier/Lipp, Kap. VI Rn. 184.

4. Abgrenzung: Bindung des Arztes an den Kindeswillen versus Handlungspflicht

Während die Eltern gemäß § 1627 S. 1 i.V.m. § 1626 Abs. 2 BGB zu einem kindeswohldienlichen Handeln in der Form verpflichtet sind, dass sie den wirksam vorausverfügten Willen ihres Kindes nach außen gegenüber dem Behandler zu vertreten und für die Umsetzung zu sorgen haben, ist der Kindeswille für den Arzt nicht dergestalt verbindlich, dass er jedwede Behandlungswünsche des Patienten umzusetzen hätte. Die ärztliche *Bindung* an die Erklärung ist nicht gleichzusetzen mit einer unbeschränkten *Pflicht* des Arztes zur Behandlung, insbesondere hinsichtlich positiver Vorausverfügungen.

Erklärt der Minderjährige vorsorglich sein Veto gegen einen Eingriff, darf der Arzt ihn in der Konsequenz nicht behandeln, selbst wenn die Maßnahme dringend indiziert wäre. Die wirksame Vetoerklärung führt zu der ärztlichen Pflicht, den Eingriff zu unterlassen respektive eine bereits begonnene Behandlung zu beenden. Demgegenüber führen positiv regelnde Behandlungsverfügungen für den Arzt nicht ohne Weiteres eine Handlungspflicht herbei, da sie als einseitige Leistungsbestimmung keine Verpflichtungen begründen können[964]. Bei Ablehnung einer spezifischen Maßnahme in Verbindung mit dem generellen Wunsch zur Heilbehandlung können sie aber mitunter eine Richtung für die Therapie im Ganzen vorgeben, welcher der Arzt im Ergebnis wohl wird nachkommen müssen. Voraussetzung hierfür ist jedoch stets die medizinische Indikation der Behandlung[965].

Die vorausverfügte Einwilligung in eine Behandlung, für die keine medizinische Indikation besteht, kann hingegen weder rechtlich bindend sein noch die Therapiewahl beeinflussen, da kein Patient per se ein Recht auf jedwede Behandlung hat[966]. Es können lediglich indizierte Maßnahmen verlangt werden; auch durch eine antizipierte Erklärung entstehen insoweit keine weiterreichenden Ansprüche. Wird eine Leistung durch den Krankenversicherungsträger abgelehnt, weil sie aus sozialversicherungsrechtlicher Perspektive als unwirtschaftlich angesehen wird und somit die

964 Zu § 1901a BGB *Hoffmann*, in: Bienwald/Sonnenfeld/Hoffmann, BetrR, § 1901a BGB Rn. 30.

965 Vgl. *Lipp*, in: Laufs/Katzenmeier/Lipp, Kap. III Rn. 2.

966 Vgl. *Albrecht/Albrecht*, Rn. 175; *Lipp*, in: Lipp, Vorsorgeverfügungen, § 17 Rn. 147; *Lipp/Brauer*, Patientenvertreter, in: Höfling, Das neue Patientenverfügungsgesetz, S. 17, 21; *Hoffmann*, in: Bienwald/Sonnenfeld/Hoffmann, BetrR, § 1901a BGB Rn. 30.

Leistungsvoraussetzungen nicht vorliegen, besteht ebenfalls kein Recht des Patienten auf Durchführung der Wunschbehandlung[967]. Schließlich kann der Verfasser einer Vorausverfügung nicht wirksam eine Maßnahme fordern, die die Grenzen der Sittenwidrigkeit nach § 138 BGB überschreiten[968] oder gar gemäß § 134 BGB gegen ein gesetzliches Verbot verstoßen würde, wie dies beispielsweise bei einer Aufforderung zur aktiven Sterbehilfe angenommen werden muss[969]. Die antizipiert erklärte Einwilligung dient vielmehr lediglich der vorsorglichen rechtfertigenden Zustimmung zu einem künftig indizierten Eingriff. Im Erwachsenenschutzrecht macht sie damit bei Eintritt der betreffenden Behandlungssituation die Zustimmung eines gesetzlichen Vertreters zu der ärztlich angeratenen Maßnahme grundsätzlich überflüssig[970]. Ist der Patient minderjährig, legt der wirksam verfügte positive Behandlungswunsch verbindlich den Kindeswillen fest.

III. Zwischenergebnis

Kindliche Vorausverfügungen entfalten im Grundsatz also lediglich eine mittelbare Wirkung gegenüber dem behandelnden Arzt gemäß § 630d Abs. 1 S. 2 Hs. 1 BGB, indem die Eltern nach §§ 1626 Abs. 2, 1627 S. 1 BGB eine dem kindlichen Wohl entsprechende Erklärung abgeben und dabei dem wirksam vorsorglich erklärten Willen ihres Kindes entsprechen. Diese Pflicht trifft den Arzt nicht.

---

967 Vgl. BGHZ 154, 205, 225; *Albrecht/Albrecht*, Rn. 176; *Kern*, in: Laufs/Kern, § 42 Rn. 7; *Hoffmann*, in: Bienwald/Sonnenfeld/Hoffmann, BetrR, § 1901a BGB Rn. 31.

968 Vgl. *Hoffmann*, in: Bienwald/Sonnenfeld/Hoffmann, BetrR, § 1901a BGB Rn. 41.

969 Aktive Sterbehilfe meint die gezielte Tötung einer anderen Person und ist strafbar als Tötung auf Verlangen gemäß § 216 StGB, vgl. BGH FamRZ 2010, 1551, 1553 ff. (m. Anm. *Lipp*); *Hoffmann*, in: Bienwald/Sonnenfeld/Hoffmann, BetrR, § 1901a BGB Rn. 33 ff.; ein Überblick findet sich auch bei *Lipp/Brauer*, Patientenvertreter, in: Höfling, Das neue Patientenverfügungsgesetz, S. 17, 21 ff. m. w. N.

970 So bedarf es im Rahmen einer Patientenverfügung nach § 1901a Abs. 1 BGB einer Betreuerbestellung nicht, wenn der Patientenwille in der Vorausverfügung ausreichend deutlich zum Ausdruck kommt: BT-Drs. 17/10488, S. 23 a. E. (arg. e contr.); *Lipp*, in: Lipp, Vorsorgeverfügungen, § 17 Rn. 46; *Götz*, in: Palandt, BGB, § 1901a Rn. 15 f.; *Schwab*, in: MüKo BGB, § 1901a Rn. 33 m. w. N.; siehe auch *Diener*, S. 101 ff. (m. w. N. in Fn. 188).

Unmittelbare Wirkung hat die antizipierte Willensbekundung für den Arzt allerdings dann, wenn der Minderjährige vorsorglich sein Veto gegenüber der betreffenden Maßnahme erklärt hat. Nach insoweit übereinstimmender Auffassung zur kindlichen Entscheidungskompetenz steht dem Minderjährigen die Disposition über die Ablehnung eines Eingriffs in seine Körperintegrität letztentscheidend zu. Verweigert der minderjährige Patient also beispielsweise in Bezug auf eine bestimmte Krankheitssituation vorsorglich lebenserhaltende oder lebensverlängernde Maßnahmen, wird der Behandler die Maßnahmen unterlassen oder einstellen müssen.

Darüber hinaus kommt dem Willen des Kindes im Rahmen positiver Behandlungserklärungen – abgesehen von der Annahme seiner Alleinentscheidungskompetenz – auch dann Bedeutung im Außenverhältnis zu, wenn sich das Handeln der Eltern als evidenter Missbrauch ihres Sorgerechts darstellt, sprich ein Dissens zwischen der Elternerklärung und den Festlegungen der Minderjährigenverfügung besteht, der dem Arzt bekannt ist oder bekannt sein müsste.

Die elterliche Erklärung ist schließlich auch infolge gerichtlicher Maßnahmen nach § 1666 Abs. 4 BGB unbeachtlich, wenn diese die Elternentscheidung ersetzen und unmittelbar gegenüber dem Arzt ergehen.

E. Zusammenfassung und Ergebnis

Bei Betrachtung der Fallgruppe der Behandlungsverfügungen, die von einem hinreichend entscheidungsfähigen Minderjährigen verfasst wurden und nunmehr zu einem Zeitpunkt, in dem dieser die erforderliche Einsichts- und Urteilsfähigkeit verloren und das Volljährigkeitsalter noch nicht erreicht hat, in einer konkreten Behandlungssituation angewendet werden sollen, ist zunächst festzustellen, dass die Regelung des § 1901a BGB, die seit Einführung des 3. Betreuungsrechtsänderungsgesetzes das Institut der Patientenverfügung zum Inhalt hat, auf Vorausverfügungen minderjähriger Patienten keine Anwendung finden kann. Minderjährige, die für einen infrage stehenden Eingriff vorsorgliche Entscheidungen formuliert haben, fanden weder im Gesetzgebungsverfahren zur Ausgestaltung der Bestimmung Berücksichtigung noch wurden sie in einer der diesem vorausgegangenen Fachdiskussionen erkennbar bedacht. Schließlich führt die systematische Verankerung der Patientenverfügung in das Betreuungsrecht zu einem Ausschluss minderjähriger Verfasser aus dem Regelungsgehalt der §§ 1901a ff. BGB. In der rechtswissenschaftlichen Literatur diskutierte Versuche, sie gleichwohl anzuwenden, gehen daher im Ergebnis fehl und müssen abgelehnt werden.

Im innerfamiliären Verhältnis ist eine Lösung der Problematik vielmehr über die kindschaftsrechtlichen Normen zu erzielen. Da sich dem Kindschaftsrecht keine dem Betreuungsrecht entsprechende Spezialnorm zum Umgang mit Vorsorgeverfügungen entnehmen lässt, sind die allgemeinen Regelungen der §§ 1626 ff. BGB heranzuziehen. Dabei war die Analyse weg von der formellen Einwilligungsbefugnis des Minderjährigen hin zu der materiellen Ausfüllung des Kindeswohls im Kontext der elterlichen Pflicht zum kindeswohldienlichen Handeln nach § 1627 S. 1 BGB und zu der Beteiligung des Minderjährigen an den elterlichen Entscheidungen aus § 1626 Abs. 2 BGB zu verlagern. Die Ergebnisse der Untersuchung lassen sich wie folgt zusammenfassen:

Die antizipierte Behandlungserklärung unterscheidet sich von einer Erklärung über eine aktuelle Maßnahme lediglich dadurch, dass sie auf ein Ereignis in der Zukunft gerichtet und stets zu einem gewissen Grad hypothetisch ist. Dies rechtfertigt es jedoch nicht, ihr eine geringere Bedeutung zuzuschreiben. Dem vorsorglich erklärten Willen des hinreichend einsichts- und urteilsfähigen Minderjährigen muss nach den kindschaftsrechtlichen Bestimmungen der §§ 1626 ff. BGB sowie nach medizinrechtlichen Grundsätzen im Ergebnis die gleiche Wirkung zukommen wie einer aktuellen Behandlungsentscheidung.

Der Wille des Kindes ist seinem Wohle immanent und erlangt mit wachsender Reife des Minderjährigen zunehmend an Bedeutung. Vorrangige Bedeutung hat der kindliche Wille hinsichtlich medizinischer Entscheidungen, wenn der Minderjährige die Fähigkeit zur selbstbestimmten und eigenverantwortlichen Einwilligung hat. Ihm ist ab diesem Moment nicht mehr zuzumuten, ärztliche Behandlungen gegen seinen Willen auszuhalten oder ihm eine medizinisch indizierte Wunschbehandlung vorzuenthalten. Damit die Minderjährigenverfügung Verbindlichkeit erlangen kann, muss der Minderjährige sie also im Zustand hinreichender Einsichts- und Urteilsfähigkeit verfasst haben. Er muss zum Zeitpunkt seiner Erklärung die Fähigkeit innegehabt haben, Wesen, Bedeutung und Tragweite des Eingriffs zu erkennen sowie Für und Wider der Maßnahme gegeneinander abzuwägen. Da die Eltern gemäß §§ 1627 S. 1, 1626 Abs. 2 BGB dem Kindeswohl dienend zu handeln und ihr Kind insbesondere in Behandlungsentscheidungen einzubeziehen haben, sind sie an dessen Vorausverfügung, in welcher es antizipiert sein Veto hinsichtlich einer künftigen Behandlungssituation oder die vorsorgliche Einwilligung in eine indizierte Maßnahme erklärt hat, sodann gebunden und im Innenverhältnis dazu verpflichtet, den Inhalt der Minderjährigenverfügung im Wege ihres Vertreterrechts nach außen umzusetzen. Dies gilt für positive wie negative Behandlungsentscheidungen gleichermaßen. Die Verbindlichkeit der Festlegungen erfährt insbesondere auch keine Einschränkung dadurch, dass sie eine Selbstschädigung des Kindes zum Inhalt haben könnte, wie dies vor allem bei Behandlungsbegrenzungen und -ablehnungen lebenserhaltender und lebensverlängernder Maßnahmen der Fall ist. Nach § 630d Abs. 1 S. 2 Hs. 1 i.V.m. § 1629 Abs. 1 S. 1 BGB geben die Eltern die zur Durchführung der Behandlungsmaßnahme erforderlichen Erklärungen als Vertreter ihres Kindes gegenüber dem behandelnden Arzt ab.

Die Bindung der Eltern an die wirksame Vorausverfügung des Kindes gegenüber den sorgeberechtigten Eltern schlägt auf den behandelnden Arzt im Grundsatz zunächst nur mittelbar durch, indem der Behandler gemäß § 630d Abs. 1 S. 2 Hs. 1 BGB verpflichtet ist, vor der Durchführung eines Eingriffs die Einwilligungserklärung der Patientenvertreter des nunmehr entscheidungsunfähigen minderjährigen Patienten einzuholen. Allerdings folgt aus dem von den herrschenden Ansichten anerkannten Vetorecht des vormals hinreichend entscheidungsfähigen Minderjährigen, dass dessen antizipierte Willensbekundungen für den Arzt jedenfalls dann unmittelbar verbindlich im Außenverhältnis sind, wenn der Minderjährige vorsorglich die Ablehnung des betreffenden Eingriffs erklärt hat. Verweigert der minderjährige Patient also beispielsweise in Bezug auf eine bestimmte Krankheitssituation vorsorglich lebenserhaltende oder lebensverlängernde Maßnahmen, wird der Behandler die Maßnahmen unterlassen oder einstellen müssen. Zwar besteht kein Konsens darüber, ob dem Minderjährigen darüber hinaus auch eine alleinige Entscheidungskompetenz hinsichtlich positiver Vorausverfügungen zukommt, diese dürfen in der Praxis allerdings eher die Ausnahme bilden, sodass der vorausverfügte Kindeswille in der weit überwiegenden Zahl der Fälle auch nach dem Verlust des nötigen Maßes an Einsichts- und Urteilsfähigkeit des Minderjährigen für den Arzt als verbindlich anzusehen sein wird. Positive Behandlungserklärungen sind für ihn nach derzeitiger Rechtslage also jedenfalls dann beachtlich, wenn sich ein Verstoß der Eltern gegen ihre Vertretungsmacht für den Behandler als evident darstellt.

Staatlichen Schutz gegen einen Missbrauch der elterlichen Vertretungsmacht erfährt der Kindeswille durch § 1666 Abs. 1 i.V.m. Abs. 3 BGB. Verstoßen die Eltern gegen ihre Pflicht zur Achtung des Willens ihres Kindes aus §§ 1627 S. 1, 1626 Abs. 2 BGB und gefährden damit willentlich das kindliche Wohl, macht dies ein Einschreiten des Familiengerichts erforderlich. Das Gericht wird in diesem Fall die elterliche Erklärung gegenüber dem Behandler durch eine gerichtliche Entscheidung ersetzen, § 1666 Abs. 3 Nr. 5 BGB. Da im Rahmen des Verfahrens nach § 1666 BGB zur Feststellung einer Kindeswohlgefährdung auf den Zeitpunkt der Elternerklärung in Bezug auf die konkret in Rede stehende ärztliche Maßnahme abzustellen ist, besteht die erforderliche Gefahrenlage auch hinsichtlich vorsorglicher Festlegungen des Minderjährigen für künftige Behandlungssituationen. Gerichtliche Maßnahmen können nach § 1666 Abs. 4 BGB darüber hinaus unmittelbar gegen den Arzt ergehen. Zudem können die Eltern ihrem Kind gemäß § 1664 Abs. 1 BGB sowie §§ 823 ff. BGB auf Schadensersatz und Schmerzensgeld haften, lassen sie bei Ausübung des elterlichen Sorgerechts die ihnen eigenübliche Sorgfalt außer Acht, was bei einem bewussten Zuwiderhandeln der Eltern gegen die wirksame Minderjährigenverfügung stets gegeben sein dürfte.

Kapitel 5: Verbindlichkeit kindlicher Behandlungsverfügungen nach Erreichen der Volljährigkeit ihres Verfassers

Die zweite in dieser Arbeit zu untersuchende Fallgruppe umfasst diejenigen Patienten, die beim Verfassen ihrer Vorausverfügung noch minderjährig waren, inzwischen jedoch das Alter der Volljährigkeit erreicht haben. Es handelt sich um volljährige Patienten, bei denen ein medizinischer Eingriff in Frage steht, die allerdings aufgrund von Bewusstlosigkeit oder geistiger Unfähigkeit nicht mehr in der Lage sind, aktuell über einen ärztlichen Eingriff zu befinden.

Haben diese Patienten bereits antizipiert Behandlungsentscheidungen getroffen, ist zu prüfen, ob und in welchem Rahmen diese Verbindlichkeit entfalten. Dabei ist zu differenzieren:

Verfasste der Patient die Verfügung erst nach Erreichen der Volljährigkeit, so liegt – sofern die übrigen Voraussetzungen ebenfalls gegeben sind – eine verbindliche Patientenverfügung im Sinne des § 1901a Abs. 1 S. 1 BGB vor. Fehlt es an einer der erforderlichen Wirksamkeitsvoraussetzungen, sind die Festlegungen als Behandlungswünsche anzusehen und gemäß § 1901a Abs. 2 S. 1 Alt. 1 BGB durch den Betreuer oder Vorsorgebevollmächtigten umzusetzen beziehungsweise zur Ermittlung des mutmaßlichen Willens nach § 1901a Abs. 2 S. 1 Alt. 2 BGB zu berücksichtigen[971].

Als problematisch stellt sich die Situation indes dar, wenn der Patient seine Behandlungsverfügung bereits als Minderjähriger verfasste und nach Erlangen der Volljährigkeit nicht neu aufsetzte oder bestätigte. Dieses Szenario ist insbesondere dann denkbar, wenn ein Patient bereits im Minderjährigenalter schwer erkrankte und seine Gedanken und Entscheidungen über weitere Behandlungsmaßnahmen verbindlich festlegen wollte. Erinnert der Patient jedoch *nach* Erreichen der Volljährigkeit das Vorliegen seiner kindlichen Vorausverfügung nicht rechtzeitig oder erwägt beispielsweise aus Unwissenheit oder in dem Glauben, bereits eine verbindliche Vorausverfügung getroffen zu haben, nicht, die Festlegungen in die Form einer „echten" Patientenverfügung nach § 1901a Abs. 1 S. 1 BGB zu bringen, so sind seine Bestimmungen weiterhin als kindliche Behandlungs-

971 Siehe hierzu nur *Lipp*, in: Lipp, Vorsorgeverfügungen, § 17 Rn. 124 ff.

verfügung zu bezeichnen. Allerdings betrifft diese nunmehr einen zum Zeitpunkt des betreffenden Eingriffs volljährigen Patienten. Die gleiche Ausgangslage liegt auch dann vor, wenn der minderjährige Patient *nach* Verfassen der Verfügung, aber noch *vor* Erreichen der Volljährigkeit in einen Zustand unzureichender Entscheidungsfähigkeit gerät, beispielsweise durch eine psychische Erkrankung, Bewusstlosigkeit oder das Erreichen eines komatösen Krankheitsstadiums, aus welchem er nach Erlangen der Volljährigkeit nicht mehr erwacht. Eine Bestätigung seiner ursprünglichen Minderjährigenverfügung im Volljährigenalter ist ihm dann nicht mehr möglich gewesen, sodass für diesen volljährigen Patienten ebenfalls eine kindliche Vorausverfügung vorliegt, hinsichtlich der für Ärzte und Angehörige nunmehr die Frage aufkommt, inwieweit dem vorsorglich erklärten Patientenwillen Beachtung beizumessen ist.

A. Vorüberlegungen

Die Verfügung bleibt im Grundsatz dieselbe. Der minderjährige Patient trifft antizipiert Entscheidungen für eine in Zukunft möglicherweise eintretende Behandlungssituation und versucht damit, künftige ärztliche Eingriffe nach seinen Wünschen und Vorstellungen zu regeln. Ob die betreffende Behandlungssituation vor oder nach dem Erreichen der Volljährigkeit eintritt, spielt dabei für den Vorausverfügenden in aller Regel keine Rolle – insbesondere, wenn es sich um einen adoleszenten, nahezu erwachsenen Patienten handelt. Allerdings ist der rechtliche Anknüpfungszeitpunkt zur Beurteilung der konkret in Frage stehenden Maßnahme ein anderer, wenn der Patient zu der Zeit, in der die Verfügung wirken soll, nicht mehr minderjährig ist, sondern bereits das Volljährigkeitsalter erreicht hat.

Denn mit dem Eintritt in die Volljährigkeit ist ein Mensch mündig und daher nach der Vermutungsregel des § 104 BGB grundsätzlich voll geschäftsfähig[972] sowie gemäß den medizinrechtlichen Grundsätzen zudem einwilligungsfähig[973]. Zugleich erlischt mit Vollendung des achtzehnten Lebensjahres des Kindes gemäß § 1626 Abs. 1 S. 1 BGB das elterliche Sorgerecht.

Es ist daher anzunehmen, dass dem Patienten auch im Rahmen ärztlicher Heileingriffe durch die Volljährigkeit insgesamt keine schlechtere

972 *Ellenberger*, in: Palandt, BGB, Einf v § 104 Rn. 2.

973 Vgl. *Roxin*, § 13 Rn. 86; *Schroth*, in: Roxin/Schroth, Medizinstrafrecht, S. 34.

Rechtsposition im Verhältnis zu Behandelnden und möglichen Vertretern zukommen wird. Verfasst der Patient im Kindesalter eine Vorausverfügung und wird volljährig, bevor die betreffende Behandlungssituation eingetreten ist, so sollten seine Festlegungen unter allgemeinen denklogischen Gesichtspunkten folglich keine geringere Wirkung entfalten als ihr bereits vorher zu Zeiten der Minderjährigkeit zugekommen ist. Alles andere widerspräche den bestehenden Prinzipien der Privatrechtsordnung. Die Behandlungsentscheidung eines bei Abgabe der antizipierten Erklärung hinreichend einsichts- und urteilsfähigen Minderjährigen muss somit im Ergebnis auch dann beachtlich bleiben, wenn der Patient zwischenzeitlich volljährig geworden ist[974].

Zu untersuchen ist nunmehr allerdings, welche gesetzlichen Regelungen für derartige Verfügungen, welche bereits vor Erreichen der Volljährigkeit verfasst worden sind, greifen und welche Voraussetzungen und Rechtsfolgen sich im Hinblick auf die Anwendung der Minderjährigenverfügung ergeben, wenn der Patient zum aktuellen Zeitpunkt nicht mehr einwilligungsfähig ist.

B. Keine Berücksichtigung dieser Vorausverfügung über die kindschaftsrechtlichen Regelungen

Obgleich die zweite Fallgruppe ebenfalls eine kindliche Behandlungsverfügung betrifft, da die Erklärung auch hier von einem minderjährigen Verfasser stammt, kann eine Lösung über das Kindschaftsrecht nicht erreicht werden, da die kindschaftsrechtlichen Regelungen der §§ 1626 ff. BGB ausschließlich Bestimmungen zur elterlichen Sorge, namentlich zur Beziehung zwischen den sorgeberechtigten Eltern und ihrem minderjährigen Kind, treffen[975]. Auf volljährige Patienten finden die Bestimmungen keine Anwendung. Bedarf ein Volljähriger der Unterstützung durch Dritte, kommen vielmehr die Regelungen des Betreuungsrechts zum Tragen[976].

In der vorliegenden Fallkonstellation wird die medizinische Behandlung bei einem volljährigen Patienten vorgenommen, seine in Frage stehende, die konkrete Behandlungssituation betreffende Vorausverfügung ist jedoch bereits verfasst worden, als der Patient noch minderjährig war.

---

974 Vgl. *Lipp*, in: Laufs/Katzenmeier/Lipp, Kap. VI Rn. 185.
975 Vgl. nur *Götz*, in: Palandt, BGB, § 1626 Rn. 1 ff.
976 Allg. dazu *Bienwald*, in: Bienwald/Sonnenfeld/Harm, BetrR, Einführung Rn. 9 ff.; *Damrau/Zimmermann*, § 1896 BGB Rn. 6 ff.

Teile des Sachverhalts ereignen sich damit vor, andere erst nach Erreichen der Volljährigkeit.

Für die Entscheidung, ob im Einzelfall das Kindschaftsrecht oder das Betreuungsrecht zur Anwendung kommt, ist aber allein auf den Moment abzustellen, in dem die Behandlungsentscheidung durch den Patienten oder dessen Vertreter zu treffen ist. Es kommt auf den Zeitpunkt an, in dem die Verfügung Wirkung entfalten soll. Maßgeblich ist somit das Alter des Patienten zum Zeitpunkt des fraglichen Heileingriffs. Solange der Patient minderjährig ist, sind zur Bewertung seines antizipiert erklärten Behandlungswillens die §§ 1626 ff. BGB heranzuziehen (Fallgruppe 1)[977]; ist der Patient in dem Moment, in dem eine ärztliche Maßnahme vorzunehmen ist, hingegen bereits volljährig und auf Unterstützung angewiesen, müssen die betreuungsrechtlichen Regelungen der §§ 1896 ff. BGB greifen. Dies gilt auch dann, wenn der Patient erst im Verlaufe einer andauernden Therapie die Volljährigkeit erreicht[978].

Zur nachfolgenden Untersuchung sind daher die betreuungsrechtlichen Vorschriften der §§ 1896 ff. BGB sowie insbesondere die speziellen Regelungen zum antizipiert geäußerten Behandlungswillen aus §§ 1901a ff. BGB heranzuziehen.

C. *Betreuungsrechtliche Bindungswirkung der Minderjährigenverfügung gegenüber dem Vertreter des volljährigen Patienten*

Es wird zu prüfen sein, inwieweit kindliche Behandlungsverfügungen volljährig gewordener Patienten von den Bestimmungen der §§ 1896 ff. BGB sowie insbesondere von § 1901a BGB umfasst und geregelt werden. Es soll belegt werden, dass es sich bei dieser Fallgestaltung regelmäßig nicht um eine Patientenverfügung im Sinne des § 1901a Abs. 1 S. 1 BGB handeln kann, die Festlegungen jedoch als Behandlungswünsche des Patienten über § 1901a Abs. 2 S. 1 Alt. 1 BGB berücksichtigt werden müssen und bei hinreichender Bestimmtheit ebenfalls rechtliche Bindungswirkung gegenüber den gesetzlichen oder gewillkürten Vertretern erlangen können. Ferner ist zu erörtern, welche staatlichen Maßnahmen und haftungsrechtlichen Ansprüche zum Schutze der Patientenautonomie zur Verfügung stehen, sollten die Erwachsenenvertreter den antizipiert erklärten, beachtlichen Willen eines Patienten nicht entsprechend umsetzen.

---

977 Wie in Kapitel 4 C. gezeigt wurde.

978 *Bienwald*, in: Bienwald/Sonnenfeld/Harm, BetrR, § 1901a BGB Rn. 17.

Der Begründung des Gesetzentwurfs zum 3. Betreuungsrechtsänderungsgesetz (Stünker-Entwurf) lässt sich weder entnehmen, dass der Gesetzgeber die Fallgruppe der zwischenzeitlich volljährig werdenden Patienten mit kindlicher Vorausverfügung berücksichtigen wollte, noch, dass er diese überhaupt vor Augen hatte, als er die Norm des § 1901a BGB schuf[979]. Eine spezielle Bestimmung, wie beispielsweise § 1908a BGB, der die vorsorgliche Betreuerbestellung für Minderjährige ab dem siebzehnten Lebensjahr regelt, enthält § 1901a BGB nicht.

Indem es sich – anders als bei der ersten Fallgruppe der minderjährigen Patienten mit Vorausverfügung – nunmehr um volljährige Patienten handelt, scheidet die Anwendung der §§ 1896 ff. BGB nicht bereits aus dem Grunde aus, dass die Regelungen des Betreuungsrechts auf Minderjährige nicht anwendbar wären. Gemäß § 1896 Abs. 1 S. 1 BGB sind die betreuungsrechtlichen Vorschriften an Volljährige adressiert, welche ihre Angelegenheiten ganz oder teilweise nicht allein besorgen können und deshalb der Unterstützung bedürfen. Einwilligungsunfähige volljährige Patienten sind von diesem Anwendungsbereich also grundsätzlich erfasst[980]. Zwar wird, wie im Folgenden zu zeigen ist, § 1901a Abs. 1 S. 1 BGB nur in Ausnahmefällen zur Anwendung kommen können, sofern der Verfügende seine Erklärung nach Erlangung der Volljährigkeit nochmals bestätigte; stattdessen können aber die § 1901a Abs. 2 BGB respektive § 1901 Abs. 3 BGB einschlägig sein, welche den Umgang mit antizipierten Behandlungswünschen, die keine „echten" Patientenverfügungen darstellen, sowie die allgemeine Wunschbefolgungspflicht des Betreuers gegenüber dem Betreuten regeln.

In nachfolgender Untersuchung ist daher zwischen den Anwendungsfällen des § 1901a Abs. 1 S. 1 BGB und denen der § 1901a Abs. 2 und § 1901 Abs. 3 BGB zu differenzieren. Gemein ist ihnen jedoch, dass es für eine Anwendung des Betreuungsrechts zunächst eines wirksamen Betreuungsrechts- oder Vorsorgeverhältnisses bedarf.

I. Vorliegen eines Betreuungsrechts- oder Vorsorgeverhältnisses

§ 1901a BGB knüpft durch seinen Wortlaut an die Betreuung des Patienten an. Unter welchen Bedingungen eine Betreuung notwendig wird, ergibt sich aus der allgemeinen Regelung des § 1896 BGB. Nach § 1896

979 Vgl. BT-Drs. 16/8442.

980 Siehe *Damrau/Zimmermann*, § 1896 BGB Rn. 7 ff., 78 f.

Abs. 1 BGB ist ein Betreuer zu bestellen, wenn ein Volljähriger aufgrund einer psychischen Krankheit oder einer körperlichen, geistigen oder seelischen Behinderung seine Angelegenheiten nicht oder nur noch teilweise besorgen kann. Die Betreuerbestellung erfolgt grundsätzlich auf Antrag des zu Betreuenden oder von Amts wegen durch das Betreuungsgericht und ist nach § 1896 Abs. 2 S. 1 BGB auf die Bereiche zu begrenzen, in denen der Betroffene tatsächlich der Hilfe eines Betreuers bedarf (sogenannter Erforderlichkeitsgrundsatz)[981]. Damit ein Betreuer die Befugnis zu Erklärungen im Rahmen einer medizinischen Behandlung erlangt, muss ihm die Betreuung für den Aufgabenbereich der Gesundheitsfürsorge ausdrücklich übertragen worden sein[982].

Sobald der Beschluss des Betreuungsgerichts wirksam wird, entsteht ein gesetzliches Betreuungsrechtsverhältnis, welches die Rechte und Pflichten sowohl im Verhältnis zwischen Betreuer und Betreutem als auch zum Betreuungsgericht und dritten Personen festlegt[983]. Art und Umfang der Aufgaben werden dabei durch das Betreuungsgericht bestimmt[984]. Der Betreuer wird durch die Begründung des Betreuungsrechtsverhältnisses nach § 1901 Abs. 2 und 3 BGB insbesondere dazu verpflichtet, die Angelegenheiten des Betreuten zu dessen Wohle zu besorgen und dessen Wünschen zu entsprechen, soweit ihm dies zumutbar ist und dem Wohle des Betreuten nicht zuwiderläuft. Gemäß § 1902 BGB kommt ihm darüber hinaus die gerichtliche und außergerichtliche gesetzliche Vertretung des Betreuten zu.

Für Minderjährige, die das siebzehnte Lebensjahr vollendet haben, kann gemäß § 1908a S. 1 BGB bereits vorsorglich eine Betreuung bestellt werden, wenn anzunehmen ist, dass diese bei Eintritt der Volljährigkeit erforderlich wird. Dadurch wird eine mögliche zeitliche Lücke zwischen der gesetzlichen Vertretung des Minderjährigen durch seine Sorgeberechtigten und der Volljährigenvertretung durch den rechtlichen Betreuer geschlossen[985]. Die Maßnahme wird mit Eintritt der Volljährigkeit wirksam, § 1908a S. 2 BGB.

---

981 Vgl. auch *Damrau/Zimmermann*, § 1896 BGB Rn. 48 ff.; ausführlich *Meier*, Rn. 170 ff.; *Bienwald*, in: Staudinger, BGB, Vorbem zu §§ 1896 ff. Rn 61 ff., § 1896 Rn. 243 ff.

982 *Meier*, Rn. 245; *Bienwald*, in: Staudinger, BGB, § 1896 Rn. 220 ff.

983 *Bienwald*, in: Bienwald/Sonnenfeld/Harm, BetrR, § 1896 BGB Rn. 150 ff.; *ders.*, in: Staudinger, BGB, § 1896 Rn. 424 ff.

984 *Bienwald*, in: Bienwald/Sonnenfeld/Harm, BetrR, § 1896 BGB Rn. 150 ff.; *ders.*, in: Staudinger, BGB, § 1896 Rn. 424 ff.

985 BT-Drs. 11/4528, S. 152; *Heitmann*, in: NK BGB, § 1908a Rn. 1.

Zum Betreuer bestellt das Betreuungsgericht gemäß §§ 1897 Abs. 1, 1899 BGB eine oder mehrere natürliche Personen, die geeignet sind, in dem gerichtlich bestimmten Aufgabenkreis die Angelegenheiten des Betreuten rechtlich zu besorgen und ihn in dem hierfür erforderlichen Umfang persönlich zu betreuen. Häufig werden in der Praxis in diesen Fällen die Eltern des gerade volljährig gewordenen Patienten als dessen nächste Bezugspersonen zu seinen rechtlichen Betreuern bestellt[986]. Es kommen allerdings ebenso andere Angehörige, nahestehende Bekannte sowie ehren- oder hauptamtliche Berufsbetreuer als Vertreter des Patienten in Betracht. Schlägt der Patient selbst eine Person vor, die zu seinem Betreuer bestellt werden kann, so ist diesem Vorschlag zu entsprechen, sofern der Wunsch seinem Wohle nicht zuwiderläuft, § 1897 Abs. 4 S. 1 BGB.

Gemäß § 1896 Abs. 2 S. 2 Alt. 1 BGB kommt eine Betreuerbestellung indes nicht in Betracht, soweit der Betroffene bereits selbst durch Erteilung einer Vorsorgevollmacht Vorsorge getroffen hat. Als Vorsorgevollmacht wird eine Vollmacht bezeichnet, die zum Zwecke der antizipierten Bestimmung einer Vertreterperson für den Fall der eigenen Hilfebedürftigkeit, also regelmäßig der Geschäfts- oder Einwilligungsunfähigkeit beziehungsweise einer anderweitigen Betreuungsbedürftigkeit, erteilt wird[987]. Die Bevollmächtigung hat nach den allgemeinen Regeln der §§ 164 ff. BGB zu erfolgen, sodass sie grundsätzlich auch formlos möglich ist[988]. Für die Bereiche der Gesundheitssorge sowie der freiheitsentziehenden Unterbringung bestehen allerdings Sonderregelungen: In diesen Fällen muss die Vollmacht schriftlich erteilt werden und die betreffenden genehmigungsbedürftigen Maßnahmen ausdrücklich bezeichnen, §§ 1904 Abs. 5, 1906 Abs. 5 S. 1 BGB[989]. Liegt eine wirksame Bevollmächtigung vor und kann der Vorsorgebevollmächtigte die Angelegenheiten ebenso gut besorgen wie ein Betreuer, ist die Betreuung gemäß § 1896 Abs. 2 S. 2 Alt. 1 BGB nicht erforderlich. Der eigenen, selbstbestimmten Vollmachterteilung des Patienten kommt somit Vorrang vor einer gerichtlichen Betreuerbestellung zu[990].

Der Vorsorgevollmacht liegt ein sogenanntes Vorsorgeverhältnis zugrunde, aus welchem sich das rechtliche Sollen und Dürfen im Verhältnis

986 Vgl. *Damrau/Zimmermann*, § 1897 BGB Rn. 2 ff., danach wird die Betreuung in über 60 % der Fälle von Angehörigen übernommen, Rn. 4.

987 *Spalckhaver*, in: Lipp, Vorsorgeverfügungen, § 8 Rn. 29.

988 Siehe *Bienwald*, in: Bienwald/Sonnenfeld/Harm, BetrR, § 1896 BGB Rn. 94.

989 *Zimmermann*, Rn. 26 ff.; *Bienwald*, in: Bienwald/Sonnenfeld/Harm, BetrR, § 1896 BGB Rn. 93 f.; *Damrau/Zimmermann*, § 1896 BGB Rn. 115.

990 *Meier*, Rn. 235; *Bienwald*, in: Staudinger, BGB, § 1896 Rn. 263 ff.

zwischen Vollmachtgeber und Bevollmächtigtem sowie zu dritten Personen herleiten lässt[991]. Regelmäßig besteht dies in einem unentgeltlichen Auftrag nach § 662 BGB oder einer entgeltlichen Geschäftsbesorgung, gegebenenfalls mit Dienstvertragscharakter, nach §§ 611, 675 Abs. 1 BGB[992]. Es handelt sich hierbei um die Erteilung rechtsgeschäftlicher Vertretungsmacht[993]. Tritt der Vorsorgefall ein, kommt dem Bevollmächtigten die rechtsgeschäftliche Vertretung des Betroffenen in dem Maße zu, wie es der gegenständlichen Bestimmung des Vollmachtgebrauchs entspricht. Soweit die Vertretungsmacht den Bereich der Gesundheitssorge umfasst, ist der Bevollmächtigte demzufolge zu deren Wahrnehmung befugt[994].

Für diese Arbeit, die sich ausschließlich mit Vorausverfügungen minderjähriger Verfasser beschäftigt, spielt die Vorsorgevollmacht allerdings nur eine untergeordnete Rolle, da die Vollmachterteilung eine rechtsgeschäftliche Willenserklärung erfordert, für die jedenfalls eine partielle Geschäftsfähigkeit des Vollmachtgebers hinsichtlich dieser Bevollmächtigung notwendig ist[995]. Minderjährige können, wie bereits in Kapitel 4 erörtert wurde, ohne Zustimmung ihrer gesetzlichen Vertreter keine wirksame Vollmacht erteilen[996]. In Betracht kommen daher lediglich zwei Konstellationen, in denen eine Vorsorgevollmacht relevant werden könnte: Zum einen könnte der Minderjährige mit Zustimmung seiner Sorgeberechtigten gemäß §§ 107 f. BGB eine Fürsorgeperson für den Fall bestimmt haben, dass er während einer Behandlung volljährig wird. Denn seine sorgeberechtigten Eltern können dann nicht mehr automatisch als gesetzliche Vertreter gemäß § 1629 Abs. 1 BGB für ihn tätig werden, sollte er zu diesem Zeitpunkt fortdauernd nicht entscheidungs- und geschäftsfähig sein. Dies ist realisti-

---

991 Vgl. *Brauer/Lipp*, MedR 2016, 231, 233; *Lipp/Brauer*, Patientenvertreter, in: Höfling, Das neue Patientenverfügungsgesetz, S. 17, 24 f.; *Walter*, Vorsorgevollmacht, S. 112.

992 Vgl. *Brauer/Lipp*, MedR 2016, 231, 233; *Bühler*, FamRZ 2001, 1585, 1593; *Deinert/Lütgens/Meier*, Rn. 1559 ff.; *Kurze*, ErbR 2010, 314, 318; *Lipp/Brauer*, Patientenvertreter, in: Höfling, Das neue Patientenverfügungsgesetz, S. 17, 24 f.; *Walter*, Vorsorgevollmacht, S. 112.

993 *Spalckhaver*, in: Lipp, Vorsorgeverfügungen, § 8 Rn. 5 ff.

994 *Spalckhaver*, in: Lipp, Vorsorgeverfügungen, § 8 Rn. 34 ff.; *Zimmermann*, Rn. 68, 71 ff.; *Bienwald*, in: Staudinger, BGB, § 1896 Rn. 263 ff.

995 Vgl. *Coester-Waltjen*, MedR 2012, 553, 560; *Lipp*, in: Lipp, Vorsorgeverfügungen, § 16 Rn. 21 ff.; *Spickhoff*, AcP 208 (2008), 345, 401; *Taupitz*, A 102; *Walter*, Vorsorgevollmacht, S. 50, 230 ff.; *Bienwald*, in: Staudinger, BGB, § 1904 Rn. 112 f.; *Schwab*, in: MüKo BGB, § 1904 Rn. 71; i. E. auch *Lipp*, in: Laufs/Katzenmeier/Lipp, Kap. VI Rn. 184.

996 Siehe dazu in Kapitel 4 B. III., S. 186 f.

scherweise nur dann anzunehmen, wenn die Sorgeberechtigten selbst bevollmächtigt werden, da zu bezweifeln ist, dass sie andernfalls ihre Zustimmung erteilen würden. Sodann ist allerdings sorgfältig zu prüfen, ob ein solches Vorgehen dem Verbot von Insichgeschäften bei der gesetzlichen Vertretung des Kindes widersprechen könnte[997]. Zweitens ist denkbar, dass der Patient nach Erreichen der Volljährigkeit eine wirksame Vorsorgevollmacht errichtete, seine kindliche Behandlungsverfügung indes nicht bestätigte, sodass dann zwar eine wirksame Vollmacht erteilt wurde, die Verfügung jedoch nicht als wirksame Patientenverfügung im Sinne von § 1901a Abs. 1 S. 1 BGB anzusehen ist. Beides dürfte in der Praxis nur äußerst selten vorkommen.

In der Regel wird der minderjährige Patient keine wirksame Vorsorgevollmacht erteilt haben. Der Schwerpunkt der Untersuchung liegt folglich auf den Bindungswirkungen antizipierter Erklärungen im Betreuungsrechtsverhältnis. Indem die Bestimmungen des Betreuungsrechts für die ärztliche Behandlung allerdings für Bevollmächtigte entsprechend gelten[998], sind die folgenden Ausführungen auch auf das Vorsorgeverhältnis übertragbar.

II. Bindungswirkung einer „echten" Patientenverfügung des volljährig gewordenen Patienten nach Bestätigung

Zunächst ist festzustellen, unter welchen besonderen Gegebenheiten die Vorausverfügung eines minderjährigen Verfassers ausnahmsweise unter die Regelung der Patientenverfügung aus § 1901a Abs. 1 S. 1 BGB zu subsumieren sein kann und welche Wirkungen hinsichtlich ihrer Verbindlichkeit dieser sodann gegenüber dem Erwachsenenvertreter sowie den behandelnden Ärzten zukommt.

997 Gemäß § 1629 Abs. 1 S. 1 i.V.m. § 1795 Abs. 1 Nr. 1 BGB ist eine Vertretung des Kindes bei einem Rechtsgeschäft zwischen ihm und einem seiner Verwandten in gerader Linie, zu denen auch die Eltern gehören, nicht zulässig. Dies gilt neben Verträgen auch für einseitige Rechtsgeschäfte, sodass eine Selbstbevollmächtigung regelmäßig nicht in Betracht kommen wird. Es ist dann nach § 1909 Abs. 1 BGB ein Ergänzungspfleger zu bestellen.

998 Vgl. §§ 1901a Abs. 6, 1901b Abs. 3, 1904 Abs. 5, 1906a Abs. 5 BGB.

1. Keine Anwendung des § 1901a Abs. 1 S. 1 BGB ohne wirksame Bestätigung der Minderjährigenverfügung

§ 1901a Abs. 1 S. 1 BGB definiert den Begriff der Patientenverfügung und deren Voraussetzungen gesetzlich. Der Legaldefinition sind zwei zeitlich auseinanderfallende Anknüpfungspunkte für ihr Vorliegen zu entnehmen. Während einige Voraussetzungen bereits bei Abfassung der Patientenverfügung gegeben sein müssen, ist für andere die fragliche Behandlungssituation maßgeblich, in der die Festlegungen Wirkung entfalten sollen. Diese zweistufige zeitliche Anknüpfung ergibt sich aus dem Wortlaut des § 1901a Abs. 1 S. 1 BGB sowie dem Aufbau der Norm: Der Patient muss einerseits *beim Verfassen* der Verfügung einwilligungsfähig und volljährig gewesen sein sowie seine Festlegungen schriftlich und für noch nicht unmittelbar bevorstehende ärztliche Maßnahmen im Falle der eigenen Einwilligungsunfähigkeit getroffen haben. Andererseits sind die Festlegungen für eine in Frage stehende ärztliche Behandlung nur dann beachtlich, wenn der Patient *in dieser konkreten Behandlungssituation* seine Einwilligungsfähigkeit eingebüßt hat und die antizipiert erklärten Entscheidungen auf seine aktuelle Lebens- und Behandlungssituation zutreffen.

Diese Regelungsstruktur ist vergleichbar mit den Voraussetzungen und Wirkungen eines Testaments. Auch bei einem Testament ist zu differenzieren zwischen den Anforderungen an die wirksame Errichtung der letztwilligen Verfügung (zu nennen sind insbesondere die Testierfähigkeit des Erblassers sowie die persönliche Errichtung des Testaments schriftlich oder zur Niederschrift eines Notars nach §§ 2064, 2229 ff. BGB[999]) und den Voraussetzungen für deren Wirksamwerden (vor allem der Tod des Erblassers und die Erbfähigkeit der eingesetzten Erben, vgl. §§ 1937, 1922 f. BGB[1000]).

Im Unterschied zum Testament gilt die Patientenverfügung jedoch nicht erst nach dem Ableben des Verfassers, sondern erlangt bereits in dem Moment des Abfassens Wirksamkeit. Wirkungen entfalten die Festlegungen hingegen erst ab Bedingungseintritt, das heißt wenn der Patient einwilligungsunfähig wird, eine Behandlungsmaßnahme indiziert ist und seine Festlegungen auf die aktuelle Lebens- und Behandlungssituation zutref-

999 RGZ 111, 247, 252; BGHZ 30, 294, 297 f.; *Baumann*, in: Staudinger, BGB, § 2229 Rn. 52, § 2232 Rn. 9 ff.; *Hagena*, in: MüKo BGB, § 2229 Rn. 3 ff.

1000 *Bräutigam/Große-Boymann*, in: Burandt/Rojahn, § 1923 BGB Rn. 1; *Hagena*, in: MüKo BGB, § 1922 Rn. 2, 11 ff., § 1923 Rn. 1 ff.

fen[1001]. Diese Voraussetzungen können bei einem volljährigen Patienten selbstredend auch dann vorliegen, wenn dessen Volljährigkeit erst im Laufe der Behandlung oder während eines andauernden Zustandes unzureichender Einsichts- und Urteilsfähigkeit eintritt. Insoweit ergeben sich keinerlei Unterschiede zu einem Patienten, der erst nach dem Erreichen der Volljährigkeit Festlegungen trifft. Dennoch stellen die Festlegungen eines Minderjährigen keine Patientenverfügungen im Sinne des § 1901a Abs. 1 S. 1 BGB dar, weil es ihnen bereits an den persönlichen Anforderungen der wirksamen Abfassung fehlt: Verlangt werden die Einwilligungsfähigkeit und die Volljährigkeit des Verfassers *zum Zeitpunkt des Abfassens*[1002]. Kindliche Behandlungsentscheidungen, denen die Minderjährigkeit des Verfügenden buchstäblich immanent ist, lassen sich mangels Erfüllens des Volljährigkeitserfordernisses daher zweifelsfrei nicht unter den Begriff der Patientenverfügung subsumieren. Zudem setzt der verwendete Begriff der Einwilligungsfähigkeit im Gesetzeswortlaut ebenso wie in § 630d Abs. 1 BGB die Alleinentscheidungskompetenz des Erklärenden zur Einwilligung beim Verfassen der Verfügung voraus[1003], welche für Minderjährige ebenfalls umstritten ist[1004].

Dessen ungeachtet wird in Teilen des Schrifttums vereinzelt vertreten, eine vormals unwirksame Vorausverfügung eines Minderjährigen konvaleszierе mit dem Erreichen der Volljährigkeit[1005]. Es soll ohne weiteres Zutun des Patienten nachträglich das Wirksamwerden der Verfügung als „echte" Patientenverfügung nach § 1901a Abs. 1 S. 1 BGB allein dadurch erreicht werden, dass der Patient volljährig wird – selbst, wenn er zu diesem Zeitpunkt nicht mehr hinreichend entscheidungsfähig ist und möglicherweise gar ohne Bewusstsein sein sollte[1006]. Dieser Interpretation des § 1901a BGB ist jedoch zu widersprechen. Weder im Betreuungsrecht noch im Allgemeinen Teil des Bürgerlichen Gesetzbuches finden sich Regelun-

---

1001 *Hartmann*, RNotZ 2001, 273, 275 f.; *Lipp*, in: Lipp, Vorsorgeverfügungen, § 17 Rn. 143.

1002 *Coeppicus*, S. 26.

1003 Zu § 630d Abs. 1 BGB siehe Kapitel 3, S. 134.

1004 Dazu ausführlich Kapitel 3 B. III. 3.

1005 So *Götz*, in: Palandt, BGB, § 1901a Rn. 10; i. E. wohl auch *Schwab*, in: MüKo BGB, § 1901a Rn. 10, wonach eine Patientenverfügung eines Minderjährigen „freilich **im betreuungsrechtlichen Sinne** erst nach Erreichen der Volljährigkeit zum Einsatz kommen kann" [Hervorhebung des Autors übernommen]; a. A. aber *Bienwald*, in: Bienwald/Sonnenfeld/Harm, BetrR, § 1901a BGB Rn. 17.

1006 Vgl. *Götz*, in: Palandt, BGB, § 1901a Rn. 10; i. E. wohl zustimmend *Schwab*, in: MüKo BGB, § 1901a Rn. 10.

gen, die diese Folgerung unterstützen. Eine Patientenverfügung, die aufgrund fehlender Volljährigkeit des Verfassers von Anfang an unwirksam war, erstarkt nicht dadurch zu einer wirksamen Erklärung, dass das Volljährigkeitserfordernis nachträglich eintritt[1007]. Behandlungsverfügungen, die im Minderjährigenalter abgefasst wurden, werden daher auch dann nicht von § 1901a Abs. 1 S. 1 BGB umfasst, wenn der einwilligungsunfähige Patient zwischenzeitlich das achtzehnte Lebensjahr vollendet.

Eine direkte Anwendung des § 1901a Abs. 1 S. 1 BGB kommt vielmehr nur dann in Betracht, wenn der Patient seine kindliche Behandlungsverfügung nach Erreichen der Volljährigkeit noch einmal durch die eigene Unterschrift bestätigt[1008]. Dies entspricht der allgemeinen rechtsgeschäftlichen Bestimmung zu Willenserklärungen Minderjähriger. Eine schwebend unwirksame Erklärung eines beschränkt geschäftsfähigen Minderjährigen erlangt gemäß § 181 Abs. 3 BGB dadurch nachträglich Wirksamkeit, dass der Minderjährige diese genehmigt, nachdem er unbeschränkt geschäftsfähig – namentlich volljährig – geworden ist. Der Minderjährige muss seinem eigenen, schwebend unwirksamen Rechtsgeschäft folglich nach Erreichen der Volljährigkeit nochmals zustimmen, damit dieses wirksam wird. Auch im Rahmen des § 181 Abs. 3 BGB tritt eine Heilung der Verfügung nicht automatisch mit der Volljährigkeit des Erklärenden ein. Zwar richtet sich diese Regelung an rechtsgeschäftliche Willenserklärungen, wohingegen sich die antizipierte Einwilligung in einen ärztlichen Heileingriff als tatsächlicher Verzicht einer persönlichen Rechtsposition darstellt[1009], doch kann ihre Wertung in diesem Fall auf die Errichtung der Patientenverfügung übertragen werden, da auch diese rechtlich bindende Festlegungen enthalten soll. Eine zunächst unwirksame Patientenverfügung darf zudem deshalb nicht ohne erneute Bestätigung durch den Erklärenden nach § 1901a Abs. 1 S. 1 BGB wirksam werden, um zu vermeiden, dass eine mitunter lebensentscheidende Festlegung des Patienten allein durch das Verstreichen von Zeit neue oder weiterreichende verbindliche Rechtsfolgen nach sich zieht. An die Bestätigung der Vorausverfügung sind dabei die gleichen Anforderungen zu stellen wie an deren erstmalige Errichtung. Insbesondere hat die Bestätigung schriftlich und im Zustand

---

1007 *Jürgens*, in: Jürgens, BetrR, § 1901a BGB Rn. 5.

1008 *Lipp*, in: Laufs/Katzenmeier/Lipp, Kap. VI Rn. 185; *Bienwald*, in: Bienwald/Sonnenfeld/Harm, BetrR, § 1901a BGB Rn. 17; *ders.*, in: Staudinger, BGB, § 1901a und b Rn. 24; a. A. *Brückner*, S. 185, die eine komplette Neuabfassung fordert.

1009 Vgl. zur Rechtsnatur der Einwilligung nochmals Kapitel 2 B. II.

der Einwilligungsfähigkeit des Bestätigenden zu erfolgen. Dies wäre bei einem selbstständigen Konvaleszieren der Erklärung nicht sichergestellt.

Bei engerer Auslegung des § 1901a Abs. 1 S. 1 BGB könnte mitunter sogar gefordert werden, nach Erreichen der Volljährigkeit eine völlig neue Verfügung zu verfassen, da nach dem Wortlaut der Vorschrift ein einwilligungsfähiger Volljähriger schriftliche Festlegungen über künftige Heileingriffe *trifft*. Demnach müsste die Verfügung streng genommen in Gänze neu geschrieben werden; eine Bestätigung durch die erneute Unterschrift allein würde nicht ausreichen[1010]. Eine derartige Unterscheidung ist allerdings vor allem aus praktischer Sicht zweifelhaft. Auch viele volljährige Patienten nutzen vorformulierte Vordrucke, um eine Patientenverfügung zu errichten, in welchen mitunter lediglich die persönlichen Daten ergänzt und mit der Unterschrift bestätigt werden müssen. Dies wird allgemein als Vorgang des Verfassens anerkannt und wird als zulässig erachtet[1011]. Ein Wertungsunterschied zur Unterschrift eines Volljährigen unter die eigenhändig noch als Minderjähriger verfasste Behandlungsverfügung ist nicht ersichtlich, da in beiden Fällen einer schriftlich fixierten Vorausverfügung durch die Unterschrift des Patienten Geltung verschafft werden soll. Überdies bestehen auch in rechtlicher Hinsicht Zweifel, verlangt § 1901a Abs. 1 S. 1 BGB doch nur die Schriftform nach § 126 BGB, nicht das eigenhändige Abfassen.

Ebenso wie bei einem Testament, bei dem die Testierfähigkeit des Verfassers zum Zeitpunkt der Unterschrift gegeben sein muss[1012], ist auch hinsichtlich der Voraussetzungen zur Abfassung einer Patientenverfügung auf den Moment des Unterschreibens abzustellen[1013]. Liegen die persönlichen und formalen Voraussetzungen bei der Unterschrift der Patientenverfügung vor, gilt sie insgesamt als wirksam verfasst. Somit wird es für eine wirksame Patientenverfügung im Sinne des § 1901a Abs. 1 S. 1 BGB ausreichen, wenn der Patient seine Festlegungen nach Erreichen der Volljährigkeit nochmals durch seine Unterschrift bestätigt. Eine umfassende Neuformulierung der Verfügung ist demgegenüber zwar selbstverständlich möglich, aber nicht erforderlich.

1010 So *Brückner*, S. 184 f.

1011 Siehe *Lipp*, in: Lipp, Vorsorgeverfügungen, § 17 Rn. 222, der allerdings auch auf die Gefahren durch die Verwendung von Formularen hinweist.

1012 RGZ 111, 247, 252.

1013 So auch *Hartmann*, RNotZ 2001, 273, 275 f.; *Lipp*, in: Lipp, Vorsorgeverfügungen, § 17 Rn. 143.

Die Anwendung des § 1901a Abs. 1 S. 1 BGB auf Minderjährigenverfügungen beschränkt sich folglich auf den in der Praxis wohl seltenen Ausnahmefall, dass die kindliche Vorausverfügung nach Erreichen der Volljährigkeit des Patienten durch diesen bestätigt wird. Damit handelt es sich bei den Festlegungen technisch nicht mehr um eine Minderjährigenverfügung, sondern vielmehr um die Vorausverfügung eines volljährigen Verfassers. Es ist der Vollständigkeit halber, in der angemessenen Kürze, daher lediglich ein allgemeiner Überblick über die Bindungswirkung der Patientenverfügung zu geben.

2. Bindungswirkung einer Patientenverfügung im Sinne von § 1901a Abs. 1 S. 1 BGB

§ 1901a Abs. 1 BGB legt ausdrücklich fest, dass die Erklärungen der Patientenverfügung für den Patientenvertreter unmittelbar verbindlich sind, sollte der betroffene Patient einwilligungsunfähig werden und die in der Verfügung geregelte Behandlungssituation eintreten.

Wie bereits der Gesetzentwurf zum 3. Betreuungsrechtsänderungsgesetz (Stünker-Entwurf) klarstellt, ist die Einwilligung des Betreuers nicht erforderlich, wenn der Patientenverfügung eine Entscheidung über die Erteilung oder Verweigerung der Einwilligung für eine ärztliche Maßnahme unmittelbar zu entnehmen ist, die auf die konkret eingetretene Lebens- und Behandlungssituation zutrifft[1014]. In diesem Fall hat der Betreute die Entscheidung bereits selbst vorsorglich getroffen, sodass der Betreuer an diese gebunden ist[1015]. Ein eigener Entscheidungsspielraum kommt dem Betreuer insoweit nicht zu[1016]. Er ist allerdings verpflichtet, vorab zu überprüfen, ob die Verfügung tatsächlich auf die aktuelle Lebens- und Behandlungssituation zutrifft und Entscheidungen über die in Rede stehende Behandlung enthält, und hat sich zu vergewissern, dass die Festlegungen noch immer dem Willen des Patienten entsprechen[1017]. Ergibt diese Überprüfung, dass sich die Sachlage so erheblich geändert hat, dass die in der Verfügung niedergelegten Entscheidungen die derzeitige Lebenssituation

1014 BT-Drs. 16/8442, S. 11, 14.
1015 BT-Drs. 16/8442, S. 11, 14.
1016 *Spickhoff*, FamRZ 2009, 1949, 1951.
1017 BT-Drs. 16/8442, S. 14 f.; *Boemke*, NJW 2013, 1412, 1413; *Lipp*, in: Lipp, Vorsorgeverfügungen, § 17 Rn. 157 f.; *Spickhoff*, in: Spickhoff, Medizinrecht, § 1901a BGB Rn. 10 ff.; *Bienwald*, in: Staudinger, BGB, §§ 1901a und b Rn. 63 f.

nicht mehr umfassen und somit dem Willen des Patienten nicht mehr entsprechen, ist der Betreuer zu einer abweichenden Entscheidung befugt, indem er dem tatsächlichen Patientenwillen beziehungsweise dem zu erforschenden mutmaßlichen Willen zu folgen hat. Im Übrigen dürfen die Festlegungen der Patientenverfügung jedoch nicht durch Rückgriff auf einen möglicherweise abweichenden mutmaßlichen Willen des Patienten missachtet werden, um ein Unterlaufen der Verbindlichkeit der Festlegungen durch etwaige Mutmaßungen und Spekulationen zu verhindern[1018].

Die Festlegungen der Patientenverfügung binden den Vertreter unmittelbar, sodass er auch solche Entscheidungen umzusetzen hat, die objektiv als unvernünftig angesehen werden könnten[1019]. Ihm kommt lediglich die Verantwortung für die Auslegung und Einschätzung der getroffenen Festlegungen zu[1020]. Nach § 1901a Abs. 1 S. 2 BGB trifft ihn die Pflicht, dem festgelegten Willen des Patienten Ausdruck und Geltung zu verschaffen, indem er ihn insbesondere gegenüber dem Behandler darlegt und darauf achtet, dass er bezüglich der in Frage stehenden Behandlung entsprechend umgesetzt wird[1021].

Als ebenso verbindlich stellt sich der Inhalt einer Patientenverfügung auch im Vorsorgeverhältnis dar. Denn neben der antizipierten Einwilligung beinhaltet eine Patientenverfügung bei gleichzeitiger Bevollmächtigung einer Fürsorgeperson auch eine Weisung im Rahmen des bestehenden Vorsorgeverhältnisses, die Behandlungsentscheidungen aus der Vorausverfügung umzusetzen[1022]. § 1901a Abs. 6 BGB bestimmt zudem die entsprechende Geltung der in § 1901a Abs. 1 BGB geregelten Pflichten des Betreuers für den Vorsorgebevollmächtigten.

Die Verbindlichkeit der Patientenverfügung ist im Betreuungsrechts- und Vorsorgeverhältnis somit ausdrücklich kodifiziert. Bevollmächtigte und Betreuer werden durch eine Patientenverfügung unmittelbar gebunden und verpflichtet, den antizipiert erklärten Willen des Patienten gegenüber Dritten umzusetzen.

1018 Vgl. BT-Drs. 16/8442, S. 15; in diesem Sinne auch schon BGHZ 154, 205, 210 f., 217.

1019 *Spickhoff*, FamRZ 2009, 1949, 1952; *ders.*, MedR 2015, 845, 853.

1020 *Spickhoff*, FamRZ 2009, 1949, 1952; *ders.*, MedR 2015, 845, 853.

1021 *Lipp*, in: Lipp, Vorsorgeverfügungen, § 17 Rn. 157; vgl. auch BT-Drs. 16/8442, S. 15; BGHZ 154, 205, 210 f.

1022 *Lipp*, in: Lipp, Vorsorgeverfügungen, § 17 Rn. 59 ff., 143, 157; *Zimmermann*, Rn. 413.

III. Verbindlichkeit der Minderjährigenverfügung als Behandlungswunsch über § 1901a Abs. 2 S. 1 Alt. 1 BGB

Regelmäßig findet jedoch keine Bestätigung der im Minderjährigenalter verfassten Vorausverfügung durch den Patienten statt, nachdem dieser das achtzehnte Lebensjahr vollendet hat. Oft wird eine wirksame Bestätigung gar nicht mehr möglich sein, da der Patient bereits infolge von Krankheit das erforderliche Maß an Einsichts- und Urteilsfähigkeit verloren hat oder mitunter nicht einmal mehr bei Bewusstsein ist. Indem die durch einen minderjährigen Patienten verfasste Verfügung jedenfalls das Kriterium der Volljährigkeit des Verfassenden nicht erfüllt, ist § 1901a Abs. 1 S. 1 BGB nicht einschlägig. Die Festlegungen des Patienten dürfen dennoch nicht unberücksichtigt bleiben. So könnten sie als Behandlungswünsche zur Ermittlung des Patientenwillens gemäß § 1901a Abs. 2 BGB heranzuziehen sein[1023]. § 1901a Abs. 2 BGB ist nach S. 1 einschlägig, wenn entweder keine wirksame Patientenverfügung vorliegt (Alt. 1) oder die Festlegungen einer vorliegenden Patientenverfügung nicht auf die aktuelle Lebens- und Behandlungssituation des Patienten zutreffen (Alt. 2):

> Liegt keine Patientenverfügung vor oder treffen die Festlegungen einer Patientenverfügung nicht auf die aktuelle Lebens- und Behandlungssituation zu, hat der Betreuer die Behandlungswünsche oder den mutmaßlichen Willen des Betreuten festzustellen und auf dieser Grundlage zu entscheiden, ob er in eine ärztliche Maßnahme nach Absatz 1 einwilligt oder sie untersagt. Der mutmaßliche Wille ist aufgrund konkreter Anhaltspunkte zu ermitteln. Zu berücksichtigen sind insbesondere frühere mündliche oder schriftliche Äußerungen, ethische oder religiöse Überzeugungen und sonstige persönliche Wertvorstellungen des Betreuten.

Die nachfolgenden Ausführungen zu § 1901a Abs. 2 BGB haben dabei weitgehend allgemeine Gültigkeit und sind nicht allein auf den Sonderfall eines minderjährigen Verfassers beschränkt. Dennoch ist es erforderlich, die Voraussetzungen und Rechtsfolgen der Bestimmung im Einzelnen zu untersuchen, um ihre Konsequenzen für die spezielle Fallgruppe des Volljährigen mit kindlicher Behandlungsverfügung darlegen zu können.

1023 Siehe *Heitmann*, in: NK BGB, § 1901a Rn. 10.

1. Die kindliche Behandlungsverfügung als Grundlage für die Feststellung von Behandlungswünschen einwilligungsunfähiger volljähriger Patienten

§ 1901a Abs. 2 S. 1 BGB verpflichtet den Betreuer eines einwilligungsunfähigen Patienten, dessen Behandlungswünsche beziehungsweise seinen mutmaßlichen Willen festzustellen und auf Basis dieser Feststellungen Behandlungsentscheidungen über ärztliche Eingriffe für ihn zu treffen. Die gleiche Pflicht trifft nach § 1901a Abs. 6 BGB den Vorsorgebevollmächtigten.

Der mutmaßliche Wille ist gemäß § 1901a Abs. 2 S. 2 und S. 3 BGB aufgrund konkreter Anhaltspunkte zu ermitteln. Dazu sind vor allem frühere mündliche und schriftliche Äußerungen, ethische und religiöse Überzeugungen sowie sonstige persönliche Wertvorstellungen des Betreuten zu berücksichtigen. Diese lassen sich bisweilen auch im Wege von Gesprächen mit nahen Angehörigen und anderen Vertrauenspersonen gewinnen, siehe § 1901b Abs. 2 BGB[1024]. Bedarf zur Ermittlung des mutmaßlichen Willens eines Patienten besteht allerdings erst dann, wenn sein tatsächlicher Wille zu einer konkreten Behandlungsmaßnahme nicht (mehr) festgestellt werden kann[1025].

Behandlungswünsche sind demgegenüber konkretisierte, mitunter sogar ausdrückliche Anweisungen für eine bestimmte zukünftige Behandlungssituation[1026]. Einen Behandlungswunsch können alle Äußerungen eines Betroffenen darstellen, die Festlegungen für eine konkrete Lebens- und Behandlungssituation enthalten, aber den Anforderungen an eine Patientenverfügung nach § 1901a Abs. 1 BGB nicht genügen[1027]. Der BGH verlangt für den Behandlungswunsch eine mit der Patientenverfügung vergleichbares Maß an Bestimmtheit[1028]. Damit haben Behandlungswünsche, die den tatsächlichen Willen des Patienten abbilden, Vorrang vor der Erforschung des mutmaßlichen Patientenwillens, der sich lediglich aus allgemeinen Erklärungen und Wertvorstellungen des Betreuten ergibt und nur auf

1024 Vgl. *Müller*, in: Bamberger/Roth, § 1901a Rn. 21 f.

1025 *Beckmann*, FPR 2010, 278, 279; *Bichler*, S. 107; *Czerner/Soßdorf*, KritV 2013, 315, 324; *Bienwald*, in: Bienwald/Sonnenfeld/Harm, BetrR, § 1901a BGB Rn. 49 ff.

1026 BGH MedR 2015, 508, 511; *Albrecht/Albrecht*, Rn. 35; *Bienwald*, in: Bienwald/Sonnenfeld/Harm, BetrR, § 1901a BGB Rn. 48; ungenau aber z. B. *Diener*, S. 78.

1027 BGHZ 202, 226; 211, 67, 84 f.

1028 BGHZ 211, 67, 84 f.

Mutmaßungen über den tatsächlichen Patientenwillen gestützt werden kann[1029].

Die Einwilligungsfähigkeit des Patienten ist für die Beachtlichkeit derartiger Äußerungen nicht erforderlich. Auch Wünsche und Vorstellungen, die im Zustand der Einwilligungsunfähigkeit geäußert werden, sind in die Ermittlung des Patientenwillens für eine Entscheidung im Sinne des Patienten einzubeziehen. Allerdings hat der Betreuer bei fehlender Einwilligungsfähigkeit des Patienten besonders sorgfältig zu prüfen, inwieweit die getätigten Äußerungen tatsächlich (noch) seinem Willen entsprechen. Es muss insbesondere überprüft werden, ob sie ebenso im hinreichend einsichts- und urteilsfähigen Zustand getätigt worden wären[1030].

§ 1901a Abs. 2 BGB knüpft nicht an die Volljährigkeit als persönliche Voraussetzung des Verfassers an. Trifft ein minderjähriger Patient vorsorgliche Behandlungsentscheidungen also beispielsweise in einer Form, wie sie auch in einer Patientenverfügung zu finden wären, oder füllt er ein entsprechendes Formular aus, so wird es sich hierbei – ab Erreichen der Volljährigkeit des betroffenen Patienten – bei hinreichender Bestimmtheit regelmäßig um Behandlungswünsche im Sinne von § 1901a Abs. 2 S. 1 Alt. 1 BGB handeln[1031]. Der Patientenvertreter hat diese Wünsche festzustellen und auf deren Grundlage über den bevorstehenden Eingriff zu entscheiden, wobei die Feststellung im Falle konkret formulierter Behandlungswünsche in der Regel keine Schwierigkeiten bereiten dürfte. Wurden indes keine konkreten Festlegungen getroffen oder beziehen sich diese nicht auf die vorliegende Behandlungssituation, muss der Patientenvertreter anhand der Gesamtumstände den mutmaßlichen Willen des Patienten hinsichtlich der bevorstehenden ärztlichen Maßnahme ermitteln. Auch hierbei dient die Minderjährigenverfügung sodann als Auslegungshilfe.

§ 1901a Abs. 2 BGB kann demzufolge grundsätzlich auch auf Verfügungen minderjähriger Patienten Anwendung finden, sobald diese das Volljährigkeitsalter erreicht haben. Die Festlegungen sind entweder als Behandlungswünsche im Sinne des § 1901a Abs. 2 S. 1 Alt. 1 BGB oder jedenfalls im Rahmen der Erforschung des mutmaßlichen Patientenwillens nach § 1901a Abs. 2 S. 1 Alt. 2 BGB zu beachten.

1029 BGH MedR 2015, 508, 511; *Beckmann*, FPR 2010, 278, 279; *Bichler*, S. 107.

1030 Vgl. z. B. *Lipp*, in: Laufs/Katzenmeier/Lipp, Kap. VI Rn. 157; *Schwab*, in: MüKo BGB, § 1901a Rn. 41 ff.

1031 So auch BGHZ 211, 67, 84 f.; *Lipp*, in: Laufs/Katzenmeier/Lipp, Kap. VI Rn. 185; *Bienwald*, in: Bienwald/Sonnenfeld/Harm, BetrR, § 1901a BGB Rn. 17.

Während die Ermittlung des mutmaßlichen Willens eine eigene Interpretation und Konkretisierung der allgemeinen Ansichten und Wertvorstellungen des Patienten durch dessen Vertreter erforderlich macht, um zu einer Behandlungsentscheidung zu gelangen, die dem Willen des Patienten entspricht, sind Behandlungswünsche bereits so konkret formuliert, dass sie eine erhebliche Bindungswirkung mit sich bringen[1032]. Zu denken ist beispielsweise an eine per Video oder Diktiergerät aufgezeichnete mündliche Erklärung eines zu dieser Zeit einwilligungsfähigen Patienten, die allein aufgrund ihres Schriftformmangels nicht unter den Begriff der Patientenverfügung aus § 1901a Abs. 1 S. 1 BGB subsumiert werden kann[1033]. Auch Erklärungen durch Minderjährige können inhaltlich den Bestimmtheitsanforderungen einer Patientenverfügung genügen – mitunter könnte sogar ein entsprechender Vordruck für Patientenverfügungen verwendet worden sein. Es liegen dann konkrete antizipierte Behandlungsentscheidungen vor, welche allerdings in Ermangelung der persönlichen Voraussetzungen des Patienten zum Zeitpunkt des Verfassens nicht von § 1901a Abs. 1 S. 1 BGB umfasst werden.

Es ist daher im Folgenden zu untersuchen, inwieweit sich Behandlungswünsche nach § 1901a Abs. 2 S. 1 Alt. 1 BGB in ihrer Wirksamkeit und Bindungswirkung gegenüber Patientenvertretern von Festlegungen einer „echten" Patientenverfügung unterscheiden. Es wird geprüft, welche Rolle dem Bevollmächtigten oder Betreuer bei der Ermittlung des Patientenwillens zukommt, wann er an die Behandlungswünsche des Patienten gebunden ist und inwieweit ihm dabei ein eigener Beurteilungsspielraum zugebilligt wird.

2. Bindung des Patientenvertreters an Behandlungswünsche gemäß § 1901a Abs. 2 S. 1 i.V.m. § 1901 Abs. 3 S. 1 BGB

Es soll zunächst die Bindungswirkung vorsorglicher Minderjährigenverfügungen im Betreuungsrechts- oder Vorsorgeverhältnis dargestellt werden, indem zu erläutern ist, welche Verpflichtungen und Entscheidungsmöglichkeiten dem Patientenvertreter durch antizipiert geäußerte Behandlungswünsche und anderweitige Festlegungen erwachsen. Dabei ist neben § 1901a Abs. 2 S. 1 BGB auch § 1901 Abs. 3 BGB in die Untersuchung

---

1032 Siehe nochmals BGH MedR 2015, 508, 511; *Bienwald*, in: Bienwald/Sonnenfeld/Harm, BetrR, § 1901a BGB Rn. 48.

1033 Vgl. BGH MedR 2015, 508, 511; *Beckmann*, FPR 2010, 278, 279.

einzubeziehen, der die allgemeine Pflicht des Betreuers zur Befolgung der Wünsche des Betreuten beinhaltet.

a. Grundsatz der unbegrenzten Vertretungsmacht des Betreuers im Außenverhältnis

War der volljährige Patient bei der Abfassung seiner Erklärung einwilligungsunfähig und liegt in der Folge keine wirksame Patientenverfügung nach § 1901a Abs. 1 BGB vor, so ist der Betreuer oder Vorsorgebevollmächtigte des Patienten befugt, die Entscheidung zu einem medizinischen Eingriff stellvertretend für diesen zu treffen, wenn ihm der Aufgabenbereich der Gesundheitssorge übertragen wurde[1034]. Die Vertretungsmacht im Außenverhältnis ist dabei von möglichen internen Verpflichtungen innerhalb des Betreuungsrechts- oder Vorsorgeverhältnisses losgelöst, sodass die Befugnisse des Vertreters innerhalb seines gerichtlich bestimmten Aufgabenkreises nach außen hin grundsätzlich unbegrenzt sind. Der Patientenvertreter *kann* nach außen somit mehr, als er im Innenverhältnis *darf*[1035].

b. Bindung des Patientenvertreters im Innenverhältnis über §§ 1901a Abs. 2, 1901 Abs. 3 BGB

Die §§ 1901a Abs. 2, 1901 Abs. 3 BGB legen demgegenüber die Pflichten des Patientenvertreters zur Achtung des Betreutenwillens im Innenverhältnis fest. Während § 1901 Abs. 3 BGB allgemeine Maßstäbe für das Betreuerhandeln bestimmt, regelt § 1901a Abs. 2 BGB die besonderen Vertreterpflichten im Rahmen medizinischer Behandlungsentscheidungen.

aa. Pflicht zur Umsetzung medizinischer Behandlungswünsche gemäß § 1901a Abs. 2 BGB

Aus § 1901a Abs. 2 BGB ergibt sich die Berechtigung, zugleich aber auch die Pflicht des Patientenvertreters zur Feststellung des Patientenwillens so-

---

1034 *Icagic*, S. 91; *Lipp*, Fürsorge, S. 184 f.

1035 *Lipp*, Fürsorge, S. 185; *Schwab*, FamRZ 1990, 681, 683 f.; *ders.*, FamRZ 1992, 493, 503; *Bienwald*, in: Bienwald/Sonnenfeld/Harm, BetrR, § 1902 BGB Rn. 19 ff.

wie zur Entscheidung über die bevorstehende Behandlung. Denn nach S. 1 *hat* der Betreuer die Behandlungswünsche oder den mutmaßlichen Willen des Betreuten festzustellen und auf jener Grundlage zu entscheiden, ob in die betreffende ärztliche Maßnahme eingewilligt oder diese untersagt wird. Eine Entscheidung nach den eigenen Präferenzen und Vorstellungen des Vertreters ist damit ebenso unzulässig wie eine Abwägung aufgrund objektiver Gesichtspunkte. Er hat sich vielmehr stets nach den individuellen Vorstellungen des Patienten zu richten[1036]. Weder dem Betreuer noch dem Vorsorgebevollmächtigten kommt also ein eigener Ermessensspielraum hinsichtlich des Fürs und Widers einer Behandlungsmaßnahme des Patienten zu; vielmehr besteht nach § 1901a Abs. 2 BGB eine „Umsetzungspflicht" der medizinischen Behandlungswünsche des Betroffenen.

Allerdings bedarf es im Rahmen der Feststellung des Patientenwillens unter Umständen einer Bewertung, Einordnung oder Auslegung der Festlegungen durch den Vertreter. Insoweit obliegt diesem ein gewisser Beurteilungsspielraum im Sinne eines Tatbestandsermessens[1037]. Dabei kommt es maßgeblich auf die Bestimmtheit des Verfügungsinhalts an: Ein Beurteilungsspielraum kann lediglich dann bestehen, wenn die Wünsche so formuliert sind, dass es einer Auslegung und Bewertung zur Feststellung des Patientenwillens bedarf. Dies ist in aller Regel nur dann erforderlich, wenn der mutmaßliche Willen des Patienten zu erforschen ist. Wurden demgegenüber konkrete Behandlungswünsche erklärt, hat der Betreuer zumeist lediglich noch zu prüfen, ob diese die konkrete Behandlungssituation betreffen und (noch) den Willen des Betroffenen abbilden.

Trifft ein einwilligungsfähiger volljähriger Patient seine Festlegungen hingegen beispielsweise in Form einer Audio- oder Videoaufzeichnung, so genügt seine Verfügung zwar nicht dem Schriftformerfordernis des § 1901a Abs. 1 S. 1 BGB, dennoch kann diese Art der Verfügung ebenso konkrete und hinreichend bestimmte Behandlungsentscheidungen für die betreffende Lebens- und Behandlungssituation enthalten wie eine Patientenverfügung[1038]. Der Betreuer oder Bevollmächtigte hat in diesen Fällen die Wünsche des Patienten umzusetzen[1039].

1036 BGHSt 55, 191, 196 ff.; *Beckmann*, FPR 2010, 278, 281; *Coeppicus*, NJW 2013, 2939, 2939 f.; *Hahne*, FamRZ 2003, 1619, 1620; *Lipp*, in: Lipp, Vorsorgeverfügungen, § 17 Rn. 160; kritisch hingegen *Bichler*, S. 108.

1037 Vgl. *Spickhoff*, FamRZ 2009, 1949, 1952.

1038 *Hahne*, FamRZ 2003, 1619, 1620; vgl. auch *Deutsch/Spickhoff*, Rn. 1027.

1039 So argumentiert auch *Beckmann*, FPR 2010, 278, 281.

Selbiges muss gelten, wenn ein hinreichend einsichts- und urteilsfähiger, jedoch noch minderjähriger Patient eine Verfügung trifft, die den formellen Anforderungen an eine ausdrückliche und ausreichend bestimmte Behandlungsentscheidung entspricht. Zwar stellt auch diese Verfügung keine „echte" Patientenverfügung dar. Ist sie aber ebenso konkret formuliert und auf die vorliegende Behandlungssituation zutreffend wie eine wirksame Verfügung durch einen Volljährigen, geht der Patientenwille klar daraus hervor. Der Vertreter des volljährig gewordenen Patienten wird dann gleichermaßen gemäß § 1901a Abs. 2 S. 1 Alt. 1 BGB in seiner Entscheidung an die fixierten Behandlungswünsche gebunden[1040]. Ihm obliegt die Pflicht, die Festlegungen aus der Minderjährigenverfügung im Außenverhältnis gegenüber dem Arzt umzusetzen. Konkreten Behandlungswünschen des vormals minderjährigen, aber bereits in hinreichendem Maße entscheidungsfähigen Patienten sind demzufolge für Betreuer und Vorsorgebevollmächtigte inhaltlich bindend[1041].

bb. Allgemeine Wunschbefolgungspflicht aus § 1901 Abs. 3 BGB

Die Bindung des Patientenvertreters wird dabei zusätzlich untermauert durch die allgemeine Regelung des § 1901 Abs. 3 BGB, welche dem Betreuer in seinem Handeln eine „Wunschbefolgungspflicht" auferlegt[1042]:

> Der Betreuer hat Wünschen des Betreuten zu entsprechen, soweit dies dessen Wohl nicht zuwiderläuft und dem Betreuer zuzumuten ist. Dies gilt auch für Wünsche, die der Betreute vor der Bestellung des Betreuers geäußert hat, es sei denn, dass er an diesen Wünschen erkennbar nicht festhalten will. […]

Danach hat der Patientenvertreter den Wünschen des Betreuten grundsätzlich zu entsprechen. Dies gilt gemäß S. 2 auch für Wünsche, die der Betreute vor der Bestellung des Betreuers geäußert hat, was insbesondere für die Minderjährigenverfügung von Bedeutung ist, da bei dieser zwangsläufig im Moment des Abfassens noch kein Betreuungsrechts- oder Vor-

---

1040 *Beckmann*, FPR 2010, 278, 281; *Lipp*, in: Lipp, Vorsorgeverfügungen, § 17 Rn. 160; vgl. auch *Coeppicus*, NJW 2013, 2939, 2939 f.

1041 Vgl. allgemein dazu BGHSt 55, 191, 196 ff.; *Beckmann*, FPR 2010, 278, 281; *Coeppicus*, NJW 2013, 2939, 2939 f.; *Hahne*, FamRZ 2003, 1619, 1620; *Lipp*, in: Lipp, Vorsorgeverfügungen, § 17 Rn. 160.

1042 *Lipp/Brauer*, Patientenvertreter, in: Höfling, Das neue Patientenverfügungsgesetz, S. 17, 26.

sorgeverhältnis bestand. Es besteht folglich ein genereller Willensvorrang des Betreuten unabhängig davon, ob dieser im Zeitpunkt der geäußerten Wünsche geschäfts- oder einwilligungsfähig war[1043].

Der aktuelle Wille hat dabei regelmäßig Vorrang vor den in der Vergangenheit geäußerten Wünschen[1044]. Sofern der Patient also in der Lage ist, sich zu äußern, hat sich der Patientenvertreter zunächst an diesen Äußerungen zu orientieren. Existiert allerdings eine – insbesondere schriftlich fixierte – Verfügung, die für den Fall des Verlusts der hinreichenden Einsichts- und Urteilsfähigkeit verfasst wurde, so kann es nur dem Selbstbestimmungsrecht entsprechen, dass diese daneben ebenfalls zu berücksichtigen ist, wenn der Patient zwar äußerungsfähig ist, aber keine selbstbestimmten Entscheidungen mehr treffen kann. Darüber hinaus ist zwingend auf diese Verfügung zurückzugreifen, sobald der Patient nicht mehr in der Lage ist, sich zu seinen aktuellen Wünschen zu äußern, denn allein diesem Zwecke dient die Vorausverfügung. Es wäre daher dogmatisch nicht zu vertreten, dem Patientenvertreter über § 1901a Abs. 2 BGB eine Umsetzungspflicht für Behandlungswünsche aufzuerlegen und zugleich die Wunschbefolgungspflicht des § 1901 Abs. 3 BGB auf den aktuell geäußerten Willen zu begrenzen. Vielmehr müssen auch – und vor allem – vorsorglich im hinreichend entscheidungsfähigen Zustand geäußerte Behandlungswünsche berücksichtigt werden. Ob der Äußernde bereits volljährig war, sollte dabei keine Rolle spielen, sofern er hinreichend einsichts- und urteilsfähig war. Der Betreuer eines nunmehr einwilligungsunfähigen volljährigen Patienten hat demnach bereits über die allgemeine Pflicht des § 1901 Abs. 3 BGB den antizipiert geäußerten Wünschen des Betreuten zu entsprechen[1045].

Abweichend von § 1901a Abs. 2 BGB enthält die Wunschbefolgungspflicht des § 1901 Abs. 3 BGB allerdings eine Wohl- und Zumutbarkeitsgrenze: Der Patientenvertreter hat den Wünschen des Betreuten nur insoweit zu entsprechen, als deren Befolgung dem Wohle des Betreuten nicht zuwiderläuft und für den Vertreter zumutbar ist. Für den Bevollmächtigten ergibt sich die allgemeine Bindung an die Weisungen und Wünsche

---

1043 BT-Drs. 11/4528, S. 134; OLG Frankfurt BtPrax 1997, 123, 123; *Müller*, in: Bamberger/Roth, § 1901 Rn. 6 ff. Nach BT-Drs. 11/4528, S. 67, 133, ist sogar der natürliche Wille eines Geschäfts- bzw. Einwilligungsunfähigen vorrangig, sodass ein Vorrang erst recht anzunehmen ist, wenn die Wünsche im einsichts- und urteilsfähigen Zustand geäußert wurden.

1044 *Icagic*, S. 94; *Damrau/Zimmermann*, § 1901 BGB Rn. 9 ff.

1045 *Lipp*, in: Lipp, Vorsorgeverfügungen, § 17 Rn. 160; *Müller*, in: Bamberger/Roth, § 1901a Rn. 21.

des Vollmachtgebers demgegenüber aus § 662 BGB, welcher ebenso wie § 1901a Abs. 2 BGB keine Wohlschranke vorsieht[1046].

(1) Wohlgrenze des § 1901 Abs. 3 BGB

Was unter dem Wohl des Betreuten zu verstehen ist, ist ebenso unscharf abgegrenzt wie die Definition des Kindeswohles[1047]. Eine genaue, allgemeingültige Konkretisierung ist aufgrund der Vielzahl der denkbaren Fallgestaltungen nicht möglich; vielmehr ist auf den jeweiligen Einzelfall abzustellen[1048]. Hierbei ist zwischen dem Wohlbegriff des § 1901 Abs. 2 BGB und der Wohlgrenze des § 1901 Abs. 3 BGB zu differenzieren:

In § 1901 Abs. 2 BGB fungiert das Betreutenwohl als Maßstab für das Betreuerhandeln. Der Betreuer hat die Angelegenheiten des Betreuten so zu besorgen, wie es dessen Wohle entspricht. Das Wohl umfasst dabei die Gesamtheit der persönlichen und wirtschaftlichen Bewahrungs- und Entfaltungsinteressen[1049] und ist folglich subjektiv unter Berücksichtigung der Wertvorstellungen, Lebensentscheidungen und Überzeugungen des Betreuten zu bestimmen[1050].

Demgegenüber stellt sich das Wohl in § 1901 Abs. 3 BGB als Grenze der Betreuerpflicht dar, die Wünsche des Betreuten umzusetzen. Anders als § 1901 Abs. 2 BGB fördert sie nicht das Selbstbestimmungsrecht des Betreuten, sondern soll es zu seinem eigenen Schutze beschränken[1051]. Dementsprechend scheidet eine Bestimmung des Wohls nach subjektiven Gesichtspunkten hier aus. Es bedarf vielmehr einer objektiven Definition der Wohlgrenze, deren Anknüpfungspunkte jedoch im Einzelnen umstritten sind. So wird teilweise auf die objektive Vernünftigkeit oder Vertretbarkeit der Betreutenwünsche abgestellt[1052] oder eine Wohlgefährdung dann angenommen, wenn durch den Wunsch höherrangige Interessen des Betreuten wie vor allem dessen Leben und Gesundheit betroffen sind[1053].

1046 *Müller*, DNotZ 2010, 169, 173.

1047 Vgl. BT-Drs. 11/4528, S. 133; *Damrau/Zimmermann*, § 1901 BGB Rn. 4.

1048 BT-Drs. 11/4528, S. 133; *Damrau/Zimmermann*, § 1901 BGB Rn. 4.

1049 *Schwab*, in: MüKo BGB, § 1901 Rn. 10.

1050 BGHZ 154, 205, 216 f.; *Icagic*, S. 95 f.

1051 Siehe *Icagic*, S. 96 f.

1052 So *Müller*, S. 214; *Voigt*, S. 80.

1053 *Schwab*, FamRZ 1992, 493, 503; *Schwab*, in: MüKo BGB, § 1901 Rn. 15; so war ggf. auch der damalige Gesetzgeber zu verstehen, der die Gefahr einer schweren Selbstschädigung forderte, BT-Drs. 11/4528, S. 133 f.

Allerdings weisen beide Herangehensweisen mit Blick auf medizinische Behandlungsentscheidungen Schwächen auf. So sind weder die objektive Vernunft noch die Vertretbarkeit ein tauglicher Maßstab, um den Besonderheiten der in höchstem Maße persönlichen Entscheidungen eines Eingriffs in die Körperintegrität gerecht zu werden. Auch die Bezugnahme auf höherrangige Interessen führt bei medizinischen Behandlungsentscheidungen ins Leere, da diesen gerade immanent ist, dass sie die Gesundheit und das Leben des Patienten gefährden können. Würde diesen Auffassungen gefolgt werden, wäre jeder Wunsch des Betreuten, der nicht seinem objektiven Wohle entspricht, von der Schranke des § 1901 Abs. 3 BGB umfasst und damit unbeachtlich. Dies widerspricht dem auf seinem Selbstbestimmungsrecht fußenden Grundgedanken des Vorrangs des Betreutenwillens.

Es sollte daher entsprechend der wohl herrschenden Ansicht in Literatur und Rechtsprechung darauf abgestellt werden, ob der Wunsch des Betreuten eine Selbstgefährdung darstellt und diese auf der beschränkten Eigenverantwortlichkeit des Betreuten beruht[1054]. An der Eigenverantwortlichkeit der Entscheidung soll es dann fehlen, wenn diese Ausdruck der psychischen Krankheit oder Behinderung des Betreuten ist und seine geäußerten Wünsche krankheitsbedingt seinem eigentlichen Willen widersprechen[1055]. Hat der Betreute seinen Willen hingegen eigenverantwortlich gefasst, würde es seinem Selbstbestimmungsrecht zuwiderlaufen, den Vertreter nicht an diesen Willen zu binden[1056]. Eigenverantwortlich formulierte Wünsche müssen demnach auch dann umgesetzt werden, wenn sie dem Betreuten objektiv schaden. Im Rahmen medizinischer Entscheidungen ist Eigenverantwortlichkeit insbesondere dann zweifellos anzunehmen, wenn der Patient seine Wünsche im Zustand hinreichender Einsichts- und Urteilsfähigkeit verfasst hat. Behandlungswünsche eines im nötigen Maße entscheidungsfähigen Patienten dürfen von der Wohlschranke des § 1901 Abs. 3 BGB folglich nicht berührt werden. Verfügt der hinreichend einsichts- und urteilsfähige Patient antizipiert über künftige Behandlungssituationen, so sind seine Wünsche nach § 1901 Abs. 3 BGB damit regelmäßig zu befolgen[1057].

1054 BGHZ 182, 116, 125 ff.; *Lipp*, Fürsorge, S. 157; *Damrau/Zimmermann*, § 1901 BGB Rn. 15.

1055 Vgl. *Hahne*, FamRZ 2003, 1619, 1620; *Lipp*, DRiZ 2000, 231, 234.

1056 *Lipp*, Fürsorge, S. 157.

1057 *Lipp*, in: Lipp, Vorsorgeverfügungen, § 17 Rn. 160; vgl. auch BT-Drs. 11/4528, S. 67; BGHZ 182, 116, 125 ff.

(2) Grenze der Zumutbarkeit

Darüber hinaus wird auch die Begrenzung der Wunschbefolgungspflicht auf zumutbare Handlungen des Betreuers die Umsetzung von Behandlungswünschen in aller Regel nicht betreffen, weil dadurch weder in zeitlicher noch persönlicher Hinsicht übermäßige Anforderungen an den Patientenvertreter gestellt werden.

Die Zumutbarkeitsgrenze soll den Betreuer vor überzogenen Anforderungen an seine Vertreterstellung bewahren[1058]. Entscheidungen über medizinische Behandlungsmaßnahmen sind dem Vertreter jedoch in aller Regel ohne Schwierigkeiten unter Rücksichtnahme auf die Wünsche des Patienten zumutbar. Es sind lediglich einige wenige Ausnahmesituationen denkbar, in denen es dem Betreuer unzumutbar sein könnte, eine den Behandlungswünschen des Betreuten entsprechende Erklärung abzugeben, insbesondere wenn diese seine Glaubens- und Gewissensfreiheit empfindlich berühren würde[1059]. So könnten sich vor allem Entscheidungen über den Abbruch lebenserhaltender Maßnahmen oder einer Schwangerschaft für den Betreuer als unzumutbar darstellen[1060]. Zur Auflösung des Konflikts sollte sodann ein neuer Betreuer für den Patienten bestellt werden[1061]. Eine Entscheidung entgegen den Betreutenwünschen ist damit aber selbst im Falle der Einschlägigkeit der Zumutbarkeitsschranke nicht zulässig. Vorsorglich durch einen hinreichend Einsichts- und Urteilsfähigen erklärte Behandlungswünsche sind folglich auch nach § 1901 Abs. 3 BGB durch einen Betreuer umzusetzen.

cc. Verhältnis des § 1901a Abs. 2 BGB zur allgemeinen Wunschbefolgungspflicht des § 1901 Abs. 3 BGB

§ 1901a Abs. 2 S. 1 BGB hat gegenüber § 1901 Abs. 3 S. 1 BGB in erster Linie klarstellende Funktion[1062]. Er dient als Spezialregelung zur allgemeinen Wunschbefolgungspflicht des Betreuers im Bereich der ärztlichen Heilbehandlung[1063]. Die bestehenden Unterschiede im Regelungsinhalt

---

1058 Vgl. BT-Drs. 11/4528, S. 134; *Müller*, in: Bamberger/Roth, § 1901 Rn. 9.
1059 Vgl. *Icagic*, S. 99.
1060 *Icagic*, S. 99.
1061 *Icagic*, S. 99.
1062 BT-Drs. 16/13314, S. 20.
1063 So auch *Icagic*, S. 103.

haben auf die Fallgruppe der Vorausverfügung durch einen im Verfügungszeitpunkt hinreichend entscheidungsfähigen Patienten keine Auswirkungen. Auch bei Anwendung des § 1901 Abs. 3 BGB neben § 1901a Abs. 2 S. 1 BGB käme man zu keinem abweichenden Ergebnis, da die Wohlschranke des § 1901 Abs. 3 S. 1 BGB bei der Umsetzung von Behandlungswünschen des bis dato einsichts- und urteilsfähigen Patienten nicht eingreift[1064]. Darüber hinaus bezieht § 1901a Abs. 6 BGB ausdrücklich auch Vorsorgebevollmächtigte mit ein. Ein Rückgriff auf § 1901 Abs. 3 BGB ist daher nicht schädlich, für Behandlungswünsche nach § 1901a Abs. 2 S. 1 BGB indes sodann nicht erforderlich[1065].

Der Patientenvertreter ist somit sowohl über die Umsetzungspflicht des § 1901a Abs. 2 S. 1 (i.V.m. Abs. 6) BGB als auch über die allgemeine Wunschbefolgungspflicht des § 1901 Abs. 3 BGB an die vorsorglich erklärten Behandlungswünsche des vormals hinreichend entscheidungsfähigen Patienten gebunden. Hat der hinreichend entscheidungsfähige Minderjährige also in einer Minderjährigenverfügung ausreichend konkrete Behandlungsentscheidungen für die Zukunft getroffen, sind diese für den Vorsorgebevollmächtigten oder Betreuer des nunmehr volljährigen, aber einwilligungsunfähigen Patienten verbindlich. Er hat die Wünsche nach außen, insbesondere gegenüber dem Behandelnden, umzusetzen.

IV. Instrumente zum Schutze des vorsorglich verfügten Patientenwillens gegenüber Patientenvertretern im Erwachsenenschutzrecht

Um die Befolgung der Betreuerpflichten zu sichern, sieht das Gesetz betreuungsrechtsspezifische Schutz- und Kontrollmechanismen vor. Hierzu gehören insbesondere das dialogische Verfahren nach § 1901b BGB, der gerichtliche Genehmigungsvorbehalt für medizinische Entscheidungen nach § 1904 BGB sowie Beratungs- und Kontrollmaßnahmen durch das Betreuungsgericht. Hierdurch soll Überschreitungen der Vertreterstellung bereits präventiv entgegengewirkt werden. Darüber hinaus sieht das Gesetz staatliche und haftungsrechtliche Maßnahmen gegen die Betreuer- oder Vorsorgeperson vor, sollte diese ihre Vertretungsmacht missachtet und dem Patientenwillen zuwiderhandeln.

1064 *Lipp*, in: Lipp, Vorsorgeverfügungen, § 17 Rn. 52, 160.
1065 Zu einem anderen Ergebnis kommt diesbezüglich aber *Icagic*, S. 104 ff.

1. Der dialogische Prozess im Sinne von § 1901b BGB

Im Wege des 3. Betreuungsrechtsänderungsgesetzes fand neben § 1901a auch die Verfahrensvorschrift des § 1901b Eingang in das Bürgerliche Gesetzbuch[1066]. Danach sieht das Gesetz für medizinische Entscheidungen im Rahmen des § 1901a BGB ein dialogisches Verfahren zur Ermittlung des Patientenwillens vor. Dieser sogenannte dialogische Prozess beinhaltet, dass der Betreuer oder Vorsorgebevollmächtigte (siehe § 1901b Abs. 3 BGB) mit dem behandelnden Arzt sowie weiteren für die Willensermittlung bedeutsamen Personen zusammenwirken soll, um zu einer dem Patientenwillen gerecht werdenden Behandlungsentscheidung zu gelangen[1067].

Die Verfahrensregelung sieht feste Rollen vor[1068]: § 1901b Abs. 1 BGB verdeutlicht den Ablauf und die Aufgaben des behandelnden Arztes sowie des Betreuers im Falle der Einwilligungsunfähigkeit des Patienten. Der Behandler prüft zunächst die medizinische Indikation der ärztlichen Maßnahme im Hinblick auf Gesamtzustand und Prognose des Betreuten und erörtert diese unter Berücksichtigung des Patientenwillens mit dem Patientenvertreter in einem Konsil[1069]. Der Betreuer oder Bevollmächtigte ermittelt sodann nach § 1901b Abs. 2 BGB den in der Patientenverfügung niedergelegten Willen beziehungsweise die vorsorglich erklärten Behandlungswünsche oder den mutmaßlichen Willen des Patienten. Dabei sollen nahe Angehörige und weitere Vertrauenspersonen des Patienten einbezogen werden, sofern dies ohne erhebliche Verzögerungen möglich ist. Schließlich trifft die Vertretungsperson auf dieser Grundlage die Behandlungsentscheidung oder setzt den verfügten Willen um, § 1901a Abs. 1 S. 2 oder Abs. 2 S. 1 BGB.

Durch die Einbeziehung des genannten Personenkreises in die Ermittlung und Auslegung der Patientenwünsche soll die Entscheidungspraxis

---

1066 BGBl. 2009 I S. 2286 f.

1067 Siehe nur *Heitmann*, in: NK BGB, § 1901b Rn. 1 f.

1068 Vgl. zum nachfolgenden Absatz BT-Drs. 16/13314, S. 20 f. § 1901b BGB fand erst in der Fassung des Rechtsausschusses Eingang in den Gesetzentwurf Stünkers (BT-Drs. 16/8442). Zuvor waren Regelungen über das Verfahren zur Ermittlung des Patientenwillens in § 1901a BGB mit geregelt. Die Festlegung eines dialogischen Prozesses zwischen Arzt und Betreuer war in der ersten Version des Stünker-Entwurfes noch nicht zu finden. Im Unterschied dazu sah der Zöller-Entwurf bereits in seiner ursprünglichen Version ein dialogisches Verfahren vor, BT-Drs. 16/11493, S. 9.

1069 Vgl. *Schmitz*, FamFR 2009, 64, 65; *Damrau/Zimmermann*, § 1901b BGB Rn. 3.

für die den Patienten vertretenden Personen sowie den behandelnden Arzt auf eine fundierte Grundlage gestellt werden[1070]. Zugleich führt die gegenseitige Überprüfung und Bewertung beider Akteure einen außerstaatlichen Kontrollmechanismus herbei, welcher einen Missbrauch der Vertretungsmacht insbesondere des Vertreters eingrenzen kann, ohne die ohnehin schwierige und belastende Entscheidung mit zusätzlichen bürokratischen Hürden zu versehen. Sofern nach Durchführung des dialogischen Ermittlungsprozesses hinsichtlich Diagnose, Gesamtzustand und Prognose ebenso wie über die festgestellten Behandlungswünsche des Patienten zwischen dem behandelnden Arzt und dem Betreuer oder Bevollmächtigten Einigkeit darüber besteht, dass die Einwilligung beziehungsweise Verweigerung der betreffenden Behandlung dem Willen des einwilligungsunfähigen Patienten entspricht, bedarf es keiner gerichtlichen Genehmigung der Vertreterentscheidung nach § 1904 Abs. 1 bis 3 BGB[1071].

Dem Patienten soll durch die gegenseitige Kontrolle ein hohes Maß an Sicherheit dafür gewährt werden, dass seine Autonomie geachtet wird, da sich Ärzte und Vertreter intensiv mit jeder Behandlungsverfügung auseinandersetzen müssen, um den Willen des Patienten ermitteln zu können[1072]. Die Pflicht zum dialogischen Verfahren ist somit eine unmittelbare Ausprägung eines „Grundrechtsschutzes durch Verfahren“[1073] zum Schutze des Selbstbestimmungsrechts des Patienten.

2. Gerichtliche Genehmigungspflicht für Entscheidungen über ärztliche Maßnahmen nach § 1904 BGB

Eine zusätzliche Kontrollinstanz stellt das Betreuungsgericht dar[1074]. Gelangen der Patientenvertreter und der Behandler des Patienten nicht zu einem konsensualen Ergebnis im Sinne von § 1901b BGB hinsichtlich des Patientenwillens oder bestehen Zweifel an der Richtigkeit des Ergebnisses, bedarf die Vertreterentscheidung nach § 1904 Abs. 1 und Abs. 2

1070 BT-Drs. 16/13314, S. 20.

1071 Siehe auch *Schmitz*, FamFR 2009, 64, 65.

1072 Siehe hierzu bereits die Ausführungen des Zöller-Entwurfs, der schon in seiner ursprünglichen Version ein dialogisches Verfahren vorsah, BT-Drs. 16/11493, S. 9.

1073 Vgl. dazu *Taupitz*, A 84; Begriff und ausführliche Erörterungen von *Salinger*, KritV 1998, 118, 149 (zu § 1904).

1074 BT-Drs. 13/7158, S. 34; siehe auch *Lipp/Brauer*, Patientenvertreter, in: Höfling, Das neue Patientenverfügungsgesetz, S. 17, 31; *Taupitz*, A 81 ff.

BGB der zusätzlichen Genehmigung durch das Betreuungsgericht, sofern die begründete Gefahr besteht, dass der Patient aufgrund der Maßnahme beziehungsweise deren Unterbleiben stirbt oder einen schweren und länger andauernden gesundheitlichen Schaden erleidet. Ohne gerichtliche Genehmigung darf die Behandlungsmaßnahme in diesem Falle nur durchgeführt werden, wenn mit ihrem Aufschub eine Gefahr für die Gesundheit des Patienten verbunden wäre, § 1904 Abs. 1 S. 2 BGB. Auch diese Verfahrensvorschrift gilt nach § 1904 Abs. 5 BGB für Vorsorgebevollmächtigte gleichermaßen wie für rechtliche Betreuer.

Die Genehmigungspflicht durch das Betreuungsgericht besteht nach § 1904 Abs. 4 BGB nicht, wenn zwischen dem Vertreter und dem behandelnden Arzt im Rahmen des dialogischen Verfahrens nach § 1901b Abs. 1 BGB Einvernehmen darüber erzielt wurde, dass die Erteilung, die Nichterteilung oder der Widerruf der Einwilligung dem Patientenwillen entspricht. In diesen Fällen sichert bereits das Konsenserfordernis die wechselseitige Kontrolle der Entscheidungsfindung[1075]. Auch soll kein generalisierender Missbrauchsverdacht gegen die behandelnden Ärzte und Patientenvertreter dadurch hervorgerufen werden, dass stets eine gerichtliche Kontrolle nötig wäre[1076]. Der dennoch nicht gänzlich auszuschließenden Missbrauchsgefahr durch ein mögliches rechtsmissbräuchliches Zusammenwirken von Arzt und Vertreter zum Nachteil des Patienten wird dadurch begegnet, dass das betreuungsgerichtliche Genehmigungsverfahren aufgrund des Amtsermittlungsgrundsatzes auch durch Hinweise Dritter, beispielsweise eines Angehörigen oder anderer Vertrauenspersonen des Patienten, in Gang gesetzt werden kann[1077]. Sollte also eine dritte Person befürchten, im Rahmen des § 1901b BGB sei es zu rechtsmissbräuchlichen Absprachen zum Nachteil des Patienten gekommen, so kann auch sie sich jederzeit an das Betreuungsgericht wenden und eine Überprüfung herbeiführen.

Konnte zwischen dem Arzt und dem Patientenvertreter kein Einvernehmen über die Vornahme der betreffenden medizinischen Maßnahme hergestellt werden, wird eine Genehmigung durch das Betreuungsgericht erforderlich, sofern durch das ärztliche Handeln schwere gesundheitliche

1075 BT-Drs. 16/8442, S. 19.

1076 BT-Drs. 16/8442, S. 19.

1077 BT-Drs. 16/8442, S. 19; *Lipp/Brauer*, Patientenvertreter, in: Höfling, Das neue Patientenverfügungsgesetz, S. 17, 35; *Götz*, in: Palandt, BGB, § 1904 Rn. 22; *Heitmann*, in: NK BGB, § 1904 Rn. 40; kritischer jedoch *Damrau/Zimmermann*, § 1904 BGB Rn. 67.

Folgen für den Patienten zu befürchten sind oder ein erhöhtes letales Risiko besteht. Das Betreuungsgericht prüft sodann, ob die durch den Patientenvertreter getroffene Entscheidung für oder gegen die ärztliche Maßnahme tatsächlich dem Willen des Patienten entspricht[1078]. Dazu ist der Patient grundsätzlich nach § 298 Abs. 1 FamFG vorab persönlich anzuhören. Die Bestellung eines Verfahrenspflegers ist im Verfahren nach § 1904 Abs. 2 BGB stets erforderlich, im Übrigen ist eine Verfahrenspflegschaft lediglich dann einzurichten, wenn dies zur Wahrnehmung der Interessen des Betroffenen nötig ist, siehe §§ 298 Abs. 2, 276 Abs. 1 FamFG. Das Gericht hat nach § 298 Abs. 3 FamFG außerdem ein Sachverständigengutachten einzuholen, in welchem abermals die ärztliche Einschätzung überprüft wird[1079].

Vorausverfügungen, ganz gleich, ob es sich dabei um „echte" Patientenverfügungen oder um antizipiert festgelegte Behandlungswünsche handelt, ist ein schwerwiegendes Gesundheits- oder Sterberisiko häufig immanent, weil sie zumeist Entscheidungen über schwere medizinische Eingriffe betreffen und nicht selten Festlegungen für die letzte Lebensphase des Patienten enthalten sollen. Offenkundig ist dies, wenn der Patient Behandlungsbegrenzungen und/oder -verweigerungen festlegt und der Vertreter diese umzusetzen ersucht, indem er seine Einwilligung in die als indiziert anzusehende Heilbehandlung nicht erteilt. Denn die Ablehnung lebenserhaltender oder lebensverlängernder Maßnahmen begründet nicht nur unweigerlich die Gefahr des Todes des Patienten, sondern zielt regelmäßig sogar konkret auf diese Folge ab[1080].

Die betreuungsgerichtliche Genehmigungspflicht bei Uneinigkeit innerhalb des dialogischen Prozesses bedeutet für den behandelnden Arzt ebenso wie für den Patientenvertreter neben § 1901b BGB einen zusätzlichen Rechtfertigungsdruck durch Kontrolle[1081]. Einerseits wird dadurch die Gefahr vermindert, dass der Arzt vorschnell Aussagen zu Diagnose und Prognose des Patienten trifft, da er diese möglicherweise nicht allein vor dem Patientenvertreter als „privater" Einzelperson zu erklären hat, sondern in

1078 BT-Drs. 16/8442, S. 18; *Schmitz*, FamFR 2009, 64, 65.

1079 Vgl. nur *Schmitz*, FamFR 2009, 64, 65 f.; *Bienwald*, in: Staudinger, BGB, § 1904 Rn. 27.

1080 Vgl. *Damrau/Zimmermann*, § 1904 BGB Rn. 64 ff.

1081 *Taupitz*, A 82 f. Kritisiert wird dieses Verfahren indes von *Schmitz:* Im Falle von Uneinigkeiten bzgl. des Patientenwillens könne dieser zumeist auch von den Gerichten nicht sicher festgestellt werden, sodass im Zweifel zu Gunsten des Lebens entschieden werde (vgl. BT-Drs. 16/13314, S. 4), was nicht dem Sinn und Zweck einer Vorausverfügung entspreche, *Schmitz*, FamFR 2009, 64, 65.

Erwartung einer sowohl gutachterlichen als auch gerichtlichen Prüfung seiner Einschätzung zu einer besonders gewissenhaften Abwägung und Erwägung möglicher Alternativen angehalten ist[1082]. Andererseits wird auch der Vertreter gezwungen, seine Entscheidung vor Gericht zu rechtfertigen, sodass er bemüht sein wird, eigene Abwägungen anzustellen und nicht allein auf die ärztliche Autorität zu vertrauen[1083]. § 1904 BGB gewährt damit ebenfalls unmittelbaren „Grundrechtsschutz durch Verfahren"[1084]. Zugleich kann mit der gerichtlichen Überprüfung aber auch eine (zumindest moralische) Entlastung des Vertreters einhergehen, indem ihm die zumeist schwere Verantwortung, die mit der Behandlungsentscheidung einhergeht, wenigstens in Teilen durch die staatliche Kontrolle abgenommen wird[1085].

Entspricht die getroffene Behandlungsentscheidung dem Patientenwillen, ist die betreuungsgerichtliche Genehmigung gemäß § 1904 Abs. 3 BGB zu erteilen. Andernfalls muss sie verweigert werden. Der Genehmigungsbeschluss kann im Wege der Beschwerde durch den Patientenvertreter, den Betreuten sowie den Verfahrensbeteiligten angefochten werden, siehe §§ 58 ff., 303 Abs. 3 und Abs. 4 FamFG[1086].

3. Gerichtliche Beratung und Aufsicht im Betreuungsrechts- und Fürsorgeverhältnis

Zur Absicherung einer pflichtgemäßen Ausübung der Betreuungs- und Vorsorgeaufgaben findet zudem eine Überwachung der Vertreterpersonen von gerichtlicher Stelle oder durch die Errichtung einer Kontrollbetreuung statt.

1082 Vgl. *Taupitz*, A 82 f.

1083 *Taupitz*, A 83; *Heitmann*, in: NK BGB, § 1904 Rn. 2.

1084 *Taupitz*, A 84; Begriff und ausführliche Erörterungen von *Salinger*, KritV 1998, 118, 149.

1085 Siehe dazu auch *Salinger*, KritV 1998, 118, 134 f.; *Heitmann*, in: NK BGB, § 1904 Rn. 2.

1086 Vgl. *Damrau/Zimmermann*, § 1904 BGB Rn. 80.

a. Beratung und Beaufsichtigung des Betreuers nach § 1908i Abs. 1 S. 1 i.V.m. § 1837 BGB

Gemäß § 1908i Abs. 1 S. 1 BGB ist die Vorschrift des § 1837 Abs. 1 bis Abs. 3 BGB zur Beratung und Aufsicht im Rahmen einer Vormundschaft auf Betreuungsverhältnisse sinngemäß anzuwenden. Danach kommt dem Betreuungsgericht eine Beratungs- und Unterstützungspflicht gegenüber dem rechtlichen Betreuer zu, auf welche dieser einen Rechtsanspruch erwirbt[1087]. Zudem hat das Gericht dabei mitzuwirken, den Amtsträger in seine Aufgabe als Betreuer einzuführen, § 1908i Abs. 1 S. 1 i.V.m. § 1837 Abs. 1 BGB.

Neben der Beratung kommt dem Betreuungsgericht darüber hinaus die Aufgabe zu, Aufsicht über die Tätigkeiten der Betreuerperson zu führen und gegen Pflichtwidrigkeiten durch geeignete Gebote und Verbote einzuschreiten. Zur Befolgung seiner Anordnungen kann es Zwangsgelder festsetzen, § 1908i Abs. 1 S. 1 i.V.m. § 1837 Abs. 2 S. 1, Abs. 3 BGB. Ergänzt wird die Vorschrift durch § 1796 BGB, wonach das Betreuungsgericht dem Betreuer die Vertretung für einzelne Angelegenheiten oder für einen bestimmten Kreis von Angelegenheiten entziehen kann. Gegenstand der Kontrolle sind die Art und Weise, in welcher der Betreuer die Angelegenheiten des Betreuten besorgt, das Stattfinden einer persönlichen Betreuung sowie die Einhaltung von Informationspflichten und persönlichen Kontakten. Einwirkungen des Gerichts auf die Amtsführung gemäß § 1837 Abs. 2 S. 1, Abs. 3 BGB sind lediglich gegen pflichtwidriges oder missbräuchliches Verhalten des Betreuers zulässig[1088], welches einen Verstoß gegen konkrete gesetzliche beziehungsweise gerichtlich angeordnete Handlungspflichten oder gegen die allgemeine Pflicht zur gewissenhaften Ausführung der Betreuung voraussetzt[1089].

Der den einwilligungsunfähigen Patienten vertretende Betreuer hat im Rahmen der gerichtlichen Aufsicht Berichts- (§ 1840 Abs. 1 BGB), Auskunfts- (§ 1839 BGB) und Rechnungslegungspflichten (§§ 1840, 1841 BGB) zu erfüllen. Auch der Genehmigungsvorbehalt des § 1904 BGB ist Ausfluss der richterlichen Kontrolle des Betreuers[1090]. Auf diese Weise ist

---

1087 *Bienwald*, in: Staudinger, BGB, § 1908i Rn. 245 ff.; *Damrau/Zimmermann*, § 1837 BGB Rn. 2.

1088 OLG Karlsruhe FamRZ 2006, 507, 507 f.; OLG München FamRZ 2009, 2119, 2119; *Bienwald*, in: Staudinger, BGB, § 1908i Rn. 263.

1089 OLG Karlsruhe FamRZ 2006, 507, 508; *Schwab*, in: MüKo BGB, § 1904 Rn. 29.

1090 *Bienwald*, in: Staudinger, BGB, § 1908i Rn. 266 ff.

es dem Betreuungsgericht möglich, das Handeln des Patientenvertreters zu überwachen und durch die Anordnung von Geboten oder Verboten einzuschreiten, sollte es zu einem Tätigwerden gegen den Patientenwillen kommen.

b. Kontrolle des Vorsorgebevollmächtigten durch Einrichtung einer Kontrollbetreuung oder -bevollmächtigung

Um die Gefahr eines Missbrauchs der Vertretungsmacht im Vorsorgeverhältnis einzugrenzen, ist ferner die Errichtung eines sogenannten Kontroll- oder Überwachungsbetreuers möglich[1091]. Gemäß § 1898 Abs. 3, Abs. 1 BGB kann ein rechtlicher Betreuer bestellt werden, dessen alleinige Aufgabe es ist, die Rechte des Patienten gegenüber seinem Bevollmächtigten geltend zu machen. Dies setzt neben einer wirksam erteilten Vorsorgevollmacht[1092] eine gewisse Wahrscheinlichkeit dafür voraus, dass Rechte oder Ansprüche bestehen, welche von dem Vollmachtgeber nicht mehr selbst geltend gemacht werden können, oder die Unfähigkeit des Vollmachtgebers, seinen Vorsorgebevollmächtigten hinreichend zu überwachen[1093]. Ausreichend sind entsprechende Anhaltspunkte, dass der Vorsorgebevollmächtigte nicht gemäß der Vorsorgevereinbarung beziehungsweise nicht nach den Interessen des Vollmachtgebers handelt[1094] – so auch dann, wenn er ohne die Berücksichtigung des vorausverfügten Patientenwillens tätig wird.

Um eine Überwachungsbetreuung nach § 1896 Abs. 2 BGB zu vermeiden, besteht für den Patienten die Möglichkeit, bereits vorab ein Kontrollvorsorgeverhältnis einzurichten[1095]. Hierzu hat der Vollmachtgeber eine zweite Fürsorgeperson zu bevollmächtigen, die besondere Aufgabe zu übernehmen, den primären Vorsorgebevollmächtigen zu überwachen[1096]. Zusätzlich muss diese Person bevollmächtigt werden, die Rechte aus dem

1091 Vgl. *Lipp*, in: Lipp, Vorsorgeverfügungen, § 4 Rn. 32; *Renner*, in: Müller/Renner, Betreuungsrecht, Rn. 673 ff.

1092 BayObLG FamRZ 1993, 1249, 1249; BayObLG FamRZ 1996, 1370, 1371; OLG Schleswig Rpfleger 2003, 245, 245; OLG München FamRZ 2009, 1437, 1438.

1093 BayObLG FamRZ 1994, 1550, 1551; BayObLG FamRZ 1999, 1302, 1302; OLG München FamRZ 2009, 1437, 1438; *Bienwald*, in: Staudinger, BGB, § 1896 Rn. 321.

1094 Siehe BGH FamRZ 2011, 1047, 1048 f. m. Anm. *Renner*.

1095 *Lipp*, in: Lipp, Vorsorgeverfügungen, § 4 Rn. 33.

1096 *Renner*, in: Müller/Renner, Betreuungsrecht, Rn. 671 f.

ersten Vorsorgeverhältnis auszuüben[1097]. Gewährleistet dies eine hinreichende Kontrolle und Sicherheit für den Vollmachtgeber, ist eine zusätzliche Kontrollbetreuung nicht erforderlich und mithin unzulässig[1098].

4. Beendigung des Betreuungsrechts- oder Vorsorgeverhältnisses

Kommt die Betreuerperson ihren Pflichten nicht nach und missbraucht wiederholt oder in erheblicher Schwere ihre Vertretungsmacht, kann das Betreuungsverhältnis gemäß § 1908b Abs. 1 BGB aus wichtigem Grund beendet werden. Ebenso ist ein Vorsorgeverhältnis zu beenden, wenn der Vorsorgebevollmächtigte weitreichend oder anhaltend gegen seine mit dem Vollmachtgeber getroffene Vereinbarung verstößt und somit nicht mehr dessen Interessen vertritt.

a. Entlassung des Betreuers aus wichtigem Grund, § 1908b Abs. 1 BGB

Nach § 1908b Abs. 1 S. 1 BGB hat das Betreuungsgericht den Betreuer trotz Fortbestehens des Betreuungsbedarfs für den Patienten zu entlassen, wenn seine Eignung, die Angelegenheiten des Betreuten zu besorgen, nicht mehr gewährleistet ist oder ein anderer wichtiger Grund für die Entlassung besteht. Die Entlassung erfordert keinen Antrag[1099]. Sie ist von Amts wegen durchzuführen, kann jedoch durch Dritte wie beispielsweise von ärztlicher Seite oder durch Personen aus dem persönlichen Umfeld des Patienten, aber auch durch andere Gerichte oder den Betreuten selbst angeregt werden[1100]. Das Betreuungsgericht hat sodann das Verfahren nach § 1908b Abs. 1 BGB einzuleiten[1101].

Ein wichtiger Grund liegt gemäß § 1908b Abs. 1 S. 1 Alt. 1 BGB insbesondere bei mangelnder Eignung des Betreuers zur Betreuung des Betroffenen vor. Die Betreuereignung ist abzulehnen, wenn konkrete Umstände nahelegen, dass der Betreuer nicht in der Lage oder nicht willens ist, den ihm übertragenen Aufgabenkreis zum Wohle des Betreuten wahrzuneh-

1097 *Lipp*, in: Lipp, Vorsorgeverfügungen, § 4 Rn. 33.
1098 *Lipp*, in: Lipp, Vorsorgeverfügungen, § 4 Rn. 33.
1099 Siehe *Bienwald*, in: Staudinger, BGB, § 1908b Rn. 18.
1100 Siehe *Bienwald*, in: Staudinger, BGB, § 1908b Rn. 18.
1101 Siehe *Bienwald*, in: Staudinger, BGB, § 1908b Rn. 18.

men[1102]. Maßgeblich bei der Frage der Umsetzung vorsorglicher Behandlungswünsche vormals hinreichend entscheidungsfähiger Patienten muss wiederum vorrangig der Wille des Betreuten sein, also vorliegend die vorausverfügte Behandlungsentscheidung des Patienten nach § 1901a Abs. 2 S. 1 BGB, an welche der Betreuer gebunden ist[1103]. Doch nicht jede Pflichtwidrigkeit des Betreuers führt zu einer Entlassung desselben[1104]. Vielmehr müssen Ausmaß und Dauer des Betreuerhandelns auf seinen Unwillen schließen lassen, seine Aufgaben pflichtgemäß wahrzunehmen[1105]. Vorab hat das Gericht gemäß §§ 1908i Abs. 1 S. 1, 1837 Abs. 2 S. 1 BGB regelmäßig zu versuchen, gegen Pflichtwidrigkeiten des Betreuers durch geeignete Gebote und Verbote einzuschreiten[1106].

Sind beispielsweise die Eltern als rechtliche Betreuer ihres volljährig gewordenen, schwer kranken Kindes nicht fähig oder nicht gewillt, seine antizipiert geäußerten Behandlungswünsche umzusetzen, obgleich sie gemäß § 1901a Abs. 2 S. 1 Alt. 1 BGB daran gebunden sind und von gerichtlicher Seite gemäß §§ 1908i Abs. 1 S. 1, 1837 Abs. 2 S. 1 BGB dazu angehalten wurden, so wird es ihnen an der erforderlichen Betreuereignung fehlen. Zum Schutze der Patienteninteressen müssen sie dann aus dem Amt des Betreuers entlassen werden. Nach § 1908c BGB ist in diesem Fall sogleich ein neuer Betreuer zu bestellen, um keine personelle Lücke entstehen zu lassen und damit eine Notzuständigkeit des Betreuungsgerichts zu vermeiden[1107].

b. Beendigung des Vorsorgeverhältnisses

Das Vorsorgeverhältnis wird gemäß § 168 S. 2 BGB durch Widerruf der Vollmacht beendet[1108]. Zum Widerruf berechtigt ist zunächst der Vollmachtgeber selbst, sofern er im Besitz seiner Geschäftsfähigkeit ist[1109]. Dies

---

1102 BayObLG FamRZ 2000, 1183, 1183; BayObLG FamRZ 2000, 1456, 1456 f.

1103 So auch *Kurze*, ErbR 2010, 314, 316; vgl. zudem *Deinert/Lütgens/Meier*, Rn. 235 ff.

1104 Vgl. BayObLG FamRZ 1996, 509, 509; BayObLG FamRZ 2000, 514, 515; *Bienwald*, in: Staudinger, BGB, § 1908b Rn. 29 ff.

1105 BayObLG FamRZ 2000, 514, 515; *Bienwald*, in: Staudinger, BGB, § 1908b Rn. 29 ff.

1106 BayObLG FamRZ 1996, 509, 509; *Damrau/Zimmermann*, § 1908b BGB Rn. 27.

1107 *Bienwald*, in: Staudinger, BGB, § 1908c Rn. 2 f.

1108 *Trimborn v. Landenberg*, § 2 Rn. 1.

1109 Vgl. *Renner*, in: Müller/Renner, Betreuungsrecht, Rn. 671 ff.; *Trimborn v. Landenberg*, § 2 Rn. 7 ff.

wird jedoch regelmäßig nicht (mehr) der Fall sein, wenn über die Frage der Umsetzung der Behandlungswünsche eines einwilligungsunfähigen Patienten im Rahmen eines Vorsorgeverhältnisses diskutiert wird[1110]. Um den Bevollmächtigten zu überwachen, ist im Falle eines problematischen Vorsorgeverhältnisses gemäß § 1896 Abs. 3, Abs. 1 BGB regelmäßig bereits vorab ein Kontrollbetreuer bestellt worden. Liegen nunmehr Gründe vor, die die Auflösung des Vorsorgeverhältnisses rechtfertigen, so insbesondere, wenn der Vorsorgebevollmächtigte andauernd und nachhaltig seiner Vorsorgevereinbarung zuwiderhandelt, seine Vertretungsmacht im Innenverhältnis überschreitet[1111] und damit die Interessen des Patienten in beachtlichem Umfang missachtet[1112], ist der Kontrollbetreuer gemäß § 1902 BGB befugt, die Vollmacht stellvertretend für den Patienten zu widerrufen[1113]. Damit endet das Vorsorgeverhältnis, was eine gemeine Betreuerbestellung nach § 1896 Abs. 1 BGB für den einwilligungsunfähigen Patienten erforderlich macht.

5. Haftung des Patientenvertreters gegenüber dem einwilligungsunfähigen Patienten

Schließlich macht sich der Patientenvertreter, der entgegen seiner gesetzlichen oder vertraglichen Pflicht zur Umsetzung des antizipierten Patientenwillens handelt, haftbar gegenüber dem Patienten, sodass sich die ihr Kind vertretenden Eltern auch nach Vollendung seines achtzehnten Lebensjahres gegenüber diesem durch einen Missbrauch ihrer Vertretungsmacht schadensersatz- oder schmerzensgeldpflichtig machen können.

1110 Vgl. *Renner*, in: Müller/Renner, Betreuungsrecht, Rn. 671 ff.; *Trimborn v. Landenberg*, § 2 Rn. 7 ff.

1111 Vgl. *Lipp*, in: Laufs/Katzenmeier/Lipp, Kap. VI Rn. 125 f.; *ders.*, Fürsorge, S. 211.

1112 Siehe BGH FamRZ 2011, 1047, 1048.

1113 BVerfG FamRZ 2008, 2260, 2261, 2260 m. Anm. *Bienwald*; *Trimborn v. Landenberg*, § 2 Rn. 11 ff.; *Bienwald*, in: Staudinger, BGB, § 1896 Rn. 325; *Renner*, in: Müller/Renner, Betreuungsrecht, Rn. 708 ff. Dies scheint jedoch nicht unbedenklich, da so u. U. der Wille des Patienten, eine Vorsorgevollmacht zu erteilen statt ein Betreuungsverhältnis einzugehen, untergraben werden könnte. Verfassungsrechtliche Bedenken gegenüber der äußerst weitreichenden, über die begriffliche Bezeichnung des „Kontrollbetreuers“ hinausgehenden Befugnis wurden – soweit ersichtlich – jedoch bislang nicht geäußert.

a. Ansprüche gegen den rechtlichen Betreuer

Der Einzelbetreuer ist dem Betreuten gemäß § 1908i Abs. 1 S. 1 i.V.m. § 1833 BGB ebenso wie ein Vormund zum Schadensersatz verpflichtet. Entsprechend der Anspruchsgrundlage des § 1833 Abs. 1 S. 1 BGB ist er dem Betreuten für die aus seinen Pflichtverletzungen entstehenden Schäden verantwortlich, sofern ihm hierfür ein Verschulden zur Last fällt. Entstehen dem unter Betreuung stehenden Patienten beispielsweise Behandlungskosten aufgrund einer medizinischen Maßnahme, die sein Betreuer gegen seinen Willen durchgesetzt hat, obgleich eine solche wirksam vorsorglich abgelehnt wurde, sind diese Kosten ebenso auszugleichen wie die körperlichen Schäden, die dem Betreuten infolge des ärztlichen Eingriffs zugefügt wurden[1114]. Nach Maßgabe des § 253 BGB können zudem Schmerzensgeldansprüche begründet werden[1115].

Umstritten ist jedoch der zugrundezulegende Haftungsmaßstab für Pflichtverletzungen bei Amtsführungen durch elterliche Betreuerpersonen. Während beispielsweise nach den im Familienrecht zu findenden Haftungserleichterungen des § 1664 Abs. 1 BGB die Eltern gegenüber ihrem minderjährigen Kind sowie gemäß § 1359 BGB Ehegatten untereinander begünstigt werden, sieht § 1833 BGB grundsätzlich keine Beschränkung der Verantwortung des Betreuers auf die eigenübliche Sorgfalt vor[1116]. Insbesondere besteht für das Betreuungsverhältnis keine Sondervorschrift wie die des § 1793 Abs. 1 S. 3 BGB, welche dem Vormund ausnahmsweise den Verschuldensmaßstab des § 1664 BGB zugutekommen lässt, sofern er den Mündel in seinen Haushalt aufnimmt[1117]. Eine generelle Haftungserleichterung für die Tätigkeiten eines Betreuers ist folglich nicht anzunehmen[1118].

Gleichwohl sollte differenziert werden[1119]: Während der Berufsbetreuer zu professionellem Handeln verpflichtet ist[1120], können qualifizierte Kenntnisse von einem ehrenamtlichen Betreuer in der Regel nicht in gleichem Umfang erwartet werden[1121]. So entschied das OLG Schleswig im

---

1114 Vgl. *Kurze*, ErbR 2010, 314, 316.

1115 Siehe *Deinert/Lütgens/Meier*, Rn. 247 f.; *Götz*, in: Palandt, BGB, § 1833 Rn. 7.

1116 *Bienwald*, in: Staudinger, BGB, § 1908i Rn. 362.

1117 *Bienwald*, in: Staudinger, BGB, § 1908i Rn. 362.

1118 Vgl. OLG Schleswig FamRZ 1997, 1427, 1427; *Brauer*, S. 83.

1119 Siehe *Deinert/Lütgens/Meier*, Rn. 265.

1120 OLG Hamm FamRZ 2001, 861, 861 f.; LG Koblenz FamRZ 2002, 845, 846; BayObLG FamRZ 2002, 1362, 1362.

1121 OLG Schleswig FamRZ 1997, 1427, 1427.

Jahre 1996, dass der Betreuer zwar grundsätzlich für jeden Verschuldensgrad hafte, ihm jedoch abweichend vom allgemeinen objektiven Haftungsmaßstab des § 276 Abs. 1 BGB eine Erleichterung zugutegehalten werden müsse, welche sich aus den besonderen Verhältnissen des Lebenskreises ergäbe[1122]. Fehlende rechtliche Sachkunde sei dem ehrenamtlichen Betreuer haftungserleichternd anzurechnen[1123].

Darüber hinaus sollte auch eine enge familiäre Beziehung zwischen dem Betreuten und seinem Betreuer zu einer Beschränkung der Betreuerhaftung führen[1124]. Insbesondere dann, wenn es sich bei dem Betreuer um einen nahen Angehörigen des Betreuten handelt, so vor allem, wenn – wie dieser Untersuchung als Regelfall zugrungegelegt – die Eltern die rechtliche Betreuung ihres volljährig gewordenen, einwilligungsunfähigen Kindes innehaben, erscheint eine beschränkte Haftung auf die eigenübliche Sorgfalt der Eltern sachgerecht[1125]. Zwar bezieht sich § 1664 Abs. 1 BGB seinem Wortlaut nach allein auf die Haftung der Eltern gegenüber ihrem minderjährigen Kind im Rahmen der Ausübung ihrer elterlichen Sorge und kann daher vorliegend im Verhältnis zu volljährigen, zu betreuenden Patienten nicht direkt zur Anwendung kommen. Denn § 1664 Abs. 1 BGB trägt vor allem der ausgeprägten Pflichtenstellung der Eltern aus § 1626 BGB Rechnung, welche hinsichtlich volljähriger Kinder so nicht besteht[1126]. Allerdings treten die Familienangehörigen mit der Übernahme des Betreueramtes ebenfalls in eine besondere Pflichtenstellung mit einer Vielzahl neuer Verpflichtungen ein, welche das Minus an Elternpflichten in gewisser Weise kompensiert[1127]. Damit kommt es zu einer mit dem Eltern-Kind-Verhältnis nach § 1626 BGB vergleichbaren, „durch Familienbeziehung umrahmten Pflichtenstellung"[1128] des familiären Betreuers. Auch die Regelung der befreiten Betreuung, wonach Familienangehörige modifizierten Betreuungsregeln unterfallen und von einer Reihe von Verpflichtungen befreit werden, unterstreicht die besondere Rolle der familiären

1122 OLG Schleswig FamRZ 1997, 1427, 1427 f.; siehe auch *Deinert/Lütgens/Meier*, Rn. 267 ff.

1123 OLG Schleswig FamRZ 1997, 1427, 1427 f.; siehe auch *Deinert/Lütgens/Meier*, Rn. 267 ff.

1124 Siehe *Brauer/Lipp*, MedR 2016, 231, 234.

1125 So auch *Brauer/Lipp*, MedR 2016, 231, 234.

1126 Vgl. *Brauer*, S. 82; *Brauer/Lipp*, MedR 2016, 231, 233 (zur Haftung der Fürsorgeperson).

1127 Vgl. *Brauer/Lipp*, MedR 2016, 231, 233 (zur Haftung der Fürsorgeperson).

1128 So *Brauer*, S. 84.

Beziehung[1129]. Insofern ist eine vergleichbare Interessenlage im Verhältnis der Eltern zu ihrem volljährigen, zu betreuenden Kind anzuerkennen, welche einen Analogieschluss zulässt[1130]. Die Eltern sollten folglich in ihrer Funktion als Betreuerpersonen ihres volljährigen Kindes analog § 1664 Abs. 1 BGB ebenfalls der gemilderten Haftung des § 277 BGB unterfallen und lediglich für diejenige Sorgfalt einzustehen haben, welche sie in eigenen Angelegenheiten anzuwenden pflegen (diligentia quam in suis)[1131].

Eine zusätzliche, über den § 1833 Abs. 1 BGB hinausgehende Haftung des Betreuers nach den Regelungen des Deliktsrechts ist ebenfalls nicht ausgeschlossen, sodass der Betreute auch allgemeine deliktische Ansprüche nach §§ 823 ff. BGB geltend machen kann[1132]. Neben einem Ersatz von Vermögensschäden kommt auch hier eine Haftung für Eingriffe in die Körperintegrität in Betracht[1133].

Die genannten Schäden können insbesondere durch Bevollmächtigte, Verfahrenspfleger, Ergänzungs- oder Gegenbetreuer, den Nachfolgebetreuer sowie durch den betreuten Patienten selbst geltend gemacht werden, sofern dieser nach § 104 BGB geschäftsfähig ist[1134]. Jedoch muss auch bei einem volljährigen, durch seine Eltern vertretenen Patienten kritisch gefragt werden, inwieweit die Aussicht auf Haftung einen Missbrauch der Vertretungsmacht ausschließen und die Verbindlichkeit des Patientenwillens sichern wird, wenn haftungsrechtliche Ausgleichsansprüche ganz regelmäßig erst nach Durchführung einer fraglichen ärztlichen Behandlung relevant werden würden – was für den Betroffenen häufig bereits zu spät wäre. Den präventiven Schutzmechanismen ist demnach ein weitaus größerer Nutzen beizumessen.

1129 Nach § 1908i Abs. 2 S. 2 BGB ist § 1857a BGB auf die Betreuung durch Eltern, Ehegatten, Lebenspartner oder Abkömmlinge des Betreuten sowie auf Vereins- und Behördenbetreuer sinngemäß anzuwenden, soweit das Betreuungsgericht nichts anderes anordnet. Der befreite Betreuer ist regelmäßig von gesetzlichen Pflichten im Rahmen der Vermögenssorge freigestellt, siehe §§ 1852 Abs. 2 (i.V.m. §§ 1807, 1809, 1810, 1812), 1853, 1854 BGB. Dazu auch *Brauer/Lipp*, MedR 2016, 231, 234.

1130 So *Brauer*, S. 84; *Brauer/Lipp*, MedR 2016, 231, 234.

1131 *Brauer*, S. 84; *Brauer/Lipp*, MedR 2016, 231, 234; i. E. so auch *Spalckhaver*, in: Lipp, Vorsorgeverfügungen, § 15 Rn. 182 f.

1132 *Deinert/Lütgens/Meier*, Rn. 281 ff.; *Kurze*, ErbR 2010, 314, 316.

1133 *Deinert/Lütgens/Meier*, Rn. 281 ff.; *Kurze*, ErbR 2010, 314, 316.

1134 Siehe hierzu ausführlich *Deinert/Lütgens/Meier*, Rn. 313 ff.

b. Ansprüche gegen den Vorsorgebevollmächtigten

Auf das zwischen Vollmachtgeber und Bevollmächtigtem vereinbarte Vorsorgeverhältnis kann § 1833 BGB keine Anwendung finden. Indem die Vollmacht auf einer vertraglichen Grundlage basiert, ergibt sich die Haftung der Fürsorgeperson gegenüber dem Patienten aus der zwischen ihnen bestehenden Vereinbarung und allgemeinen schuldrechtlichen Regelungen[1135].

Der Vollmachtgeber hat ein überragendes Interesse daran, dass der von ihm benannte Vorsorgebevollmächtigte tatsächlich tätig wird und seine Weisungen beachtet, wenn es zum Verlust seiner Einwilligungsfähigkeit kommt[1136]. Daher geht das Fürsorgeverhältnis über eine bloße Gefälligkeitshandlung hinaus[1137]. Als Grundverhältnis liegt der Bevollmächtigung in aller Regel ein unentgeltlicher Auftrag gemäß § 662 BGB beziehungsweise eine entgeltliche Geschäftsbesorgung mit Dienstvertragscharakter nach §§ 611, 675 Abs. 1 BGB zugrunde[1138]. Dies gilt auch, wenn Familienangehörige diese Tätigkeit aus einer altruistischen Motivation heraus übernehmen[1139]. Es besteht demnach eine vertragliche Verbindung zwischen den Parteien, aus welcher der Bevollmächtigte dem Vollmachtgeber für vorsätzliche und fahrlässige Pflichtverletzungen im Innenverhältnis gemäß §§ 280 Abs. 1, 276 BGB haftbar ist. Daneben bestehen ebenfalls deliktische Ansprüche bei Rechts- und Rechtsgutsverletzungen[1140].

Hinsichtlich des Verschuldensmaßstabs lassen sich dieselben Gründe für eine Beschränkung des Vertreterverschuldens auch im Rahmen des Vorsorgeverhältnisses anführen[1141]. Ebenso wie im Betreuungsverhältnis sollte die Haftung auch hier für enge Familienangehörige mit Verweis auf obige Argumentation auf die eigenübliche Sorgfalt des Bevollmächtig-

1135 BayObLG FamRZ 1994, 1550, 1551; *Kurze*, ErbR 2010, 314, 318 f.; *Bienwald*, in: Staudinger, BGB, § 1908i Rn. 356.

1136 *Brauer/Lipp*, MedR 2016, 231, 232 f.; *Kurze*, ErbR 2010, 314, 318.

1137 *Brauer/Lipp*, MedR 2016, 231, 232 f.; *Kurze*, ErbR 2010, 314, 318.

1138 Vgl. *Brauer/Lipp*, MedR 2016, 231, 233; *Bühler*, FamRZ 2001, 1585, 1593; *Deinert/Lütgens/Meier*, Rn. 1559 ff.; *Kurze*, ErbR 2010, 314, 318; *Walter*, Vorsorgevollmacht, S. 112 f.

1139 *Brauer/Lipp*, MedR 2016, 231, 233.

1140 *Kurze*, ErbR 2010, 314, 318.

1141 Vgl. *Brauer*, 2013, S. 81 ff.; *Brauer/Lipp*, MedR 2016, 231, 233.

ten begrenzt werden[1142], sofern nicht bereits in der Vorsorgevollmacht ausdrücklich eine Haftungserleichterung vereinbart wurde[1143].

V. Zwischenergebnis

Auf eine Minderjährigenverfügung, das heißt die durch einen Minderjährigen verfasste Behandlungsverfügung, ist § 1901a Abs. 1 S. 1 BGB auch dann nicht anwendbar, wenn der Verfasser zwischenzeitlich volljährig geworden ist. Eine Patientenverfügung im Sinne des § 1901a Abs. 1 S. 1 BGB liegt lediglich dann vor, wenn die verfasste Erklärung nach Vollendung des achtzehnten Lebensjahres des Patienten nochmals durch dessen Unterschrift bestätigt wird. Sodann sind die Festlegungen als Verfügung eines Volljährigen zu behandeln, die gemäß § 1901a Abs. 1 S. 1 und S. 2 BGB für den rechtlichen Betreuer des Patienten sowie in Verbindung mit Abs. 6 ebenso für einen bestimmten Vorsorgebevollmächtigten unmittelbar verbindlich sind. In der Praxis wird diese Konstellation jedoch die Ausnahme bilden.

Vorsorgliche Behandlungsentscheidungen eines Minderjährigen sind vielmehr als Behandlungswünsche im Sinne von § 1901a Abs. 2 S. 1 Alt. 1 BGB anzusehen, welche – sofern der Minderjährige hinreichend einsichts- und urteilsfähig und damit wenigstens mitentscheidungsbefugt war – aber jedenfalls aufgrund fehlender Volljährigkeit keine „echten" Patientenverfügungen darstellen können. Auch Behandlungswünsche nach § 1901a Abs. 2 S. 1 Alt. 1 BGB sind dabei grundsätzlich bindend. Einschränkungen in der Bindungswirkung kommen bei hinreichender Entscheidungsfähigkeit lediglich durch fehlende oder unzureichende Bestimmtheit der Festlegungen in Betracht. Ist der Patientenwille feststellbar, muss der Vertreter diesem nach § 1901a Abs. 2 S. 1 Alt. 1 BGB Folge leisten[1144]. Der hinreichend bestimmte und auf die aktuelle Lebens- und Behandlungssituation zutreffende Behandlungswunsch ist für den Patientenvertreter folglich ebenso verbindlich wie die Festlegungen einer wirksamen Patientenverfügung. Im Unterschied zu einer solchen hat nunmehr allerdings

---

1142 *Brauer*, 2013, S. 81 ff.; *Brauer/Lipp*, MedR 2016, 231, 233.

1143 Siehe dazu *Kurze*, ErbR 2010, 314, 319; *Lipp*, in: Lipp, Vorsorgeverfügungen, § 15 Rn. 184 ff.

1144 Siehe zu diesem Ergebnis nochmals BGHSt 55, 191, 199; *Beckmann*, FPR 2010, 278, 281; *Coeppicus*, NJW 2013, 2939, 2939 f.; *Hahne*, FamRZ 2003, 1619, 1620; *Lipp*, in: Lipp, Vorsorgeverfügungen, § 17 Rn. 160.

der Betreuer oder Bevollmächtigte nach § 630d Abs. 1 S. 2 Hs. 1 BGB eine eigene Erklärung gegenüber dem Behandler abzugeben.

Voraussetzung für die Anwendung des § 1901a Abs. 2 BGB ist das Bestehen eines Betreuungsrechts- oder Vorsorgeverhältnisses. Da der minderjährige, nur beschränkt geschäftsfähige Patient eigenständig keine wirksame Vollmacht erteilen kann, wird für ihn ab Erreichen der Volljährigkeit regelmäßig nach §§ 1896 ff. BGB ein rechtlicher Betreuer bestellt werden. Dies kann gemäß § 1908a BGB vorsorglich bereits für einen Minderjährigen geschehen, sollte die Erforderlichkeit seiner Betreuung für die Zeit ab der Volljährigkeit zu erwarten sein. Handelt es sich um einen schwer kranken Patienten, beispielsweise um ein Kind mit chronischer Erkrankung, infauster Prognose oder gar bereits in moribundem Zustand, das bereits im Minderjährigenalter intensiv durch seine sorgeberechtigten Eltern unterstützt und betreut wurde, liegt es nahe, die Eltern auch schon vorab als rechtliche Betreuer ihres volljährig werdenden Kindes zu bestellen.

Im Innenverhältnis sind die Eltern sodann verpflichtet, die antizipiert verfassten Wünsche ihres betreuten Kindes gegenüber Dritten umzusetzen. Dies ergibt sich sowohl aus der allgemeinen Wunschbefolgungspflicht des § 1901 Abs. 3 BGB als auch aus § 1901a Abs. 2 S. 1 BGB als lex specialis, welcher eine Umsetzungspflicht für den Betreuer und Bevollmächtigten (siehe Abs. 6) hinsichtlich der Behandlungswünsche und des mutmaßlichen Patientenwillens des einwilligungsunfähigen Patienten beinhaltet. Sofern der minderjährige Patient die Verfügung im Zustand hinreichender Einsichts- und Urteilsfähigkeit verfasste, wird die Pflicht dabei auch nicht durch die Begrenzung auf das Wohl des Betreuten aus § 1901 Abs. 3 BGB beschränkt, denn dieses ist jedenfalls dann nicht gefährdet, wenn die Wünsche selbstbestimmt und eigenverantwortlich getroffen wurden.

Um sicherzustellen, dass die Eltern ihren betreuungsinternen Pflichten zur Wunschbefolgung nachkommen, hat der Gesetzgeber eine Reihe betreuungsrechtlicher Schutznormen geschaffen. Hierzu gehört insbesondere das dialogische Verfahren zwischen Arzt und Patientenvertreter nach § 1901b BGB sowie die Genehmigungspflicht durch das Betreuungsgericht aus § 1904 BGB bei einem Dissens beider Beteiligter über die Vornahme eines Eingriffs. Daneben hat das Gericht den rechtlichen Betreuer zu beraten und zu beaufsichtigen. Im Falle eines erheblichen Missbrauchs seiner Vertretungsmacht ist das Betreuungsrechts- oder Vorsorgeverhältnis zu beenden. Schließlich besteht zudem ein haftungsrechtlicher Schutz des Betreutenwillens, indem die Eltern ihrem betreuten Kind gemäß § 1908i Abs. 1 S. 1 i.V.m. § 1833 BGB respektive §§ 280 Abs. 1, 276, 662 BGB zu Schadensersatz und Schmerzensgeld verpflichtet sind, sofern sie die in der

Minderjährigenverfügung verbindlich festgelegten Behandlungswünsche entgegen ihrer eigenüblichen Sorgfalt in missbräuchlicher Weise nicht umsetzen.

D. Bindung des Arztes an die antizipierte Minderjährigenverfügung eines nunmehr volljährigen Patienten

Die antizipierte Behandlungsverfügung eines Minderjährigen könnte ferner auch für den Arzt direkte Bindungswirkung entfalten, nachdem der verfügende Patient das Volljährigkeitsalter erreicht hat.

Das Betreuungsrecht selbst enthält keine an den Behandler adressierten Bestimmungen darüber, wie mit antizipierten Behandlungsentscheidungen des Patienten umzugehen ist, wenn dieser in keinem Betreuungsrechts- oder Vorsorgeverhältnis steht beziehungsweise der Patientenvertreter beispielsweise vor einem bevorstehenden ärztlichen Eingriff nicht erreichbar ist[1145]. Die betreuungsrechtlichen Normen sind lediglich an die Vertretungsperson gerichtet, sodass sich eine unmittelbare Bindung des Arztes an vorsorgliche Festlegungen seines Patienten nicht aus § 1901a BGB ergeben kann, sondern vielmehr aus dem Arzt-Patienten-Verhältnis hergeleitet werden muss[1146].

I. Grundsatz mittelbarer Bindung durch die Erklärung des hierzu Berechtigten, § 630d Abs. 1 S. 2 Hs. 1 BGB

Die Minderjährigenverfügung lässt sich in aller Regel unter den Begriff des Behandlungswunsches im Sinne des § 1901a Abs. 2 S. 1 Alt. 1 BGB subsumieren, nicht aber unter die Legaldefinition der Patientenverfügung[1147]. Nichtsdestoweniger sind Behandlungswünsche für den Betreuer oder Vorsorgebevollmächtigten im Innenverhältnis ebenso verbindlich wie eine Patientenverfügung, sofern der Patient im Verfügungszeitpunkt hinreichend entscheidungsfähig war und seine Festlegungen sowohl dem Bestimmtheitserfordernis genügen als auch auf die konkrete Behandlungssituation

1145 *Spickhoff*, in: Spickhoff, Medizinrecht, § 1901a BGB Rn. 10; *Zimmermann*, Rn. 410.

1146 Vgl. *Damrau/Zimmermann*, § 1901a BGB Rn. 60; *Lipp*, in: Lipp, Vorsorgeverfügungen, § 17 Rn. 146.

1147 Hierzu und im Folgenden siehe nochmals S. 256 ff.

zutreffen. Es stellt sich somit die Frage, ob dies in gleicher Weise auch für den behandelnden Arzt gilt.

Äußert ein volljähriger Patient im einwilligungsfähigen Zustand einen Behandlungswunsch zu einer *aktuellen* Behandlungssituation, so ist dieser für den Arzt bindend, wenn es sich hierbei um eine wirksame Einwilligung oder Verweigerung zu einer ärztlichen Heilmaßnahme handelt. Fraglich ist indes, wie mit antizipiert erklärten Behandlungswünschen zu verfahren ist. Anders als bei der wirksamen Patientenverfügung, auf die durch die neue Regelung des § 630d Abs. 1 S. 2 Hs. 2 BGB explizit verwiesen wird, besteht eine ausdrückliche gesetzliche Festlegung für einen im Voraus erklärten Behandlungswunsch eines volljährigen Patienten in dieser Form nicht. § 630d Abs. 1 S. 2 Hs. 2 BGB nimmt lediglich auf § 1901a Abs. 1 S. 1 BGB Bezug, hingegen nicht auf die in § 1901a Abs. 2 BGB behandelten Behandlungswünsche des Patienten. Aufgrund der fehlenden Verweisung muss angenommen werden, dass eine unmittelbare Bindung des Arztes an antizipiert geäußerte Behandlungswünsche zumindest nach den Vorschriften des Arzt- und Betreuungsrechts nicht beabsichtigt ist. Vielmehr hat der Arzt nach § 630d Abs. 1 S. 2 Hs. 1 BGB für den einwilligungsunfähigen Patienten die Einwilligung des hierzu Berechtigten, das heißt des Vertreters des Betroffenen, einzuholen.

Ein bereits bestellter Betreuer oder Vorsorgebevollmächtigter ist daher grundsätzlich in den Entscheidungsprozess einzubeziehen[1148]. Fehlt ein solcher, ist die Bestellung eines Betreuers für den Aufgabenkreis der Gesundheitssorge herbeizuführen[1149]. Unter welchen Voraussetzungen ein Betreuer zu bestellen ist, richtet sich auch in diesem Falle nach § 1896 Abs. 1 BGB. Die Einrichtung eines Betreuungsverhältnisses für den Bereich der Gesundheitssorge ist folglich nach dem Erforderlichkeitsgrundsatz des § 1896 Abs. 2 S. 1 BGB nur zulässig, wenn eine diesbezügliche Vertretung des Patienten notwendig ist, wovon bei Vorliegen antizipiert geäußerter Behandlungswünsche des Patienten jedoch in aller Regel auszugehen ist, da diese bereits konzeptionell auf die Umsetzung durch Dritte angelegt sind und diese Aufgabe gemäß § 1901a Abs. 2 S. 1 Alt. 1 (i.V.m. Abs. 6) BGB dem Patientenvertreter zugeschrieben wird. Damit ist im Rahmen einer Minderjährigenverfügung regelmäßig eine Entscheidung des Patientenvertreters erforderlich, welche nach § 630d Abs. 1 S. 2 Hs. 1 BGB die Legitimationsbasis für die ärztliche Behandlung legt.

1148 Siehe *Boemke*, NJW 2013, 1412, 1413 f.

1149 *Boemke*, NJW 2013, 1412, 1414; *Diehn/Rebhan*, NJW 2010, 326, 330.

Der Arzt wird also hinsichtlich Art und Umfang der medizinischen Behandlung im Ergebnis an den Inhalt der Behandlungswünsche grundsätzlich nur dadurch gebunden, dass der Patientenvertreter entsprechend seiner Umsetzungs- und Wunschbefolgungspflichten aus § 1901a Abs. 2 S. 1 und § 1901 Abs. 3 BGB seine Entscheidung auf Grundlage des Patientenwillens zu treffen hat[1150]. Ausreichend bestimmte, auf die aktuelle Behandlungssituation zutreffende Behandlungswünsche eines hinreichend entscheidungsfähigen Verfassers sind von dem Betreuer respektive Vorsorgebevollmächtigten zu befolgen und binden den Arzt demnach mittelbar über die zwingend einzuholende Vertretererklärung. Eine unmittelbare Bindungswirkung gegenüber dem Behandler kommt danach nicht zustande.

II. Unmittelbare Außenwirkung des vorsorglich erklärten Patientenwillens in besonderen Fällen

Ausnahmsweise könnte die antizipierte Minderjährigenverfügung des Volljährigen allerdings auch unmittelbare Bindungswirkung auf den behandelnden Arzt entfalten. Denkbar ist dies – ebenso wie bereits für minderjährige Patienten mit Vorausverfügung herausgestellt wurde[1151] – im Falle evidenter Verstöße des Patientenvertreters gegen die ihm eingeräumte Vertretungsmacht sowie bei eigener Entscheidungskompetenz des Patienten zur Zeit des Verfassens der Verfügung. Darüber hinaus wäre eine Vorausverfügung insbesondere dann unmittelbar verbindlich für den Arzt, wenn diese als „echte" Patientenverfügung im Sinne des § 1901a Abs. 1 S. 1 BGB qualifiziert werden könnte.

1. Unmittelbare Bindungswirkung der Patientenverfügung gegenüber dem Behandler gemäß § 630d Abs. 1 S. 2 Hs. 2 i.V.m. § 1901a Abs. 1 S. 1 BGB

Die Minderjährigenverfügung kann lediglich dadurch zur Patientenverfügung aus § 1901a Abs. 1 S. 1 BGB werden, dass der Patient ihren Inhalt nach Vollendung seines achtzehnten Lebensjahres bestätigt[1152]. In der

---

1150 Vgl. dazu bereits S. 259 ff.
1151 Siehe in Kapitel 4 D. II.
1152 Dazu ausführlich ab S. 250.

Praxis wird dieser Fall voraussichtlich eine seltene Ausnahme bleiben, dennoch soll er an dieser Stelle dargestellt werden, da sich im Arztrecht im Unterschied zu den Behandlungswünschen nach § 1901a Abs. 2 S. 1 BGB eine direkte Verweisung auf die Bindung des Arztes an eine Patientenverfügung findet.

Während früher allgemeine medizinrechtliche Grundsätze herangezogen werden mussten, sind die Rechte und Pflichten aus dem Arzt-Patienten-Verhältnis heute explizit in den §§ 630a ff. BGB als besonderer Vertragstypus des Behandlungsvertrages geregelt. Die rechtliche Legitimation für sein ärztliches Handeln erlangt der Arzt gemäß § 630d Abs. 1 S. 1 BGB durch die Einwilligung des Patienten, sofern der Patient einwilligungsfähig ist und eine wirksame Erklärung noch rechtzeitig eingeholt werden kann. Neben der Einwilligung in unmittelbar bevorstehende Eingriffe regelt § 630d Abs. 1 S. 2 Hs. 2 BGB die Wirkung antizipierter Behandlungsentscheidungen, indem auf § 1901a Abs. 1 S. 1 BGB ausdrücklich Bezug genommen wird:

> Ist der Patient einwilligungsunfähig, ist die Einwilligung eines hierzu Berechtigten einzuholen, soweit nicht eine Patientenverfügung nach § 1901a Absatz 1 Satz 1 die Maßnahme gestattet oder untersagt.

Der eigenen vorsorglichen Behandlungsentscheidung des Patienten in Form einer Patientenverfügung wird damit Vorrang eingeräumt vor der Erklärung eines potenziellen Vertreters[1153]. Willigt der Patient antizipiert in eine medizinische Maßnahme ein oder untersagt er diese, ist das ärztliche Handeln von ebendiesen Festlegungen abhängig und wird durch die vorsorgliche Entscheidung legitimiert. Möglicherweise abweichende Vorstellungen eines Vertreters sind im Rahmen dieser Behandlungsentscheidung unbeachtlich[1154]. Die Bindung des Arztes an Patientenverfügungen hat damit in § 630d Abs. 1 S. 2 BGB ihren gesetzlichen Niederschlag gefunden. Der Behandler ist gleich einer Einwilligung in aktuelle Eingriffe auch an Vorausverfügungen im Sinne von § 1901a Abs. 1 S. 1 BGB gebunden, sofern diese auf die aktuelle Lebens- und Behandlungssituation zutreffen[1155].

1153 Vgl. *Coeppicus*, NJW 2013, 2939, 2939 ff.; *Taupitz*, A 107.

1154 *Coeppicus*, NJW 2013, 2939, 2939 ff.; *Taupitz*, A 107.

1155 *Albrecht/Albrecht*, MittBayNot 2015, 110, 111; *Coeppicus*, NJW 2013, 2939, 2939 ff.; *Götz*, in: Palandt, BGB, § 1901a Rn. 24; (noch) ohne Verweis auf § 630d Abs. 1 S. 2 Hs. 2 BGB ebenso BGH MedR 2015, 508, 509 f. m. Anm. *Engels*; *Coeppicus*, NJW 2011, 2085, 2086; *Hoppe*, FPR 2010, 257, 259; *Spickhoff*, FamRZ 2009, 1949, 1953;

Fraglich bleibt danach für die Praxis allein, ob der behandelnde Arzt die Patientenverfügung nach § 630d Abs. 1 S. 2 Hs. 2 BGB auch selbstständig und unmittelbar anwenden kann und dadurch direkt zu einem ärztlichen Handeln legitimiert wird oder ob es der zusätzlichen Prüfung durch einen Patientenvertreter bedarf. Dies wird insbesondere davon abhängig zu machen sein, ob sich der Patient bereits in einem Betreuungs- oder Vorsorgeverhältnis befindet:

Findet der Arzt einen einwilligungsunfähigen volljährigen Patienten vor, für den bereits ein Betreuer bestellt oder ein Vorsorgebevollmächtigter bestimmt ist, ist der Vertreter zwingend in die Behandlungsentscheidung einzubeziehen[1156]. Dies ist dem Verweis des § 630d Abs. 1 S. 2 BGB auf § 1901a Abs. 1 S. 1 BGB zu entnehmen, welche ausdrücklich dem Patientenvertreter die Aufgabe überträgt, die Wirksamkeit der Patientenverfügung zu prüfen[1157]. Indem der Bevollmächtigte oder Betreuer allerdings gemäß § 1901a Abs. 1 S. 2 (i.V.m. Abs. 6) BGB die Festlegungen des Patienten umzusetzen hat und ihm insoweit kein eigener Entscheidungsspielraum zukommt, wird eine Einbeziehung des Vertreters nicht zu abweichenden Ergebnissen führen. Sowohl der Patientenvertreter als auch der behandelnde Arzt haben die vorsorglich formulierten Behandlungsentscheidungen des Patienten zu befolgen. Die Einbeziehung der vorhandenen Vertreterperson ist daher in erster Linie eine Verfahrens- und Kontrollregelung, die indes auf die Bindung des Arztes an den Inhalt der Vorausverfügung seines Patienten keinen Einfluss hat.

Die Frage nach der Notwendigkeit der Einbeziehung eines Patientenvertreters stellt sich somit vor allem dann, wenn über die Behandlung eines einwilligungsunfähigen Patienten zu entscheiden ist, der bislang weder in einem Betreuungsrechtsverhältnis für den Bereich der Gesundheitssorge steht noch eine dahingehende Vorsorgevollmacht erteilt hat.

---

ders., in: Spickhoff, Medizinrecht, § 1901a BGB Rn. 10; *Zimmermann*, Rn. 410; *Bienwald*, in: Bienwald/Sonnenfeld/Harm, BetrR, § 1901a BGB Rn. 39.

1156 Vgl. BGH MedR 2015, 508, 509 f.; *Boemke*, NJW 2013, 1412, 1413; *Lipp/Brauer*, Patientenvertreter, in: Höfling, Das neue Patientenverfügungsgesetz, S. 17, 32 f.; *Zimmermann*, Rn. 409 f.; *Bienwald*, in: Bienwald/Sonnenfeld/Harm, BetrR, § 1901a BGB Rn. 39; *ders.*, in: Staudinger, BGB, § 1901a und b Rn. 55 ff.; *Damrau/Zimmermann*, § 1901a BGB Rn. 75. Ebenfalls zu entnehmen aus BT-Drs. 16/8442, S. 11.

1157 Vgl. BGH MedR 2015, 508, 509 f.; *Boemke*, NJW 2013, 1412, 1413; *Bienwald*, in: Bienwald/Sonnenfeld/Harm, BetrR, § 1901a BGB Rn. 39; *ders.*, in: Staudinger, BGB, § 1901a und b Rn. 58 ff.; *Damrau/Zimmermann*, § 1901a BGB Rn. 75.

Aufgrund des Wortlauts des § 1901a Abs. 1 BGB nehmen Teile des Schrifttums die Haltung ein, die Beteiligung eines Patientenvertreters sei stets zu verlangen[1158]. Zwar sei die notwendige Einwilligung bei einer wirksamen Patientenverfügung bereits durch den Patienten selbst erteilt worden, sodass es keiner Zustimmung des Vertreters bedürfe, jedoch obliege ihm – sofern ihm der Bereich der Gesundheitssorge übertragen sei – die Pflicht zur Prüfung, ob die Festlegungen der Verfügung auf die aktuelle Lebens- und Behandlungssituation zuträfen[1159]. Dieser Pflicht könne nur nachgekommen werden, wenn ein Vertreter bestimmt sei[1160]. Gestützt wird diese Auffassung auch auf die Regelung des § 1901b Abs. 1 S. 2 BGB, die bei der Erörterung der medizinischen Maßnahme ein dialogisches Verfahren vorsieht, bei welchem sich Arzt und Patientenvertreter über die Behandlungsentscheidung zusammenschließen und gegenseitig beraten[1161]. Dürfe der Arzt allein über die Wirksamkeit der Patientenverfügung befinden, so das Argument, könne kein Dialog zustande kommen, weshalb zwingend ein Betreuer oder Bevollmächtigter zu beteiligen sei[1162]. Dieser Annahme folgend müsste der behandelnde Arzt auch bei eindeutig wirksamer Patientenverfügung seines Patienten stets zuerst einen Vertreter konsultieren und hätte sich folglich im Falle seines Fehlens zunächst an das Betreuungsgericht zu wenden, um eine Betreuung für den Patienten zu erwirken. Die Bindung des Arztes an den Inhalt der Patientenverfügung gemäß § 630d Abs. 1 S. 2 Hs. 2 i.V.m. § 1901a Abs. 1 S. 1 BGB würde sich durch diese restriktive Ansicht auf eine inhaltliche Bindung als Grundlage der ärztlichen Legitimation nach vorheriger Prüfung durch den Patientenvertreter beschränken. Faktisch liefe die Unmittelbarkeit der Bindungswirkung des Arztes damit nahezu ins Leere. Die zwingende Einbeziehung eines Vertreters zur Prüfung der Lebens- und Behandlungssituation würde eine Pflicht des Arztes zur Anregung eines Betreuungsverhältnisses

---

1158 *Albrecht/Albrecht*, Rn. 39, 115; *dies.*, MittBayNot 2015, 110, 110; *Beckmann*, MedR 2009, 582, 583; *Boemke*, NJW 2013, 1412, 1414; *Diehn/Rebhan*, NJW 2010, 326, 328 ff.; *Müller*, DNotZ 2010, 169, 174 f.; *Olzen*, JR 2009, 354, 358; *Zimmermann*, Rn. 410; *Bienwald*, in: Bienwald/Sonnenfeld/Harm, BetrR, § 1901a BGB Rn. 40 ff.

1159 Vgl. *Albrecht/Albrecht*, MittBayNot 2015, 110, 110; *Beckmann*, MedR 2009, 582, 583; *Boemke*, NJW 2013, 1412, 1414; *Diehn/Rebhan*, NJW 2010, 326, 328 ff.; *Müller*, DNotZ 2010, 169, 174 f.; *Bienwald*, in: Bienwald/Sonnenfeld/Harm, BetrR, § 1901a BGB Rn. 40 ff.

1160 *Beckmann*, MedR 2009, 582, 583; *Boemke*, NJW 2013, 1412, 1414; *Müller*, DNotZ 2010, 169, 174 f.

1161 *Albrecht/Albrecht*, MittBayNot 2015, 110, 110; *Boemke*, NJW 2013, 1412, 1414.

1162 *Albrecht/Albrecht*, MittBayNot 2015, 110, 110; *Boemke*, NJW 2013, 1412, 1414.

bedeuten, infolgedessen ein Handeln des Arztes *ausschließlich* und *unmittelbar* aufgrund der antizipierten Einwilligung in Form einer Patientenverfügung nach diesem engen Lösungsansatz nicht zulässig wäre.

Dem ist indes entgegenzuhalten, dass § 1901a Abs. 1 BGB bereits ein Betreuungsrechts- oder Vorsorgeverhältnis voraussetzt und folglich nur dann die Pflicht des Vertreters zur Prüfung der Lebens- und Behandlungssituation begründet, wenn ein solcher bereits bestimmt wurde. Eine Pflicht des Arztes, bei Vorliegen einer wirksamen Patientenverfügung eine Betreuung zu erwirken, besteht hingegen nicht, da ein zusätzlicher Umsetzungsakt durch den Patientenvertreter nicht erforderlich ist[1163]. Dies sollte jedenfalls dann gelten, wenn zweifelsfrei durch den Arzt ersichtlich ist, dass die Patientenverfügung auf die aktuelle Lebens- und Behandlungssituation des Patienten zutrifft und seinem derzeitigen Willen nicht entgegensteht[1164]. Es entspricht gerade dem Zweck einer Patientenverfügung, eine Betreuung im Rahmen ihres Geltungsbereichs überflüssig zu machen. § 630d Abs. 1 S. 2 BGB knüpft ebenfalls direkt an die Patientenverfügung an. Hat der Patient antizipiert seine medizinischen Angelegenheiten selbst geregelt, widerspräche es außerdem schon dem Erforderlichkeitsgrundsatz des § 1896 Abs. 2 S. 1 BGB, einen Vertreter zu bestellen[1165].

Eine abschließende Klärung dieser Problematik durch die Judikative steht noch aus. Der Gesetzgeber hat demgegenüber deutlich zum Ausdruck gebracht, dass die Patientenverfügung nicht allein den Vertreter des Patienten, sondern gleichermaßen auch den behandelnden Arzt binde[1166] – mit der Folge, dass dieser entsprechend der Vorsorgeentscheidung des Patienten tätig werden darf[1167]. Während sich in der Gesetzesbegründung des 3. Betreuungsrechtsänderungsgesetzes noch die folgende zurückhaltende Aussage findet:

> „Im Entwurf nicht ausdrücklich zu regeln war die Aufgabe des Arztes und weiterer an der Behandlung beteiligter Personen (zum Beispiel Pflegepersonal), im Rahmen ihrer Verantwortung zu prüfen, ob und welchen Behandlungswillen der Patient geäußert hat, ob er eine Ent-

---

1163 *Damrau/Zimmermann*, § 1901a BGB Rn. 6, 56.

1164 *BMJ*, S. 12 f.; *Coeppicus*, NJW 2013, 2939, 2940; *Damrau/Zimmermann*, § 1901a BGB Rn. 6, 56; *Deutsch/Spickhoff*, Rn. 1019; *Verrel/Simon*, S. 52; vgl. auch *Albrecht/Albrecht*, MittBayNot 2015, 110, 111.

1165 *Coeppicus*, NJW 2013, 2939, 2940; *Lipp*, in: Lipp, Vorsorgeverfügungen, § 17 Rn. 46; *Götz*, in: Palandt, BGB, § 1901a Rn. 15.

1166 Siehe BT-Drs. 17/10488, S. 23; BT-Drs. 16/8442, S. 15.

1167 BT-Drs. 17/10488, S. 23.

> scheidung über die anstehende Behandlung getroffen hat oder ob es dafür der Entscheidung des Betreuers oder Bevollmächtigten bedarf. In den Empfehlungen der Bundesärztekammer und der Zentralen Ethikkommission bei der Bundesärztekammer zum Umgang mit Vorsorgevollmacht und Patientenverfügung in der ärztlichen Praxis vom 30. März 2007 wird aber ausdrücklich darauf hingewiesen, dass Adressat der Patientenverfügung jede an der Behandlung und Betreuung beteiligte Person sein kann, die entsprechend ihrer Verantwortung in die vorzunehmenden Prüfungen eingebunden ist."[1168],

wird die unmittelbare Bindung des Arztes im Entwurf des Patientenrechtegesetzes vom 15. August 2012 nunmehr unmissverständlich klargestellt:

> „Hat der Patient für den Fall seiner Einwilligungsunfähigkeit Festlegungen zu seiner Einwilligung oder Untersagung bestimmter Behandlungen in einer Patientenverfügung (§ 1901a) getroffen, so gelten diese. Sofern der Behandelnde keine Zweifel daran hat, dass eine wirksame Patientenverfügung vorliegt, die auf die aktuelle Lebens- und Behandlungssituation zutrifft, wird er auf ihrer Grundlage entscheiden [...]."[1169]

Mithin entspricht es sowohl Text und Systematik des Gesetzes als auch dem Willen des Gesetzgebers, dass eine wirksame Patientenverfügung auch – und gerade – dann Außenwirkung gegenüber dem Behandelnden entfaltet, wenn bislang keine Betreuung für den Patienten eingerichtet wurde. Der Arzt ist folglich gemäß § 630d Abs. 1 S. 2 Hs. 2 i.V.m. § 1901a Abs. 1 S. 1 BGB durch die antizipierte Einwilligung beziehungsweise deren Verweigerung direkt legitimiert, ärztliche Maßnahmen durchzuführen oder zu unterlassen. In diesem Falle wird von dem behandelnden Arzt allerdings zu verlangen sein, gleichermaßen wie ein Patientenvertreter die Voraussetzungen der Patientenverfügung im Sinne des § 1901a Abs. 1 S. 1 BGB zu überprüfen und insbesondere zu verifizieren, dass die Festlegungen des Patienten mit dessen aktueller Lebens- und Behandlungssituation in Einklang stehen[1170]. Kann er zweifelsfrei die Wirksamkeit der Verfügung feststellen, da er beispielsweise deren Inhalt noch kurz zuvor ausführlich mit dem Patienten erörtert hat, ist das Hinzuziehen eines Patienten-

1168 BT-Drs. 16/8442, S. 15.
1169 BT-Drs. 17/10488, S. 23.
1170 Vgl. *Albrecht/Albrecht*, MittBayNot 2015, 110, 110; *Zimmermann*, Rn. 408 ff.

vertreters insoweit überflüssig[1171]. Bestehen hingegen Zweifel an der Wirksamkeit, darf der Arzt nicht selbstständig tätig werden, sondern hat die Überprüfung der Verfügung durch einen Patientenvertreter abzuwarten. Dazu ist eine Betreuerbestellung bei dem zuständigen Betreuungsgericht anzuregen, sollte noch kein Betreuungsrechts- oder Vorsorgeverhältnis vorliegen. Die Einrichtung einer Betreuung richtet sich dabei nach den allgemeinen Grundsätzen zur Betreuerbestellung aus § 1896 BGB, sodass es insbesondere von der Erforderlichkeit einer Betreuung in Gesundheitsangelegenheiten abhängen wird, ob das Gericht ein Betreuungsrechtsverhältnis für den Patienten beschließt.

Hierbei ist jedoch zu bedenken, dass im Falle eines Behandlungsaufenthalts des Patienten neben der Einwilligung in die ärztliche Maßnahme weitere Entscheidungen von Nöten sind, die den ärztlichen Eingriff im weiteren Sinne betreffen, mitunter die Aufnahme in ein bestimmtes Krankenhaus, die Wahl des Arztes, der Abschluss eines Behandlungsvertrages sowie die ärztliche Vergütung. Aus diesem Grunde wird bei der Aufnahme eines betreuungsbedürftigen Patienten regelmäßig auch dann die Einbeziehung eines Betreuers erforderlich werden, wenn die Behandlung selbst aufgrund einer wirksamen Patientenverfügung ohne Einbeziehung eines solchen Vertreters zulässig wäre[1172].

2. Betreuungsgerichtliche Genehmigung nach § 1904 BGB als Außengenehmigung

Scheitert das dialogische Verfahren aus § 1901b BGB, indem Arzt und Betreuer oder Vorsorgebevollmächtigter zu keiner Einigung über den Patientenwillen gelangen, bedarf es der gerichtlichen Genehmigung der

1171 So die h. M.: siehe *Albrecht/Albrecht*, MittBayNot 2015, 110, 111; *Coeppicus*, NJW 2013, 2939, 2940; *Lipp*, in: Lipp, Vorsorgeverfügungen, § 17 Rn. 146; *Lipp/Brauer*, Patientenvertreter, in: Höfling, Das neue Patientenverfügungsgesetz, S. 17, 31 f.; *Verrel/Simon*, S. 52; *Damrau/Zimmermann*, § 1901a BGB Rn. 6, 56; *Götz*, in: Palandt, BGB, § 1901a Rn. 15; *Spickhoff*, in: Spickhoff, Medizinrecht, § 1901a BGB Rn. 10.

1172 *Lipp/Brauer*, Patientenvertreter, in: Höfling, Das neue Patientenverfügungsgesetz, S. 17, 31. Vor diesem Hintergrund die Entbehrlichkeit des Vertreters für das Behandlungsgeschehen insgesamt ablehnend: *Beckmann*, MedR 2009, 582, 583 (sowie Fn. 10); *Zimmermann*, Rn. 414; *Bienwald*, in: Staudinger, BGB, § 1901a und b Rn. 59 ff.

Einwilligung oder Behandlungsverweigerung des Patientenvertreters nach § 1904 Abs. 3 BGB[1173].

Diese, in dem Genehmigungsbeschluss enthaltene, gerichtliche Zustimmung zu der Vertreterentscheidung wirkt nach richtiger Auffassung als Außengenehmigung, welche sich nicht allein an den Betreuer respektive Vorsorgebevollmächtigten richtet, sondern überdies auch an die behandelnden Ärzte sowie an alle weiteren in die ärztliche Behandlung des Patienten involvierten Personen adressiert ist[1174]. Die Einwilligung des Patientenvertreters wird erst durch den gerichtlichen Beschluss wirksam[1175], sodass der Arzt folglich im Rahmen genehmigungspflichtiger ärztlicher Maßnahmen über den Beschluss des Betreuungsgerichts, welches die Vereinbarkeit der Vertreterentscheidung mit dem Patientenwillen überprüft hat, in Verbindung mit der Entscheidung an die Behandlungswünsche des Patienten gebunden wird[1176]. Zwar gilt der Wille des Patienten für den Behandler auch infolge des Beschlusses nach § 1904 BGB im technischen Sinne nicht unmittelbar, da der Beschluss lediglich die Entscheidung des Vertreters genehmigt und diese nicht etwa ersetzt, wie dies im Kindschaftsrecht im Verfahren nach § 1666 Abs. 3 Nr. 5 BGB der Fall ist. Durch die zusätzliche gerichtliche Kontrolle wird aber die Gefahr einer Falschbehandlung infolge eines Missbrauchs der Vertretungsmacht des Patientenvertreters vermieden, da die Genehmigung nur dann erteilt wird, wenn die Einwilligung, die Nichteinwilligung oder der Widerruf der Einwilligung nach betreuungsgerichtlicher Prüfung dem Willen des Betreuten entspricht.

3. Evidenter Missbrauch der Vertreterstellung

Eine Grenze der im Außenverhältnis unbeschränkten Vertretungsmacht des Vertreters findet sich nach herrschender Meinung darüber hinaus dort, wo ein Missbrauch der Vertretungsmacht gegenüber dem Erklärungsempfänger evident ist[1177]. Diese ist nicht auf die Vertreterstellung sorgebe-

1173 Siehe ausführlich bereits unter C. IV. 2. dieses Kapitels.

1174 So *Damrau/Zimmermann*, § 1904 BGB Rn. 9; *Götz*, in: Palandt, BGB, § 1904 Rn. 25; *Heitmann*, in: NK BGB, § 1904 Rn. 39; *Schwab*, in: MüKo BGB, § 1904 Rn. 31; a. A. aber *Bienwald*, in: Staudinger, BGB, § 1904 Rn. 86 ff.

1175 *Damrau/Zimmermann*, § 1904 BGB Rn. 8.

1176 Vgl. *Heitmann*, in: NK BGB, § 1904 Rn. 39.

1177 Vgl. RGZ 71, 219, 222; BGHZ 50, 112, 114; *Schilken*, in: Staudinger, BGB, § 167 Rn. 95 ff.; *Schubert*, in: MüKo, BGB, § 164 Rn. 210 ff., 221.

rechtigter Eltern gegenüber ihrem minderjährigen Kind beschränkt[1178], sondern gilt ebenso für die gewillkürte oder gesetzliche Vertretung volljähriger Patienten im Rahmen eines Vorsorge- oder Betreuungsrechtsverhältnisses[1179].

Verstößt der Betreuer oder Vorsorgebevollmächtigte gegen seine interne Umsetzungs- und Wunschbefolgungspflicht aus § 1901a Abs. 2 S. 1 Alt. 1 i.V.m. § 1901 Abs. 3 BGB und drängt sich dem Arzt die rechtsmissbräuchliche Ausübung der Vertretungsmacht auf, ist er nicht schutzwürdig[1180]. Dazu muss ihm der Missbrauch positiv bekannt oder aufgrund massiver Verdachtsmomente zumindest erkennbar gewesen sein[1181].

Anders, als sich dies im allgemeinen Stellvertreterrecht darstellt, werden Fälle evidenter Verstöße innerhalb des durch den engen persönlichen Kontakt zum Vertretenen geprägten Arzt-Patienten-Verhältnis nicht nur eine seltene Ausnahme bleiben. Vielmehr ist davon auszugehen, dass dem Arzt ein Vertretungsmissbrauch häufig dadurch bekannt wird, dass er den Patienten auf das Vorliegen seiner hinreichenden Einsichts- und Urteilsfähigkeit untersucht, ihn mindestens nach § 630e Abs. 5 BGB über die bevorstehende Maßnahme unterrichtet und sich dabei in der Regel auch über bestehende Behandlungsverfügungen des Patienten informieren muss, sodass ihm vielfach auch vorsorglich geäußerte Behandlungswünsche seines Patienten bekannt werden. Dies ist vor allem dann anzunehmen, wenn es sich bei dem Vertretenen um einen Patienten mit einer länger andauernden Krankheit handelt, den der Arzt bereits als Minderjährigen noch vor dem Vollenden des achtzehnten Lebensjahres kannte. Denn der Arzt hatte dann bereits im Vorfeld der Behandlungssituation die Möglichkeit, sich ein Bild von den Vorstellungen des adoleszenten Patienten zu machen. Vor allem die Behandlungswünsche, aber auch Anhaltspunkte, die für die Erforschung des mutmaßlichen Willens des Patienten erheblich sind, können dem Behandler so zur Kenntnis gelangen. Handelt der Vertreter diesen Wünschen zuwider, ist dies ein Fall eines evidenten Missbrauchs der Vertretungsmacht[1182] – mit der Folge, dass die Vertretererklärung den

1178 Siehe dazu in Kapitel 3 B. III. 2. a. und Kapitel 4 D. II. 1.

1179 Siehe hierzu *Lipp*, Fürsorge, S. 187 f.

1180 Siehe nur RGZ 71, 219, 222; BGHZ 50, 112, 114; *Schilken*, in: Staudinger, BGB, § 167 Rn. 95 ff.; *Schubert*, in: MüKo, BGB, § 164 Rn. 210 ff., 221; sowie konkret hierzu *Lipp*, Fürsorge, S. 187 f.

1181 BGHZ 50, 112, 114; 127, 239, 241 f.; BGH NJW 1999, 2883, 2883 f.; *Ellenberger*, in: Palandt, BGB, § 164 Rn. 14; *Schilken*, in: Staudinger, BGB, § 167 Rn. 97 m. w. N.

1182 Ausführlicher zu diesem Argument Kapitel 4 D. II. 1.

Behandler nicht gemäß § 630d Abs. 1 S. 2 Hs. 1 BGB bindet (siehe § 177 BGB)[1183]. Zumindest aber müssten dem Arzt in einer solchen Situation Zweifel an der rechtmäßigen Umsetzung des Patientenwillens durch dessen Vertreter kommen, sodass er ein Verfahren nach § 1904 BGB einzuleiten hat, um die Vertreterentscheidung gerichtlich prüfen zu lassen.

4. Entscheidungskompetenz des Minderjährigen bei Abfassen der Verfügung

Originäre, unmittelbare Außenwirkung gegenüber dem Behandler kann der von einem Minderjährigen verfassten Vorausverfügung indes nur dann zukommen, wenn dem Minderjährigen die Kompetenz zugestanden wird, verbindlich über die Vornahme eines medizinischen Eingriffs (mit) zu entscheiden. Wie aus den eingangs in diesem Kapitel angestellten Vorüberlegungen hervorgeht, wird eine Erklärung eines Minderjährigen nicht dadurch an Kraft verlieren, dass der Erklärende das Volljährigkeitsalter erreicht. Die Minderjährigenverfügung des nunmehr volljährigen Patienten wirkt fort. Somit müssen für sie die gleichen Grundsätze gelten[1184], wie sie in Bezug auf die Bindungswirkung einer Vorausverfügung eines noch minderjährigen Patienten gegenüber dem Behandler erarbeitet worden sind[1185].

Danach gilt: Vorsorgliche Festlegungen wirken auf den Arzt ebenso wie aktuelle Behandlungsentscheidungen, sofern sie wirksam erklärt wurden und auf die aktuelle Lebens- und Behandlungssituation zutreffen. Da jedoch die Frage danach, welche Entscheidungskompetenz einem hinreichend entscheidungsfähigen Minderjährigen hinsichtlich der ihn betreffenden ärztlichen Maßnahmen zukommt, umstritten ist und im Rahmen dieser Arbeit nicht letztentscheidend beantwortet werden kann, war die Schnittmenge der vertretenen Auffassungen als allgemein anerkannter Konsens herauszuarbeiten. Während die Befürworter der Alleinentscheidungskompetenz die Ansicht vertreten, dass einem hinreichend einsichts- und urteilsfähigen Minderjährigen die alleinige Entscheidungsbefugnis

1183 Siehe BGHZ 141, 357, 364; *Lipp*, Fürsorge, S. 184 ff.; *Ellenberger*, in: Palandt, BGB, § 164 Rn. 14b; ausführlich *Schilken*, in: Staudinger, BGB, § 167 Rn. 101 ff. m. w. N.

1184 Siehe daher zu den nachfolgenden Ausführungen die in Kapitel 4 D. II. 3. dargestellten Grundsätze.

1185 Vgl. dazu nochmals *Lipp*, in: Laufs/Katzenmeier/Lipp, Kap. VI Rn. 185.

zukomme und er daher sowohl positive als auch negative Behandlungsentscheidungen eigenverantwortlich ohne das Zutun seiner Sorgeberechtigten treffen dürfe[1186], gehen die Vertreter der kumulativen Entscheidungskompetenz davon aus, dass der im ausreichenden Maße entscheidungsfähige Minderjährige kumulativ unter Mitwirkung seiner Eltern die Einwilligung in einen medizinischen Eingriff erteilen könne, indem er entweder gemeinsam mit ihnen zustimmen müsse (Co-Konsens-Prinzip) oder zumindest ein Veto gegen die Einwilligung seiner Eltern einlegen dürfe (Vetorecht)[1187].

Als Konsens der vertretenen Ansichten ließ sich folglich zumindest eine negative Entscheidungskompetenz des hinreichend einsichts- und urteilsfähigen Minderjährigen ausmachen, wonach der behandelnde Arzt jedenfalls dann nicht zu einer medizinischen Maßnahme legitimiert werden kann, wenn der Minderjährige diese ablehnt. Macht er vorsorglich im Zustand der nötigen Entscheidungsfähigkeit antizipiert von seinem Vetorecht Gebrauch, indem er eine Behandlungsverfügung verfasst, in der er eine bestimmte oder jegliche Maßnahmen verweigert oder begrenzt, ist der Arzt dergestalt an die Verfügung gebunden, dass er den Eingriff nicht durchführen darf[1188]. Eine negative Minderjährigenverfügung hat für den Behandler somit im Ergebnis auch dann unmittelbare Außenwirkung, wenn der Patient zwischenzeitlich das achtzehnte Lebensjahr vollendet hat.

1186 So BGHSt 12, 379 ff.; 16, 309 ff.; *Diederichsen*, Zustimmungsersetzungen, in: Dierks/Graf-Baumann/Lenard, Therapieverweigerung, S. 97, 103 f.; *Eser*, Ärztliches Handeln, in: Müller/Olbing, Ethische Probleme in der Pädiatrie, S. 178, 179; *Gleixner-Eberle*, S. 334, 339 ff.; *Kern*, NJW 1994, 753, 755; *ders.*, GesR 2009, 1, 3; *Lenckner*, ZStW 1960, 446, 462 f.; *Lesch*, NJW 1989, 2309, 2309 f.; *Rehborn/Schäfer*, Einwilligung Minderjähriger, in: AG RAe im Medizinrecht, 25 Jahre Arzthaftung, S. 253, 265 ff.; *Schlund*, Anm. zu OLG Hamm, JR 1999, 333, 335 f.; *Spickhoff*, NJW 2000, 2297, 2300; *ders.*, AcP 208 (2008), 345, 389 f.; *Wölk*, MedR 2001, 80, 84; *Huber*, in: MüKo BGB, § 1626 Rn. 41 f.; *Lenckner/Sternberg-Lieben*, in: Schönke/Schröder, StGB, Vorbem. §§ 32 ff. Rn. 40.

1187 So demgegenüber BGH NJW 2007, 217 ff. (sog. Vetorecht-Entscheidung); *Diederichsen*, Aspekte des Selbstbestimmungsrechts Minderjähriger, in: FS Hirsch, S. 355, 361 f.; *Gernhuber/Coester-Waltjen*, § 57 Rn. 79 f.; *Lipp*, Anm. zu BGH MedR 2008, 289, 293; *Nebendahl*, MedR 2009, 197, 201 ff.; *Pawlowski*, JZ 2003, 66, 71; *Reipschläger*, S. 204 f.; *Spickhoff*, VersR 2013, 267, 275; *Olzen*, in: MüKo BGB, § 1666 Rn. 78.

1188 Siehe *Gernhuber/Coester-Waltjen*, § 57 Rn. 80; *Lipp*, Anm. zu BGH MedR 2008, 289, 293; *ders.*, in: Laufs/Katzenmeier/Lipp, Kap. VI Rn. 183.

III. Zwischenergebnis

Der Behandler ist damit zunächst an eine wirksame Patientenverfügung unmittelbar gebunden. Dies ergibt sich aus § 630d Abs. 1 S. 2 Hs. 2 i.V.m. § 1901a Abs. 1 S. 1 BGB, wonach der Arzt ohne die Mitwirkung eines Patientenvertreters entsprechend der inhaltlichen Festlegungen aus der Verfügung legitimiert wird, sofern diese zweifelsfrei als wirksam zu erkennen sind und der Patient bislang in keinem Betreuungsrechts- oder Vorsorgeverhältnis steht. Die Vornahme, Unterlassung oder auch Beendigung einer Behandlungsmaßnahme darf der Arzt unter diesen Voraussetzungen regelmäßig ohne Vertretererklärung durchführen. Andernfalls ist, wie § 1901a Abs. 1 S. 1 und S. 2 BGB bestimmt, zur Überprüfung der Voraussetzungen der Verfügung der bestehende Patientenvertreter zu konsultieren. Ist noch kein Vertreter bestimmt und bestehen Zweifel an der Wirksamkeit oder dem Inhalt der Patientenverfügung, hat der Arzt eine Betreuerbestellung für den Patienten anzuregen. Die Minderjährigenverfügung kann jedoch nur dann als „echte" Patientenverfügung angesehen werden, wenn der Patient diese nach Erreichen der Volljährigkeit noch im einwilligungsfähigen Zustand bestätigte.

Andernfalls handelt es sich bei den Festlegungen eines Minderjährigen regelmäßig um Behandlungswünsche im Sinne des § 1901a Abs. 2 S. 1 Alt. 1 BGB. Zur Durchführung einer Behandlungsverfügung, die den gesetzlichen Anforderungen einer Patientenverfügung nicht gerecht wird, bedarf es eines Umsetzungsaktes durch den Betreuer oder Bevollmächtigten. Da § 630d Abs. 1 S. 2 Hs. 2 BGB keine Verweisung auf § 1901a Abs. 2 BGB enthält, stellen Behandlungswünsche eines minderjährigen Verfügenden im Grundsatz keine hinreichende Legitimationsgrundlage für den behandelnden Arzt dar. Vielmehr ist eine Überprüfung und gegebenenfalls Auslegung der antizipiert geäußerten Wünsche durch den Patientenvertreter nötig. Der Arzt wird folglich nur mittelbar über die Erklärung der Vertreterperson gebunden. Befindet sich der betroffene Patient bereits in einem Betreuungsrechts- oder Vorsorgeverhältnis, ist daher der Vertreter hinzuzuziehen. Soweit noch kein Patientenvertreter für den Bereich der Gesundheitssorge bestimmt ist, hat der Arzt bei dem zuständigen Betreuungsgericht die Bestellung eines Betreuers anzuregen und dessen Entscheidung abzuwarten.

Die §§ 1901a ff. BGB enthalten zudem eine Reihe von Verfahrensvorschriften, in denen auch der Behandler Beachtung findet. Er ist insbesondere nach § 1901b BGB an dem dialogischen Verfahren zur Ermittlung des Patientenwillens beteiligt. Kann hierbei ein Konsens zwischen Arzt und Vertreter nicht erreicht werden und erteilt das Betreuungsgericht infolgedessen gemäß § 1904 BGB die gerichtliche Genehmigung zu der Vertreterentscheidung, gilt diese als Außengenehmigung auch gegenüber dem Behandler.

Der Arzt ist an die Erklärung des Vertreters indes nicht gebunden, wenn dieser offenkundig gegen seine Vertretungsmacht verstößt, indem er in für den Arzt erkennbarer Weise gegen den Patientenwillen handelt. Regelmäßig wird ein Fall von Evidenz vorliegen, sobald der Behandler von dem Inhalt der Vorausverfügung Kenntnis hat und einen Widerspruch zwischen Vertretererklärung und Patientenwillen erkennt beziehungsweise erkennen muss. Gemäß § 177 BGB ist die Vertretererklärung ihm gegenüber dann nicht wirksam.

Unbeachtlich ist die Vertretererklärung schließlich dann, wenn dem minderjährigen Patienten eine eigene Entscheidungskompetenz zugestanden wird. Dies ist jedenfalls dann anzunehmen, wenn er im Zustande hinreichender Einsichts- und Urteilsfähigkeit wirksam sein Veto gegen eine künftige Behandlungsmaßnahme erklärte. Indem dieses auch nach Erreichen der Volljährigkeit fortwirkt, kann der Behandler durch eine spätere Einwilligung des Vertreters in Bezug auf die betreffende Maßnahme nicht mehr legitimiert werden. Insofern hat der antizipierte Behandlungswunsch des Minderjährigen, eine Behandlung *nicht* zu wollen, folglich auch dann noch unmittelbare Wirkung auf den Arzt, wenn jener als Erwachsener zu behandeln ist. Ob darüber hinaus auch positive Behandlungsentscheidungen unmittelbare Verbindlichkeit gegenüber dem Arzt erzeugen können, ist strittig. Da der negativen Vorsorgeverfügung jedoch in der medizinischen Praxis ein weitaus höherer Stellenwert zukommt als dies für positive Vorausverfügungen anzunehmen ist[1189], sind die Festlegungen des Patienten aus einer Minderjährigenverfügung für den Arzt folglich in einer weit überwiegenden Zahl der Fälle grundsätzlich unmittelbar bindend. Problematisch könnte in diesem Falle allerdings die Wirksamkeitsvoraussetzung einer vorherigen Aufklärung sein, auf welches zu einem späteren Zeitpunkt eingegangen wird[1190].

1189 Vgl. insb. *Lipp*, in: Laufs/Katzenmeier/Lipp, Kap. VI Rn. 184.

1190 Siehe hierzu die nachfolgenden Erörterungen zu den Anforderungen an eine verbindliche Minderjährigenverfügung in der Praxis in Kapitel 6 B. II.

E. Zusammenfassung und Ergebnis

Wenngleich anzunehmen ist, dass die Vorausverfügung eines Minderjährigen durch das Vollenden seines achtzehnten Lebensjahres nicht an Wirkungskraft verliert, können die kindschaftsrechtlichen Regelungen der §§ 1626 ff. BGB auf die Behandlungssituation eines volljährigen Patienten keine Anwendung mehr finden. Stattdessen sind die Bestimmungen des Betreuungsrechts einschlägig, sofern der Patient nicht mehr in der Lage ist, selbstbestimmt über ärztliche Eingriffe zu entscheiden.

Vorausverfügungen eines minderjährigen Verfassers sind dabei regelmäßig als Behandlungswünsche zu begreifen, welche – sofern sie konkret genug formuliert wurden – nach Eintritt der Volljährigkeit unter die Regelung des § 1901a Abs. 2 S. 1 Alt. 1 BGB zu subsumieren sind. Als solche sind sie bei entsprechender Bestimmtheit für die Patientenvertreter, also regelmäßig die Eltern des Patienten, welche als dessen rechtliche Betreuer eingesetzt werden, aber auch für andere Personen, welche als Betreuer oder Fürsorgepersonen des Patienten in Betracht kommen, verbindlich. Denn sowohl nach der Umsetzungspflicht des § 1901a Abs. 2 BGB für medizinische Entscheidungen als auch nach der allgemeinen Wunschbefolgungspflicht des § 1901 Abs. 3 BGB ist der Betreuer (oder Vorsorgebevollmächtigte, § 1901a Abs. 6 BGB) gesetzlich dazu verpflichtet, die Behandlungswünsche des Patienten festzustellen und gegenüber Dritten umzusetzen, indem er auf Grundlage des Betreutenwillens über die Vornahme beziehungsweise Nichtvornahme der ärztlichen Behandlung zu entscheiden hat (siehe § 1901a Abs. 2 S. 1 BGB a. E.). Die Wohlschranke des § 1901 Abs. 3 S. 1 BGB wirkt dabei nicht begrenzend, soweit der Patient die Wünsche im Zustand hinreichender Einsichts- und Urteilsfähigkeit tätigte, da der selbstbestimmte, freiverantwortliche Wille des Patienten seinem subjektiv verstandenen Wohle nicht entgegenstehen kann. Der Patientenvertreter hat eine solche antizipierte Behandlungsentscheidung des Betroffenen folglich aufgrund des festgesetzten Willens umzusetzen und ist an diese Festsetzungen unmittelbar gebunden.

Damit ist der konkret formulierte, auf die aktuelle Behandlungssituation zutreffende vorsorgliche Behandlungswunsch eines im Zeitpunkt des Abfassens hinreichend entscheidungsfähigen Minderjährigen nach Erreichen der Volljährigkeit gemäß § 1901a Abs. 2 S. 1 BGB im Ergebnis regelmäßig ebenso bindend für dessen Vertreter wie eine „echte" Patientenverfügung im Sinne des § 1901a Abs. 1 S. 1 BGB. Denn die Verbindlichkeit der Vorausverfügung hängt nicht entscheidend davon ab, ob bezüglich der Minderjährigenverfügung nach Eintritt der Volljährigkeit § 1901a Abs. 1

oder § 1901a Abs. 2 BGB zur Anwendung kommt; vielmehr steht und fällt sie maßgeblich mit der Bestimmtheit der Festlegungen im Behandlungskontext: Ist der festgelegte Wille von dem Vertreter zunächst noch zu ermitteln und auszulegen oder enthält die Verfügung bereits so klare und eindeutige Wünsche, dass diese ausschließlich umzusetzen sind?

Eine unmittelbare Bindungswirkung der Minderjährigenverfügung gegenüber dem behandelnden Arzt besteht im Grundsatz auch nach dem Eintritt des Patienten in die Volljährigkeit nicht. Der Patientenwille betrifft den Arzt zunächst nur mittelbar, indem er gemäß § 630d Abs. 1 S. 2 Hs. 1 BGB die Einwilligungserklärung des Patientenvertreters einholt, welcher seinerseits gemäß § 1901a Abs. 2 S. 1 Alt. 1 sowie § 1901 Abs. 3 BGB im Innenverhältnis zur Umsetzung der Behandlungswünsche des Patienten verpflichtet ist. Da dem hinreichend einsichts- und urteilsfähigen Minderjährigen jedoch zumindest ein Vetorecht zuerkannt wird, welches nach seiner antizipierten Erklärung auch über die Schwelle des achtzehnten Lebensjahres hinaus Geltung haben muss, bindet jedenfalls die wirksam erklärte negative Vorausverfügung den Arzt dahingehend mit direkter Wirkung, dass er zu dem betreffenden Eingriff nicht legitimiert ist und die Maßnahme folglich unterlassen muss.

Zum Schutze des Patientenwillens sind im Betreuungsrecht eine Reihe von Verfahrens- und Kontrollnormen verankert worden, durch welche insbesondere sichergestellt werden soll, dass die Vertreterperson ihren betreuungsinternen Pflichten zur Wunschbefolgung nachkommt. Dazu gehört zunächst das dialogische Verfahren aus § 1901b BGB, wonach Arzt und Patientenvertreter den Willen des Patienten in Bezug auf die in Frage stehende, indizierte Behandlungsmaßnahme in einem gemeinsamen Gespräch erörtern sollen. Für den Fall, dass es hierbei zu keiner Einigung über die Vornahme des Eingriffs kommt, ist gemäß § 1904 BGB eine betreuungsgerichtliche Genehmigung erforderlich, wenn die begründete Gefahr besteht, dass der Betreute infolge der Maßnahme stirbt oder einen schweren und länger dauernden gesundheitlichen Schaden erleidet. In Verbindung mit der Betreuererklärung wirkt die Genehmigung des Gerichts auch gegenüber dem behandelnden Arzt. Daneben berät und beaufsichtigt das Gericht den Vertreter; nötigenfalls kann es das Betreuungsrechts- oder Vorsorgeverhältnis beenden. Dem Vertretenen stehen schließlich auch haftungsrechtliche Ersatzansprüche aus § 1908i Abs. 1 S. 1 i.V.m. § 1833 BGB gegen den Betreuer sowie aus §§ 280 Abs. 1, 276, 662 BGB gegen den Bevollmächtigten zu, missbrauchen diese vorwerfbar im Rahmen der eigenüblichen Sorgfalt ihre Vertretungsmacht.

Kapitel 6: Hinreichende Berücksichtigung des antizipierten Willens minderjähriger Patienten de lege lata? – eine kritische Betrachtung unter Einbeziehung der Praxis

Es sollen nunmehr zunächst die Ergebnisse beider Fallgruppen gegenübergestellt werden, um anschließend zu erarbeiten, welche rechtlichen Mindestvoraussetzungen an eine wirksame, im Innen- und Außenverhältnis bindende Minderjährigenverfügung zu stellen sind. Dabei wird – im Sinne einer praxistauglichen Lösung – der Versuch unternommen, gemeinsame Wirksamkeitskriterien zu finden, die sowohl im Rahmen einer kindschaftsrechtlichen Bewertung als auch aus betreuungsrechtlicher Perspektive Gültigkeit haben.

Daran anknüpfend ist die derzeitige praktische Umsetzung der gefundenen Lösung zu untersuchen, indem exemplarisch anhand dreier klinischer Ethikleitlinien dargestellt wird, welche internen Vorgaben und Handlungsempfehlungen innerhalb der Kliniken für Vorausverfügungen minderjähriger Patienten gemacht werden – sofern sie denn vorhanden sind – und inwieweit sich diese mit der bestehenden Rechtslage decken. Dabei ist zu überprüfen, ob der antizipiert erklärte, kindliche Wille in der medizinischen Praxis aktuell hinreichende Berücksichtigung erfährt. Im Zuge dessen werden auch die (fehlenden) gesetzlichen Vorgaben zur Minderjährigenverfügung de lege lata kritisch in den Blick genommen.

A. *Gegenüberstellung der Forschungsergebnisse beider Fallgruppen: Parallelen und Differenzen*

Die allgemeinen Regelungen des Kindschafts- und Betreuungsrechts halten gemäß der vorangegangenen Analyse eine in weiten Teilen eindeutige Antwort auf die Frage bereit, wann die vorsorglich durch einen minderjährigen Patienten verfasste Behandlungsentscheidung Bindungswirkung gegenüber Eltern und Ärzten entfaltet. Es wurden zwei Fallgruppen gebildet, die für die Beurteilung der Wirkungen einer Minderjährigenverfügung zwei differente Ausgangssituationen voraussetzten: die Minderjährigkeit beziehungsweise die Volljährigkeit des Patienten im Moment der Behandlungsmaßnahme. Ist der Patient zum Zeitpunkt der betreffenden Maßnahme minderjährig, müssen die §§ 1626 ff. BGB des Kindschaftsrechts die Grundlage der Beurteilung bilden. Ist der Patient bei der Prüfung der Minderjährigenverfügung hingegen bereits volljährig, sind die betreuungsrechtlichen Vorschriften der §§ 1896 ff. BGB einschlägig. Die §§ 630d f. BGB ebenso wie die allgemeinen medizinrechtlichen Grundsätze finden auf beide Fallgruppen Anwendung.

I. Parallelen auf der Rechtsfolgenseite

Für beide Fallgruppen galt die Bedingung, dass der Patient zum Zeitpunkt des Abfassens seiner Verfügung hinreichende Einsichts- und Urteilsfähigkeit besessen hat, um im konkreten Fall selbstbestimmte Entscheidungen bezüglich der medizinischen Behandlungen treffen zu können. Obgleich die rechtliche Analyse dabei auf Basis unterschiedlicher Regelungen erfolgte, kommt sie hinsichtlich der Rechtsfolgen in beiden Fallgruppen zu nahezu identischen Ergebnissen[1191]:

§ 1901a Abs. 1 S. 1 BGB ist nicht anwendbar. Der vorsorglich im Zustand hinreichender Einsichts- und Urteilsfähigkeit erklärte Wille bleibt allerdings dennoch beachtlich, wenn der Patient seine Fähigkeit zur Einwilligung nachträglich einbüßt. Zur Umsetzung bedarf es grundsätzlich eines Patientenvertreters (gesetzlicher Vertreter des Minderjährigen, Betreuer/Vorsorgebevollmächtigter des Volljährigen), der im Innenverhältnis dergestalt an die Festlegungen der Verfügung gebunden ist, dass der Patientenwille nach außen gegenüber Dritten ungesetzt werden muss. Dies gilt für positive ebenso wie für negative Behandlungsentscheidungen.

Im Arzt-Patienten-Verhältnis kommt der Minderjährigenverfügung eines inzwischen nicht mehr in erforderlichem Maße entscheidungsfähigen Patienten nach § 630d Abs. 1 S. 2 Hs. 1 BGB im Grundsatz nur mittelbar über den „Umweg" der Vertretererklärung Beachtlichkeit zu. Allerdings ist gemäß den allgemeinen medizinrechtlichen Grundsätzen nach dem Konzept des Vetorechts das vorsorgliche Veto eines minderjährigen Verfügenden für den Behandelnden ebenfalls unmittelbar bindend – und zwar unabhängig davon, ob der Patient im Behandlungszeitpunkt noch minderjährig ist oder zwischenzeitlich bereits das achtzehnte Lebensjahr vollendet hat. Positive Festlegungen haben bei Anwendung des Vetorechts gegenüber dem Arzt hingegen nur dann unmittelbare Außenwirkung,

1191 Die hier dargestellten Forschungsergebnisse ergeben sich insb. aus den Untersuchungen in Kapitel 4 und 5.

wenn ein evidenter Missbrauch der Vertretungsmacht der Eltern beziehungsweise des Betreuers/Vorsorgebevollmächtigten vorliegt. Folgte man hingegen den weiteren Ansichten des Co-Konsenses oder gar des Alleinentscheidungsrechts des Minderjährigen könnten demgegenüber auch positive Vorausverfügungen – unter der Prämisse ihrer Wirksamkeit im Übrigen – für den Arzt unmittelbare Bindungswirkung entfalten.

Sowohl das Kindschaftsrecht als auch das Betreuungsrecht enthalten eine Haftungsnorm, aufgrund derer die Eltern respektive Betreuungs- und Vorsorgepersonen dem Vertretenen zum Schadensersatz verpflichtet sind. Ebenso wie nach § 1664 Abs. 1 BGB im Eltern-Kind-Verhältnis ist die Haftung nach der hier vertretenen Auffassung auch im Betreuungsrechtsverhältnis nach §§ 1908i i.V.m. 1833 BGB sowie für die Haftung im Vorsorgeverhältnis nach §§ 280 Abs. 1, 276, 662 BGB auf die eigenübliche Sorgfalt des Vertreters zu beschränken, sofern die Betreuung durch Angehörige erfolgt. Gleiches gilt für Ansprüche aus § 823 BGB. Danach können dem Betroffenen gegen seine Vertreter sowohl Schadensersatz- als auch Schmerzensgeldansprüche zustehen.

II. Verfahrensrechtliche Divergenzen

Unterschiede zwischen beiden Fallgruppen zeigen sich lediglich hinsichtlich des formellen Verfahrens und der staatlichen Kontrollinstrumente in Bezug auf die ordnungsgemäße Umsetzung des antizipierten Patientenwillens durch die Vertreterpersonen. Während das Kindschaftsrecht grundsätzlich keine Kontrolle der Sorgeberechtigten von außen vorsieht und ein gerichtliches Einschreiten nur im Falle kindeswohlgefährdenden Verhaltens der Eltern möglich macht, sind das Betreuungsrechts- und auch das Vorsorgeverhältnis durch eine Reihe von Verfahrensvorschriften geprägt, welche in erster Linie Aufsichts- und Sicherungszwecken dienen.

Für die Entscheidung über eine medizinische Behandlung eines Betreuten sieht der Gesetzgeber zunächst einen dialogischen Prozess zwischen der Betreuerperson und dem Arzt vor, wonach diese die betreffende Maßnahme unter Berücksichtigung des Patientenwillens miteinander zu erörtern und auf dessen Grundlage eine konsensuale Entscheidung herbeizuführen haben, § 1901b Abs. 1 BGB. Gelingt dies nicht, bedarf es für die Wirksamkeit der Vertreterentscheidung gemäß § 1904 BGB zusätzlich einer Genehmigung durch das Betreuungsgericht, sofern die begründete Gefahr besteht, dass der Patient infolge der Behandlung stirbt oder einen schweren und länger andauernden gesundheitlichen Schaden erleidet. Darüber hinaus ist der Betreuer der gerichtlichen Beratung und Aufsicht unterworfen, §§ 1908i Abs. 1 S. 1 i.V.m. 1837 BGB[1192].

Demgegenüber sieht das Gesetz für minderjährige Patienten grundsätzlich weder eine gerichtliche Kontrolle bei der Umsetzung der kindlichen Vorausverfügung noch für besondere Arten der Behandlungsentscheidung vor[1193]. Das Recht zur elterlichen Sorge ist über Art. 6 Abs. 2 S. 1 GG verfassungsrechtlich geschützt[1194]. Staatliche Eingriffe bedürfen daher einer gesetzlichen Ermächtigungsgrundlage, wie sie sich beispielsweise in § 1666 Abs. 1, § 1631b oder § 1631c BGB findet[1195]. An einer solchen fehlt es jedoch in Bezug auf eine verfahrensrechtliche Kontrolle für elterliche Behandlungsentscheidungen. § 1631 Abs. 3 BGB, wonach das Familiengericht die Eltern auf Antrag bei der Ausübung der Personensorge in geeigneten Fällen zu unterstützen hat, ist nicht einschlägig, da eine staatliche Aufsicht nach Maßgabe der betreuungsrechtlichen Bestimmungen den Rahmen einer bloßen Unterstützungsmaßnahme überschreiten würde[1196]. Auch eine analoge Anwendung anderer Ermächtigungsgrundlagen – wie insbesondere § 1901b oder § 1904 BGB – scheidet aus, da ein Analogieschluss für staatliche Eingriffe in Grundrechte nicht in Betracht kommt; darüber hinaus liegt bereits keine planwidrige Regelungslücke vor[1197]. Die Eltern eines minderjährigen Patienten sind damit bei der Ausübung ihrer elterlichen Sorge grundsätzlich an keine besonderen Verfahrensvorschriften gebunden. Im Umkehrschluss bedeutet dies jedoch auch, dass die elterlichen Vertreter ihre medizinische Entscheidung selbst dann nicht gerichtlich überprüfen und genehmigen lassen können, wenn es ihr ausdrücklicher Wunsch ist[1198].

Dieses Weniger an Kontrolle im Eltern-Kind-Verhältnis beruht auf der großen Bedeutung des verfassungsrechtlich garantierten Elternrechts auf Pflege und Erziehung des Kindes, das den sorgeberechtigten Eltern die Befugnis gibt, ohne staatliche Eingriffe die Erziehung und Sorge für ihr

---

1192 Zu den Kontrollmechanismen siehe Kapitel 5 C. IV.

1193 OLG Brandenburg FamRZ 2000, 1033, 1033 ff.; *Bichler*, GesR 2014, 1, 5 f.; *Coester*, in: Staudinger, BGB, § 1666 Rn. 106.

1194 *Olzen*, in: MüKo BGB, § 1666 Rn. 1; *Veit*, in: Bamberger/Roth, § 1666 Rn. 1.

1195 OLG Brandenburg NJW 2000, 2361, 2361.

1196 OLG Brandenburg NJW 2000, 2361, 2362 f.

1197 Vgl. OLG Brandenburg NJW 2000, 2361, 2362.

1198 OLG Brandenburg NJW 2000, 2361, 2361 ff.; *Schwedler*, NJOZ 2014, 1, 2 f.; *Tönsmeyer*, S. 192.

Kind nach ihren Vorstellungen zu gestalten[1199]. Bei der Ausübung der Grundrechte des Minderjährigen auf körperliche Unversehrtheit und freie Entfaltung der Persönlichkeit sind deshalb stets auch die Entscheidungsrechte der Eltern zu berücksichtigen[1200]. Vergleichbare Rechte des Patientenvertreters bestehen im Erwachsenenrecht, welches den Erhalt und Schutz der Selbstbestimmung des Betreuten in den Vordergrund stellt, nicht. Vielmehr erfolgt die Erwachsenenvertretung unter der Maßgabe, die Vertreterperson bei der Wahrnehmung ihrer Aufgaben im Rahmen der Betreuung staatlich zu beaufsichtigen, um von Anfang an einen Missbrauch der Befugnisse zu vermeiden[1201]. Diese Unterschiede in der rechtlichen Ausgestaltung der Eltern-Kind- und der Betreuer-Betreuten-Beziehung schlagen sich in den betreuungsrechtlichen Verfahrensvorschriften nieder.

Dem Gesetzgeber war das Auseinanderfallen zwischen Unabhängigkeit und staatlicher Kontrolle in der Minderjährigen- und Erwachsenenvertretung bei Erlass des Betreuungsgesetzes durchaus bekannt[1202]. Eine dem § 1904 BGB entsprechende Regelung unterblieb für das Eltern-Kind-Verhältnis aufgrund folgender Erwägungen bewusst:

> „Die vorgesehene Regelung betrifft nur volljährige Betreute. Vergleichbare Vorschriften für Minderjährige enthält der Entwurf nicht. Dies ergibt sich schon aus der begrenzten Zielsetzung des vorliegenden Reformvorhabens, das eine Neuregelung von Vorschriften über die elterliche Sorge oder die Vormundschaft und Pflegschaft über Minderjährige grundsätzlich nicht anstrebt. Es ist auch nicht willkürlich, dass hier Volljährige anders behandelt werden als Minderjährige. Bei Minderjährigen stellt sich die Frage der Einwilligung in eine Heilbehandlung usw. als Ausübung der elterlichen Sorge oder – im Falle der Vormundschaft oder Pflegschaft über Minderjährige – als Ersatz für die Ausübung elterlicher Sorge dar. Es bedarf keiner abschließenden Beurteilung, in welchem Umfang hier eine staatliche Überwachung zulässig wäre; bei Vormundschaft und Pflegschaft über

1199 BVerfGE 24, 119, 143; 31, 194, 204; 47, 46, 69 f.; 59, 360, 384; *Kingreen/Poscher*, Rn. 757; siehe im Einzelnen nochmals Kapitel 3 B. II., S. 100 ff.

1200 Vgl. *Belling*, FuR 1990, 68, 72 ff.; *Belling/Eberl/Michlik*, S. 123; *Fegeler*, S. 76 ff.; *Kingreen/Poscher*, Rn. 759; *Sternberg-Lieben/Reichmann*, NJW 2012, 257, 259; *Tönsmeyer*, S. 123 ff.

1201 Siehe *DAKJ*, Monatsschr Kinderheilkd 2015, 375, 375; differenzierend auch *Czerner/Soßdorf*, KritV 2013, 315, 327 f.

1202 Siehe BT-Drs. 11/4528, S. 72.

> Minderjährige wäre dies wohl unproblematischer als bei einem Eingriff in die elterliche Sorge. [...] Ob es sich aus allgemeinen rechtspolitischen Erwägungen empfiehlt, etwa die Genehmigungsbedürftigkeit der Einwilligung in lebensgefährliche oder sonst schwerwiegende Eingriffe auf Minderjährige auszudehnen, kann späteren Erörterungen überlassen bleiben."[1203]

Eine solche Erörterung erfolgte allerdings bislang nicht.

Als Schutzinstrument steht gegenüber den sorgeberechtigten Eltern das Verfahren nach § 1666 Abs. 1 BGB zur Verfügung. Das Gericht wird zum Schutz des Kindes somit nur tätig, wenn es Kenntnis von einer möglichen Gefährdungslage für das Kindeswohl erlangt. Generelle Kontroll- oder Genehmigungspflichten bei Umsetzungshandlungen der Eltern für die Vorausverfügungen ihres minderjährigen Kindes bestehen indes nicht. Es sind insbesondere keine grundsätzlichen Kontrollmechanismen gegenüber den Eltern bei der Ausübung ihrer Vertretungsmacht im Rahmen medizinischer Entscheidungen oder hinsichtlich einer bestimmten Kategorie von Behandlungsentscheidung, wie zum Beispiel für die Beendigung lebenserhaltender oder lebensverlängernder Maßnahmen, vorgesehen. Allerdings geht § 1666 BGB insofern weiter als die Kontrolle des Betreuers oder Vorsorgebevollmächtigten, als das Gericht die Erklärung der sorgeberechtigten Eltern nicht lediglich genehmigt, sondern vielmehr mit unmittelbarer Wirkung gegen den Arzt nach § 1666 Abs. 4 BGB ersetzen kann.

B. Anforderungen an eine verbindliche Minderjährigenverfügung im kindschafts- und betreuungsrechtlichen Zusammenhang

Es ist bemerkenswert, dass die Bindungswirkung einer wirksamen Minderjährigenverfügung nach der in dieser Arbeit herausgearbeiteten Lösung sowohl für die Eltern über die §§ 1626 ff. BGB als auch für die Erwachsenenvertreter gemäß §§ 1896 ff. BGB nahezu identisch ist. Dies lässt den Schluss zu, dass auch die Mindeststandards, die für eine verbindliche Vorausverfügung eines Minderjährigen zugrunde zu legen sind, für beide Fallgruppen übereinstimmen dürften. Denn die Umstände des Verfassens der Behandlungsentscheidung sind in beiden Fallgruppen gleich: Ein hinreichend entscheidungsfähiger minderjähriger Patient trifft Festlegungen für den Verlust der erforderlichen Einsichts- und Urteilsfähigkeit in der Zu-

1203 BT-Drs. 11/4528, S. 72.

kunft. Würden dabei nicht die gleichen Kriterien zugrunde gelegt, könnte allein durch Zeitablauf ein anderes rechtliches Ergebnis herbeigeführt werden. Ein Zuwarten bei der Durchführung der Behandlung des Minderjährigen darf jedoch nicht zu einem abweichenden Bewertungsmaßstab in Bezug auf die Verfügung seines Verfassers führen. Dies wäre nicht nur aus rechtlicher Perspektive unbillig, sondern bärge zugleich auch die Gefahr einer kalkulierten Manipulation durch besonders hastiges Eingreifen beziehungsweise unangebracht langes Abwarten, was weder den Gesundheitsinteressen des Kindes dienen noch seinem vorsorglich abgefassten Willen hinreichend gerecht würde.

Im Folgenden sind daher gemeinsame Mindeststandards der verbindlichen Minderjährigenverfügung zu entwickeln. Es ist darzustellen, an welche Voraussetzungen eine im Innen- wie im Außenverhältnis wirksame Erklärung geknüpft werden muss, wobei sowohl die bestehenden rechtlichen Vorgaben zu berücksichtigen sind als auch weitere, über diese hinausgehende Kriterien untersucht werden sollen.

In Ermangelung einer gesetzlichen Spezialnorm ist auf die allgemeinen Grundsätze zur Wirksamkeit der Einwilligung sowie auf die Regelungen zur Beachtlichkeit des Kindeswillens nach §§ 1627 S. 1, 1626 Abs. 2 BGB und der Betreutenwünsche nach §§ 1901a Abs. 2 S. 1 Alt. 1, 1901 Abs. 3 BGB zurückzugreifen. Dabei ist allerdings zu beachten, dass der betreffende Patient beim Abfassen seiner Verfügung jedenfalls noch minderjährig gewesen ist, sodass sich hinsichtlich der Kriterien für eine wirksame Minderjährigenverfügung vorrangig an den Voraussetzungen der konkreten Behandlungsentscheidung eines Minderjährigen nach dem Kindschaftsrecht zu orientieren ist.

Die Annahme einer Kongruenz der Wirksamkeitsvoraussetzungen aktueller und antizipierter Behandlungsentscheidungen ist dabei zwar nicht zwingend, es darf aber aufgrund ihrer Wertgleichheit in Bezug auf die Bindungswirkung gegenüber Eltern und Ärzten zumindest in persönlicher Hinsicht für eine wirksame Vorausverfügung nichts anderes gelten als für eine aktuelle Behandlungserklärung. Zusätzliche Form- und Verfahrensvoraussetzungen sind demgegenüber durchaus möglich und könnten im Einzelnen sogar ratsam sein[1204].

1204 Dieser Auffassung ist auch *Lipp*, in: Laufs/Katzenmeier/Lipp, Kap. VI Rn. 185.

I. Hinreichende Einsichts- und Urteilsfähigkeit des vorausverfügenden Minderjährigen

Es ist zunächst abzugrenzen: Während die *Beachtlichkeit* des antizipiert geäußerten Willens des Minderjährigen zu bejahen ist, sobald die Behandlungsverfügung bei der Entscheidungsfindung der elterlichen Vertreter in irgendeiner Art und Weise Berücksichtigung finden muss, ist deren *Verbindlichkeit* erst bei der rechtlichen Bindung des Vertreters an die geäußerten Wünsche und Entscheidungen des minderjährigen Patienten anzunehmen, welche in der Folge zwingend umzusetzen sind.

Wie gezeigt werden konnte, ist der Wille des Minderjährigen stets *beachtlich*, denn gemäß §§ 1627 S. 1, 1626 Abs. 2 BGB haben die sorgeberechtigten Eltern die Entscheidungen für ihr minderjähriges Kind unter Berücksichtigung des Kindeswohles zu treffen, welchem der Wille als Teil des kindlichen Wohlbefindens immanent ist[1205]. Je älter das Kind ist, desto höher ist dabei der Stellenwert, der seinem Willen bei der Feststellung des Kindeswohls zukommen muss[1206]. Ein Mindestmaß an Einsichts- und Urteilsfähigkeit ist hierfür gerade nicht erforderlich. Auch die Wünsche jüngerer, noch nicht selbstständig entscheidungsfähiger Kinder sind in die elterliche Entscheidung einzubeziehen, wenngleich die Eltern nicht verpflichtet sind, diesen Wünschen im Ergebnis zu folgen[1207].

Gleiches gilt für die Behandlungswünsche und den mutmaßlichen Willen eines Volljährigen. Anders als eine Patientenverfügung sind Behandlungswunsch und mutmaßlicher Wille nach § 1901a Abs. 2 S. 1 BGB von vornherein auf die Umsetzung durch einen Patientenvertreter ausgerichtet[1208]. Es werden die Aufgaben des Betreuers für die Fälle geregelt, in denen eine wirksame Patientenverfügung nicht vorliegt beziehungsweise eine solche nicht auf die aktuelle Lebens- und Behandlungssituation zutrifft. Behandlungswünsche sind ihrem Sinn und Zweck nach generell gerade nicht von rechtlichen Wirksamkeitsvoraussetzungen abhängig[1209]. Sie sind auch dann beachtlich, wenn beispielsweise das Schriftformerfordernis

---

1205 Hierzu ausführlich Kapitel 3 B. II. 2. ab S. 110.

1206 OLG Karlsruhe FamRZ 1974, 661, 662; *Coester*, S. 255 ff.; *Götz*, in: Palandt, BGB, § 1666 Rn. 9; *Olzen*, in: MüKo BGB, § 1666 Rn. 47 ff.

1207 Vgl. diesbezüglich zu § 1626 S. 2 BGB nur *Huber*, in: MüKo BGB, § 1626 Rn. 66; *Peschel-Gutzeit*, in: Staudinger, BGB, § 1626 Rn. 120.

1208 *Lipp/Brauer*, Patientenvertreter, in: Höfling, Das neue Patientenverfügungsgesetz, S. 17, 43.

1209 BT-Drs. 16/8442, S. 15; BGHZ 211, 67, 84 f.; *Lipp/Brauer*, Patientenvertreter, in: Höfling, Das neue Patientenverfügungsgesetz, S. 17, 43.

des § 1901a Abs. 1 S. 1 BGB nicht eingehalten wurde[1210] oder wenn es an einer in der Person des sich Äußernden liegenden Voraussetzung fehlt[1211]. Daher ist auch der Wille, den der Patient im Zustand unzureichender Entscheidungsfähigkeit geäußert hat, in die Ermittlungen des Patientenvertreters für die Feststellung des tatsächlichen oder mutmaßlichen Willens des Patienten einzubeziehen[1212]. Jeder Behandlungswunsch ist folglich grundsätzlich *beachtlich*. Es bedarf allerdings einer besonders sorgfältigen Prüfung des Betreuers, in deren Rahmen er sich zu vergewissern hat, inwieweit die Äußerungen des inzwischen nicht mehr hinreichend entscheidungsfähigen Patienten (noch) seinem freien Willen entsprechen[1213]. Erst recht gilt dies für die Erforschung des mutmaßlichen Willens des Betroffenen.

Damit die Behandlungsentscheidungen des Minderjährigen jedoch als *verbindlich* anzusehen sind, müssen diese im Zustand hinreichender Einsichts- und Urteilsfähigkeit verfügt worden sein[1214]. Eine solche Verbindlichkeit, die keine Abweichungen und Ausfüllungshandlungen des Vertreters zulässt, kann nur erreicht werden, wenn der Patient die Fähigkeit zur eigenverantwortlichen Entscheidung über derartige Festlegungen innehatte. Denn ebenso wie die aktuelle Behandlungsentscheidung stellt auch die Vorausverfügung eine Einwilligung in einen ärztlichen Eingriff beziehungsweise deren Verweigerung dar, welche nach den allgemeinen medizinrechtlichen Kriterien nur dann Verbindlichkeit herbeiführen kann, wenn sie sich als Akt wirklicher Selbstbestimmung erweist[1215]. Zudem kann es nach kindschaftsrechtlichen Kriterien nur dann gerechtfertigt sein, den (ablehnenden) Willen des Minderjährigen über sein objektives Wohl zu stellen und die subjektiven Belange im Rahmen der §§ 1627 S. 1, 1626 Abs. 2 BGB vorrangig zu behandeln, wenn sich der Wille als die zentrale, die objektive Gesundheit überlagernde Position darstellt. Dies kann nur der Fall sein, wenn dem Minderjährigen die tatsächliche Fähigkeit zum

1210 BGHZ 211, 67, 84 f.; vgl. *Spickhoff*, in: Spickhoff, Medizinrecht, § 1901a BGB Rn. 6; BT-Drs. 16/8442, S. 15.

1211 BGHZ 211, 67, 84 f.; vgl. *Beckmann*, FPR 2010, 278, 279; *Spickhoff*, in: Spickhoff, Medizinrecht, § 1901a BGB Rn. 5.

1212 Vgl. nochmals BT-Drs. 16/8442, S. 15; *Lipp/Brauer*, Patientenvertreter, in: Höfling, Das neue Patientenverfügungsgesetz, S. 17, 43.

1213 Vgl. z. B. *Lipp*, in: Laufs/Katzenmeier/Lipp, Kap. VI Rn. 157; *Schwab*, in: MüKo BGB, § 1901a Rn. 41 ff.

1214 Vgl. *DAKJ*, Monatsschr Kinderheilkd 2015, 375, 376; *Lipp*, in: Laufs/Katzenmeier/Lipp, Kap. VI Rn. 185.

1215 Vgl. *Bichler*, GesR 2014, 1, 6; *Stratenwerth/Kuhlen*, § 9 Rn. 23.

eigenverantwortlichen Handeln zukommt. Der Minderjährige muss demnach im Zeitpunkt seiner Erklärung in der Lage gewesen sein, Wesen, Bedeutung und Tragweite des Eingriffs zumindest in groben Zügen zu erkennen sowie Für und Wider der Maßnahme gegeneinander abzuwägen und auf dieser Grundlage eine Entscheidung zu treffen[1216]. Vermochte er dies nicht, da er beispielsweise nicht die erforderliche Reife besaß, um die Folgen einer Behandlungsverweigerung realistisch einzuschätzen, wäre es verfehlt, seine Erklärung als bindend anzusehen und damit möglicherweise die Gesundheit und das Leben des Minderjährigen – wider seinem Wohle – zu gefährden.

Nach dem hier vertretenen Standpunkt, dass es zu einer bindenden Vorausverfügung sowohl im Innen- wie auch im Außenverhältnis stets eines hinreichenden Grades an Entscheidungsfähigkeit des Verfügenden bedarf, wird untermauert durch § 1901 Abs. 3 BGB[1217]. Danach ist die betreuungsrechtliche Pflicht zur Wunschbefolgung dann nicht durch eine Wohlschranke begrenzt, wenn der Betreute bei Äußerung seines Behandlungswillens in der Lage war, eine eigenverantwortliche Behandlungsentscheidung zu treffen[1218]. § 1901 Abs. 3 BGB räumt dem Willen des hinreichend einsichts- und urteilsfähigen Verfügenden somit ebenfalls Vorrang vor einer objektiven Wohlbetrachtung ein.

Eine Altersgrenze für das Erreichen der erforderlichen geistigen Reife besteht nicht und ist auch für die Errichtung einer bindenden kindlichen Behandlungsverfügung nicht zu fordern[1219]. Vielmehr ist sie individuell für jeden Einzelfall festzustellen und kann, anders als bei volljährigen Patienten, nicht ohne Weiteres vermutet werden[1220]. Es sind die gesamten Umstände wie die physische und psychische Konstitution des Minderjährigen, sein Bildungs- und Entwicklungsgrad sowie kulturelle Traditionen

---

1216 Siehe abermals BGH NJW 1956, 1106, 1107; BGHZ 29, 33, 36; BGHSt 12, 379, 382; BGH MDR 1981, 810, 810; *Amelung/Eymann*, JuS 2001, 937, 941 f.; *Bichlmeier*, JZ 1980, 53, 54; *Deutsch/Spickhoff*, Rn. 991.

1217 Siehe Kapitel 5 C. III. ab S. 262.

1218 Vgl. auch *Lipp*, Fürsorge, S. 157; *ders.*, in: Lipp, Vorsorgeverfügungen, § 17 Rn. 160; BT-Drs. 11/4528, S. 67; BGHZ 182, 116, 125 ff.

1219 Ausnahmen gelten bei spezialgesetzlichen Regelungen, die kraft Gesetzes an bestimmte Altersgrenzen anknüpfen, z. B. an die Volljährigkeit nach § 40 Abs. 1 S. 3 Nr. 3a AMG, § 8 Abs. 1 Nr. 1a TPG; die Einwilligung in eine Kastration ist gem. § 2 Abs. 1 Nr. 3 KastrG sogar erst mit Vollendung des 25. Lebensjahres möglich.

1220 Vgl. BT-Drs. 17/10488, S. 23; *Czerner/Soßdorf*, KritV 2013, 315, 338 ff.; *Kraatz*, Rn. 37; *Roxin*, § 13 Rn. 86; *Schroth*, in: Roxin/Schroth, Medizinstrafrecht, S. 34; *Jox/ Führer/ Borasio*, Monatsschr Kinderheilkd 2009, 26, 28 f.

zu berücksichtigen[1221]. Zudem sind weitere Kriterien wie die bisherige Compliance des Minderjährigen, sein Interesse am Aufklärungsgespräch, Vorkenntnisse und Behandlungserfahrungen und die Fähigkeiten, den künftigen Verlauf der Krankheit einzuschätzen oder die Endlichkeit des eigenen Lebens zu reflektieren, in den Beurteilungsprozess des Arztes einzubeziehen[1222]. Angesichts der erheblichen – mitunter irreversiblen – Konsequenzen, die die Einschätzung über das Vorliegen oder Fehlen des notwendigen Maßes an Entscheidungsfähigkeit mit sich bringt, müssen hohe Anforderungen an die Durchführung der ärztlichen Prüfung gestellt werden.

Je schwerer der Eingriff ist beziehungsweise je weiter die Behandlungsentscheidungen reichen, desto höhere Anforderungen sind an das Vorliegen der erforderlichen Einsichts- und Urteilsfähigkeit zu stellen[1223]. Antizipierte Behandlungsentscheidungen sind in ihrem Regelungsinhalt zumeist in zweierlei Hinsicht besonders komplex. Sie betreffen zum einen inhaltlich vielschichtige Fragen und enthalten nicht selten existenzielle Festlegungen über Behandlungsbegrenzungen oder -verzichte, welche erhebliche Auswirkungen auf die Gesundheit des Patienten mit sich bringen und nicht zuletzt über sein Leben entscheiden können. Zum anderen ist die Verfügung bereits deshalb als komplex anzusehen, weil zukunftsbezogene Festlegungen für ungewisse künftige Lebens- und Behandlungssituationen getroffen werden, deren Eintreten regelmäßig weder zeitlich noch kausal zweifelsfrei voraussehbar ist. Die Festlegungen sind folglich stets zu einem gewissen Grad hypothetisch und implizieren bereits dadurch eine erhöhte Schwierigkeit[1224]. Sie erfordern ein gewisses Maß an Weitsicht und Vorstellungsvermögen, welches einem minderjährigen Patienten in der Regel nur dann zugesprochen werden kann, wenn er bereits über Krankheitserfahrungen verfügt, die es ihm ermöglichen, die Folgen und Risiken seiner Entscheidung einzuschätzen und abzuwägen, oder aber wenn eine konkrete Krankheitssituation bereits absehbar ist, der Minderjährige die Verfügung also in Bezug auf einen konkreten Diagnose- und

1221 Vgl. RGSt 41, 392, 394; BGHZ 29, 33, 36; BT-Drs. 17/10488, S. 23; *Biermann*, in: Ulsenheimer, Arztstrafrecht, Rn. 414; *Lesch*, NJW 1989, 2309, 2310; *Schünemann*, VersR 1981, 306, 307; *Uhlenbruck*, DMW 1977, 65, 66; *Ulsenheimer*, in: Laufs/Kern, § 139 Rn. 45; *Wölk*, MedR 2001, 80, 82.

1222 Vgl. *Czerner/Soßdorf*, KritV 2013, 315, 339 f.

1223 Vgl. *Biermann*, in: Ulsenheimer, Arztstrafrecht, Rn. 414.

1224 Vgl. *Bichler*, S. 114 ff.

Behandlungsplan trifft[1225]. Überdies dürfte das Veto gegen eine bestimmte Maßnahme oder einen bereits konkretisierten Eingriff ein geringeres Maß an Einsichts- und Urteilsfähigkeit erfordern als die positive Regelung künftiger Behandlungssituationen. Aus diesem Grund stellt sich die Prüfung der Entscheidungsfähigkeit bei einem vorausverfügenden Minderjährigen als besonders bedeutsam dar.

Die hinreichende Einsichts- und Urteilsfähigkeit des Verfassers von Behandlungswünschen ist folglich zwar keine Wirksamkeitsvoraussetzung für deren *Beachtlichkeit* nach §§ 1627 S. 1, 1626 Abs. 2 BGB oder §§ 1901a Abs. 2 S. 1, 1901 Abs. 3 BGB, wohl aber für die *Verbindlichkeit* des vorausverfügten Patientenwillens gegenüber Patientenvertretern und Behandlern.

Hierbei dürfte es nicht unproblematisch sein, dass die vorsorgliche Behandlungsverfügung erst dann herangezogen wird, wenn der Patient bereits seine Fähigkeit zur selbstbestimmten Entscheidung verloren hat. Denn deren Voraussetzungen können in der Praxis dann vielfach erst ex post in dem Zeitpunkt geprüft werden, in dem die Verfügung zum Tragen kommen soll, was die Feststellung des Vorliegens der Verfügungsvoraussetzungen zusätzlich erheblich erschweren kann. Aus diesem Grunde ist dem minderjährigen Patienten, der vorsorgliche Behandlungsentscheidungen treffen möchte, zu empfehlen, das Vorhandensein seiner geistigen Reife im eigenen Interesse frühzeitig feststellen und dokumentieren zu lassen. Im Außenverhältnis obliegt diese Aufgabe grundsätzlich dem behandelnden Arzt[1226]. Ratsam – wenn auch nicht zwingend – ist es demnach, den Arzt bereits in den Prozess des Abfassens der Erklärung einzubeziehen, um so spätere Zweifel am Vorhandensein des erforderlichen Maßes der Einsichts- und Urteilsfähigkeit des minderjährigen Verfügenden zu vermeiden[1227].

1225 *Bichler*, S. 97 f.; *DAKJ*, Monatsschr Kinderheilkd 2015, 375, 376; *Führer*, Offene Fragen im Blick auf Minderjährige, in: Borasio et al., Patientenverfügung, S. 115, 118; *Lenckner*, ZStW 1960, 446, 458; *Lesch*, NJW 1989, 2309, 2310 ff.; *Mattheis*, Juristen und Ärzte im Gespräch, in: FS Schreiber, S. 741, 743.

1226 *Schroth*, in: Roxin/Schroth, Medizinstrafrecht, S. 34.

1227 *Bichler* hält demgegenüber sogar ein ärztliches Sachverständigengutachten zur Feststellung der erforderlichen Entscheidungsfähigkeit des Minderjährigen für zweckmäßig, *Bichler*, S. 123.

II. Vorherige Aufklärung oder Aufklärungsverzicht

Gemäß §§ 630d Abs. 2, 630e Abs. 1 bis Abs. 3 BGB setzt eine außenwirksame Einwilligung grundsätzlich die vorherige Aufklärung des Verfügenden durch den behandelnden Arzt voraus. Dem Patienten soll eine zutreffende Vorstellung darüber vermittelt werden, welche Konsequenzen seine Dispositionen bei Zustimmung in den ärztlichen Eingriff nach sich ziehen[1228]. Aus diesem Grunde ist der Arzt verpflichtet, seinem Patienten die zur Ausübung seines Selbstbestimmungsrechts erforderlichen Informationen zu vermitteln (informed consent)[1229]. Für den einwilligungsunfähigen Patienten hat hingegen nach § 630d Abs. 1 S. 2 BGB der hierzu Berechtigte, sprich der gesetzliche Minderjährigenvertreter, Betreuer oder Vorsorgebevollmächtigte, für den Patienten die Einwilligungserklärung abzugeben, sofern dieser nicht vorab in einer wirksamen Patientenverfügung gemäß § 1901a Abs. 1 S. 1 BGB seine Entscheidung festgelegt hat. Eine Einwilligungsaufklärung für den betroffenen Patienten ist in diesem Fall nicht mehr erforderlich; sie hat sich dann gemäß § 630e Abs. 4 BGB an die entscheidungsbefugten Patientenvertreter zu richten[1230].

Darüber hinaus besteht weitgehend Einigkeit dahingehend, dass es auch zu einer im Außenverhältnis wirksamen Patientenverfügung nach § 1901a Abs. 1 S. 1 BGB grundsätzlich der vorherigen Aufklärung des Vorausverfügenden im Sinne von § 630e BGB bedarf[1231]. Es steht ihm jedoch frei, auf die Aufklärung zu verzichten[1232], sodass die Patientenverfügung auch ohne ein vorheriges Aufklärungsgespräch mit einem Arzt wirksam sein kann, sofern der Verfasser gemäß § 630e Abs. 3 Alt. 2 BGB auf dieses verzichtet hat. Der Verzicht muss freiwillig, ernstlich und ausdrücklich erfolgen[1233]. Nach dem ausdrücklichen Willen des Gesetzgebers ist eine Patientenverfügung, durch die in eine ärztliche Maßnahme eingewilligt wird, die jedoch keinen

---

1228 *Weidenkaff*, in: Palandt, BGB, § 630e Rn. 1.

1229 BT-Drs. 17/10488, S. 24; *Damm/Schulte in den Bäumen*, KritV 2005, 101, 103 ff.; *Deutsch/Spickhoff*, Rn. 434; *Katzenmeier*, in: Laufs/Katzenmeier/Lipp, Kap. V Rn. 5; *Rehborn/Gescher*, in: Erman, § 630d Rn. 30; *Rothärmel/Wolfslast/Fegert*, MedR 1999, 293, 293 ff.

1230 Siehe bereits BT-Drs. 17/10488, S. 23.

1231 BT-Drs. 16/8442, S. 26; *Bienwald*, in: Staudinger, BGB, § 1901a und b Rn. 48; *Roth*, in: Erman, § 1901a Rn 8.

1232 *Bienwald*, in: Bienwald/Sonnenfeld/Harm, BetrR, § 1901a BGB Rn. 30.

1233 BT-Drs. 17/10488, S. 23 ff.; *Weidenkaff*, in: Palandt, BGB, § 630e Rn. 12.

ausdrücklich erklärten Verzicht auf die ärztliche Aufklärung enthält, nur als Indiz für den mutmaßlichen Willen des Patienten zu werten[1234].

Nach dem Wortlaut der §§ 630d Abs. 2, 630e Abs. 1 BGB gilt die Aufklärungspflicht allerdings lediglich für die Einwilligung in eine Maßnahme, mit anderen Worten nur für positive Behandlungsentscheidungen, hingegen nicht für eine Behandlungsbegrenzung oder -ablehnung[1235]. Negative Behandlungsverfügungen setzen demnach keine vorherige Aufklärung voraus[1236].

Fraglich ist nunmehr, ob auch die Minderjährigenverfügung zu ihrer Verbindlichkeit dieser Aufklärungspflicht unterliegt. Dabei ist erneut zu differenzieren zwischen der Bindungswirkung des antizipiert erklärten Willens im Innenverhältnis gegenüber den sorgeberechtigten Eltern bzw. dem Patientenvertreter eines Erwachsenen und der Außenwirkung der kindlichen Behandlungsentscheidung gegenüber dem behandelnden Arzt.

Im Eltern-Kind-Verhältnis richtet sich die Verbindlichkeit der Minderjährigenverfügung nach den §§ 1627 S. 1, 1626 Abs. 2 BGB, welche allgemeine Verpflichtungen für die Ausübung der elterlichen Sorge festlegen. Sie enthalten weder speziell auf die ärztliche Behandlung gerichtete Festlegungen noch setzen sie ein bestimmtes Mindestmaß an Kenntnissen und Wissen des Minderjährigen voraus, ab welchem die Eltern den Willen des Kindes berücksichtigen müssten. Vielmehr besteht stets die elterliche Pflicht, den im Wohl des Kindes implizierten Willen in ihre Entscheidung einzubeziehen. Ist der Minderjährige zu diesem Zeitpunkt in ausreichendem Umfang einsichts- und urteilsfähig, sind seine Wünsche für die Eltern zwingend zu berücksichtigen[1237]. Ein zusätzliches Korrektiv im Sinne einer über das Erfordernis der hinreichenden Entscheidungsfähigkeit hinausgehenden Aufklärung sieht das Kindschaftsrecht nicht vor. Allerdings wird in der Praxis die Frage zu stellen sein, inwiefern ein Kind, welches nicht durch einen Mediziner hinsichtlich des Inhalts seiner Vorausverfügung unterrichtet wurde, fähig sein wird, eine inhaltlich bindende Vorausverfügung zu formulieren. Die kindliche Einsichts- und Urteilsfähigkeit setzt also bereits eine gewisse Informiertheit voraus, für welche es regelmäßig der ärztlichen Unterrichtung bedarf. Eine förmliche Aufklärung des

1234 BT-Drs. 17/10488, S. 23.

1235 Siehe *Weidenkaff*, in: Palandt, BGB, § 630e Rn. 12.

1236 Diesen Weg geht das Gesetz auch im Rahmen der Wirksamkeit einer Patientenverfügung nach § 1901a Abs. 1 S. 1 BGB: vgl. BT-Drs. 16/8442, S. 14; *Lipp*, in: Lipp, Vorsorgeverfügungen, § 17 Rn. 138 ff.; *Roth*, in: Erman, § 1901a Rn 8.

1237 Siehe ausführlich in Kapitel 4 C. II.

Kindes durch einen Arzt im Sinne des § 630e BGB ist für die innerfamiliäre Umsetzungspflicht der Eltern hingegen nicht erforderlich.

Im Außenverhältnis bedarf es einer Selbstbestimmungsaufklärung des minderjährigen Patienten folglich ebenfalls nicht, solange die Einwilligung zu einem medizinischen Eingriff durch die gesetzlichen oder gewillkürten Vertreter erfolgt. Denn grundsätzlich erhält der behandelnde Arzt die Zustimmung nicht unmittelbar aus der Minderjährigenverfügung, sondern mittelbar über die Erklärung der Patientenvertreter, die die Wünsche nach §§ 1627 S. 1, 1626 Abs. 2 BGB respektive §§ 1901a Abs. 2 S. 1, 1901 Abs. 3 BGB umzusetzen haben. Gemäß § 630e Abs. 4 BGB ist in diesem Fall auch die Aufklärung an die Berechtigten, also die zur Einwilligung befugten elterlichen Vertreter zu adressieren[1238].

Von einem Erfordernis der ärztlichen Aufklärung im Rahmen der §§ 630d Abs. 2, 630e BGB ist allerdings dann auszugehen, wenn der Minderjährige über eine eigene Entscheidungskompetenz im Außenverhältnis verfügt. Ist der minderjährige Patient (mit-) entscheidungsbefugt und seine Erklärung damit gegenüber dem Arzt unmittelbar wirksam, muss er – ebenso wie ein alleinentscheidungsbefugter volljähriger Patient – über die Umstände der Behandlung aufgeklärt sein. Nur so ist er in der Lage, eine eigenverantwortliche informierte Entscheidung zu treffen. Eine Unterrichtung nach § 630e Abs. 5 BGB kann dann nicht ausreichen. Dem Minderjährigen muss vielmehr eine umfassende Selbstbestimmungsaufklärung gemäß § 630e Abs. 1 bis Abs. 3 BGB zukommen. Diese Voraussetzung gilt auch dann fort, wenn der Minderjährige zwischenzeitlich das Volljährigkeitsalter erreicht.

Allerdings wird dies ebenfalls ausschließlich für positive Behandlungsentscheidungen gelten. Macht der hinreichend entscheidungsfähige Minderjährige demgegenüber vorsorglich von seinem Vetorecht Gebrauch, bedarf es einer vorherigen formellen Aufklärung zu dessen Wirksamkeit gemäß §§ 630d Abs. 2, 630e Abs. 1 BGB nicht[1239].

Es bleibt allerdings zu bedenken, dass die nachträgliche Feststellung des Grades der Einsichts- und Urteilsfähigkeit des minderjährigen Patienten durch die Gerichte ohne eine vorherige (dokumentierte) Einschätzung eines Arztes praktisch kaum zweifelsfrei wird erfolgen können[1240]. Dem

1238 Siehe nochmals BT-Drs. 17/10488, S. 23.

1239 Vgl. nochmals BT-Drs. 16/8442, S. 14; *Lipp*, in: Lipp, Vorsorgeverfügungen, § 17 Rn. 138 ff.

1240 Vgl. zur Bedeutung des Aufklärungsgesprächs bei der Beurteilung der Einsichts- und Urteilsfähigkeit *Wölk*, MedR 2001, 80, 82; *Jox et al.*, Monatsschr

Minderjährigen ist also ein vorheriges (Aufklärungs-) Gespräch mit dem Behandler schon deshalb anzuraten, damit sich dieser im Wege einer persönlichen Unterredung ein Bild von seinen Fähigkeiten machen und sich ihres Vorliegens versichern kann[1241].

III. Inhaltliche Bestimmtheit der Festlegungen

Die Festlegungen des Minderjährigen müssen ferner hinreichend bestimmt sein und sowohl die betreffende Behandlungssituation als auch die daran anknüpfenden Forderungen und Wünsche so konkret bezeichnen, dass die elterlichen Vertreter den Willen ihres Kindes korrekt und vollständig ermitteln und die Verfügung willensgemäß umsetzen können[1242]. Je klarer und konkreter die Festlegungen formuliert sind, desto weniger Spielraum besteht für abweichende Auslegungen, Missverständnisse oder Zweifel hinsichtlich des Inhalts oder der Ernstlichkeit der Verfügung[1243].

Der 12. Zivilsenat des BGH fordert für eine verbindliche Patientenverfügung nach § 1901a Abs. 1 S. 1 BGB, dass den Festlegungen konkrete Entscheidungen des Betroffenen über die Einwilligung oder Nichteinwilligung in bestimmte, noch nicht unmittelbar bevorstehende ärztliche Maßnahmen entnommen werden können[1244]. Dem Bestimmtheitsgrundsatz genüge sie nur dann, wenn sie einerseits die Behandlungssituationen, in der die Verfügung gelten solle, konkret beschreibe, und andererseits die ärztlichen Maßnahmen, in die der Ersteller einwilligt oder die er untersagt, genau bezeichne[1245]. Allgemeine Anweisungen seien von vornherein nicht ausreichend[1246]. Andererseits dürften die Anforderungen an die Bestimmtheit einer Patientenverfügung aber auch nicht überspannt werden; insbesondere dürfe nicht das gleiche Maß an Präzision verlangt werden, welches bei der Einwilligung eines Patienten in die Vornahme einer unmittelbar

---

Kinderheilkd 2007, 1, 2; siehe auch *Bichler*, S. 98, der aus praktischen Erwägungen (insb. zur Feststellung der Entscheidungsfähigkeit) ebenfalls eine Aufklärung des antizipiert verfügenden Minderjährigen – allerdings entgegen der hier vertretenen Ansicht nur im Falle einer Vetoerklärung – empfiehlt.

1241 Vgl. *DAKJ*, Monatsschr Kinderheilkd 2015, 375, 376.

1242 Vgl. *Jox/Führer/Borasio*, Monatsschr Kinderheilkd 2009, 26, 29.

1243 Vgl. zur Patientenverfügung nur *Schwab*, in: MüKo BGB, § 1901a Rn. 17.

1244 BGHZ 202, 226, 238 f.; 211, 67, 82; BGH NJW 2017, 1737, 1738.

1245 BGH NJW 2017, 1737, 1738.

1246 BGHZ 202, 226, 238 f.; 211, 82.

bevorstehenden, konkreten Behandlungsmaßnahme erreicht werden könne[1247].

Anders als § 1901a Abs. 1 S. 1 BGB umfasst die Bestimmung des § 1901a Abs. 2 BGB Behandlungswünsche und den mutmaßlichen Willen des Patienten. Letzterer ist nach S. 3 insbesondere anhand früherer mündlicher oder schriftlicher Äußerungen, ethischer und religiöser Überzeugungen sowie sonstiger persönlicher Wertvorstellungen des Betreuten zu ermitteln. Dies impliziert, dass die Norm selbst keine Anforderungen an die Bestimmtheit stellt[1248]. Auch allgemeine Äußerungen des Patienten in der Vergangenheit sind tauglich, um der Ermittlung des (mutmaßlichen) Patientenwillens zugrunde gelegt zu werden, und sind folglich bei der Auslegung des Willens durch den Betreuer oder Bevollmächtigten zu berücksichtigen.

Demgegenüber verlangt der 12. Zivilsenat für die Annahme eines Behandlungswunsches, an den der Betreuer oder Bevollmächtigte nach § 1901a Abs. 2, Abs. 6 BGB gebunden ist, ein mit der Patientenverfügung vergleichbares Maß an Bestimmtheit[1249]. Behandlungswünsche seien insbesondere dann aussagekräftig, wenn sie in Ansehung einer Erkrankung zeitnah geäußert würden und die Zielvorstellung des Patienten erkennen ließen. Wann der Patientenwille hinreichend bestimmt benannt sei, sei für den jeweiligen Einzelfall zu beurteilen.

In Anlehnung an die Entscheidungen des BGH ist auch für die Minderjährigenverfügung zu fordern, dass diese hinreichend bestimmt sein muss. Sollen mit der Minderjährigenverfügung verbindliche Festlegungen getroffen werden, denen Bindungswirkung gegenüber Patientenvertretern und Behandlern zukommt, so muss der Kindeswille so konkret formuliert sein, dass zweifelsfrei festzustellen ist, was der Minderjährige in einer bestimmten künftigen Lebens- und Behandlungssituation will und was er nicht will[1250]. Denn nur dann, wenn die vorsorglichen Behandlungsentscheidungen des Minderjährigen bestimmt genug sind, entfällt die Auslegung der getroffenen Verfügungen im Hinblick auf die in § 1901a Abs. 2 S. 3 BGB benannten Indizien[1251]. Unmittelbare Bindungswirkung kann

1247 BGHZ 202, 226, 238 f.; BGH NJW 2017, 1737, 1738.

1248 *Lipp/Brauer*, Patientenvertreter, in: Höfling, Das neue Patientenverfügungsgesetz, S. 17, 43.

1249 Hier und im Folgenden BGHZ 211, 67, 84 f.

1250 BGHZ 202, 226, 239; 211, 67, 84 f.

1251 BGHZ 202, 226, 239; 211, 67, 82 ff.; vgl. nochmals Kapitel 5, S. 282.

somit nur durch eine hinlänglich bestimmte, inhaltlich unzweifelhafte Vorausverfügung erzielt werden.

Ist der Regelungsinhalt der Minderjährigenverfügung eindeutig, stellt dies zudem eine erhebliche Erleichterung im Rahmen einer gerichtlichen Überprüfung in einem familienrechtlichen Verfahren nach § 1666 BGB oder im Genehmigungsverfahren des Betreuungsgerichts nach § 1904 BGB dar[1252]. Liegt eine Erklärung vor, aus der die Behandlungswünsche des inzwischen nicht mehr hinreichend entscheidungsfähigen Patienten eindeutig hervorgehen, können Kindes- beziehungsweise Betreutenwohl mühelos ermittelt werden. Zweifel am Inhalt der Festlegungen werden sich im Ergebnis zulasten der Verbindlichkeit der Erklärung des Minderjährigen auswirken. Dies ist insbesondere bei einer zu unbestimmten Behandlungsverweigerung anzunehmen, da im Interesse des Schutzes menschlichen Lebens bei unklaren Formulierungen der Grundsatz „in dubio pro vita" gelten wird, wonach im Falle eines unpräzisen Verfügungsinhalts regelmäßig zugunsten des objektiv-gesundheitlichen Wohls des Patienten abzuwägen sein wird[1253].

IV. Kein Schriftformerfordernis für die Erklärung

Demgegenüber ist die Minderjährigenverfügung weder im Innen- noch im Außenverhältnis von Formerfordernissen abhängig.

Bei der Bestimmung des Kindeswillens durch die Eltern kommt es nicht darauf an, ob das Kind seine Wünsche schriftlich abgefasst hat. Die §§ 1627 S. 1, 1626 Abs. 2 BGB sehen keine bestimmte Form vor; es sind vielmehr alle konkreten Festlegungen und geäußerten Wünsche des hinreichend entscheidungsfähigen Minderjährigen umzusetzen[1254]. Auch § 1901a Abs. 2 BGB beinhaltet keine Formerfordernisse für vorsorglich erklärte Behandlungswünsche. Neben schriftlichen Äußerungen sind explizit auch mündliche Erklärungen zu berücksichtigen, siehe § 1901a Abs. 2 S. 3 BGB. Der Schriftform bedarf es folglich auch dann nicht, wenn die Verfügung verbindliche Wirkung gegenüber der Betreuer- oder Fürsorgeperson entfalten soll. Denn anders als die Einsichts- und Urteilsfähigkeit des Verfügenden und die Bestimmtheit der Erklärung bezieht sich das

1252 Vgl. *Coester*, in: Staudinger, BGB, § 1666 Rn. 74 ff.

1253 Ausführlich zu dieser Problematik *Deutsch/Spickhoff*, Rn. 1014; *Ulsenheimer*, Der Arzt im Konflikt, in: FS Eser, S. 1225 ff.

1254 Vgl. nur *Coester*, in: Staudinger, BGB, § 1666 Rn. 74 ff.

Schriftformerfordernis allein auf die äußere Gestalt der antizipierten Erklärung, hat jedoch keinen Bezug zu deren Inhalt.

Auch im Außenverhältnis gegenüber dem Behandler ist die Einwilligungserklärung formfrei[1255]. Sie kann grundsätzlich ebenso mündlich oder gar konkludent, beispielsweise durch ein schlichtes Kopfnicken oder das Erscheinen zum Operationstermin, abgegeben werden[1256]. Für die Erklärung eines Vetos oder einer Co-Einwilligung gilt insoweit nichts anderes. Die antizipiert erklärte Behandlungsentscheidung wird damit ebenfalls nicht an Formerfordernisse geknüpft, wobei konkludente Erklärungen jedoch bereits aufgrund der Natur der vorweggenommenen Entscheidung nicht in Betracht kommen, da sich ein schlüssiges Verhalten oder eine Geste immer auf eine konkrete Situation beziehen muss und weder ein vorsorgliches Nicken noch ein anderes „schlüssiges Verhalten“ bezüglich unbestimmter künftiger Behandlungsereignisse bindend sein können.

In der Praxis kann die Mündlichkeit einer Äußerung allerdings zu Beweisschwierigkeiten, Missverständnissen oder inhaltlichen Unsicherheiten führen und eröffnet nicht zuletzt Manipulations- und Missbrauchsmöglichkeiten, welche durch eine Verschriftlichung der Wünsche vermieden werden können[1257]. Beabsichtigt der minderjährige Patient eine möglichst aus sich heraus verbindliche Behandlungsverfügung, sollte er diese daher trotz Formfreiheit zur eigenen Sicherheit schriftlich verfassen, um Beweisbarkeit, Eindeutigkeit und Transparenz herbeizuführen[1258].

C. *Umgang mit Minderjährigenverfügungen in der medizinischen Praxis: Umsetzungsprobleme in der Klinik*

Eine ausdrückliche gesetzliche Regelung, die verbindliche Voraussetzungen und Handlungsanweisungen für den behandelnden Arzt bereithält,

---

1255 BGHZ 67, 48, 55 f.; BGH NJW 1978, 1690, 1691; *Eser*, in: Schönke/Schröder, StGB, § 223 Rn. 43.

1256 BGH NJW 1961, 261, 262; BGH NJW 1978, 1690, 1691; *Eser*, in: Schönke/Schröder, StGB, § 223 Rn. 43; *Weidenkaff*, in: Palandt, BGB, § 630d Rn. 2.

1257 Vgl. *Bichler*, GesR 2014, 1, 6; *DAKJ*, Monatsschr Kinderheilkd 2015, 375, 376; *Jox/Führer/Borasio*, Monatsschr Kinderheilkd 2009, 26, 29.

1258 *Bichler*, GesR 2014, 1, 6; *DAKJ*, Monatsschr Kinderheilkd 2015, 375, 376; *Jox/Führer/Borasio*, Monatsschr Kinderheilkd 2009, 26, 29; vgl. auch *Lipp*, in: Laufs/Katzenmeier/Lipp, Kap. VI Rn. 184, der zusätzliche Form- und Verfahrensvoraussetzungen nicht nur für möglich hält, sondern u. U. sogar als ratsam erachtet.

existiert nicht. Auch höchstrichterliche Entscheidungen, aus denen sich die rechtlichen Anforderungen herleiten ließen, sind bislang nicht ergangen[1259], obgleich die Diskussion um den Umgang mit Minderjährigenverfügungen nicht neu ist und die Regelungen zur Patientenverfügung für Volljährige aus §§ 1901a ff. BGB bereits vor mehr als zehn Jahren in Kraft traten und inzwischen auch die Gerichte beschäftigen[1260].

Wie in der medizinischen Praxis mit Vorausverfügungen minderjähriger Patienten verfahren wird, lässt sich daher auf einfachstem Wege den „Leitlinien" oder „Leitfäden" der Krankenhäuser entnehmen, welche im Rahmen interner Arbeitskreise oder Ethikkomitees für das eigene Klinikpersonal entwickelt wurden. Im Nachfolgenden werden beispielhaft drei anschauliche Leitpapiere verschiedener Kliniken zum Themenkomplex „Patientenverfügung" vorgestellt und daraufhin untersucht, inwieweit sie die Problematik der kindlichen Vorausverfügung berücksichtigen und dabei die bestehenden rechtlichen Vorgaben des Kindschafts- und Betreuungsrechts beachten.

I. Leitlinien klinischer Ethikkomitees als Handlungsleitfaden für den Behandler

Die rechtliche Einordnung ethischer Leitlinien ist nicht eindeutig. Es handelt sich weder um institutionell gesetzte ärztliche Handlungsregeln in Form von Richtlinien, noch sind klinische Ethikleitlinien eines Krankenhauses gleichbedeutend mit ärztlichen Leitlinien. Während erstere institutionell gesetzte ärztliche Handlungsregeln des GKV-Rechts sind, die öffentlich-rechtlich angeordnet werden[1261] und für die Ärzteschaft verbindlich sind[1262], kommen letztere in einem geordneten Verfahren zustande

---

1259 So berichtete *Schertzinger* zudem von einer geringen praktischen Relevanz der Verfahren nach § 1666 BGB vor deutschen Familiengerichten (anhand von Zahlen aus Hamburg). Als Ursachen hierfür vermutet er u. a. fehlende Kenntnisse der Ärzte von dieser Möglichkeit, die Scheu oder Ablehnung vor einer Inanspruchnahme der Gerichte sowie ihre erfolgreiche Überzeugungsarbeit in Konfliktsituationen mit den Eltern, *Schertzinger*, Vormundschaftsgericht, in: Dierks/Graf-Baumann/Lenard, Therapieverweigerung, S. 119, 120 f.

1260 Siehe nur zum Bestimmtheitserfordernis die Beschlüsse des BGH vom 17. September 2014 (BGHZ 202, 226 ff.), vom 6. Juli 2016 (BGHZ 211, 67 ff.) und vom 8. Februar 2017 (BGHZ 214, 62 ff.).

1261 *Hart*, AT, in: Hart, Ärztliche Leitlinien, S. 23, 34 f.; *ders.*, MedR 1998, 8, 8; *Deutsch/Spickhoff*, Rn. 362;

1262 *Gerlach et al.*, DÄBl 1998, A1014, A1014 ff.; *Hart*, MedR 1998, 8, 10.

und legen den Stand der medizinischen Erkenntnisse fest, beschreiben also regelmäßig die standardmäßige ärztliche Behandlung[1263]. Zumindest deren höchste Klassifikation der S3-Leitlinie soll dabei den haftungsrechtlichen Standard nach § 630a Abs. 2 BGB grundsätzlich verbindlich festlegen[1264] und Spielraum für Abweichungen nur für begründete Ausnahmen vorbehalten[1265].

Demgegenüber stellen ethische Leitlinien sich selbst durch den Krankenhausträger oder -verbund gegebene interne Handlungsempfehlungen für das eigene Personal dar. Diese sollen Hilfestellung geben im Umgang mit ethischen Fragestellungen und Schwierigkeiten des Klinikalltags. Sie werden als mögliche Entscheidungsstütze und Orientierung von klinischen Ethikkomitees oder speziellen Arbeitskreisen erarbeitet, sind jedoch nicht als verbindlich anzusehen[1266]. Je nach Kultur und Praxis innerhalb der Klinik oder Versorgungsregion können diese Leitlinien inhaltlich stark voneinander abweichen.

II. Praxisbeispiele zum Umgang mit Minderjährigenverfügungen anhand ethischer Leitlinien und ihre Schwachstellen

Während sich einige wenige Ethikkomitees mit der Thematik der Vorausverfügung hinreichend einsichts- und urteilsfähiger Minderjähriger sehr ausführlich befasst zu haben scheinen und in ihren Leitlinien konkrete Empfehlungen zu dieser Problematik entwickelten, fehlt eine derartige Auseinandersetzung mit der Fragestellung an anderen Kliniken bislang häufig. Dies dürfte zumeist darauf beruhen, dass noch kein Konfliktfall aus der eigenen Einrichtung an das Ethikkomitee herangetragen wurde, es sich daher noch nicht im Rahmen eines konkreten Einzelfalls mit der Frage befassen musste, und darüber hinaus bislang kein Bedarf gesehen

1263 Vgl. *Deutsch/Spickhoff*, Rn. 363; *Hart.*, MedR 1998, 8, 10; *Ollenschläger et al.*, Qualität und Akzeptanz klinischer Leitlinien, in: Hart, Klinische Leitlinien, S. 17, 21.

1264 *Deutsch/Spickhoff*, Rn. 362 ff.; *Gerlach et al.*, DÄBl 1998, A1014, A1014 ff.; *Ollenschläger et al.*, Qualität und Akzeptanz klinischer Leitlinien, in: Hart, Klinische Leitlinien, S. 17, 21.

1265 Siehe *Hart*, MedR 1998, 8, 11.

1266 Vgl. zur rechtlichen Einordnung insg. beispielhaft den Internetauftritt des Ethikkomitees des Klinikums Region Hannover, abrufbar unter: http://www.krh.eu/unternehmen/ueberuns/beauftragte/ethikkomitee/Seiten/Leitlinien.aspx (letzter Zugriff: 28. Juni 2019).

wurde, die Fragestellung generell – losgelöst von einer Einzelfallproblematik – zu erörtern.

Umfangreiche Ausführungen zur Beachtlichkeit antizipierter Behandlungsentscheidungen Minderjähriger finden sich zum Beispiel in der „Leitlinie zur Frage der Therapiezieländerung bei Schwerstkranken und zum Umgang mit Patientenverfügungen" des Arbeitskreises Patientenverfügung des Klinikums der Universität München[1267]. Diese widmeten der Problematik der Behandlungswünsche Minderjähriger neben denjenigen psychisch kranker und demenzkranker Patienten in der bereits im Jahr 2013 zum dritten Mal überarbeiteten Version ihrer Leitlinie einen gesonderten Unterpunkt in dem Kapitel „Spezielle Situationen"[1268]. Darin stellen die Autoren in Bezug auf konkrete Behandlungsentscheidungen vorab heraus:

> „Die Einwilligungsfähigkeit eines Minderjährigen richtet sich nicht nach seinem chronologischen Alter, sondern nach seiner individuellen geistig-sittlichen Reife und ist in Bezug auf die Tragweite der Entscheidung zu beurteilen. […] Ist ein Minderjähriger nicht einwilligungsfähig, sind [die] Sorgeberechtigten (in der Regel die Eltern) von Rechts wegen befugt, die Entscheidungen stellvertretend zu treffen. Dabei sind die Eltern jedoch immer gebunden, zum Wohl des Kindes zu handeln und dürfen ihr Sorgerecht nicht zum objektiven Nachteil des Kindes ausüben (bei Zweifeln ist das Familiengericht anzurufen). Mit wachsender Reife des Kindes haben die Eltern dessen eigene Wünsche zu beachten. […]
> Ist ein Minderjähriger in Bezug auf eine konkrete medizinische Behandlung einwilligungsfähig, so zählt ausschließlich seine Entscheidung. Die Meinung der Eltern ist dann für das medizinische Team rechtlich nicht maßgeblich."[1269]

1267 *Klinikum der Universität München*, abrufbar unter: https://www.klinikum.uni-muenchen.de/download/de/Fachbereiche/Palliativmedizin/Leitlinie_PV_Langfassung.pdf (letzter Zugriff: 28. Juni 2019).

1268 *Klinikum der Universität München*, S. 14 f.

1269 *Klinikum der Universität München*, S. 14. Grundlegende Äußerungen zur „Einwilligungsfähigkeit" Minderjähriger finden sich zudem bereits auf S. 6 der Leitlinie.

Hinsichtlich vorsorglicher Behandlungsentscheidungen eines minderjährigen Patienten stellt die Leitlinie sodann fest:

> „Die Möglichkeit der Patientenverfügung steht Minderjährigen nach dem neuen Gesetz nicht offen, selbst wenn sie einwilligungsfähig sind. Ihre im einwilligungsfähigen Zustand schriftlich oder mündlich getroffenen Äußerungen werden aber als starke Indizien für den mutmaßlichen Willen bei der Entscheidungsfindung zu berücksichtigen sein."[1270]

Es trifft hier zunächst zu, dass Minderjährigen die Möglichkeit des Verfassens einer Patientenverfügung gemäß § 1901a Abs. 1 S. 1 BGB nicht offen steht. Indem die Regelung für das Abfassen einer wirksamen Patientenverfügung voraussetzt, dass der Verfügende einwilligungsfähig und volljährig ist, ist Minderjährigen diese Form der Vorausverfügung verwehrt[1271].

Dabei ist positiv zu bemerken, dass die Leitlinie es nicht, wie viele andere, bei dieser Feststellung belässt, sondern darüber hinausgehende Handlungsempfehlungen für den Fall ausspricht, dass ein Minderjähriger vorsorgliche Festlegungen für oder gegen eine künftige Behandlung trifft. Antizipierte, „im einwilligungsfähigen Zustand" getätigte Äußerungen eines Minderjährigen sollen danach als „starke Indizien für den mutmaßlichen Willen" berücksichtigt werden[1272]. Dies ist jedoch als zu vage anzusehen und inhaltlich insofern unscharf formuliert, als dass konkret geäußerte Behandlungswünsche nicht unter den mutmaßlichen Willen des Patienten zu subsumieren sind[1273]. Der Begriff des mutmaßlichen Willens impliziert bereits nach seinem Wortlaut, dass der tatsächliche Wille nicht festgestellt werden konnte, sodass anhand bestimmter Tatsachen und Anzeichen die für wahrscheinlich gehaltenen Wünsche ermittelt werden müssen. Nur dann sind Mutmaßungen zulässig. Wurden hingegen konkrete mündliche oder gar schriftliche Äußerungen getroffen, erübrigt sich die Erforschung des mutmaßlichen Willens[1274]. Ferner wird rechtlich untechnisch der Begriff der Einwilligungsfähigkeit verwendet, obgleich wohl die hinreichende Einsichts- und Urteilsfähigkeit als tatsächliche Fähigkeit gemeint sein wird, da das Vorliegen von Einwilligungsfähigkeit nach dem Begriffsver-

1270 *Klinikum der Universität München*, S. 14.

1271 Siehe in Kapitel 4 B. II. und III. sowie das Ergebnis ab S. 202.

1272 *Klinikum der Universität München*, S. 14.

1273 Vgl. dazu nochmals *Czerner/Soßdorf*, KritV 2013, 315, 324; sowie BGH MedR 2015, 508, 511; *Beckmann*, FPR 2010, 278, 279; *Bichler*, S. 107.

1274 BGH MedR 2015, 508, 511; *Beckmann*, FPR 2010, 278, 279; *Bichler*, S. 107; *Czerner/Soßdorf*, KritV 2013, 315, 324.

ständnis des Gesetzgebers bereits die Befugnis zur Alleinentscheidung umfasst[1275].

Bedeutsamer sind daher die vorherigen allgemeinen Ausführungen der Leitlinie, wonach die Eltern bei ihrer Entscheidung an das Wohl ihres Kindes gebunden seien und die Wünsche des Kindes mit dessen wachsender Reife zu beachten hätten[1276]. Die Rechtslage de lege lata geht allerdings nach vorangegangener Untersuchung noch weiter: Der wirksam erklärte Wille des hinreichend entscheidungsfähigen Kindes ist zwingend zu beachten – und zwar auch dann, wenn er diesen im Rahmen einer vorsorglichen Behandlungsverfügung geäußert hat. Insoweit bleibt die Leitlinie hinter ihren Möglichkeiten des Empfehlungsgehalts zurück. Nichtsdestoweniger ist es als positiv zu erachten, dass sich der Arbeitskreis Patientenverfügung mit der Fragestellung der Bindungswirkung von Minderjährigenverfügungen derart ausführlich befasst und damit sein Bewusstsein für die Problematik aufgezeigt hat.

Denn während die Leitlinie des Klinikums der Universität München ausdrücklich auf die Fallgruppe minderjähriger Patienten mit antizipierten Behandlungsentscheidungen Bezug nimmt, finden diese in einer Vielzahl anderer Leitlinien bislang kaum oder gar keine Beachtung. So heißt es beispielsweise in der ethischen Leitlinie des Universitätsklinikums Würzburg zur „Prüfung einer Patientenverfügung seitens der Pflegepersonen und Ärzte“ aus dem Jahr 2010 kurzum:

> „Rechtlich verbindliche Patientenverfügungen können nur von Volljährigen abgegeben werden.“[1277]

Wenngleich auch dies zutreffend ist, wie § 1901a Abs. 1 S. 1 BGB festlegt, so ist die Leitlinie doch dahingehend zu kritisieren, dass sie minderjährige Patienten aus dem Themenkomplex der Vorausverfügungen gänzlich ausklammert. Der Behandler erhält keinerlei Hilfestellung dazu, wie er mit Behandlungswünschen eines (hinreichend entscheidungsfähigen und (mit-) entscheidungsbefugten) Minderjährigen umgehen sollte. Indem minderjährige Patienten nicht berücksichtigt werden, könnte sogar der Eindruck entstehen, dass Vorausverfügungen Minderjähriger keine Rele-

---

1275 Vgl. *Haberstroh/Müller*, ZGG 2017, 298, 298; sowie die Begriffsdefinition und -abgrenzung in Kapitel 1 C. V.

1276 *Klinikum der Universität München*, S. 14.

1277 *Universitätsklinikum Würzburg*, S. 2 (zur Verfügung gestellt und abgedruckt mit freundlicher Genehmigung von Frau Prof. Dr. Birgitt van Oorschot, leitende Oberärztin der Palliativmedizin des Universitätsklinikums Würzburg).

vanz hätten oder per se unbeachtlich wären. Es wäre demnach jedenfalls empfehlenswert, darauf hinzuweisen, dass diese Leitlinie keine Aussage – weder in positiver noch in negativer Hinsicht – über die Verbindlichkeit kindlicher Behandlungswünsche trifft.

Wesentlich schwerer als eine unvollständige Leitlinie wiegt es indes, wenn das klinische Ethikkomitee rechtlich unrichtige Empfehlungen erteilt. So heißt es zum Beispiel in der „Leitlinie Transfusionsmedizin" der Asklepios Klinik Sankt Augustin von 2011 zur „Bluttransfusion bei minderjährigen Kindern von Zeugen Jehovas":

> „Ist der minderjährige Patient jedoch zweifelsfrei einwilligungsfähig, zählt für den weiteren Behandlungsverlauf bei der Erklärung zum Therapieverzicht allein die Entscheidung des Patienten. Die Sorgeberechtigten haben dann bezüglich der Einwilligung zur Behandlung keine Entscheidungsbefugnis mehr. Auch eine aktuelle schriftliche Vorsorgevollmacht oder eine Patientenverfügung des einwilligungsfähigen Kindes sind zu berücksichtigen. „Aktuell" bedeutet jedoch, dass der Minderjährige zum Zeitpunkt der Festlegung zweifelsfrei einwilligungsfähig gewesen sein muss."[1278]

Dies widerspricht zunächst unzweifelhaft der bestehenden Rechtslage, da Minderjährige aufgrund des klaren Wortlauts der Norm sowie deren systematischer Stellung im Betreuungsrecht keine „echten" Patientenverfügungen im Sinne des § 1901a Abs. 1 S. 1 BGB verfassen können[1279]. Durch die gewählte Formulierung wird suggeriert, die Wirksamkeit einer Patientenverfügung setze allein die Einwilligungsfähigkeit des Patienten voraus. Die Problematik der Bindungswirkung einer Minderjährigenverfügung rührt jedoch gerade daher, dass die Normen der §§ 1901a ff. BGB auf die Behandlung minderjähriger Patienten keine Anwendung finden.

Darüber hinaus trifft es nicht zu, dass auch die Vorsorgevollmacht eines Minderjährigen zu beachten sei. Bei der Bevollmächtigung nach § 1904 Abs. 5 BGB handelt es sich um eine rechtsgeschäftliche Erklärung zur Bestimmung einer Stellvertretung, zu welcher es der Geschäftsfähigkeit des Erteilenden bedarf[1280]. Diese hat der minderjährige Patient nicht inne

1278 *Asklepios Klinik Sankt Augustin*, S. 4, abrufbar unter: http://www.ethikkomitee.de/downloads/leitlinie_sa_zj.pdf (letzter Zugriff: 28. Juni 2019).

1279 Siehe abermals in Kapitel 4 B. II. und III. und das Ergebnis ab S. 202.

1280 OLG Stuttgart BtPrax 1994, 99, 100; *Bühler*, FamRZ 2001, 1585, 1588; *Lipp*, in: Lipp, Vorsorgeverfügungen, § 16 Rn. 21 ff.; *Spickhoff*, AcP 208 (2008), 345, 401; *Walter*, Vorsorgevollmacht, S. 50, 230 ff.; *Bienwald*, in: Staudinger, BGB, § 1904 Rn. 112 f.; *Schwab*, in: MüKo BGB, § 1904 Rn. 71.

– ganz gleich, ob er bereits über die volle Einwilligungsfähigkeit verfügen würde. Seine Bevollmächtigung ist stets von der Zustimmung seiner gesetzlichen Vertreter abhängig und kann keineswegs selbst erteilt werden, §§ 107 ff. BGB[1281].

Schließlich verwendet auch diese Leitlinie den Begriff der Einwilligungsfähigkeit, um die tatsächlichen Fähigkeiten des Minderjährigen zu beschreiben, was zu Missverständnissen führen dürfte[1282].

Es ist wahrscheinlich, dass mit der Leitlinie lediglich zum Ausdruck gebracht werden sollte, dass auf die Wünsche des hinreichend einsichts- und urteilsfähigen Minderjährigen aus ethischer Sicht stets einzugehen ist. Wenngleich dies grundsätzlich eine unterstützenswerte Auffassung sein mag, so ist sie in dieser Form unter rechtlichen Gesichtspunkten doch in hohem Maße bedenklich. Denn indem die Leitlinie vorgibt, § 1901a Abs. 1 S. 1 BGB sei auf Minderjährige anwendbar, lässt sie zudem vermuten, das Betreuungsrecht enthalte auch darüber hinaus Regelungen für minderjährige Patienten, wie beispielsweise die Verfahrensvorschriften der §§ 1901b ff. BGB zum dialogischen Prozess zwischen Arzt und Betreuer sowie zur betreuungsgerichtlichen Genehmigung. Dies trifft indes keineswegs zu. Ferner werden die Vorsorgevollmacht und die Patientenverfügung in der Leitlinie so nebeneinandergestellt, als seien sie von denselben Voraussetzungen abhängig; Einwilligungs- und Geschäftsfähigkeit sind allerdings strikt zu unterscheiden[1283].

Schließlich gehen die Empfehlungen der Leitlinie, soweit sie von einer unbedingten unmittelbaren ärztlichen Bindung ausgehen, über die derzeit gefestigte Rechtslage hinaus. Während sich eine Bindung im Eltern-Kind-Verhältnis über die allgemeinen kindschaftsrechtlichen Bestimmungen zum Kindeswohl begründet herleiten lässt[1284], ist die Bindungswirkung kindlicher Behandlungsentscheidungen gegenüber dem behandelnden Arzt höchst umstritten[1285]. Die Ansichten in Rechtsprechung und Schrifttum gehen, wie in Kapitel 3 ausführlich dargestellt wurde, auseinander.

1281 Vgl. BGHZ 29, 33, 36; *Bichler*, S. 109; *Coester-Waltjen*, MedR 2012, 553, 560; *Spickhoff*, AcP 208 (2008), 345, 401; *Taupitz*, A 102; *Leipold*, § 11 Rn. 24, 44; *Medicus*, Rn. 558 f.; a. A. aber *Albrecht/Albrecht*, Rn. 154; *Sternberg-Lieben/Reichmann*, NJW 2012, 257, 261 f.; siehe dazu in Kapitel 4 B. III. 1., S. 186 f.

1282 Vgl. nochmals *Haberstroh/Müller*, ZGG 2017, 298, 298; sowie die Begriffsdefinition und -abgrenzung in Kapitel 1 C. V.

1283 Zur Rechtsnatur der Einwilligung und der Unterscheidung zwischen Einwilligungs- und Geschäftsfähigkeit siehe Kapitel 2 B. II., S. 43 ff.

1284 Siehe in Kapitel 3 B. II. sowie Kapitel 4 C. II.

1285 Siehe hier und im Folgenden Kapitel 3 B. III. sowie Kapitel 4 D. II.

Dabei kann auch der höchstrichterlichen Rechtsprechung keine eindeutige Positionierung entnommen werden, da die bisherigen Entscheidungen in hohem Maße einzelfallgeprägt waren und darüber hinaus in Lehre und Praxis bisweilen unterschiedlich ausgelegt werden. Es kann damit in rechtlicher Hinsicht als Konsens der divergierenden Ansichten allenfalls eine kumulative Einwilligungsbefugnis des minderjährigen Patienten in Form eines Vetorechts gegen die Entscheidung seiner Eltern zugrunde gelegt werden. Den Eltern eines hinreichend entscheidungsfähigen Minderjährigen ihre Einwilligungsbefugnis im Rahmen einer ethischen Leitlinie gänzlich abzusprechen, erscheint daher nach den derzeit vertretenen Rechtsauffassungen nicht haltbar.

Zwar verfolgen ethische Leitlinien nicht den Zweck, dem behandelnden Arzt verbindliche Handlungsanweisungen vorzugeben, sondern sprechen lediglich Empfehlungen aus[1286]. Doch auch derartige Empfehlungen stellen für den Arzt im Ergebnis keine Hilfestellung dar, wenn sie nicht der bestehenden Rechtslage entsprechen. Vielmehr könnten sie dann zu einer unzutreffenden Rechtsanwendung führen, was weder im Interesse der betroffenen Patienten und ihrer Angehörigen noch im Interesse des Behandlers sein wird und nicht zuletzt straf- und haftungsrechtliche Konsequenzen nach sich ziehen kann.

D. *Fehlende Rechtssicherheit und Rechtsklarheit de lege lata*

Wie die vorliegende Arbeit zeigen konnte, ist die Problematik der Minderjährigenverfügung nach bestehender Rechtslage über die Regelungen des Kindschaftsrechts (Fallgruppe 1), des Betreuungsrechts (Fallgruppe 2) sowie des allgemeinen Medizinrechts weitgehend auflösbar. Der Praxis ist diese Lösung jedoch vielfach unbekannt, wie die exemplarisch dargestellten ethischen Leitlinien aufzeigen. In diesen wurden Empfehlungen zum Umgang mit vorsorglichen Behandlungswünschen Minderjähriger nur unzureichend oder gar entgegen der gesicherten Rechtslage gegeben. Eine juristische Herleitung über das allgemeine Kindschaftsrecht und medizinrechtliche Grundsätze, die auf der Auslegung unbestimmter Rechtsbegriffe wie dem des Kindeswohles, der Einsichts- und Urteilsfähigkeit sowie der

---

1286 Vgl. hierzu nochmals beispielhaft den Internetauftritt des Ethikkomitees des Klinikums Region Hannover, abrufbar unter: http://www.krh.eu/unternehmen/ueberuns/beauftragte/ethikkomitee/Seiten/Leitlinien.aspx (letzter Zugriff: 28. Juni 2019).

Einwilligungsbefugnis beruht, erscheint im Klinikalltag außerdem kaum praktikabel – zumal selbst die rechtswissenschaftliche Fachwelt in Rechtsprechung und Lehre bislang zu keiner einheitlichen Auffassung gelangt ist.

Diese rechtlichen Unsicherheiten – womöglich mitbedingt durch eine unzureichende dahingehende Ausbildung – können die Entscheidungsfindung des Behandlers in Grenzsituationen schwer belasten[1287]. Denn formelhafte Rechtsgrundsätze, unklare Definitionen und unbestimmte Rechtsbegriffe stellen juristische Laien nicht selten vor große Herausforderungen[1288]. Ärzte fürchten sich mitunter so sehr davor, Fehler zu begehen, dass sie die Verantwortung für die medizinische Maßnahme an Angehörige und Patientenvertreter abzugeben versuchen[1289].

Auch der Gesetzgeber entzieht sich derzeit seiner Verantwortung für diese sensible Thematik, indem er die bestehende Gesetzeslage beibehält und zunächst abzuwarten scheint, wie sich insbesondere die höchstrichterliche Rechtsprechung in Bezug auf die medizinische Behandlung Minderjähriger in den kommenden Jahren positionieren wird[1290].

Damit bleiben die rechtlichen Zweifel für Ärzte, betroffene Patienten und ihre Familien im Umgang mit Vorausverfügungen minderjähriger Patienten vorerst bestehen[1291], weshalb beispielsweise die Deutsche Akademie für Kinder- und Jugendmedizin den Gesetzgeber im Jahr 2015 nachdrücklich dazu aufforderte, „die unbefriedigende Gesetzeslage zu korrigieren und die Verbindlichkeit einer Patientenverfügung einwilligungsfähiger Minderjähriger festzulegen“[1292].

Wenngleich in weiten Teilen eine rechtliche Lösung über die allgemeinen Bestimmungen des Zivilrechts erzielt werden kann, besteht zum Zwecke der Rechtsklarheit und Rechtssicherheit somit dennoch das Bedürfnis einer ausdrücklichen Spezialregelung zu kindlichen Behandlungsverfügungen, welche mit Blick auf die klinische Anwendung klar formuliert

---

1287 *Führer/Borasio/Reinhardt*, Monatsschr Kinderheilkd 2009, 16, 16.

1288 Vgl. *Damm*, Bundesgesundheitsbl 2016, 1075, 1077; *Führer/Borasio/Reinhardt*, Monatsschr Kinderheilkd 2009, 16, 16.

1289 Vgl. *Führer/Borasio/Reinhardt*, Monatsschr Kinderheilkd 2009, 16, 16.

1290 *Bichler*, S. 124.

1291 Vgl. *Deutsch/Spickhoff*, Rn. 424; *Franzki*, S. 113 f.; *Hart*, GesR 2012, 385, 386; *Spickhoff*, VersR 2013, 267, 276; auch schon *Eser*, Ärztliches Handeln, in: Müller/Olbing, Ethische Probleme in der Pädiatrie, S. 178, 179.

1292 *DAKJ*, Monatsschr Kinderheilkd 2015, 375, 376.

und für den Praktiker verständlich sein müsste[1293]. Denn obwohl nachvollzogen werden kann, dass der Gesetzgeber die Patientenverfügung im Betreuungsrecht lediglich für Volljährige regelte, sollte er sich nichtsdestoweniger daneben auch der Bedürfnisse von Minderjährigen annehmen, die ebenfalls an chronischen und lebensbedrohlichen Erkrankungen leiden können, welche ihre Entscheidungsfähigkeit beeinträchtigen, und eine entsprechende Regelung für das Kindschaftsrecht schaffen[1294].

In diesem Zusammenhang ist darüber hinaus eine ausdrückliche Normierung der Befugnisse eines Minderjährigen zu aktuellen Behandlungsentscheidungen zu fordern, an welche sodann eine mögliche Regelung der Minderjährigenverfügung de lege ferenda insbesondere hinsichtlich ihrer persönlichen und formellen Voraussetzungen anknüpfen könnte. Die gesetzgeberischen Versuche, eine dahingehende Bestimmung zu schaffen, sind bislang gescheitert. So beinhalteten die Entwürfe zur Neuregelung des Rechts der elterlichen Sorge der Bundesregierung vom 2. Mai 1974[1295] sowie der Fraktionen der SPD und FDP vom 10. Februar 1977[1296] zwar zunächst einen Vorschlag zur Regelung der Entscheidungsbefugnis Minderjähriger für ärztliche Heilbehandlungen, welche in § 1626a BGB (Entwurf) wie folgt neu gefasst werden sollte[1297]:

> Die Einwilligung in eine Heilbehandlung kann, soweit gesetzlich nichts anderes bestimmt ist, das Kind nach Vollendung des 14. Lebensjahres selbst erteilen, wenn es fähig ist, Grund und Bedeutung der Heilbehandlung einzusehen und seinen Willen hiernach zu bestimmen; die Befugnis der Eltern, in eine Heilbehandlung des Kindes einzuwilligen, bleibt unberührt.[1298]

In der Beschlussempfehlung des Rechtsausschusses des Bundestages zu dem Koalitionsentwurf vom 27. April 1979[1299] war dieser Vorschlag indes nicht mehr enthalten. Die Fraktionen hatten den Entwurf des § 1626a

1293 Einen konkreten Gesetzesvorschlag hierzu machen z. B. *Czerner/Soßdorf*, KritV 2013, 315, 335 ff.

1294 *Czerner/Soßdorf*, KritV 2013, 315, 335 ff.; *DAKJ*, Monatsschr Kinderheilkd 2015, 375, 376; *Tolmein*, Patientenautonomie, in: Höfling, Das neue Patientenverfügungsgesetz, S. 47, 49 Fn. 143.

1295 BT-Drs. 7/2060.

1296 BT-Drs. 8/111.

1297 Zu diesem gesetzgeberischen Vorstoß siehe auch *Peschel-Gutzeit*, in: Staudinger, BGB, § 1626 Rn. 95.

1298 Siehe BT-Drs. 7/2060, S. 4; sowie nahezu wortgleich BT-Drs. 8/111, S. 3.

1299 BT-Drs. 8/2788.

BGB mit der Begründung zurückgezogen, dass er „die Verantwortung der Eltern für das leibliche Wohl des Kindes zu sehr in den Hintergrund treten lassen [hätte]“[1300], nachdem durch die Ausschussminderheit dessen Streichung beantragt worden war[1301].

Zur Schaffung von Rechtsklarheit für medizinisch Tätige, deren Profession die Versorgung Kranker und nicht die Auslegung von Gesetzen ist und die als erste Ansprechpartner mit Behandlungswünschen minderjähriger Patienten konfrontiert werden, erscheint eine Wiederaufnahme des gesetzgeberischen Diskurses nach alledem mehr als wünschenswert[1302].

Als Vorbild für eine Regelung zur Entscheidungskompetenz minderjähriger, hinreichend entscheidungsfähiger Patienten könnte hierbei die österreichische Normierung des § 173 ABGB dienen, welche bereits seit dem 1. Juli 2001[1303] die Entscheidungsbefugnis Minderjähriger ausdrücklich regelt[1304]. Der österreichische Gesetzgeber hat dabei einen Kompromiss zwischen kumulativer Entscheidungsbefugnis und Alleinentscheidungskompetenz geschaffen, bei dem er im Hinblick auf die Schwere des medizinischen Eingriffs differenziert:

(1) Einwilligungen in medizinische Behandlungen kann das entscheidungsfähige Kind nur selbst erteilen; im Zweifel wird das Vorliegen dieser Entscheidungsfähigkeit bei mündigen Minderjährigen vermutet. Mangelt es an der notwendigen Entscheidungsfähigkeit, so ist die Zustimmung der Person erforderlich, die mit der gesetzlichen Vertretung bei Pflege und Erziehung betraut ist.

(2) Willigt ein entscheidungsfähiges minderjähriges Kind in eine Behandlung ein, die gewöhnlich mit einer schweren oder nachhaltigen Beeinträchtigung der körperlichen Unversehrtheit oder der Persönlichkeit verbunden ist, so darf die Behandlung nur vorgenommen werden, wenn auch die Person zustimmt, die mit der gesetzlichen Vertretung bei Pflege und Erziehung betraut ist.

(3) Die Einwilligung des entscheidungsfähigen Kindes sowie die Zustimmung der Person, die mit Pflege und Erziehung betraut ist, sind

1300 BT-Drs. 8/2788, S. 45.

1301 BT-Drs. 8/2788, S. 45.

1302 *Schwedler*, NJOZ 2014, 1, 3.

1303 Vom 1. Juli 2001 bis zum 31. Januar 2013 in § 146c ABGB, seit dem 1. Februar 2013 nunmehr in § 173 ABGB geregelt.

1304 Aktuelle Fassung in Kraft seit dem 1. Juli 2018 durch Einführung des 2. Erwachsenenschutz-Gesetzes, Österreichisches BGBl. I Nr. 59/2017 (NR: GP XXV RV 1461 AB 1528 S. 173, BR: AB 9764 S. 866).

> nicht erforderlich, wenn die Behandlung so dringend notwendig ist, dass der mit der Einholung der Einwilligung oder der Zustimmung verbundene Aufschub das Leben des Kindes gefährden würde oder mit der Gefahr einer schweren Schädigung der Gesundheit verbunden wäre.

Voraussetzung der Entscheidungskompetenz ist dabei die Entscheidungsfähigkeit des Patienten. Diese wird in § 24 Abs. 2 S. 1 ABGB legaldefiniert:

> Entscheidungsfähig ist, wer die Bedeutung und die Folgen seines Handelns im jeweiligen Zusammenhang verstehen, seinen Willen danach bestimmen und sich entsprechend verhalten kann.

Die Vermutung, dass ein Patient entscheidungsfähig ist, gilt dabei nicht nur für Volljährige gemäß § 24 Abs. 2 S. 2 ABGB, sondern nach § 173 Abs. 1 S. 1 Hs. 2 ABGB auch für mündige Minderjährige. Mündigkeit liegt nach österreichischem Recht bei Minderjährigen ab Vollendung des vierzehnten Lebensjahres vor, § 21 Abs. 2 Hs. 2 ABGB.

Damit sind der medizinischen Praxis in Österreich Bestimmungen zur Handhabe (aktueller) kindlicher Behandlungsentscheidungen an die Hand gegeben worden. Zwar sind auch diese Regelungen ausfüllungsbedürftig und müssen im Einzelfall konkretisiert werden. Indem aber sowohl das Selbstbestimmungsrecht des hinreichend entscheidungsfähigen Minderjährigen als auch das Mitwirkungsinteresse der Sorgeberechtigten Berücksichtigung gefunden haben, da hinsichtlich einfacher medizinischer Entscheidungen der Minderjährige alleinentscheidungsbefugt sein soll, während im Rahmen schwerer oder folgenreicher Eingriffe die Einbeziehung der Eltern nötig ist, erscheint das Gesetz interessengerecht. Eine vergleichbare Ausgestaltung wäre auch durch den deutschen Gesetzgeber denkbar.

An diese ließe sich eine Bestimmung zur Bindungswirkung kindlicher Vorausverfügungen anknüpfen, indem entsprechend der in dieser Arbeit herausgearbeiteten Voraussetzungen der rechtliche Rahmen für die Wirksamkeit und Verbindlichkeit antizipierter Behandlungsentscheidungen durch Minderjährige festgelegt würde.

E. Zusammenfassung

Hinsichtlich der Bindungswirkung kindlicher Vorausverfügungen für die gesetzlichen oder gewillkürten Vertreter der minderjährigen Patienten sowie die behandelnden Ärzte hat diese Arbeit für die beiden untersuchten

Fallgruppen im Wesentlichen einheitliche Ergebnisse gefunden. Unabhängig davon, ob der Patient zum Zeitpunkt des infrage stehenden Eingriffs noch minderjährig oder bereits volljährig ist, sind seine vorsorglichen Festlegungen für seine Vertreter im Innenverhältnis bindend und müssen durch diese nach außen gegenüber dem Behandler umgesetzt werden. Für den Arzt hat die Minderjährigenverfügung zunächst grundsätzlich mittelbare Bindungswirkung über die jeweilige Vertretererklärung. Etwas anderes gilt allerdings bei eigener Entscheidungskompetenz des hinreichend einsichts- und urteilsfähigen Minderjährigen. Je nachdem, welcher Auffassung in diesem Zusammenhang gefolgt werden soll, kann entweder nur der negativen Behandlungsverfügung oder aber allen Vorausverfügungen eines zum Zeitpunkt des Abfassens hinreichend entscheidungsfähigen Minderjährigen unmittelbare Wirkung auch gegenüber dem Arzt zukommen – unabhängig davon, ob die betreffende Behandlungssituation im Minderjährigenalter oder nach Erreichen der Volljährigkeit erfolgen soll. Eine Bindung des Arztes an die Vertretererklärung ist zudem ausgeschlossen im Falle evidenter Verstöße gegen die Vertretungsmacht sowie – hier unterscheiden sich die Fallgruppen – im Hinblick auf die gerichtliche Entscheidung nach § 1666 Abs. 4 BGB, solange der Patient minderjährig ist. Im Übrigen bestehen die wesentlichen Unterschiede der beiden Fallgruppen in dem dem elterlichen Erziehungsprimat geschuldeten Weniger an Kontroll- und Genehmigungspflicht im Vergleich zum Betreuungsrechtsverhältnis, welches den Betreuern (und Vorsorgebevollmächtigten) nach den §§ 1901b Abs. 1, 1904 und § 1908i Abs. 1 S. 1 i.V.m. § 1837 BGB eine Reihe von generellen Pflichten zum Schutz des Betroffenen auferlegt.

Die Wirksamkeit einer verbindlichen Minderjährigenverfügung setzt zunächst voraus, dass der Minderjährige bei Abfassen seiner Erklärung hinreichend einsichts- und urteilsfähig war. Der Wille des Kindes kann nur dann das vorrangige Kriterium zur Ermittlung des Kindeswohls sein, wenn es zu einer selbstbestimmten Behandlungsentscheidung in der Lage war. Dies kann anders als bei volljährigen Patienten nicht vermutet werden, sondern muss für den jeweiligen Einzelfall festgestellt werden. Es sind dabei umso höhere Anforderungen an die erforderliche Entscheidungsfähigkeit zu stellen, je schwerer und schwerwiegender die zu treffende Entscheidung und die Folgen der Maßnahme sind. Darüber hinaus müssen die Festlegungen hinreichend bestimmt sein. Trifft der Minderjährige positive Behandlungsentscheidungen, bedarf es ferner einer vorherigen Aufklärung oder eines ausdrücklichen Aufklärungsverzichts. Weitere Anforderungen, insbesondere Formerfordernisse oder strikte Altersgrenzen, bestehen indes nicht.

Wie die vorliegende Arbeit aufzeigen konnte, lässt sich die Problematik des rechtlichen Umgangs mit Vorausverfügungen Minderjähriger bereits nach der bestehenden Rechtslage über das Kindschafts-, Betreuungs- und allgemeine Medizinrecht weitgehend auflösen. Nach der vorgenommenen Untersuchung mehrerer ethischer Leitlinien verschiedener Kliniken scheint der Praxis diese Lösung jedoch offenbar weitgehend unbekannt zu sein. Neben der uneinheitlichen Rechtsauffassung in Lehre und Rechtsprechung dürften sich Schwierigkeiten im praktischen Umgang vor allem durch die Anwendung und Auslegung der unbestimmten Rechtsbegriffe ergeben.

Zum Zwecke der Rechtsklarheit und Rechtssicherheit ist daher eine ausdrückliche Regelung zur Wirksamkeit und Verbindlichkeit kindlicher Vorausverfügungen zu fordern.

Kapitel 7: Schlussbetrachtung und Ergebnis

Minderjährige Patienten, insbesondere solche, die unter schweren, mitunter chronischen und/oder gar tödlich verlaufenden Erkrankungen leiden, haben häufig nicht nur ein großes Interesse daran, eine eigene Vorausverfügung für künftige Behandlungssituationen zu treffen und damit selbst verbindlich über kommende ärztliche Maßnahmen zu entscheiden[1305]. Nicht selten verfügen Kinder, die von einem solchen Schicksal betroffen sind, auch bereits über umfangreiche Kenntnisse über ihre Erkrankung und können ihre Situation klar und rational reflektieren[1306]. Sie sind somit stets in den Entscheidungsprozess ihrer Eltern und Behandler über die ihnen bevorstehenden medizinischen Heileingriffe einzubeziehen:

- Für die sorgeberechtigten Eltern legt § 1626 Abs. 2 BGB fest, dass sie die wachsenden Fähigkeiten sowie das wachsende Bedürfnis des Kindes zu selbständigem verantwortungsbewusstem Handeln zu berücksichtigen haben und Fragen der elterlichen Sorge entsprechend dem kindlichen Entwicklungsstand mit ihm besprechen müssen.
- Auch der Arzt ist über § 630e Abs. 5 BGB verpflichtet, seinem minderjährigen (einwilligungsunfähigen) Patienten die wesentlichen Umstände der Behandlung entsprechend seinen Verständnismöglichkeiten und seinem Entwicklungsstand zu erläutern.

Ist der minderjährige Patient hinreichend einsichts- und urteilsfähig, um die Bedeutung und Tragweite der ärztlichen Behandlung in groben Zügen zu erkennen sowie Für und Wider der Maßnahme gegeneinander abzuwägen, und sind seine Wünsche außerdem bestimmt genug formuliert, so sind die Eltern im familiären Innenverhältnis über das Kindschafts- oder Betreuungsrecht an die Festlegungen der Minderjährigenverfügung gebunden, sofern sie als Sorgeberechtigte beziehungsweise rechtliche Betreuer oder Vorsorgebevollmächtigte des Patienten in Gesundheitsangele-

1305 Vgl. *Jox et al.*, Monatsschr Kinderheilkd 2007, 1166, 1166; *Jox/Führer/Borasio*, Monatsschr Kinderheilkd 2009, 26, 29.

1306 *Alderson*, Autonomie des Kindes, in: Wiesemann et al., Das Kind als Patient, S. 28, 31 f., 35 ff.; *DAKJ*, Monatsschr Kinderheilkd 2015, 375, 376; *Niethammer*, Kinder im Angesicht ihres Todes, in: Wiesemann et al., Das Kind als Patient, S. 92, 98 ff.

genheiten eingesetzt sind. Sie haben dann die Pflicht, den vorausverfügten Willen des Kindes umzusetzen, sofern es aufgrund des Verlusts des erforderlichen Maßes seiner Entscheidungsfähigkeit nicht mehr in der Lage ist, seine Behandlungswünsche selbstbestimmt zu äußern:

- Ist der Patient zum Zeitpunkt des in Frage stehenden Eingriffs noch minderjährig, ergibt sich diese Pflicht der Eltern aus §§ 1627 S. 1, 1626 Abs. 2 BGB (Fallgruppe 1).
- Hat der Patient zwischenzeitlich das achtzehnte Lebensjahr vollendet, ist die Pflicht zur Umsetzung und Wunschbefolgung für den rechtlich bestellten Betreuer aus §§ 1901a Abs. 2 S. 1 Alt. 1, 1901 Abs. 3 BGB sowie für den gewillkürten Vertreter aus § 1901a Abs. 2 S. 1 Alt. 1 i.V.m. Abs. 6 BGB herzuleiten (Fallgruppe 2).
- Ferner bestehen staatliche Kontroll- und Eingriffsmöglichkeiten für den Fall, dass der vorausverfügte Wille des Minderjährigen nicht befolgt werden sollte, siehe § 1666 BGB sowie §§ 1896 Abs. 2, 1898 Abs. 1 und Abs. 3, 1901b Abs. 1, 1904, 1908b Abs. 1 und 1908i Abs. 1 S. 1 i.V.m. 1837 BGB.

Für den behandelnden Arzt hat die Vorausverfügung eines Minderjährigen demgegenüber nur in eingeschränktem Umfang eine direkte Bindungswirkung, die ihn im Außenverhältnis unmittelbar zu der Behandlung legitimiert oder sie untersagt (Fallgruppen 1 und 2):

- Grundsätzlich ist eine Vorausverfügung für den Arzt nur dann unmittelbar bindend, wenn es sich gemäß § 630d Abs. 1 S. 2 Hs. 2 i.V.m. § 1901a Abs. 1 S. 1 BGB um eine echte Patientenverfügung handelt. Diese kann jedoch lediglich von Volljährigen verfasst werden. Die Bestätigung einer Minderjährigenverfügung durch einen entscheidungsfähigen Volljährigen steht dem gleich.
- Indem hinreichend einsichts- und urteilsfähigen minderjährigen Patienten nach einhelliger Auffassung allerdings zumindest ein Vetorecht in Bezug auf einen in Aussicht stehenden ärztlichen Heileingriff zu gewähren ist, sind negative Minderjährigenverfügungen, in denen eine Behandlung vorsorglich abgelehnt wird, nach allgemeinen medizinrechtlichen Grundsätzen für den Arzt ebenfalls verbindlich.
- Im Übrigen ist die positive Minderjährigenverfügung für den Behandler zunächst mittelbar über die Vertretererklärung zu befolgen, indem die Eltern verpflichtet sind, den Willen ihres vormals hinreichend entscheidungsfähigen Kindes im Außenverhältnis gegenüber dem Arzt umzusetzen. Nach § 630d Abs. 1 S. 2 Hs. 1 BGB ist er sodann an die elterliche Behandlungserklärung gebunden.

- Darüber hinausgehend kommt der positiven Behandlungsentscheidung allerdings dann Beachtlichkeit zu, wenn für den Behandler evident ist, dass die Eltern ihre Vertretungsmacht dem vorausverfügten Kindeswillen zuwider ausüben. Der Arzt ist an die elterliche Erklärung in diesem Fall nicht gebunden, § 177 BGB, was indes nicht zu einer unmittelbaren Verbindlichkeit der Minderjährigenverfügung führt.
- Unmittelbar verbindlich kann die vorsorgliche positive Behandlungsentscheidung eines hinreichend entscheidungsfähigen Minderjährigen aber dann sein, wenn dem Konzept der Alleinentscheidungskompetenz oder dem Co-Konsens-Prinzip gefolgt wird. Dies setzt allerdings voraus, dass der Minderjährige vor der Verfügung umfassend aufgeklärt worden ist oder auf eine entsprechende Aufklärung ausdrücklich verzichtet, §§ 630d Abs. 2, 630e BGB.
- Auch der Arzt ist schließlich in die staatliche Kontrolle zur Umsetzung des Patientenwillens einbezogen, siehe § 1666 Abs. 4 BGB, §§ 1901b Abs. 1, 1904 BGB. Gerichtliche Entscheidungen nach § 1666 Abs. 4 BGB können mit direkter Außenwirkung gegen ihn ergehen.

Indem die weit überwiegende Zahl der Vorausverfügungen in der Praxis negative Behandlungsentscheidungen beinhaltet[1307] und der Arzt des Weiteren in einer Vielzahl der Fälle über die Behandlungswünsche seines minderjährigen Patienten informiert sein dürfte, wenn dieser aufgrund einer chronischen oder lebensbedrohlichen Erkrankung bereits seit geraumer Zeit bei ihm in Behandlung ist, halten die Regelungen des Kindschafts- und Betreuungsrechts in Verbindung mit den Grundsätzen des allgemeinen Medizinrechts weitgehend eindeutige Antworten auf die Forschungsfrage dieser Arbeit bereit. Bis auf wenige Ausnahmefälle steht bereits de lege lata fest, wann und unter welchen Voraussetzungen die vorsorglich durch einen minderjährigen Patienten verfassten Behandlungsentscheidungen Bindungswirkung gegenüber Eltern und Ärzten entfalten und wie diese durch staatliche und gerichtliche Maßnahmen geschützt werden. Auf die in Rechtsprechung und Schrifttum umfangreich diskutierte Frage, ob dem hinreichend einsichts- und urteilsfähigen Minderjährigen eine Allein- oder eine kumulative Entscheidungskompetenz für medizinische Eingriffe in Form eines Co-Konsenses oder lediglich eines Vetorechts zukommt, kommt es im Rahmen antizipierter Behandlungsentscheidungen nur in Bezug auf die unmittelbare Außenwirkung positiver Vorausverfügungen und das Erfordernis einer vorherigen Aufklärung des Minderjährigen an.

1307 Vgl. *Lipp*, in: Laufs/Katzenmeier/Lipp, Kap. VI Rn. 184.

Dennoch stellt sich die derzeitige Rechtslage für die medizinische Praxis als zu komplex und vage dar, als dass sie ohne Schwierigkeiten im klinischen Alltag umgesetzt und praktiziert werden könnte[1308]. Der Arzt findet sich ohnehin sowohl in der Behandlung Minderjähriger als auch im Umgang mit vorsorglichen Behandlungsentscheidungen vor schwerwiegende Aufgaben gestellt. Es sollte daher klare rechtliche Vorgaben geben, auf welche er zurückgreifen kann.

Der Gesetzgeber ist aufgefordert, zum Zwecke der Rechtsklarheit eine Regelung zu schaffen, welche neben den generellen Fragen der Entscheidungsfähigkeit und Entscheidungsbefugnis minderjähriger Patienten[1309] auch die antizipierte Minderjährigenverfügung ausdrücklich zum Inhalt hat[1310].

1308 Siehe hierzu nochmals die Auswertung der klinischen Ethikleitlinien in Kapitel 6 C. II.; sowie *Damm*, Bundesgesundheitsbl 2016, 1075, 1077; *Deutsch/Spickhoff*, Rn. 424; *Franzki*, S. 113 f.; *Führer/Borasio/Reinhardt*, Monatsschr Kinderheilkd 2009, 16, 16; *Hart*, GesR 2012, 385, 386.

1309 So ebenfalls *Schwedler*, NJOZ 2014, 1, 3.

1310 Diese Forderung an den Gesetzgeber formulieren auch *Czerner/Soßdorf*, KritV 2013, 315, 335 ff.; *DAKJ*, Monatsschr Kinderheilkd 2015, 375, 376; *Tolmein*, Patientenautonomie, in: Höfling, Das neue Patientenverfügungsgesetz, S. 47, 49 Fn. 143.

Literaturverzeichnis

Alankuş, Viola, Bestimmung der Entscheidungsfähigkeit von Patienten mit Demenz, 2009, http://docserv.uni-duesseldorf.de/servlets/DerivateServlet/Derivate-17905/Bestimmung%20der%20Entscheidungsf%C3%A4higkeit.pdf (letzter Zugriff: 28. Juni 2019).

Albrecht, Andreas/Albrecht, Elisabeth, Die Patientenverfügung, Bielefeld 2009.

Dies., Patientenverfügung ohne Vertreter – geht das? Zugleich Anmerkung zum Beschluss des BGH vom 17.9.2014, XII ZB 202/13, MittBayNot 2015, 110 ff.

Alderson, Priscilla, Die Autonomie des Kindes – über die Selbstbestimmungsfähigkeit von Kindern in der Medizin, in: Wiesemann, Claudia/Dörries, Andrea/Wolfslast, Gabriele/Simon, Alfred (Hrsg.), Das Kind als Patient, Ethische Konflikte zwischen Kindeswohl und Kindeswille, Frankfurt/Main 2003, S. 28-47 (zit.: Autonomie des Kindes, in: Wiesemann et al., Das Kind als Patient).

Amelung, Knut, Die Einwilligung in die Beeinträchtigung eines Grundrechtsgutes, Eine Untersuchung im Grenzbereich von Grundrechts- und Strafrechtsdogmatik, Berlin 1981 (zit.: Einwilligung).

Ders., Vetorechte beschränkt Einwilligungsfähiger in Grenzbereichen medizinischer Intervention, Vortrag gehalten vor der Juristischen Gesellschaft zu Berlin am 22. Februar 1995, Berlin 1995 (zit.: Vetorechte).

Ders., Grundsätzliches zur Freiwilligkeit der Einwilligung des Verletzten, NStZ 2006, 317 ff.

Amelung, Knut/Eymann, Frieder, Die Einwilligung des Verletzten im Strafrecht, JuS 2001, 937 ff.

Armbrüster, Christian, Der praktische Fall Bürgerliches Recht: Der mißglückte Heileingriff, JuS 1997, 907 ff.

Arzt, Gunther, Heileingriffe aufgrund einer Blanko-Einwilligung bezüglich der Person des Arztes, in: Arzt, Gunther/Fezer, Gerhard/Weber, Ulrich/Schlüchter, Ellen/Rössner, Dieter (Hrsg.), Festschrift für Jürgen Baumann zum 70. Geburtstag 22. Juni 1992, Bielefeld 1992, S. 201-212 (zit.: Heileingriffe aufgrund einer Blanko-Einwilligung, in: FS Baumann).

Arzt, Gunther/Weber, Ulrich/Heinrich, Bernd/Hilgendorf, Eric, Strafrecht Besonderer Teil, 3. Auflage, Bielefeld 2015.

Asklepios Klinik Sankt Augustin, Leitlinie Transfusionsmedizin, Bluttransfusion bei minderjährigen Kindern Zeugen Jehovas, Stand: 8. April 2011, http://www.ethikkomitee.de/downloads/leitlinie_sa_zj.pdf (letzter Zugriff: 28. Juni 2019).

Baltz, Petra, Lebenserhaltung als Haftungsgrund, Heidelberg u. a. 2010.

Bamberger, Heinz Georg/Roth, Herbert (Hrsg.), Kommentar zum Bürgerlichen Gesetzbuch, Band 1: §§ 1-610, CISG/ Band 2: §§ 611-1296, AGG, ErbbauRG, WEG/ Band 3: §§ 1297-2385, Rom I-VO, Rom-II-VO, EGBGB, 3. Auflage, München 2012.

Baston-Vogt, Marion, Der sachliche Schutzbereich des zivilrechtlichen allgemeinen Persönlichkeitsrechts, Tübingen 1997.

Bauer, Wolfgang, Die strafrechtliche Beurteilung des ärztlichen Heileingriffs, Hamburg 2008.

Baumann, Jürgen, Körperverletzung oder Freiheitsdelikt?, Zum Urteil des BGH v. 28. 11. 1957, NJW 1958, 2092 ff.

Beauchamp, Tom L./Childress, James f., Principles of Biomedical Ethics, 7. Auflage, Oxford 2013.

Becker, Walter, Die Eigen-Entscheidung des jungen Menschen, Gedanken zur Emanzipation im Kindesrecht, in: Habscheid, Walther J./Gaul, Hans Friedhelm/Mikat, Paul (Hrsg.), Festschrift für Friedrich Wilhelm Bosch zum 65. Geburtstag 2. Dezember 1976, Bielefeld 1976, S. 39-63 (zit.: Die Eigen-Entscheidung des jungen Menschen, in: FS Bosch).

Beckmann, Rainer, Patientenverfügungen: Entscheidungswege nach der gesetzlichen Regelung, MedR 2009, 582 ff.

Ders., Wünsche und Mutmaßungen – Entscheidungen des Patientenvertreters, wenn keine Patientenverfügung vorliegt, FPR 2010, 278 ff.

Beitzke, Günther, Nochmals zur Reform elterlichen Sorgerechts, FamRZ 1979, 8 ff.

Belling, Detlev W., Die Entscheidungskompetenz für ärztliche Eingriffe bei Minderjährigen, FuR 1990, 68 ff.

Belling, Detlev W./Eberl, Christina/Michlik, Frank, Das Selbstbestimmungsrecht Minderjähriger bei medizinischen Eingriffen, Eine rechtsvergleichende Studie zum amerikanischen, englischen, französischen und deutschen Recht, Neuwied u. a. 1994.

Bender, Albrecht, Das Verhältnis von ärztlicher Schweigepflicht und Informationsanspruch bei der Behandlung Minderjähriger, MedR 1997, 7 ff.

Benkert, Daniel, Die „bösen“ Kinder – Zu Umfang und Inhalt der Personensorge aus Sicht der Eltern, Bielefeld 2004.

Bergmann, Karl Otto/Wever, Carolin, Die Arzthaftung, Ein Leitfaden für Ärzte und Juristen, 4. Auflage, Heidelberg u. a. 2014.

Bernsmann, Klaus, Maßregelvollzug und Grundgesetz – Einige Anmerkungen zum Verhältnis von Verfassung und strafrechtlicher Unterbringung in einem psychiatrischen Krankenhaus, in: Blau, Günter/Kammeier, Heinz (Hrsg.), Straftäter in der Psychiatrie, Situation und Tendenzen des Maßregelvollzugs, Stuttgart 1984, S. 142-161 (zit.: Maßregelvollzug und Grundgesetz, in: Blau/Kammeier, Straftäter in der Psychiatrie).

Bichler, Christian, Zwischen Selbstbindung und Bevormundung – die zivilrechtliche Behandlung der Patientenverfügung, Eine Analyse über die Patientenautonomie des Minderjährigen und des einwilligungsunfähigen Volljährigen am Beispiel der Patientenverfügung, Göttingen 2013.

Ders., Der Minderjährige und sein Recht auf Einwilligung in ärztliche Maßnahmen, GesR 2014, 208 ff.

Bichlmeier, Gerd, Die Wirksamkeit der Einwilligung in einen medizinisch nicht indizierten ärztlichen Eingriff, JZ 1980, 53 ff.

Bienwald, Werner/Sonnenfeld, Susanne/Bienwald, Christa/Harm, Uwe, Betreuungsrecht, Materielles und Verfahrensrecht, Vergütungsrecht, BtBG und Landesrecht, Kommentar, 6. Auflage, Bielefeld 2016.

Bienwald, Werner/Sonnenfeld, Susanne/Hoffmann, Birgit/Bienwald, Christa, Betreuungsrecht, Kommentar, 5. Auflage, Bielefeld 2011 [Altauflage].

Bockelmann, Paul, Operativer Eingriff und Einwilligung des Verletzten, JZ 1962, 525 ff.

Ders., Strafrecht des Arztes, Stuttgart 1968.

Boemke, Burkhard, Unterlassen lebenserhaltender Maßnahmen bei einwilligungsunfähigen Patienten, NJW 2013, 1412 ff.

Borth, Helmut, Die Reform des Verfahrens in Familiensachen, FamRZ 2007, 1925 ff.

Bosch, Friedrich Wilhelm, Volljährigkeit – Ehemündigkeit – Elterliche Sorge, FamRZ 1973, 489 ff.

Bottke, Wilfried, Suizid und Strafrecht, Berlin 1982.

Brauer, Daniel, Autonomie und Familie, Behandlungsentscheidungen bei geschäfts- und einwilligungsunfähigen Volljährigen, Berlin u. a. 2013.

Brauer, Daniel/Lipp, Volker, Patientenautonomie und Familie, MedR 2016, 231 ff.

Brückner, Sarah, Das medizinische Selbstbestimmungsrecht Minderjähriger, Marburg 2015.

Brüggemeier, Gerd, Deliktsrecht, Ein Hand- und Lehrbuch, Baden-Baden 1986 (zit.: Deliktsrecht).

Ders., Prinzipien des Haftungsrechts, Eine systematische Darstellung auf rechtsvergleichender Grundlage, Baden-Baden 1999 (zit.: Prinzipien des Haftungsrechts).

Bühler, Martin, Vollmachtserteilung zur Vermeidung einer Betreuerbestellung – Möglichkeiten und Grenzen der Vorsorgevollmacht, FamRZ 2001, 1585 ff.

Bundesärztekammer (BÄK), Ethische und rechtliche Probleme bei der Behandlung bösartiger Erkrankungen bei Kindern und Jugendlichen, DÄBl 1994, A3204 ff.

Dies., Grundsätze der Bundesärztekammer zur ärztlichen Sterbebegleitung, DÄBl 2011, A346 ff.

Bundesministerium der Justiz und für Verbraucherschutz (BMJ), Patientenverfügung, Leiden – Krankheit – Sterben, Wie bestimme ich, was medizinisch unternommen werden soll, wenn ich entscheidungsunfähig bin?, Stand November 2017, abrufbar unter http://www.bmjv.de/SharedDocs/Publikationen/DE/Patientenver fuegung.pdf;jsessionid=766AD95BB638212AD88CCDE8154932A8.1_cid324?__blob=publicationFile&v=7 (letzter Zugriff: 17. Juli 2018).

Burandt, Wolfgang/Rojahn, Dieter (Hrsg.), Erbrecht, Beck'sche Kurz-Kommentare, 2. Auflage, München 2014.

Bydlinski, Franz, Juristische Methodenlehre und Rechtsbegriffe, 2. Auflage, Wien 1991.

Coeppicus, Rolf, Das „Gesetz über Patientenverfügungen" und Sterbehilfe, Wann sind die Umsetzung von Patientenverfügungen und eine Sterbehilfe rechtmäßig?, Heidelberg u. a. 2010.

Ders., Offene Fragen zum „Patientenverfügungsgesetz", NJW 2011, 2085 ff.

Ders., Erfordernis der Zustimmung eines Betreuers und einer gerichtlichen Genehmigung für einen Behandlungsabbruch, NJW 2013, 2939 ff.

Coester, Michael, Das Kindeswohl als Rechtsbegriff, Die richterliche Entscheidung über die elterliche Sorge beim Zerfall der Familiengemeinschaft, Frankfurt/Main 1983.

Ders., Inhalt und Funktionen des Begriffs der Kindeswohlgefährdung – Erfordernis einer Neudefinition?, in: Lipp, Volker/Schumann, Eva/Veit, Barbara (Hrsg.), Kindesschutz bei Kindeswohlgefährdung – neue Mittel und Wege?, 6. Göttinger Workshop zum Familienrecht 2007, Göttingen 2008, S. 19-43 (zit.: Kindeswohlgefährdung, in: Lipp/Schumann/Veit, Kindesschutz bei Kindeswohlgefährdung).

Coester-Waltjen, Dagmar, Reichweite und Grenzen der Patientenautonomie von Jungen und Alten – Ein Vergleich, MedR 2012, 553 ff.

Cramer, Peter, Ein Sonderstraftatbestand für die eigenmächtige Heilbehandlung, Einige Bemerkungen zu §§ 229, 230 des Entwurfs eines 6. Gesetzes zur Reform des Strafrechts (6. StrRG), in: Eser, Albin/Schittenhelm, Ulrike/Schumann, Heribert (Hrsg.), Festschrift für Theodor Lenckner zum 70. Geburtstag, München 1998, S. 761-780 (zit.: Sonderstraftatbestand für die eigenmächtige Heilbehandlung, in: FS Lenckner).

Czerner, Frank/Soßdorf, Stefanie, Patientenverfügungen auch für Jugendliche – Eine notwendige, kindeswohlschützende Systemwidrigkeit im Betreuungsrecht?, KritV 2013, 315 ff.

Damm, Reinhard, Persönlichkeitsschutz und medizintechnische Entwicklung, Auf dem Weg in die persönlichkeitsrechtliche Moderne, JZ 1998, 926 ff.

Ders., Einwilligungs- und Entscheidungsfähigkeit in der Entwicklung von Medizin und Medizinrecht, MedR 2015, 775 ff.

Ders., Einwilligungsunfähige Personen – Rechtskonzept der Einwilligungsfähigkeit und Teilhaberecht, Bundesgesundheitsbl 2016, 1075 ff.

Damm, Reinhard/Schulte in den Bäumen, Tobias, Indikation und informed consent – Indikatoren eines Gestaltwandels von Medizin und Medizinrecht, KritV 2005, 101 ff.

Damrau, Jürgen/Zimmermann, Walter, Betreuungsrecht, Kommentar zum materiellen und formellen Recht, 4. Auflage, Stuttgart 2011.

Deinert, Horst/Lütgens, Kay/Meier, Sybille M., Die Haftung des Betreuers, Ein Praxishandbuch, 3. Auflage, Köln 2018.

Deutsch, Erwin, Das Persönlichkeitsrecht des Patienten, AcP 192 (1992), 161 ff.

Ders., Deutsche Sonderwege zur Arzthaftung, NJW 2012, 2009 ff.

Deutsch, Erwin/Spickhoff, Andreas, Medizinrecht – Arztrecht, Arzneimittelrecht, Medizinprodukterecht und Transfusionsrecht, 7. Auflage, Berlin/Heidelberg 2014.

Deutsche Gesellschaft für Chirurgie, Strafrechtliche Behandlung des operativen Eingriffs und der ärztlich angezeigten Freiheitsentziehung, in: Bundesministerium der Justiz (Hrsg.), Gutachten und Stellungnahmen zu Fragen der Strafrechtsreform mit ärztlichem Einschlag, Bonn 1958, S. 140-141 (zit.: Strafrechtliche Behandlung des operativen Eingriffs, in: BMJ, Fragen der Strafrechtsreform).

Deutsche Gesellschaft für Gynäkologie und Geburtshilfe e. V. (DGGG), Arbeitsgemeinschaft Medizinrecht (AG MedR), Stellungnahme zu Rechtsfragen bei der Behandlung Minderjähriger, 2011 [inzwischen als abgelaufen gekennzeichnet], https://www.dggg.de/fileadmin/documents/stellungnahmen/archiviert/166_Stellungnahme_zu_Rechtsfragen_bei_der_Behandlung_Minderjaehriger/166_Stellungnahme_zu_Rechtsfragen_bei_der_Behandlung_Minderjaehriger4.pdf (letzter Zugriff: 28. Juni 2019).

Deutsche Gesellschaft für Medizinrecht e. V. (DGMR), Empfehlungen zur Therapieverweigerung bei Kindern und Jugendlichen, in: Dierks, Christian/Graf-Baumann, Toni/Lenard, Hans-Gerd (Hrsg.), Therapieverweigerung bei Kindern und Jugendlichen, Medizinrechtliche Aspekte, Berlin u. a. 1995, S. 147-149 (zit.: Empfehlungen zur Therapieverweigerung bei Kindern und Jugendlichen, in: Dierks/Graf-Baumann/Lenard, Therapieverweigerung).

Deutsche Gesellschaft für Psychiatrie und Psychotherapie, Psychosomatik und Nervenheilkunde (DGPPN), Achtung der Selbstbestimmung und Anwendung von Zwang bei der Behandlung von psychisch erkrankten Menschen, Eine ethische Stellungnahme der DGPPN, Der Nervenarzt 2014, 1 ff.

Diederichsen, Angela, Aspekte des Selbstbestimmungsrechts Minderjähriger bei medizinischer Behandlung, in: Müller, Gerda/Osterloh, Eilert/Stein, Torsten (Hrsg.), Festschrift für Günter Hirsch zum 65. Geburtstag, München 2008, S. 355-363 (zit.: Aspekte des Selbstbestimmungsrechts Minderjähriger, in: FS Hirsch).

Diederichsen, Uwe, Zustimmungsersetzungen bei der Behandlung bösartiger Erkrankungen von Kindern und Jugendlichen, in: Dierks, Christian/Graf-Baumann, Toni/Lenard, Hans-Gerd (Hrsg.), Therapieverweigerung bei Kindern und Jugendlichen, Medizinrechtliche Aspekte, Berlin u. a. 1995, S. 97-118 (zit.: Zustimmungsersetzungen, in: Dierks/Graf-Baumann/Lenard, Therapieverweigerung).

Diehn, Thomas/Rebhan, Ralf, Vorsorgevollmacht und Patientenverfügung, NJW 2010, 326 ff.

Diener, Jens, Patientenverfügungen psychisch kranker Personen und fürsorglicher Zwang, Berlin 2013.

Dölling, Dieter, Gerechtfertigter Behandlungsabbruch und Abgrenzung von Tun und Unterlassen, Zu BGH, Urt. v. 25.6.2010 – 2 StR 454/09, ZIS 2011, 345 ff.

Eberbach, Wolfram H., Familienrechtliche Aspekte der Humanforschung an Minderjährigen, FamRZ 1982, 450 ff.

Engisch, Karl, Ärztlicher Eingriff zu Heilzwecken und Einwilligung, ZStW 1939, 1 ff.

Ders., Die rechtliche Bedeutung der ärztlichen Operation, Jena 1958.

Engländer, Armin, Von der passiven Sterbehilfe zum Behandlungsabbruch, Zur Revision der Sterbehilfedogmatik durch den 2. Strafsenat des BGH, JZ 2011, 513 ff.

Epping, Volker/Hillgruber, Christian/Axer, Peter (Hrsg.), GG, Grundgesetz Kommentar, 2. Auflage, München 2013.

Erman, Walter Alexander (Begr.), Bürgerliches Gesetzbuch, Handkommentar, Band I: §§ 1-758, AGG/ Band II: §§ 759-2385, ProdHaftG, ErbbauRG, VersAusglG, VBVG, LPartG, WEG, EGBGB, 15. Auflage, Köln 2017.

Eser, Albin, Ärztliches Handeln gegen den erklärten oder mutmaßlichen Willen der Eltern, Juristische Gesichtspunkte zum Thema, in: Müller, Helmuth/Olbing, Hermann (Hrsg.), Ethische Probleme in der Pädiatrie und ihren Grenzgebieten, München u. a. 1982, S. 178-187 (zit.: Ärztliches Handeln, in: Müller/Olbing, Ethische Probleme in der Pädiatrie).

Ders., Zur Regelung der Heilbehandlung in rechtsvergleichender Perspektive, in: Weigend, Thomas/ Küpper, Georg (Hrsg.), Festschrift für Hans Joachim Hirsch zum 70. Geburtstag am 11. April 1999, Berlin 1999, S. 465-483 (zit.: Zur Regelung der Heilbehandlung in rechtsvergleichender Perspektive, in: FS Hirsch).

Eser, Albin/Lutterotti, Markus von/Sporken, Paul (Hrsg.), Lexikon Medizin Ethik Recht, Freiburg 1989.

Fateh-Moghadam, Bijan/Kohake, Marina, Übungsfall: Selbstjustiz auf der Intensivstation, ZJS 2012, 98 ff.

Fegeler, Susanne, Der Maßstab des Wohls des Kindes, des Mündels, des Pfleglings und des Betreuten bei der gerichtlichen Kontrolle ihrer Interessenvertreter, Baden-Baden 2000.

Fehnemann, Ursula, Zur näheren Bestimmung des grundgesetzlichen Elternrechts, DÖV 1982, 353 ff.

Fischer, Thomas, Strafgesetzbuch mit Nebengesetzen, Beck'sche Kurz-Kommentare, 65. Auflage, München 2018.

Francke, Robert/Hart, Dieter, Charta der Patientenrechte, Baden-Baden 1999.

Franzki, Dominik, Der Behandlungsvertrag, Ein neuer Vertragstypus im Bürgerlichen Gesetzbuch, Göttingen 2014.

Freund, Georg, Der Entwurf eines 6. Gesetzes zur Reform des Strafrechts, Eine Würdigung unter Einbeziehung der Stellungnahme eines Arbeitskreises von Strafrechtslehrern, ZStW 1997, 455 ff.

Frisch, Wolfgang, Einwilligung und mutmaßliche Einwilligung in ärztliche Eingriffe, in: Frisch, Wolfgang (Hrsg.), Gegenwartsfragen des Medizinstrafrechts, Portugiesisch-deutsches Symposium zu Ehren von Albin Eser in Coimbra, Baden-Baden 2006, S. 33-70 (zit.: Einwilligung, in: Frisch, Gegenwartsfragen des Medizinstrafrechts).

Führer, Monika, Offene Fragen im Blick auf Minderjährige, in: Borasio, Gian Domenico/Heßler, Hans-Joachim/Jox, Ralf J./Meier, Christoph (Hrsg.), Patientenverfügung, Das neue Gesetz in der Praxis, Stuttgart 2012, S. 115-122 (zit.: Offene Fragen im Blick auf Minderjährige, in: Borasio et al., Patientenverfügung).

Führer, Monika/Borasio, Gian Domenico/Reinhard, Dietrich, Entscheidungen am Lebensende in der Pädiatrie, Monatsschr Kinderheilkd 2009, 16 f.

Führer, Monika/Duroux, Ayda/Jox, Ralf J./Borasio, Gian Domenico, Entscheidungen am Lebensende in der Kinderpalliativmedizin, Fallberichte und ethisch-rechtliche Analysen, Monatsschr Kinderheilkd 2009, 18 ff.

Gaede, Karsten, Durchbruch ohne Dammbruch – Rechtssichere Neuvermessung der Grenzen strafloser Sterbehilfe, NJW 2010, 2925 ff.

Gallas, Wilhelm, Zum gegenwärtigen Stand der Lehre vom Verbrechen, ZStW 1955, 1 ff.

Geisler, Linus, Arzt-Patient-Beziehung im Wandel – Stärkung des dialogischen Prinzips, in: Schlussbericht der Enquete-Kommission „Recht und Ethik der modernen Medizin", BT-Drs. 14/9020, S. 216 ff.

Geiß, Karlmann/Greiner, Hans-Peter, Arzthaftpflichtrecht, 7. Auflage, München 2014.

Gerlach, Ferdinand M./Beyer, Martin/Szecsenyi, Joachim/Fischer, Gisela C., Leitlinien in Klinik und Praxis, DÄBl 1998, A1014 ff.

Gernhuber, Joachim, Elterliche Gewalt heute, Eine grundsätzliche Betrachtung, FamRZ 1962, 89 ff.

Ders., Kindeswohl und Elternwille, FamRZ 1973, 229 ff.

Gernhuber, Joachim/Coester-Waltjen, Dagmar, Familienrecht, 6. Auflage, München 2010.

Gleixner-Eberle, Elisabeth, Die Einwilligung in die medizinische Behandlung Minderjähriger, Eine arztrechtliche Untersuchung im Rechtsvergleich mit Österreich und der Schweiz sowie mit Blick auf das Internationale Privat- und Strafrecht, Berlin u. a. 2014.

Golbs, Ulrike, Das Vetorecht eines einwilligungsunfähigen Patienten, Baden-Baden 2006.

Götz, Isabell, Rechtfertigende Einwilligung in körperliche Eingriffe durch das einsichts- und urteilsfähige minderjährige Kind – Ein Plädoyer für die Selbstbestimmung, in: Hilbig-Lugani, Katharina/Jakob, Dominique/Mäsch, Gerald/Reuß, Philipp M./Schmid, Christoph (Hrsg.), Zwischenbilanz, Festschrift für Dagmar Coester-Waltjen zum 70. Geburtstag am 11. Juli 2015, Bielefeld 2015, S. 89-100 (zit.: Plädoyer für die Selbstbestimmung, in: FS Coester-Waltjen).

Grisso, Thomas/Appelbaum, Paul S., Assessing Competence to Consent to Treatment, A Guide for Physicians and Other Health Professionals, Oxford 1998.

Grünwald, Gerald, Die Aufklärungspflicht des Arztes, ZStW 1961, 5 ff.

Haberstroh, Julia/Müller, Tanja, Einwilligungsfähigkeit bei Demenz – Interdisziplinäre Perspektiven, ZGG 2017, 298 ff.

Hahne, Meo-Michaela, Zwischen Fürsorge und Selbstbestimmung, Über die Grenzen von Patientenautonomie und Patientenverfügung – Vortrag, gehalten vor dem Nationalen Ethikrat in Berlin am 11. 6. 2003, FamRZ 2003, 1619 ff.

Hanau, Peter, Arzt und Patient – Partner oder Gegner, in: Prütting, Hanns (Hrsg.), Festschrift für Gottfried Baumgärtel zum 70. Geburtstag, Köln u. a. 1990, S. 121-136 (zit.: Arzt und Patient, in: FS Baumgärtel).

Harder, Y. v./Erlinger, R., Verordnung von Kontrazeptiva an Minderjährige, Ein rechtliches Problem?, Der Gynäkologe 2004, 366 ff.

Hart, Dieter, Ärztliche Leitlinien – Definitionen, Funktionen, rechtliche Bewertungen, Gleichzeitig ein Beitrag zum medizinischen und rechtlichen Standardbegriff, MedR 1998, 8 ff.

Ders., 1. Kapitel: Allgemeiner Teil, in: Hart, Dieter (Hrsg.), Ärztliche Leitlinien im Medizin- und Gesundheitsrecht, Recht und Empirie professioneller Normbildung, Baden-Baden 2005, S. 23-84 (zit.: AT, in: Hart, Ärztliche Leitlinien).

Ders., Ein Patientenrechtegesetz ohne Eigenschaft, Über den Mangel an legislativer Eigenständigkeit, GesR 2012, 385 ff.

Ders., Patientensicherheit nach dem Patientenrechtegesetz, MedR 2013, 159 ff.

Hartmann, Christian, Der Abgabetatbestand bei der Patientenverfügung – Zugleich Stellungnahme zu Britz, Rechtsgeschäftliche Abgabe von Patientenverfügung, Betreuungsverfügung und Vormundbenennung (RNotZ 2001, 271 ff.), RNotZ 2001, 273 ff.

Henking, Tanja/Bruns, Henrike, Die Patientenverfügung in der Psychiatrie, GesR 2014, 585 ff.

Hertwig, Stefan, Verfassungsrechtliche Determinanten des Minderjährigenschutzes – Zugleich eine Besprechung der Entscheidung des BVerfG vom 13. 5. 1986 – 1 BvR 1542/84, FamRZ 1987, 124 ff.

Hirsch, Christoph, Schuldrecht Allgemeiner Teil, 10. Auflage, Baden-Baden 2017.

Hirsch, Hans-Joachim, Zur Frage eines Straftatbestandes der eigenmächtigen Heilbehandlung, in: Gössel, Karl Heinz/Triffterer, Otto (Hrsg.), Gedächtnisschrift für Heinz Zipf, Heidelberg 1999, S. 353-373 (zit.: Straftatbestand der eigenmächtigen Heilbehandlung, in: GS Zipf).

Hoppe, Jörg-Dietrich, Patientenverfügungen – eine Stellungnahme aus ärztlicher Sicht, FPR 2010, 257 ff.

Hufen, Friedhelm, In dubio pro dignitate – Selbstbestimmung und Grundrechtsschutz am Ende des Lebens, NJW 2001, 849 ff.

Icagic, Yenilee, Die Autonomie des einwilligungsunfähigen Patienten, Ein Rechtsvergleich des deutschen mit dem US-amerikanischen Recht, Frankfurt/Main 2016.

Illhardt, Franz Josef, Medizinische Ethik, Ein Arbeitsbuch, Berlin u. a. 1985.

Isensee, Josef/Kirchhof, Paul (Hrsg.), Handbuch des Staatsrechts der Bundesrepublik Deutschland, Band VI: Freiheitsrechte, Heidelberg 1989 (zit.: Staatsrecht).

Jaeger, Lothar, Patientenrechtegesetz, Kommentar zu §§ 630a bis 630h BGB, Karlsruhe 2013.

Jakobs, Günther, Strafrecht Allgemeiner Teil, Die Grundlagen und die Zurechnungslehre, Lehrbuch, 2. Auflage, Berlin 1991.

Jauernig, Othmar (Begr.), Bürgerliches Gesetzbuch mit Rom-I-, Rom-II-VO, EG-Unt-VO/HUntProt und EuErbVO, Kommentar, 17. Auflage, München 2018.

Jescheck, Hans Heinrich/Weigend, Thomas, Lehrbuch des Strafrechts, Allgemeiner Teil, 5. Auflage, Berlin 1996.

Jox, Ralf J./Führer, Monika/Borasio, Gian Domenico, Patientenverfügungen und Elternverfügungen, „Advance care planning" in der Pädiatrie, Monatsschr Kinderheilkd 2009, 26 ff.

Jox, Ralf J./Führer, Monika/Nicolai, Thomas, Brauchen wir Patientenverfügungen in der Pädiatrie?, in: Führer, Monika/Duroux, Ayda/Borasio, Gian Domenico (Hrsg.), „Können Sie denn gar nichts mehr für mein Kind tun?", Therapiezieländerung und Palliativmedizin in der Pädiatrie, Stuttgart 2006, S. 130-135 (zit.: Patientenverfügungen in der Pädiatrie, in: Führer/Duroux/Borasio, Therapiezieländerung und Palliativmedizin).

Jox, Ralf J./Nicolai, Thomas/Duroux, Ayda/Borasio, Gian D./Führer, Monika, Patientenverfügungen in der Pädiatrie, Ein Pilotprojekt, Monatsschr Kinderheilkd 2007, 1166 ff.

Jurgeleit, Andreas (Hrsg.), Betreuungsrecht, Nomos Handkommentar, 4. Auflage, Baden-Baden 2018.

Jürgens, Andreas (Hrsg.), Betreuungsrecht, Kommentar, 5. Auflage, München 2014.

Kasseler Kommentar Sozialversicherungsrecht (SGB I, SGB IV, SGB V, SGB VI, SGB VII, SGB X, SGB XI), hrsg. v. Körner, Anne/Leitherer, Stephan/Mutschler, Bernd, Band I, München 1. Juni 2015 (zit.: KassKomm).

Katzenmeier, Christian, Ein Sonderstraftatbestand der eigenmächtigen Heilbehandlung, ZRP 1997, 156 ff.

Ders., Arzthaftung, Tübingen 2002.

Ders., Der Behandlungsvertrag – Neuer Vertragstypus im BGB, NJW 2013, 817 ff.

Keilbach, Heinz, Vorsorgeregelungen zur Wahrung der Selbstbestimmung bei Krankheit, im Alter und am Lebensende, FamRZ 2003, 969 ff.

Kern, Bernd-Rüdiger, Fremdbestimmung bei der Einwilligung in ärztliche Eingriffe, NJW 1994, 753 ff.

Ders., Anmerkung, BGH: Einwilligung und Aufklärung Minderjähriger, Urteil vom 10.10.2006 – VI ZR 74/05 (OLG München), LMK 2007, 220412.

Ders., Die neuere Entwicklung in der Rechtsprechung zur Aufklärungspflicht, GesR 2009, 1 ff.

Kern, Bernd-Rüdiger/Laufs, Adolf, Die ärztliche Aufklärungspflicht, Unter besonderer Berücksichtigung der richterlichen Spruchpraxis, Berlin u. a. 1983.

Kindhäuser, Urs/Neumann, Ulfrid/Paeffgen, Hans-Ullrich (Hrsg.), Strafgesetzbuch, Band 2, §§ 80-231, 5. Auflage, Baden-Baden 2017.

Kingreen, Thorsten/Poscher, Ralf, Grundrechte, Staatsrecht II, 33. Auflage, Heidelberg 2017.

Klie, Thomas/Vollmann, Jochen/Pantel, Johannes, Autonomie und Einwilligungsfähigkeit bei Demenz als interdisziplinäre Herausforderung für Forschung, Politik und Klinische Praxis, Informationsdienst Altersfragen 2014, 5 ff.

Klinikum der Universität München, AK Patientenverfügungen, Leitlinie zur Frage der Therapiezieländerung bei schwerstkranken Patienten und zum Umgang mit Patientenverfügungen, Langfassung, 3. überarbeitete Version 2013, https://www.klinikum.uni-muenchen.de/download/de/Fachbereiche/Palliativmedizin/Leitlinie_PV_Langfassung.pdf (letzter Zugriff: 28. Juni 2019).

Kloepfer, Michael, Verfassungsrecht I – Grundlagen, Staatsorganisationsrecht, Bezüge zum Völker- und Europarecht, München 2011.

Kohte, Wolfhard, Die rechtfertigende Einwilligung, AcP 185 (1985), 105 ff.

Kölch, Michael/Fegert, Jörg M., Patientenautonomie – Minderjährige als Patienten, FPR 2007, 76 ff.

Kommission für ethische Fragen der Deutschen Akademie für Kinder- und Jugendmedizin (DAKJ), Patientenverfügungen von Minderjährigen, Stellungnahme der Kommission für ethische Fragen der Deutschen Akademie für Kinder- und Jugendmedizin, Monatsschr Kinderheilkd 2015, 375 ff.

Kraatz, Erik, Arztstrafrecht, Stuttgart 2013.

Krauß, Detlef, Zur strafrechtlichen Problematik der eigenmächtigen Heilbehandlung, in: Kaufmann, Arthur/Bemmann, Günter/Krauß, Detlef/Volk, Klaus (Hrsg.), Festschrift für Paul Bockelmann zum 70. Geburtstag am 7. Dezember 1978, München 1979, S. 557-576 (zit.: Zur strafrechtlichen Problematik der eigenmächtigen Heilbehandlung, in: FS Bockelmann).

Kreße, Bernhard, Aufklärung und Einwilligung beim Vertrag über die ärztliche Behandlung einwilligungsunfähiger Patienten, MedR 2015, 91 ff.

Kurze, Dieter, Haftung des Betreuers und des Bevollmächtigten, ErbR 2010, 314 ff.

Kutzer, Klaus, Probleme der Sterbehilfe, Entwicklung und Stand der Diskussion, FPR 2004, 683 ff.

Ders., Patientenautonomie am Lebensende, BtPrax 2005, 50 ff.

Lackner, Karl/Kühl, Kristian, Strafgesetzbuch, Kommentar, 29. Auflage, München 2018.

Larenz, Karl, Lehrbuch des Schuldrechts, Band I: Allgemeiner Teil, 14. Auflage, München 1987.

Larenz, Karl/Canaris, Claus-Wilhelm, Lehrbuch des Schuldrechts, Band II Halbband 2: Besonderer Teil, 13. Auflage, München 1994 (zit.: Schuldrecht).

Dies., Methodenlehre der Rechtswissenschaft, 3. Auflage, Berlin/Heidelberg 1995 (zit.: Methodenlehre).

Laufs, Adolf, Die Verletzung der ärztlichen Aufklärungspflicht und ihre deliktische Rechtsfolge, NJW 1974, 2025 ff.

Laufs, Adolf/Katzenmeier, Christian/Lipp, Volker, Arztrecht, 7. Auflage, München 2015.

Laufs, Adolf/Kern, Bernd-Rüdiger (Hrsg.), Handbuch des Arztrechts, 4. Auflage, München 2010.

Lechner, Daniel, Die Auswirkungen des Patientenrechtegesetzes auf den Umfang der ärztlichen Aufklärungspflicht – eine strafrechtliche Analyse, MedR 2013, 429 ff.

Leipold, Dieter, BGB I: Einführung und Allgemeiner Teil, Ein Lehrbuch mit Fällen und Kontrollfragen, 9. Auflage, Tübingen 2017.

Leipziger Kommentar zum Strafgesetzbuch, hrsg. v. Jähnke, Burkhard/Laufhütte, Heinrich Wilhelm/ Odersky, Walter, Sechster Band: §§ 223 bis 263a, 11. Auflage, Berlin 2005 (zit.: LK StGB).

Lenckner, Theodor, Die Einwilligung Minderjähriger und deren gesetzlicher Vertreter, ZStW 1977, 446 ff.

Ders., Der ärztliche Eingriff, insbesondere der Heileingriff, in: Forster, Balduin (Hrsg.), Praxis der Rechtsmedizin für Mediziner und Juristen, Stuttgart 1986, S. 592-602 (zit.: Der ärztliche Eingriff, in: Forster, Praxis der Rechtsmedizin).

Lesch, Heiko H., Die strafrechtliche Einwilligung beim HIV-Antikörpertest an Minderjährigen, NJW 1989, 2309 ff.

Lilge, Werner, SGB I, Sozialgesetzbuch Allgemeiner Teil, Kommentar, 4. Auflage, Berlin 2016.

Lipp, Volker, Freiheit und Fürsorge: Der Mensch als Rechtsperson, Zu Funktion und Stellung der rechtlichen Betreuung im Privatrecht, Tübingen 2000 (zit.: Fürsorge).

Ders., Privatautonomie, Sterbehilfe und Betreuung, DRiZ 2000, 231 ff.

Ders. (Hrsg.), Handbuch der Vorsorgeverfügungen, Vorsorgevollmacht – Patientenverfügung – Betreuungsverfügung, München 2009 (zit.: Vorsorgeverfügungen).

Lipp, Volker/Brauer, Daniel, Patientenvertreter, Betreuungsgericht und Patientenwille, in: Höfling, Wolfram (Hrsg.), Das neue Patientenverfügungsgesetz in der Praxis – eine erste kritische Zwischenbilanz, Baden-Baden 2011, S. 17-46 (Patientenvertreter, in: Höfling, Das neue Patientenverfügungsgesetz).

Lüderitz, Alexander, Elterliche Sorge als privates Recht, AcP 178 (1978), 263 ff.

Ludyga, Hannes, Der Abbruch lebensverlängernder oder -erhaltender Maßnahmen auf Grund von Patientenverfügungen und die Genehmigung des Betreuungsgerichts, FPR 2010, 266 ff.

Mattheis, Ruth, Juristen und Ärzte im Gespräch, in: Amelung, Knut/Beulke, Werner/Lilie, Hans/Rosenau, Henning/Rüping, Hinrich/Wolfslast, Gabriele (Hrsg.), Strafrecht Biorecht Rechtsphilosophie, Festschrift für Hans-Ludwig Schreiber zum 70. Geburtstag am 10. Mai 2003, Heidelberg 2003, S. 741-743 (zit.: Juristen und Ärzte im Gespräch, in: FS Schreiber).

Maunz, Theodor/Dürig, Günter (Begr.), Grundgesetz Kommentar, Band I: Texte, Art. 1-5, München 72. Lieferung Juli 2014.

Maurach, Reinhart/Schroeder, Friedrich-Christian/Maiwald, Manfred, Strafrecht Besonderer Teil, Teilband 1: Straftaten gegen Persönlichkeits- und Vermögenswerte, 10. Auflage, Heidelberg 2009.

May, Arnd T., Patientenautonomie am Lebensende, BtPrax 2004, 234.

Ders., Patientenverfügungen, Aktuelle rechtspolitische Diskussion, BtPrax 2007, 149 ff.

Medicus, Dieter, Allgemeiner Teil des BGB, 10. Auflage, Heidelberg 2016.

Medicus, Dieter/Lorenz, Stephan, Schuldrecht I Allgemeiner Teil, Ein Studienbuch, 20. Auflage, München 2015.

Medicus, Dieter/Petersen, Jens, Bürgerliches Recht, Eine nach Anspruchsgrundlagen geordnete Darstellung zur Examensvorbereitung, 26. Auflage, München 2017.

Meier, Sybille M., Handbuch Betreuungsrecht, Heidelberg 2001.

Melton, Gary B., Toward "personhood" for adolescents: Autonomy and privacy as values in public policy, American Psychologist 38 (1983), 99 ff.

Mrozynski, Peter, Der Rechtsanspruch auf Leistungen im Kinder- und Jugendhilferecht, ZfJ 1999, 403 ff.

Muckel, Stefan/Ogorek, Markus, Sozialrecht, 4. Auflage, München 2011.

Müller, Gabriele, Betreuung und Geschäftsfähigkeit, Bielefeld 1998.

Dies., Verbindlichkeit und Grenzen der Patientenverfügung – Zur Rechtslage de lege lata et de lege ferenda, ZEV 2008, 583 ff.

Dies., Die Patientenverfügung nach dem 3. Betreuungsrechtsänderungsgesetz: alles geregelt und vieles ungeklärt, DNotZ 2010, 169 ff.

Müller, Gabriele/Renner, Thomas (Hrsg.), Betreuungsrecht und Vorsorgeverfügungen in der Praxis, 5. Auflage, Köln 2018 (zit.: Betreuungsrecht).

Müller, Gerda, Spielregeln für den Arzthaftungsprozess, DRiZ 2000, 259 ff.

Münch, Ingo von (Begr.)/Kunig, Philip (Hrsg.), Grundgesetz, Kommentar, Band 1: Präambel bis Art. 69, 6. Auflage, München 2012.

Münchener Kommentar zum Bürgerlichen Gesetzbuch, hrsg. v. Säcker, Franz Jürgen/Rixecker, Roland/Oetker, Hartmut/Limperg, Bettina,
Band 1 Allgemeiner Teil: §§ 1-240, ProstG, AGG, 7. Auflage, München 2015;
Band 4 Schuldrecht, Besonderer Teil II: §§ 535-630h, HeizkostenVO, BetrKV, WärmeLV, EFZG, MiLoG, TzBfG, KSchG, 7. Auflage, München 2016;
Band 5/2 Schuldrecht, Besonderer Teil III/2: §§ 651a-704, 7. Auflage, München 2017;
Band 6 Schuldrecht, Besonderer Teil IV: §§ 705-853, PartGG, ProdHaftG, 7. Auflage, München 2017;
Band 9 Familienrecht II: §§ 1589-1921, SGB VIII, 7. Auflage, München 2017;
Band 10 Erbrecht: §§ 1922-2385; §§ 27-35 BeurkG, 7. Auflage, München 2017 (zit.: MüKo BGB).

Münchener Kommentar zum Bürgerlichen Gesetzbuch, hrsg. v. Säcker, Franz Jürgen/Rixecker, Roland, Band 1 Allgemeiner Teil: §§ 1-240, ProstG, 5. Auflage, München 2006 [Altauflage] (zit.: MüKo BGB).

Münchener Kommentar zum FamFG, Gesetz über das Verfahren in Familiensachen und in den Angelegenheiten der freiwilligen Gerichtsbarkeit (FamFG) mit Internationalem und Europäischem Zivilverfahrensrecht in Familiensachen, §§ 1-491, IZVR, EuZVR, hrsg. v. Rauschen, Thomas, 2. Auflage, München 2013 (zit.: MüKo FamFG).

Münchener Kommentar zum Strafgesetzbuch, hrsg. v. Joecks, Wolfgang/Miebach, Klaus, Band 4: §§ 185-262 StGB, 3. Auflage, München 2017 (zit.: MüKo StGB).

Muscheler, Karlheinz, Familienrecht, 4. Auflage, München 2017.

Nebendahl, Mathias, Selbstbestimmungsrecht und rechtfertigende Einwilligung des Minderjährigen bei medizinischen Eingriffen, MedR 2009, 197 ff.

Neuner, Jörg, Der privatrechtliche Schutz der Persönlichkeit, JuS 2015, 961 ff.

Neyen, Werner, Die Einwilligungsfähigkeit im Strafrecht, Trier 1991.

Niethammer, Dietrich, Kinder im Angesicht ihres Todes, in: Wiesemann, Claudia/Dörries, Andrea/ Wolfslast, Gabriele/Simon, Alfred (Hrsg.), Das Kind als Patient, Ethische Konflikte zwischen Kindeswohl und Kindeswille, Frankfurt/Main 2003, S. 92-115 (zit.: Kinder im Angesicht ihres Todes, in: Wiesemann et al., Das Kind als Patient).

Nomos Kommentar zum BGB, hrsg. v. Kaiser, Dagmar/Schnitzler, Klaus/Friederici, Peter/Schilling, Roger, Familienrecht, Band 4: §§ 1297-1921, 3. Auflage, Baden-Baden 2014 (zit.: NK BGB).

Oelkers, Harald, Die Rechtsprechung zum Sorge- und Umgangsrecht – Zweites Halbjahr 1995 bis Anfang 1997, FamRZ 1997, 779 ff.

Ohly, Ansgar, „Volenti non fit iniuria" – Die Einwilligung im Privatrecht, Tübingen 2002.

Ders., Einwilligung und „Einheit der Rechtsordnung", in: Pawlik, Michael/Zaczyk, Rainer (Hrsg.), Festschrift für Günther Jakobs zum 70. Geburtstag am 26. Juli 2007, Köln u. a. 2007, S. 451-468 (zit.: Einwilligung und Einheit der Rechtsordnung, in: FS Jakobs).

Ollenschläger, G./Kirchner, H./Sänger, S./Thomeczek, C./Jonitz, G./Gramsch, E., Qualität und Akzeptanz medizinischer Leitlinien in Deutschland – Bestandsaufnahme Mai 2004, in: Hart, Dieter (Hrsg.), Klinische Leitlinien und Recht, Baden-Baden 2005, S. 17-39 (zit.: Qualität und Akzeptanz, in: Hart, Klinische Leitlinien).

Olzen, Dirk, Die gesetzliche Neuregelung der Patientenverfügung, JR 2009, 354 ff.

Palandt, Otto (Begr.), Bürgerliches Gesetzbuch mit Nebengesetzen, Beck'sche Kurz-Kommentare, 76. Auflage, München 2017.

Pawlowski, Hans-Martin, Probleme der Einwilligung zu Eingriffen in personenbezogene Rechte, Zum Verhältnis von Rechtsprechung und Gesetz, in: Brambring, Günter/Medicus, Dieter/Vogt, Max (Hrsg.), Festschrift für Horst Hagen, Köln 1999, S. 5-26 (zit.: Probleme der Einwilligung, in: FS Hagen).

Ders., Willenserklärungen und Einwilligungen in personenbezogene Eingriffe, JZ 2003, 66 ff.

Petersen, Jens, Das familienrechtliche Schutzverhältnis als gesetzliches Schuldverhältnis – § 1664 in der Fallbearbeitung, Jura 1998, 399 f.

Prütting, Hanns/Wegen, Gerhard/Weinreich, Gerd (Hrsg.), BGB Kommentar, 13. Auflage, Köln 2018.

Pschyrembel, Willibald (Begr.), Klinisches Wörterbuch, 266. Auflage, Berlin u. a. 2014.

Puppe, Ingeborg, Die strafrechtliche Verantwortlichkeit des Arztes bei mangelnder Aufklärung über eine Behandlungsalternative – Zugleich Besprechung von BGH, Urteile vom 3. 3. 1994 und 29. 6. 1995, GA 2003, 764 ff.

Quaas, Michael/Zuck, Rüdiger, Medizinrecht, Öffentliches Medizinrecht – Pflegeversicherungsrecht – Arzthaftpflichtrecht – Arztstrafrecht, 3. Auflage, München 2014.

Rasmussen, Jeppe N./Chong, Alice/Alter, David A., Relationship Between Adherence to Evidence-Based Pharmacotherapy and Long-term Mortality After Acute Myocardial Infarction, JAMA 2007, 177 ff.

Ratzel, Rudolf/Luxenburger, Bernd (Hrsg.), Handbuch Medizinrecht, 3. Auflage, Heidelberg 2015 (zit.: Medizinrecht).

Rehborn, Martin/Schäfer, Anne, Die Einwilligung Minderjähriger, in: Arbeitsgemeinschaft Rechtsanwälte im Medizinrecht e. V. (Hrsg.), 25 Jahre Arbeitsgemeinschaft – 25 Jahre Arzthaftung, Berlin/Heidelberg 2011, S. 253-267 (zit.: Einwilligung Minderjähriger, in: AG Rae im Medizinrecht, 25 Jahre Arzthaftung).

Reinkenhof, Michaela, Arztverträge mit Minderjährigen, Jura 2006, 454 ff.

Reipschläger, Christiane, Die Einwilligung Minderjähriger in ärztliche Heileingriffe und die elterliche Personensorge, Frankfurt/Main 2004.

Renner, Thomas, Nur „alter Wein in neuen Schläuchen"? – Zur gesetzlichen Regelung der Patientenverfügung, ZNotP 2009, 371 ff.

Rieger, Georg, Gesetzliche Regelung von Patientenverfügungen und Behandlungswünschen: Auswirkungen auf die Beratungspraxis, FamRZ 2010, 1601 ff.

Rinke, Winfried, Therapeutische Zwangsmaßnahmen beim Maßregelvollzug im Psychiatrischen Krankenhaus, Verfassungsrechtliche Aspekte einer gesetzlichen Regelung der ärztlichen Behandlung im Maßregelvollzug gemäß § 63 StGB, NStZ 1988, 10 ff.

Rissing-van Saan, Ruth, Strafrechtliche Aspekte der aktiven Sterbehilfe, Nach dem Urteil des 2. Strafsenats des BGH v. 25.6.2010 – 2 StR 454/09, ZIS 2011, 544 ff.

Röhl, Klaus F./Röhl, Hans Christian, Allgemeine Rechtslehre, Ein Lehrbuch, 3. Auflage, Köln u. a. 2008.

Rönnau, Thomas, Willensmängel bei der Einwilligung im Strafrecht, Tübingen 2001.

Rosenau, Henning, Die Neuausrichtung der passiven Sterbehilfe, Der Fall Putz im Urteil des BGH vom 25.6.2010 – 2 StR 454/09, in: Bernsmann, Klaus/Fischer, Thomas (Hrsg.), Festschrift für Ruth Rissing-van Saan zum 65. Geburtstag am 25. Januar 2011, Berlin 2011, S. 547-565 (zit.: Neuausrichtung der passiven Sterbehilfe, in: FS Rissing-van Saan).

Rössler, Dietrich, Die Bedeutung der Einwilligung für die Legitimation ärztlichen Handelns – ethische Aspekte, Ethik Med 1996, 59 ff.

Roth, Wolfgang, Die Grundrechte Minderjähriger im Spannungsfeld selbständiger Grundrechtsausübung, elterlichen Erziehungsrechts und staatlicher Grundrechtsbindung, Berlin 2003.

Rothärmel, Sonja, Einwilligung, Veto, Mitbestimmung, Die Geltung der Patientenrechte für Minderjährige, Baden-Baden 2004.

Rothärmel, Sonja/Wolfslast, Gabriele/Fegert, Jörg Michael, Informed Consent, ein kinderfeindliches Konzept?, Von der Benachteiligung minderjähriger Patienten durch das Informed Consent-Konzept am Beispiel der Kinder- und Jugendpsychiatrie, MedR 1999, 293 ff.

Rouka, Stella, Das Selbstbestimmungsrecht des Minderjährigen bei ärztlichen Eingriffen, Frankfurt/Main 1996.

Roxin, Claus, Strafrecht Allgemeiner, Band I, 4. Auflage, München 2006.

Roxin, Claus/Schroth, Ulrich (Hrsg.), Handbuch des Medizinstrafrechts, 4. Auflage, Stuttgart u. a. 2010 (zit.: Medizinstrafrecht).

Rüthers, Bernd/Fischer, Christian/Birk, Alex, Rechtstheorie mit Juristischer Methodenlehre, 10. Auflage, München 2018.

Sachs, Michael, Verfassungsrecht II, Grundrechte, 3. Auflage, Berlin/Heidelberg 2017.

Ders. (Hrsg.), Grundgesetz Kommentar, 8. Auflage, München 2018.

Salinger, Frank, Sterbehilfe nach Verfahren, Betreuungs- und strafrechtliche Überlegungen im Anschluß an BGHSt 40, 257, KritV 1998, 118 ff.

Schertzinger, Andreas, Aus der Praxis des Vormundschaftsgerichts, in: Dierks, Christian/Graf-Baumann, Toni/Lenard, Hans-Gerd (Hrsg.), Therapieverweigerung bei Kindern und Jugendlichen, Medizinrechtliche Aspekte, Berlin u. a. 1995, S. 119-127 (zit.: Vormundschaftsgericht, in: Dierks/Graf-Baumann/Lenard, Therapieverweigerung).

Schlund, Gerhard H., Rechtliche Fragen der ärztlichen Betreuung minderjähriger Patienten, Der Gynäkologe 1999, 225 ff.

Schmidhäuser, Eberhard, Strafrecht Allgemeiner Teil, Lehrbuch, 2. Auflage, Tübingen 1975.

Schmidt, Eberhard, Der Arzt im Strafrecht, Leipzig 1939.

Schmitz, Benedikt, Voraussetzungen und Umsetzung der Patientenverfügung nach neuem Recht: Ein dialogischer Prozess, FamFR 2009, 64 ff.

Schönke, Adolf/Schröder, Horst (Begr.), Strafgesetzbuch, Kommentar, 29. Auflage, München 2014.

Schröder, Horst, Eigenmächtige Heilbehandlung im geltenden Strafrecht und im StGB-Entwurf 1960, NJW 1961, 951 ff.

Schumacher, Ulrich, Ist die Umsetzung des Patientenverfügungsgesetzes gefährdet?, FPR 2010, 474 ff.

Schünemann, H., Einwilligung und Aufklärung von psychisch Kranken, VersR 1981, 306 ff.

Schwab, Dieter, Mündigkeit und Minderjährigenschutz, AcP 172 (1972), 266 ff.

Ders., Das neue Betreuungsrecht, Bericht über die verabschiedete Fassung des Betreuungsgesetzes (BtG), FamRZ 1990, 681 ff.

Ders., Probleme des materiellen Betreuungsrechts, FamRZ 1992, 493 ff.

Ders., Elterliche Sorge bei Trennung und Scheidung der Eltern – Die Neuregelung des Kindschaftsrechtsreformgesetzes, FamRZ 1998, 457 ff.

Schwalm, Georg, Strafrechtlicher Persönlichkeitsschutz und die Schranken der Persönlichkeitsentfaltung (insbesondere bei Tötung, Körperverletzung und Abtreibung), in: Hablitzel, Hans/Wollenschläger, Michael (Hrsg.), Recht und Staat, Festschrift für Günther Küchenhoff zum 65. Geburtstag am 21. 8. 1972, Berlin 1972, S. 681-713 (zit.: Strafrechtlicher Persönlichkeitsschutz, in: FS Küchenhoff).

Schwedler, Anna, Die Beendigung lebenserhaltender Maßnahmen bei minderjährigen Patienten, NJOZ 2014, 1 ff.

Schwerdtner, Eberhard, Mehr Rechte für das Kind – Fluch oder Segen für die elterliche Sorge?, NJW 1999, 1525 ff.

Silberg, Sebastian, Alte und neue Probleme mit Patientenverfügungen, Eine überschlägige Betrachtung, Humboldt Forum Recht 2010, 104 ff.

Soergel, Hans Theodor (Begr.), Bürgerliches Gesetzbuch mit Einführungsgesetz und Nebengesetzen,
Band 2: Allgemeiner Teil 2, §§ 104-240, 13. Auflage, Stuttgart u. a. März 1999;
Band 20: Familienrecht 4, §§ 1741-1921, 13. Auflage, Stuttgart u. a. Frühjahr 2000.

Spickhoff, Andreas, Die Patientenautonomie am Lebensende: Ende der Patientenautonomie?, Zur Feststellbarkeit und Durchsetzbarkeit des realen und hypothetischen Willens des Patienten, NJW 2000, 2297 ff.

Ders., Das System der Arzthaftung im reformierten Schuldrecht, NJW 2002, 2530 ff.

Ders., Autonomie und Heteronomie im Alter, AcP 208 (2008), 345 ff.

Ders., Rechtssicherheit kraft Gesetzes durch sog. Patientenverfügungen? – Zum Dritten Gesetz zur Änderung des Betreuungsrechts, FamRZ 2009, 1949 ff.

Ders., Der Stellenwert des Persönlichkeitsschutzes in der Arzt-Patienten-Beziehung, in: Kern, Bernd-Rüdiger/Lilie, Hans (Hrsg.), Jurisprudenz zwischen Medizin und Kultur, Festschrift zum 70. Geburtstag von Gerfried Fischer, Frankfurt/Main 2010, S. 503-520 (zit.: Stellenwert des Persönlichkeitsschutzes, in: FS Fischer).

Ders., Patientenrechte und Gesetzgebung, Rechtspolitische Anmerkungen zum geplanten Patientenrechtegesetz, ZRP 2012, 65 ff.

Ders., Selbstbestimmungsfähigkeiten, in: Becker, Ulrich/Roth, Markus (Hrsg.), Recht der Älteren, Berlin u. a. 2013, S. 101-125 (zit.: Selbstbestimmungsfähigkeiten, in: Becker/Roth, Recht der Älteren).

Ders., Patientenrechte und Patientenpflichten – Die medizinische Behandlung als kodifizierter Vertragstypus, VersR 2013, 267 ff.

Ders. (Hrsg.), Medizinrecht, Beck'sche Kurz-Kommentare, 2. Auflage, München 2014.

Ders., Die Arzthaftung im neuen bürgerlich-rechtlichen Normenumfeld – eine erste Zwischenbilanz, MedR 2015, 845 ff.

Statistisches Bundesamt, Jeder 5. Todesfall bei Kindern krebsbedingt, IM FOKUS vom 12. 02. 2014, https://www.destatis.de/DE/ZahlenFakten/ImFokus/Gesundheit/Kinderkrebstag.html (letzter Zugriff: 17. Juli 2018) (zit.: IM FOKUS 2014).

Dass., Pressekonferenz „Wie leben Kinder in Deutschland?“ am 3. August 2011 in Berlin, Statement von Präsident Roderich Egeler, Wiesbaden 2011, https://www.destatis.de/DE/PresseService/Presse/Pressekonferenzen/2011/Mikro_Kinder/statement_egeler.pdf?__blob=publicationFile (letzter Zugriff: 17. Juli 2018) (zit.: Wie leben Kinder in Deutschland).

Dass., Fachserie 12 Reihe 6.2.1, Gesundheit, Diagnosedaten der Patienten und Patientinnen in Krankenhäusern (einschl. Sterbe- und Stundenfälle), 2016, https://www.destatis.de/DE/Publikationen/Thematisch/Gesundheit/Krankenhaeuser/DiagnosedatenKrankenhaus.html (letzter Zugriff: 17. Juli 2018) (zit.: Diagnosedaten).

Dass., Fachserie 12 Reihe 4, Gesundheit, Todesursachen in Deutschland, 2015, https://www.destatis.de/DE/Publikationen/Thematisch/Gesundheit/Todesursachen/Todesursachen2120400157-004.pdf?__blob=publicationFile (letzter Zugriff: 17. Juli 2018) (zit.: Todesursachen).

Staudinger, Julius von (Begr.), Kommentar zum Bürgerlichen Gesetzbuch mit Einführungsgesetz und Nebengesetzen,
Buch 1 Allgemeiner Teil: §§ 164-240 (Allgemeiner Teil 5), Berlin 2014;
Buch 4 Familienrecht: §§ 1626-1633, RKEG (Elterliche Sorge I – Inhaberschaft und Inhalt), Berlin 2015;
Buch 4 Familienrecht: §§ 1638-1683 (Elterliche Sorge 2 – Vermögenssorge, Kindesschutz, Sorgerechtswechsel), Berlin 2016;
Buch 4 Familienrecht: §§ 1896-1921 (Rechtliche Betreuung und Pflegschaft), Berlin 2013;
Buch 5 Erbrecht: §§ 2229-2264 (Testament 3), Berlin 2012.

Steenbuck, Michael, Haftungsrechtliche Konsequenzen des Missbrauchs elterlicher Vertretungsmacht, FamRZ 2007, 1064 ff.

Sternberg-Lieben, Detlev, Gesetzliche Anerkennung der Patientenverfügung: offene Fragen im Strafrecht, insbesondere bei Verstoß gegen die prozeduralen Vorschriften der §§ 1901a ff. BGB, in: Heinrich, Manfred/Jäger, Christian/Achenbach, Hans/Amelung, Knut/Bottke, Wilfried/Haffke, Bernhard/Schünemann, Bernd/Wolter, Jürgen (Hrsg.), Strafrecht als Scientia Universalis, Festschrift für Claus Roxin zum 80. Geburtstag am 15. Mai 2011, Band 1, Berlin 2011, S. 537-556 (zit.: Gesetzliche Anerkennung der Patientenverfügung, in: FS Roxin).

Sternberg-Lieben, Detlev/Reichmann, Philipp C., Die gesetzliche Regelung der Patientenverfügung und das medizinische Selbstbestimmungsrecht Minderjähriger, NJW 2012, 257 ff.

Stößer, Eberhard, Das neue Verfahren in Kindschaftssachen, FamRZ 2009, 656 ff.

Stratenwerth, Günter/Kuhlen, Lothar, Strafrecht Allgemeiner Teil, Die Straftat, 6. Auflage, München 2011.

Stürner, Rolf, Der lediglich rechtliche Vorteil, AcP 173 (1973), S. 402 ff.

Tag, Brigitte, Der Körperverletzungstatbestand im Spannungsfeld zwischen Patientenautonomie und Lex artis, Eine arztstrafrechtliche Untersuchung, Berlin u. a. 2000.

Taupitz, Jochen, Empfehlen sich zivilrechtliche Regelungen zur Absicherung der Patientenautonomie am Ende des Lebens?, Gutachten A zum 63. Deutschen Juristentag Leipzig 2000, München 2000.

Thole, Larissa, Das Patientenrechtegesetz – Ziele der Politik, MedR 2013, 145 ff.

Tolmein, Oliver, Patientenautonomie und Patientenverfügung – Das 3. Betreuungsrechtsänderungsgesetz in der anwaltlichen Praxis, in: Höfling, Wolfram (Hrsg.), Das neue Patientenverfügungsgesetz in der Praxis – eine erste kritische Zwischenbilanz, Baden-Baden 2011, S. 47-56 (zit.: Patientenautonomie, in: Höfling, Das neue Patientenverfügungsgesetz).

Tönsmeyer, Britt, Die Grenzen der elterlichen Sorge bei intersexuell geborenen Kindern, De lege lata und de lege ferenda, Baden-Baden 2012.

Trimborn v. Landenberg, Dieter, Kontrolle und Durchsetzung von Vorsorgeverfügungen, Bestehende Vorsorgevollmachten und Patientenverfügungen in der anwaltlichen Praxis, Bonn 2008.

Trockel, Horst, Die Rechtfertigung ärztlicher Eigenmacht, NJW 1970, 489 ff.

Tröndle, Herbert, Selbstbestimmungsrecht des Patienten – Wohltat oder Plage?, MDR 1983, 881 ff.

Uhlenbruck, Wilhelm, Die Einwilligung in ärztliche Heileingriffe bei minderjährigen Patienten, DMW 1977, 65 ff.

Ulsenheimer, Klaus, Therapieverweigerung bei Kindern, Strafrechtliche Aspekte, in: Dierks, Christian/Graf-Baumann, Toni/Lenard, Hans-Gerd (Hrsg.), Therapieverweigerung bei Kindern und Jugendlichen, Medizinrechtliche Aspekte, Berlin u. a. 1995, S. 65-96 (zit.: Therapieverweigerung bei Kindern, in: Dierks/Graf-Baumann/Lenard, Therapieverweigerung).

Ders., Der Arzt im Konflikt zwischen Heilauftrag und Selbstbestimmungsrecht des Patienten – in dubio pro vita?, in: Arnold, Jörg/Burkhardt, Björn/Gropp, Walter/Heine, Günther/Koch, Hans-Georg/Lagodny, Otto/Perron, Walter/Walther, Susanne (Hrsg.), Menschengerechtes Strafrecht, Festschrift für Albin Eser zum 70. Geburtstag, München 2005, S. 1225-1242 (zit.: Der Arzt im Konflikt, in: FS Eser).

Ders. (Hrsg.), Arztstrafrecht in der Praxis, 5. Auflage, Heidelberg u. a. 2015 (zit.: Arztstrafrecht).

Verrel, Torsten, Ein Grundsatzurteil? – Jedenfalls bitter nötig!, Besprechung der Sterbehilfeentscheidung des BGH vom 25. 6. 2010 – 2 StR 454/09 (Fall Fulda), NStZ 2010, 671 ff.

Verrel, Torsten/Simon, Alfred, Patientenverfügungen, Rechtliche und ethische Aspekte, Freiburg u. a. 2010.

Vogel, Harald, Die Ersetzung von Erklärungen des Inhabers der elterlichen Sorge, FPR 2008, 617 f.

Voigt, Thomas, Die Pflichten des Betreuers, Hamburg 1994.

Volckart, Bernd/Grünebaum, Rolf, Maßregelvollzug, Das Recht des Vollzuges der Unterbringung nach §§ 63, 64 StGB in einem psychiatrischen Krankenhaus und in einer Erziehungsanstalt, 8. Auflage, Köln 2015.

Voll, Doris, Die Einwilligung im Arztrecht, Eine Untersuchung zu den straf-, zivil- und verfassungsrechtlichen Grundlagen, insbesondere bei Sterilisation und Transplantation unter Berücksichtigung des Betreuungsgesetzes, Frankfurt/Main 1995.

Vollmann, Jochen, Aufklärung und Einwilligung in der Psychiatrie: Ein Beitrag zur Ethik in der Medizin, Heidelberg 2000 (zit.: Aufklärung und Einwilligung).

Ders., Konzeptionelle und methodische Fragen bei der Feststellung der Einwilligungsfähigkeit bei Kindern, in: Wiesemann, Claudia/Dörries, Andrea/Wolfslast, Gabriele/Simon, Alfred (Hrsg.), Das Kind als Patient, Ethische Konflikte zwischen Kindeswohl und Kindeswille, Frankfurt/Main 2003, S. 48-58 (zit.: Feststellung der Einwilligungsfähigkeit bei Kindern, in: Wiesemann et al., Das Kind als Patient).

Ders., Patientenselbstbestimmung und Selbstbestimmungsfähigkeit, Beiträge zur Klinischen Ethik, Stuttgart 2008 (zit.: Patientenselbstbestimmung).

Walter, Tonio, Sterbehilfe: Teleologische Reduktion des § 216 StGB statt Einwilligung! Oder: Vom Nutzen der Dogmatik, Zugleich Besprechung von BGH, Urt. v. 25.6.2010 – 2 StR 454/09, ZIS 2011, 76 ff.

Walter, Ute, Die Vorsorgevollmacht, Grundprobleme eines Rechtsinstituts unter besonderer Berücksichtigung der Frage nach Vorsorge im personalen Bereich, Bielefeld 1997 (zit.: Vorsorgevollmacht).

Dies., Das neue Patientenrechtegesetz, Praxishinweise für Ärzte, Krankenhäuser und Patienten, München 2013 (zit.: Patientenrechtegesetz).

Weithorn, Lois A./Campbell Susan B., The Competency of Children and Adolescents to Make Informed Treatment Decisions, Child Development 53 (1982), 1589 ff.

Wenzel, Frank (Hrsg.), Patientenrechtegesetz, Kommentar für die Praxis, Heidelberg 2017.

Wessels, Johannes/Beulke, Werner/Satzger, Helmut, Strafrecht Allgemeiner Teil, Die Straftat und ihr Aufbau, 47. Auflage, Heidelberg 2017.

Wolf, Manfred/Neuner, Jörg, Allgemeiner Teil des Bürgerlichen Rechts, 11. Auflage, München 2016.

Wölk, Florian, Der minderjährige Patient in der ärztlichen Behandlung, Bedingungen für die Wahrnehmung des Selbstbestimmungsrechts von Minderjährigen bei medizinischen Eingriffen, MedR 2001, 80 ff.

Zentrale Kommission zur Wahrung ethischer Grundsätze in der Medizin und ihren Grenzgebieten bei der Bundesärztekammer (ZEKO), Stellungnahme „Entscheidungsfähigkeit und Entscheidungsassistenz in der Medizin“, DÄBl 2016, A1 ff.

Zimmermann, Walter, Vorsorgevollmacht Betreuungsverfügung Patientenverfügung für die Beratungspraxis, 3. Auflage, Berlin 2017.

Zitelmann, Ernst, Ausschluss der Widerrechtlichkeit, AcP 99 (1906), 1 ff.

Zorn, Dagmar, Das Recht der elterlichen Sorge, Voraussetzungen, Inhalt und Schranken in Praxis du Theorie, 3. Auflage, Berlin u. a. 2016.